总监这样修车丛书

总监这样分析汽车数据流

郭俊辉 ◎ 编著

机械工业出版社
CHINA MACHINE PRESS

> **内容简介**
>
> 通过分析汽车数据流,能快速读取ECU故障信息,还能获得ECU的分析判断过程信息,因此熟练掌握数据流分析,在维修工作中能起到事半功倍的效果。
>
> 本书内容包括常见故障的诊断及排除方法的分析对比、常用诊断仪的发展和使用方法、汽油发动机技术的发展、奥迪/大众系列发动机的介绍、博世汽油喷射系统和点火系统的技术原理和发展,以及多组汽车数据流的说明、相关原理分析、对应的常见故障码和故障案例等。其中以对奥迪/大众车型的数据流进行分析为主,并结合故障案例详细说明,帮助广大维修人员快速掌握数据流分析故障诊断方法。

图书在版编目(CIP)数据

总监这样分析汽车数据流 / 郭俊辉编著. — 北京:机械工业出版社,2018.12(2025.6重印)
(总监这样修车丛书)
ISBN 978-7-111-61561-3

Ⅰ.①总… Ⅱ.①郭… Ⅲ.①汽车 – 电子系统 – 控制系统 – 故障诊断 Ⅳ.①U472.41

中国版本图书馆CIP数据核字(2018)第289023号

机械工业出版社(北京市百万庄大街22号 邮政编码100037)
策划编辑:徐 霆　　　责任编辑:徐 霆　刘 煊
责任校对:刘 岚　张晓蓉　责任印制:常天培
河北虎彩印刷有限公司印刷
2025年6月第1版第19次印刷
184mm×260mm・25.5印张・692千字
标准书号:ISBN 978-7-111-61561-3
定价:69.00元

凡购本书,如有缺页、倒页、脱页,由本社发行部调换

电话服务　　　　　　　　　　网络服务
服务咨询热线:010-88361066　机 工 官 网:www.cmpbook.com
读者购书热线:010-68326294　机 工 官 博:weibo.com/cmp1952
　　　　　　　010-88379203　金 书 网:www.golden-book.com
封面无防伪标均为盗版　　　教育服务网:www.cmpedu.com

序

应作者的要求为此书作序，这倒使我倍感压力，实在是水平有限，但盛情难却，也只好勉强为之了。

本书的主要内容是讲述奥迪/大众汽车发动机管理系统的控制数据，共分十章。各章按照数据功能组的分类，对各数据块中每条数据的定义、物理含义及合理范围，结合结构、原理进行了详尽的说明和解释，并通过故障案例的分析，阐述了这些数据内容在故障分析和诊断中的实际应用。全书图文并茂、分析有据，可谓是一本难得的有一定深度且又理论联系实际的实战教程。相信会对广大的汽车专业的老师、学生和汽车维修一线的工作者提供有益的帮助。

回顾近几十年汽车发动机技术的发展，无论是性能的提高还是排放的控制都离不开电子控制技术的应用。从控制的基本概念讲，为达到一定的控制目标，控制单元需要采集某些信息，这就是输入，而根据预先编制的程序和标定参数给出的控制指令，则是输出，此外还有根据需要采集反馈信息加以调节的过程。这些输入、输出及反馈信息反映了控制的过程和状态。在故障诊断中，故障码的读取虽是最早和最为广泛使用的方法，但根据控制单元的监测原理和电路设计，故障码仅能给出一定的判断方向，它既不能帮助我们快速和准确地判断具体故障，又无法给出故障发生的过程和状态。要了解这些信息，必须借助读取控制单元中控制过程数据的方法，这就是读取、理解和运用数据流的作用。

现在市场上销售的诊断仪中都有数据的读取功能，这些数据表面上看仅是一些简单的名称和一些数字或符号，但每一条数据都反映了控制过程中的某一状态，都有其具体的实际内容。因此读取仅是第一步，而真正准确理解且能灵活运用才会有实际意义。如果能准确熟练地掌握各数据的含义，会极大提高维修诊断的准确性。而这正是本书的着墨点，也是本书的亮点，这在市场上已出版的维修类书籍中很少见到。

我与作者相识许久，早就听说他要写一本有关奥迪/大众车系数据分析的书，也在杂志上看过个别章节的内容，但不想此书一写五年，反映了作者的敬业、执著和做事的严谨、苛求。我想读者看此书不仅仅是理解其中的知识，可能更重要的是掌握作者理论联系实际、综合运用理论知识进行故障分析的方法。

借此机会祝贺郭俊辉老师此书的出版，并希望它能给读者带来惊喜和帮助。

王凯明
2019年1月

前言

随着人们对环保、舒适、动力、安全等要求不断提高，汽车新技术不断涌现，系统和功能不断增多，传统维修中常用的故障码诊断、示波器诊断已很难快速进行故障定位。通过数据流，能快速读取控制单元（以下简称"ECU"）接收到的传感器和其他ECU的输入信息、ECU的执行器控制信号和向其他元件发出的请求信息，还能读取ECU的分析判断过程信息。因此熟练掌握数据流分析，在维修中能起到事半功倍的效果。

作者于1993年从华南理工大学本科毕业后，多年在一线从事实际维修工作。之后加入博世公司任培训老师，并由博世公司多次派到德国总部接受专业培训。后到大众公司任现场技术经理一职，一直帮助各4S店技术经理进行故障诊断，解决过多项疑难杂症，对汽车故障诊断，特别是发动机数据流分析有较深厚的经验。

本书以奥迪/大众车型的数据流进行分析，并结合故障案例详细说明，希望抛砖引玉，给广大维修人员提供帮助。

在本书编写过程中，得到王凯明老师和周敬肇老师的指导，并得到郭健源、黎少贞、郭皓朗、邓伟等人员的支持，在此深表谢意。本书如有不当之处，请各位读者批评指正。

郭俊辉
2018年12月

目 录 CONTENTS

序
前言

第一章 数据流分析说明 ... 1

第一节 常见故障诊断、排除方法对比 ... 2
一 常见故障诊断、排除方法 ... 2
二 本书的一些说明 ... 2

第二节 奥迪/大众常用诊断仪的使用 ... 4
一 奥迪/大众原厂诊断仪的发展 ... 4
二 奥迪/大众原厂早期诊断仪 VAS ... 6
三 奥迪/大众现在使用的诊断仪 ODIS ... 14
四 VCDS/5053 ... 15
五 故障案例 ... 16

第二章 奥迪/大众发动机管理系统 ... 17

第一节 汽油发动机技术的发展 ... 18

第二节 奥迪/大众发动机系列 ... 18
一 EA111/EA211 ... 18
二 EA113/EA888 ... 19

第三节 博世汽油喷射系统和点火系统的发展 ... 20
一 Jetronic 电子燃油喷射系统 ... 21
二 点火系统 ... 25
三 Motronic 点火和喷油集成在一个控制单元 ... 33
四 ME-Motronic（采用电子节气门的 Motronic） ... 33
五 MED-Motronic（带缸内直喷的 Motronic） ... 36
六 燃烧模式 ... 47
七 工作模式 ... 48
八 MED 高压油泵 ... 57
九 高压喷油器 ... 62
十 故障案例 ... 67

第四节 西门子/大陆汽油喷射系统和点火系统的发展 ... 70

第三章 000~010 组 基本功能 ... 74

第一节 000~003 组 基本功能（一） ... 75
一 数据流说明 ... 75
二 相关原理说明 ... 77

三　常见故障码 ………………………………………………………………… 99
　　四　故障案例 …………………………………………………………………… 99
第二节　004 组 ECM 供电电压 …………………………………………………………… 109
　　一　数据流说明 ………………………………………………………………… 109
　　二　相关原理说明 ……………………………………………………………… 110
　　三　常见故障码 ………………………………………………………………… 113
　　四　故障案例 …………………………………………………………………… 113
第三节　005~007 组 基本功能（二）…………………………………………………… 119
　　一　数据流说明 ………………………………………………………………… 119
　　二　相关原理说明 ……………………………………………………………… 121
　　三　故障案例 …………………………………………………………………… 122
第四节　008 组 制动真空泵 ……………………………………………………………… 126
　　一　数据流说明 ………………………………………………………………… 126
　　二　相关原理说明 ……………………………………………………………… 127
　　三　故障案例 …………………………………………………………………… 130
第五节　009 组 保养间隔 ………………………………………………………………… 130
　　一　数据流说明 ………………………………………………………………… 130
　　二　故障案例 …………………………………………………………………… 132

第四章　010~029 组 点火和爆燃　　　　　　　　　　　　　　137

第一节　010~019 组 点火控制组 ………………………………………………………… 138
　　一　数据流说明 ………………………………………………………………… 138
　　二　失火检测的原理说明 ……………………………………………………… 140
　　三　失火相关故障码 …………………………………………………………… 143
　　四　故障案例 …………………………………………………………………… 144
第二节　020~029 组 爆燃控制组 ………………………………………………………… 148
　　一　数据流说明 ………………………………………………………………… 148
　　二　爆燃传感器相关故障码 …………………………………………………… 151
　　三　故障案例 …………………………………………………………………… 151

第五章　030~049、070~079、145~169组 空燃比和排放控制　　　　159

第一节　030~043 组 空燃比控制组 ……………………………………………………… 160
　　一　数据流说明 ………………………………………………………………… 160
　　二　相关原理说明 ……………………………………………………………… 166
　　三　氧传感器相关故障码 ……………………………………………………… 183
第二节　046~049 组 催化器效率组 ……………………………………………………… 188
　　一　数据流说明 ………………………………………………………………… 188
　　二　相关原理说明 -TWC ……………………………………………………… 189
　　三　TWC 相关故障码 ………………………………………………………… 200
　　四　故障案例 …………………………………………………………………… 200
第三节　070~073 组 排放控制组 - 燃油箱蒸气通风系统 ……………………………… 204
　　一　数据流说明 ………………………………………………………………… 204

二　相关原理说明 ·· 205
　　三　EVAP 相关故障码 ·· 210
　　四　故障案例 ·· 210
第四节　074~076 组 排放控制组 - 废气再循环 (外部 EGR) ·········· 213
　　一　数据流说明 ·· 213
　　二　相关原理说明 -EGR ··· 213
第五节　077~078 组 排放控制组 - 二次空气 ································ 215
　　一　数据流说明 ·· 215
　　二　相关原理说明 - 二次空气喷射 ··· 216
第六节　079 组 排放控制组 - 排气翻板 ··· 218
　　一　数据流说明 ·· 218
　　二　相关原理说明 - 排气翻板 ··· 218
第七节　145~159 组 增强型排放控制组 ··· 219
第八节　160~169 组 ULEV-SULEV 排放控制组 ····························· 223

第六章　050~069、137 组 转速控制　　225

第一节　050、057、137 组 空调压缩机控制组 ······························· 226
　　一　数据流说明 ·· 226
　　二　相关原理说明 ·· 228
　　三　故障案例 ·· 231
第二节　050~059 组 急速转速控制 ·· 236
　　一　数据流说明 ·· 236
　　二　相关原理说明 ·· 238
　　三　故障案例 ·· 241
第三节　060~069 组 电子节气门控制 ·· 244
　　一　数据流说明 ·· 244
　　二　相关原理说明 ·· 253
　　三　相关故障码 ·· 258
　　四　故障案例 ·· 263

第七章　090~098、110~119、142~144 组 动力提升　　268

第一节　090~098 组 可变正时机构（VVT）组 ······························ 269
　　一　数据流说明 ·· 269
　　二　相关原理说明 - 可变气门正时和可变气门升程 ······················· 276
　　三　常见故障码 ·· 286
　　四　故障案例 ·· 290
第二节　095 组 可变进气管长度组 ··· 304
　　一　数据流说明 ·· 304
　　二　相关原理说明 - 可变进气管长度 ··· 306
　　三　故障案例 ·· 311
第三节　110~119 组 涡轮增压组 ·· 312
　　一　数据流说明 ·· 312

二	相关原理说明 - 涡轮增压器	317
三	涡轮增压器相关故障码	323
四	故障案例	324

第四节　142~144 组 进气翻板控制　327

一	数据流说明	327
二	相关原理说明 - 进气翻板	328
三	进气翻板相关故障码	333
四	故障案例	335

第八章　101~109、140~141、145~159组 燃油喷射　340

第一节　101~109 组 燃油喷射组　341
第二节　106/140/141 组 高压油泵组　342

一	数据流说明	342
二	高压油泵相关故障码	346
三	故障案例	347

第九章　106、130~139组 冷却系　356

第一节　130~132 组 电子节温器控制组　357

一	数据流说明	357
二	相关原理说明 - 电子节温器	360

第二节　106、133~139 组 电子风扇控制组　361

一	数据流说明	361
二	相关原理说明	366
三	冷却液温度相关的故障码	371
四	故障案例	377

第十章　080~089、099~100、120~129、170~200组 其他　383

第一节　080~084 组 车辆识别组　384
第二节　085~089 组 状态代码组　384

一	数据流说明	384
二	故障案例	386

第三节　099~100 组 旧系统兼容组　387

一	数据流说明	387
二	相关原理说明 - 准备就绪代码	388

第四节　120~129 组 控制单元通信组　390

一	数据流说明	390
二	相关原理说明	392
三	故障案例	396

第五节　170~171 组 起动机控制组　399
第六节　200 组 多楔带自动张紧器检查组　400

第一章

数据流分析说明

第一节　常见故障诊断、排除方法对比

一、常见故障诊断、排除方法

常用的故障诊断方式有通过诊断仪读取控制单元(以下简称"ECU")的数据流、故障码，利用示波器读取波形，利用万用表、缸压表、真空表等进行测量，采用换件对比方法等。表1-1就这几种诊断方法进行了对比。

表1-1　故障诊断方法对比

	数据流	故障码	波形分析	万用表、缸压表等工具	换件对比
采用仪器/工具	诊断仪	诊断仪	示波器	测量工具	—
可读取信息	ECU接收到的传感器信号、执行器信号、其他ECU的相关信息；ECU判断分析过程	参数超过限值，就会记忆故障码，并记录故障发生时的部分重要状态数据	传感器输出信号、执行器的控制信号	检测对象的数据	新旧件外观对比、换件后故障是否解决
使用便利性	只需连接诊断仪，方便	只需连接诊断仪，方便	可能需要对多个元件进行连线检测，较复杂	可能需要对多个元件进行检测，数量较多	如果有相同的配件进行对换，很方便
分析方便性	需要一定的基础	多数情况下较容易	需要专业的知识	较方便	很方便
诊断准确性	能看到实际信息，并能分析维修后结果，准确性高	故障严重时较容易定位；但对偶发、故障不明显的问题，可能不产生故障码	能读取每个传感器输入信号、执行器控制信号，但必须对所有信号综合分析	受限于工具的精度，准确性一般	多数情况下较准确
成本	只需诊断仪，成本较低	只需诊断仪，成本较低	需用精度、采样频率较高的示波器/发动机综合分析仪，成本较高	一般都需要配备，成本较低	4S店可能有同款的车型进行对换，独立维修店成本很高

从以上对比来看，熟练掌握数据流分析，能快速诊断故障、降低维修成本、提高一次修复率和客户满意度。

二、本书的一些说明

1. 缩略语

ATDC：第1缸压缩上止点前
B1：气缸列1（参看下节说明）
B1S1：气缸列1传感器1（参看下节说明）
BTDC：第1缸压缩上止点后
CW或KW：曲轴转角，以度（°）为单位

L形/直列：L形/直列发动机
LSF：普通氧传感器
LSU：宽域氧传感器
MAP/DS-S：进气歧管压力传感器
MPI：进气歧管多点喷射

第一章　数据流分析说明

ECU：控制单元
ECM/PCM：发动机控制单元
EGR：废气再循环
EPC：电子节气门
EVAP：燃油箱蒸气通风系统
HFM：热膜式空气流量计

PCV：曲轴箱通风
TSI：带涡轮增压的缸内直喷
TWC：三元催化器
V形/双列：V形发动机
VVT：可变正时机构
λ：空燃比调节

2. 氧传感器位置的定义

根据 ISO 15031，对氧传感器的位置定义如下。

气缸列（英文 cylinder Bank）：表示特定的气缸组共享相同控制的传感器。气缸列1（英文 Bank 1 或 B1）一般包含第1缸；气缸列2在气缸列1的对面侧。第1缸的定义是离飞轮最远的气缸。

氧传感器的位置定义与进气相关。

传感器位置（英文 sensor location）：传感器位置与发动机进排气流相关。以发动机废气流向排序，定义为序号1、2、3，如此类推。

因此，气缸列1传感器1（英文 B1S1）表示氧传感器位于第1缸侧，废气排出燃烧室后遇到的第1个氧传感器。图1-1～图1-4列出常见传感器的位置及编号。

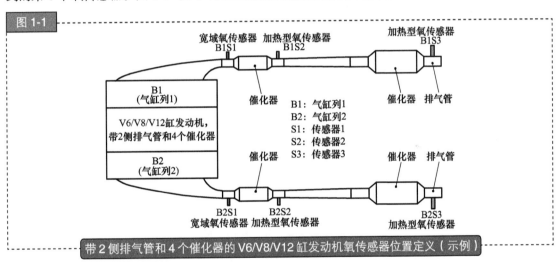

图1-1　带2侧排气管和4个催化器的V6/V8/V12缸发动机氧传感器位置定义（示例）

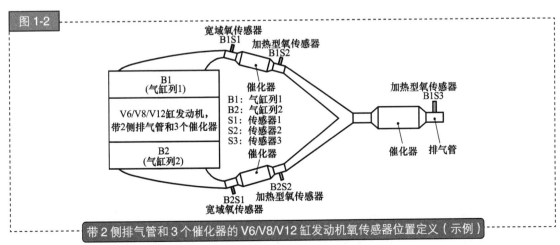

图1-2　带2侧排气管和3个催化器的V6/V8/V12缸发动机氧传感器位置定义（示例）

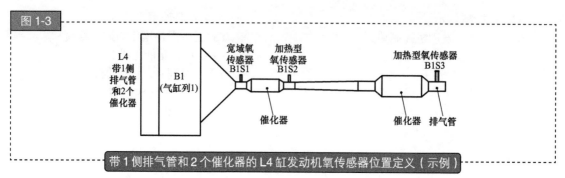

图1-3 带1侧排气管和2个催化器的L4缸发动机氧传感器位置定义（示例）

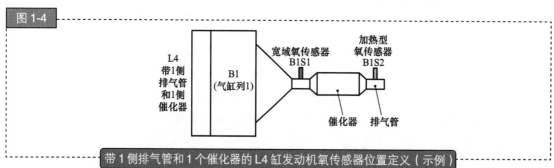

图1-4 带1侧排气管和1个催化器的L4缸发动机氧传感器位置定义（示例）

本文特别说明：由于气缸列1和气缸列2的诊断策略基本相同，绝大部分国内在用车辆氧传感器的安装形式为B1S1和B1S2，因此在本文中如果没有特别说明，以L形发动机为例，按图1-4的布置形式，将B1S1称为前氧传感器、B1S2称为后氧传感器。

3. 数据流中状态位的定义

按计算机/数据流标准的定义，状态位（bit0）应是最右侧第0位，然后向左计数。
但本书根据习惯用法，将第一位定为最左侧，见图1-5。

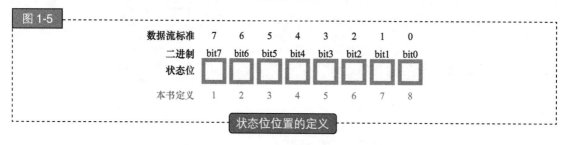

图1-5 状态位位置的定义

第二节 奥迪/大众常用诊断仪的使用

奥迪/大众原厂诊断仪经过几次升级，现都采用ODIS诊断仪，特别是2012年8月上市的MQB平台车辆，仅能用ODIS诊断仪进行诊断。

另一个售后常用的诊断仪是VCDS诊断仪，又名5053诊断仪。它以功能强大、简单易用、性价比高、有些功能甚至比原厂诊断仪还要强大，因而广受维修人员的喜爱。

一 奥迪/大众原厂诊断仪的发展

VAG诊断仪已淘汰，现在一般维修站以使用VAS诊断仪为主，特约站已全部使用ODIS诊断仪。其发展历程见图 1-6。现简介 VAS 诊断仪和 ODIS 诊断仪的使用方法。

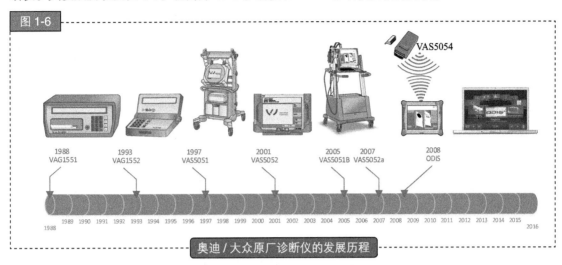

奥迪 / 大众诊断接口符合 SAE-J1962、ISO 15031-3 和 GB 18352 的要求,它一般位于驾驶人侧仪表板下方,其位置和针脚定义见图 1-7 和表 1-2。

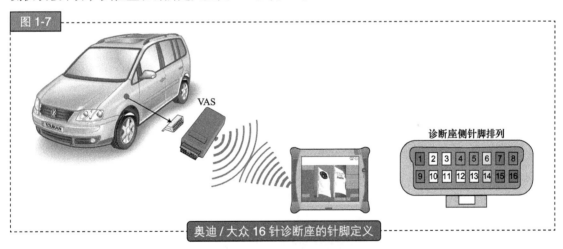

大众常用的诊断协议包括 KW1281、使用 K 线和 CAN 总线的 KWP2000、全新的 UDS。

表1-2 奥迪/大众诊断座针脚定义

针脚编号	OBD 定义	奥迪 / 大众定义	说明
1	(未定义)	KL15	连接点火开关电源
2	SAE J1850-P	(未使用)	
3	(未定义)	(未使用)	
4	车身接地	KL31 车身接地	
5	信号接地	KL31 车身接地	
6	高速 CAN_H	高速 CAN_H	速度 500kbit/s

（续）

针脚编号	OBD 定义	奥迪大众定义	说明
7	DIN ISO 9141-2_K	K 线	使用 KW1281、KWP2000 协议
8	（未定义）	低速 CAN_H	速度 125kbit/s。预留，未用
9	（未定义）	低速 CAN_L	速度 125kbit/s。预留，未用
10	SAE J1850-N	（未使用）	
11	（未定义）	（未使用）	
12	（未定义）	（未使用）	
13	（未定义）	（未使用）	
14	高速 CAN_L	高速 CAN_L	速度 500kbit/s
15	DIN ISO 9141-2_L	L	使用 KW1281、KWP2000 协议
16	蓄电池电源	KL30	连接蓄电池电源

KW1281 是奥迪/大众最初使用的诊断协议，一般用于 1990~2000 年间有诊断功能的系统，例如时代超人、桑塔纳 2000、捷达王、都市先锋、高尔夫、小红旗、奥迪 C5、帕萨特 C5 等，基本上已淘汰了。

KWP2000 是较新的诊断协议，用于 2002 年后生产的所有车型，但在 2007 年开始淘汰。

UDS 全称叫"全球统一车载电脑（ECU）自诊断服务"。UDS 协议，也就是 ISO 14229 协议，既可以用于 CAN 总线，也可以用于 K 线。

二 奥迪/大众原厂早期诊断仪 VAS

VAS 最高版本为 V19，以后奥迪/大众就不提供升级了。所以本书仅对它的常用功能和维修站容易忽略的问题进行说明，其余的内容请参考相关说明书。

1. 进入诊断功能

开机后，选"车辆自诊断"→"车载诊断"→"读取网关安装列表"，见图 1-8。

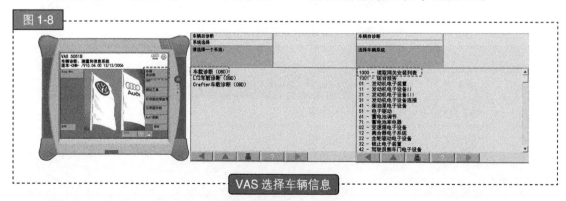

图 1-8 VAS 选择车辆信息

现在的车，基本上是通过网关与诊断仪相连接，见图 1-9。

第一章 数据流分析说明

图 1-9

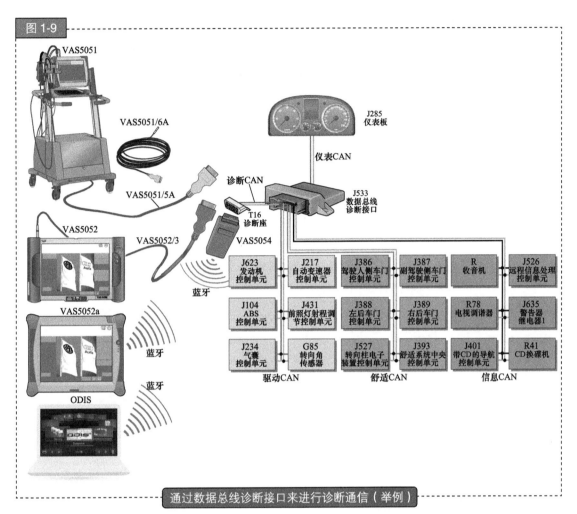

通过数据总线诊断接口来进行诊断通信（举例）

选择"车载诊断（OBD）"后，再选择"1000- 读取网关安装列表"，进入以下屏幕（图 1-10）。

图 1-10

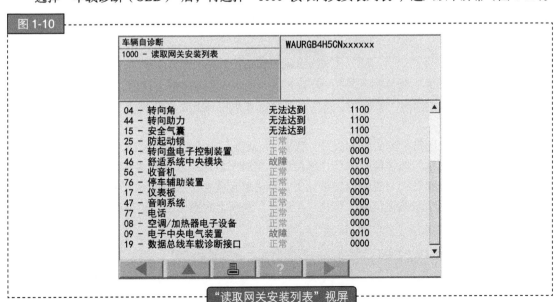

"读取网关安装列表"视屏

该功能将从 J533 数据总线车载诊断接口读取所有控制单元的列表及其状态。

视屏第三列为控制单元的状态，其含义见表 1-3。其中，x 表示显示 0 或 1。

表1-3　网关控制单元中的故障状态

状态值	故障状态	含义
0000	正常	该控制单元与诊断仪通信正常，并且没有记忆故障码
1000	正常	由于偶发的通信故障，网关控制单元中已记忆故障码
11xx	无法达到	该控制单元已经登录到网关上了（已编码），诊断仪无法与它进行通信
x010	故障	此控制单元已记忆故障码。可选择该控制单元并读出故障内容
x0x1	未响应	诊断仪检测到该控制单元已经装在车上，并可以进行数据通信，但该控制单元在 J533 数据总线诊断接口未登录（未编码）

在"读取网关安装列表"视屏中选择了一个车辆系统，并通过诊断总线成功地实现了通信，则会显示图 1-11。在此视屏中，工作窗口显示与车辆系统相配的诊断功能选项（工单），右侧信息窗口则显示车辆系统中读取的控制单元标识数据。

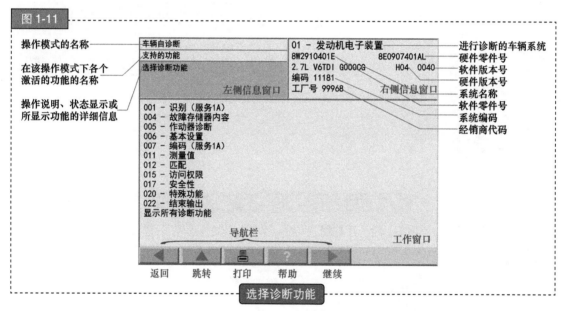

图 1-11

在维修时，要注意"软件版本号"，因为奥迪/大众经常通过售后软件升级，解决标定时未发现的一些小问题（或称为"瑕疵"），这些小问题通常是除升级或更换新版本的控制单元外都无法解决的。

工厂号/经销商代码（英文为 WSC）：奥迪/大众公司为全球的经销商/维修站分配唯一的识别代码。VAS 只有输入经销商代码后才能使用。当对车辆的控制单元进行重新编码或匹配时，经销商代码就会发送并写入对应的控制单元中，控制单元就会记录并显示，将来可以用于追溯。例如，用 VAS 关闭副驾驶侧的气囊，可从"工厂号"判断上次操作的经销商。

2.001-识别（服务1A）和002-识别（服务22）

采用 KW1281 和 KWP2000 诊断协议的控制单元，在地址码 001；如果车辆系统支持全新的 UDS，在地址码 002，见图 1-12。

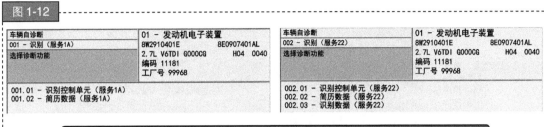

图 1-12　VAS 的识别服务视屏（左图是采用 KW1281 和 KWP2000 系统，右图是 UDS 系统）

"001.01 – 识别控制单元（服务 1A）"可供识别的项目包括：
- 快擦写状态：从控制单元中读取闪存盘的状态。
- 软件版本：可读取每个软件模块的软件版本。该版本数据可能与右上侧信息窗口显示的整个控制单元的软件版本不一致。
- 硬件零件号：读取可编程控制单元的原始零件号。
- 扩展识别：可得到识别控制单元的附加数据，例如：控制单元生产日期、生产商代码等。
- 车辆识别号：可从控制单元识别数据中获取底盘编号。
- 发动机或系列号

"001.02 – 简历数据（服务 1A）"可供识别的项目包括：
- 型号检测号：如果车辆系统不支持所选的识别服务，左侧信息窗口下方便会出现相应的提示说明。

采用 UDS 诊断协议的控制单元，除可识别上述内容外，还可识别以下内容：
002.03- 识别数据（服务 22）：主控、子系统级别 1/2、子系统级别 0。

3. 004-故障存储器内容

"004 - 故障存储器内容"可提供图 1-13 所示的功能。

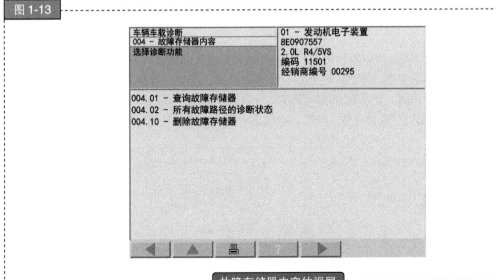

图 1-13　故障存储器内容的视屏

"004.01 - 查询故障存储器"的功能：诊断仪查询该车辆系统的故障存储器，并显示图 1-14、图 1-15 所示的内容。

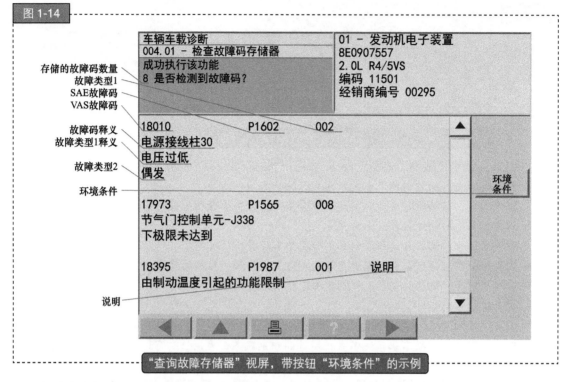

图1-14 "查询故障存储器"视屏,带按钮"环境条件"的示例

相关内容解释如下:
① VAS 故障码:大众集团定义的故障码,由5位数组成。
② SAE 故障码:VAS 故障码后可能附加一个符合 SAE 标准的故障码。如果此处为空,可能是没有对应的 SAE 故障码。
③ 故障类型1:由3位数据组成,进一步说明故障症状。
④ 故障类型2:描述了故障出现的方式,例如"静态"或"偶发"。如果没有说明,则故障类型为"静态"。
说明:这是故障不是由本系统内部产生,并且故障优先级在6或以上时的提示。
⑤ 环境条件:如果存储故障的同时还储存了环境条件,则会一并显示。环境条件给出有关故障的进一步说明。显示数据的范围和结构取决于控制单元的组成状态。如果先选择一个故障,然后按下"环境条件"按钮,则只显示所选故障以及相应的环境条件。

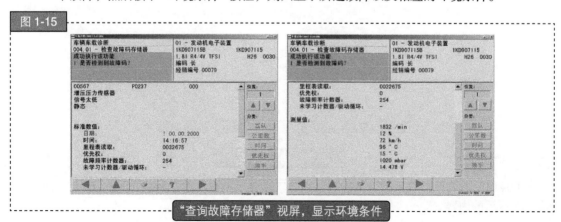

图1-15 "查询故障存储器"视屏,显示环境条件

第一章 数据流分析说明

⑥ 标准数值。包含以下环境条件：
- 日期和时间：车辆系统确认发生故障并记忆故障码当时的日期和时间。如果车辆系统判断日期和/或时间不可信，或不能从仪表中取得日期和/或时间，则以红色字体显示。
- 里程表读取：车辆系统确认发生故障，并记忆故障码当时从仪表板里程表读取的行驶里程。
- 优先权：车辆系统按故障的影响严重程度，依次从重到轻划分为1~15级。实际上常用到0~8级，参见表1-4。

表1-4 故障码环境条件中的优先权说明

优先权	含义	故障严重程度
0	生产商未定义	
1	这种故障对车辆的可用性具有重大影响，必须立即停车	严重
2	这种故障要求将车立即开到服务站进行检修	
3	这种故障并不要求马上去服务站，但可能带有保养期限提示	
4	这种故障需要采取规定的行动。在某些情况下，车辆的可用性受限（例如静态电流增大）	
5	这种故障对车辆的可用性无影响，或与售后服务无关	最不重要
6	这种故障对车辆的可用性具有长期的影响且与售后服务有关（例如油/液的液面高度、磨损、老化）	
7	这种故障对舒适功能有影响，但不会影响车辆的可用性，且与售后服务无关	仅提示，不是故障
8	一般说明	

- 故障频率计数器：表示在整个运转循环周期内，故障发生的次数。例如该值为11，表示从记忆故障码后相同的故障共发生了11次。该计数器的计数范围在0至54之间，每发生一次相同的故障计数器就加1。
- 未学习计数器/驱动循环：故障码复位（控制单元自动将故障码清除）计数器。它是预先定义给每个故障码的一个数值，表示发生故障并记忆故障码后，如果总共经过的运转循环次数达到这个数值仍没有发生故障，车辆系统会自动将此故障码清除。例如该值为40，如果经过一个运转循环后没有发生相同的故障，则此故障就将标记为"偶发"，该值为39。

⑦ 测量值：扩展的环境条件。它含第一次发生故障时的发动机转速、负荷、车速、冷却液、温度、外界温度、大气压力、蓄电池电压等7个数据。

"004.02 - 所有故障路径的诊断状态"的功能：显示出所选车辆系统的所有故障路径及其状态。
"004.10 - 删除故障存储器"的功能：将清空所选车辆系统的故障存储器。

4. 005-作动器诊断

当选择功能"005 - 作动器诊断"，则诊断仪将激活第一个作动器。左侧信息窗口中会显示以下提示说明："正在等待测试作动器，要求继续切换"。当按下按键"继续"后显示窗口的下方便会显示相应作动器的测量值，左侧信息窗口中则显示："作动器测试正在运行，允许继续切换"，见图1-16。

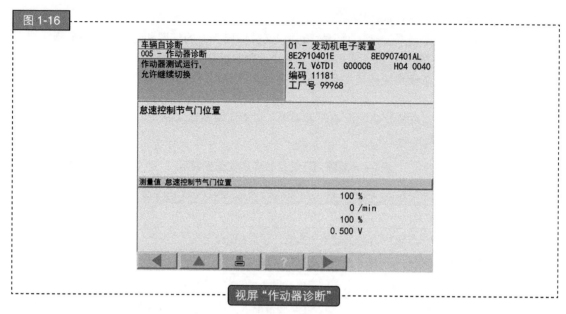

图1-16 视屏"作动器诊断"

在有些情况下此过程可通过视觉（例如控制灯点亮）或听觉（例如控制继电器工作）判断是否正常工作。

也可从车辆自诊断切换至测量状态，使用如万用表或示波器等仪器检查被激活的作动器是否正常工作。

按"继续"按钮便可调出并显示下一个作动器，按"返回"按钮将中断作动器的诊断。

5. 006-基本设置

选择菜单选项"006 - 基本设置"后，输入所需的显示组，点击屏幕键盘上的按键"Q"确认输入。

在视屏（图1-17）"基本设置"中按"激活"键便可在各自的屏幕区域内显示基本设置中的测量值和非基本设置中的测量值。

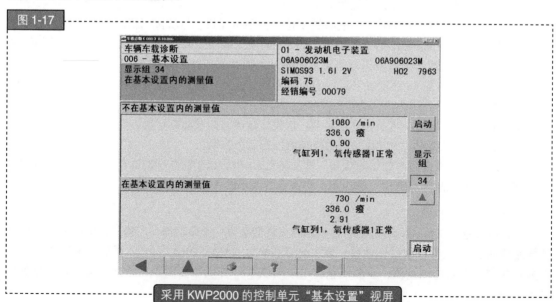

图1-17 采用KWP2000的控制单元"基本设置"视屏

其余功能不再说明。

6. 诊断协议功能列表

奥迪/大众的诊断协议功能地址码进行过一次较大的变化，见表1-5。

表1-5　两种版本的功能列表

基础 CD 10 以上	基础 CD 8 以下
001 - 识别（服务 1A）	
001.01 - 识别控制单元（服务 1A）	识别服务
001.02 - 简历数据（服务 1A）	识别服务 - 简历数据
002 - 识别（服务 22）	不支持
002.01 - 简历数据（服务 1A）（服务 22） 002.01.01 主控 002.01.02 子系统级别 1/2 002.01.03 子系统级别 0	不支持
002.02 - 简历数据（服务 22）	不支持
002.03 - 识别数据（服务 22）	不支持
003 - 识别 适用于 LT3（Crafter）和发动机组	不支持
004 - 故障存储器内容	
004.01 - 查询故障存储器	02 - 查询故障存储器
004.02 - 所有故障路径的诊断状态	不支持
004.03 - 所有未检测的故障路径列表	不支持
004.10 - 删除故障存储器	05 - 删除故障存储器
005 - 作动器诊断	03 - 作动器诊断
006 - 基本设置	04 - 基本设置
007 - 编码（服务 1A）	07 - 控制单元编码 子系统编码 读取/写入长编码
008 - 编码（服务 22）	不支持
009 - 编码 适用于 LT3（Crafter）和 KW1281	07 - 控制单元编码 不支持用于 LT3（Crafter）的编码
010 - 测量值（KW1281）	
010.01 - 读取测量值	09 - 读取单个测量值
010.02 - 读取测量值块	08 - 读取测量值块
011 - 测量值除 KW1281 外	08 - 读取测量值块
012 - 匹配	10 - 匹配
013 - 学习值	不支持
014 - 长匹配	长匹配
015 - 访问权限	16 - 访问权限
015.01 - 编码 2	11 - 编码 II

（续）

基础 CD 10 以上	基础 CD 8 以下
015.02 - 安全登录（自动）	16 - 访问权限
016 - 访问权限 适用于 KW1281，相当于安全登录（自动）	16 - 访问权限
017 - 安全性	
017.01 - 读取要求 WFS IV（1 型）	读取要求 WFS IV
017.02 - 读取要求 WFS IV（2 型）	读取要求 WFS IV
017.03 - 释放 WFS IV（1 型）	释放 WFS IV
017.04 - 释放 WFS IV（2 型）	释放 WFS IV
017.05 - 部件保护（1 代）	部件保护
017.06 - 部件保护（2 代）	学习部件保护 GFA 学习部件保护 IKA
018 - 数据传送	
018.10 - 更新编程	更新编程
018.11 - 给定参数	不支持
不支持	读取快擦写 EPROM
019 - 更新编程 适用于 LT3（Crafter）或当"更新编程"是 18 中唯一的选项时	更新编程 不支持用于 LT3（Crafter）的更新编程
020 - 特殊功能	
020.01 - 就绪代码	15 - 就绪代码
020.02 - 选择性作动器诊断	不支持
020.03 - 传送车辆识别号	不支持
020.04 - ABS 通风	不支持
020.05 - 匹配通道 50 PIN	不支持
020.06 - 释放 PIN	释放（PIN）
020.07 - 隐式匹配通道 50	匹配通道 50（PIN）
020.08 - 隐式钥匙匹配	不支持
021 - 用户定义的应用	24 - 用户定义的应用
022 - 结束输出	06 - 结束输出
023 - 控制单元复位 LT3（Crafter）	不支持

三、奥迪/大众现在使用的诊断仪ODIS

ODIS 是 Offboard Diagnostic Information System [非车载（离线）诊断信息系统]的英文缩写，其特点是诊断程序不再存储在车辆上的控制单元内，而是存储在诊断仪当中，这样可以降低控制单元的采购成本。ODIS 与 VAS 的使用界面有较大的区别。

ODIS 进入诊断后自动识别所有控制单元，控制单元有联网图（图 1-18）、控制单元列表、安装列表三种显示方式。红色是有故障，黑色是正常，灰色是该车没有配备或者无法进入。

第一章 数据流分析说明

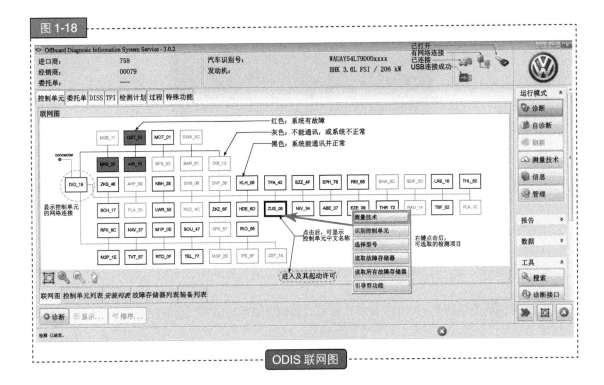

ODIS 联网图

四 VCDS/5053

  由美国 Ross-Tech 公司出品的 VCDS 诊断仪，早期称为 VAG-COM 诊断仪，国内也有人称为 5053 诊断仪，由于使用方便、快捷、某些功能甚至比原厂的 VAS 诊断仪还要强大而广受维修人员的喜爱。VCDS 诊断仪与 VAS 诊断仪的功能及特点的不同之处对比如下：

  ① 数据流的长期记录功能。该功能可以长时间记录所有控制单元运行时的数据。目前在实车上有两个用途：

  a. 可对车辆进行独立维修。例如需要在行驶状态读取数据流，VAS 需要一个人驾驶另一个人观察诊断仪；而 VCDS 能通过记录数据然后回放的功能，降低成本和提高安全性。

  b. 数据长时间连续记录功能。

  ② 数据流的波形曲线模式，见图 1-19。在维修诊断中往往需要对数据进行长期观察，原厂诊断设备是通过数字进行数据流的体现，往往有些数据速度响应快，人的肉眼分辨率不足，会错过一些有效数值；而 VCDS 可以将数据流转换为波形曲线模式，观察起来非常方便。

  ③ MOST 光纤诊断功能。通过一级 MOST 测试可以直接找到 MOST 网络上某个控制单元的问题，如果问题是偶发性的或多数据传输时产生的，可以通过二级信号衰减测试进行最终诊断。

  ④ SRI 保养归零一键复位功能。该功能非常便捷地一键完成保养时间及保养里程间隔设置，同时可以非常人性化、因人而异地进行设置。

  ⑤ 控制单元通道号扫描记录保存功能。VCDS 具备扫描控制单元通道号并保存成 Excel 表的功能，在加装、改装、改变车辆、隐藏等状况下对恢复原状态有很大帮助。

  ⑥ 编码/通道号更改过程记录功能。进行编码和通道号更换时，VCDS 自身带有自动过程记录功能，一旦出现编码及通道错误的情况，打开相关日志记录即可找到原始数值。

  ⑦ 安全访问/登录码自动提醒功能。很多控制单元的编码及通道的更改需要登录许可，VCDS 对很多控制模块都有显示登录码功能。

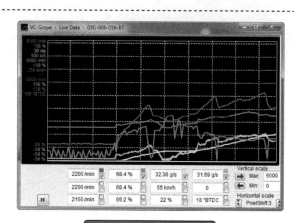

图1-19 数据流的波形曲线模式

⑧ 编码帮助功能。VCDS 对控制单元的很多编码都加有非常详细的编码注解，方便调试想要的功能。

⑨ 数据流的高级功能。VCDS 会将控制单元的数据流单独设置到高级功能的列表中，同时使用搜索功能可以轻松找到维修人员需要的数据流。UDS 模块的匹配功能同样具有搜索功能。

⑩ 车辆加速度测试功能。对车辆改装动力后，或者车主反映车辆加速不良的情况下，可以使用 VCDS 系统对车辆进行加速度测量、维修后加速度数据对比，可以给车主提供非常直观的数据依据。

另外，它还有通用 OBD 诊断功能。适用于使用 ISO 9141-2（"CARB"）、ISO 14230（"KWP-2000"）和 ISO-15765（"CAN"）通信协议的车辆。对于使用此类 OBD 协议的非大众集团品牌车型，可以通过 VCDS 的 "OBD-II" 功能进行数据分析，因为数据中有波形显示形式，便于数据分析，空燃比加法调教和乘法调教发动机的分析非常重要。

五 故障案例

故障现象：诊断仪与所有控制单元无法通信。

故障诊断过程：

1）查看 5054 接头指示灯的状态。正常应是：连接上诊断座后，指示灯长亮；数据传输过程，指示灯闪亮。

2）打开点火开关，用万用表或示波器测量诊断座的电压或波形，其结果应如表1-6 所示。

表1-6 用万用表或示波器测量诊断座

针脚编号	奥迪大众定义	说明	万用表测量	示波器波形
1	KL15	连接点火开关电源	>+12V	>+12V
4	KL31 车身接地		接地	接地
5	KL31 车身接地		接地	接地
6	高速 CAN_H	速度 500kbit/s	≈2.6~2.7V	2.5~3.5V 方波
7	K 线	使用 KW1281、KWP2000 协议	≈10V（仅旧款车）	0~12V 方波
14	高速 CAN_L	速度 500kbit/s	≈2.1~2.3V	2.5~1.5V 方波
15	L	使用 KW1281、KWP2000 协议	≈10V（仅旧款车）	0~12V 方波
16	KL30	连接蓄电池电源	>+12V	>+12V

3）如果电压正常，但仍不能连接，可能是诊断仪故障；如果电压不正常，检查诊断座的电源线和地线，必要时尝试更换网关。

第二章

奥迪／大众发动机管理系统

第一节 汽油发动机技术的发展

发动机开发的主要目标是降低排放、减少油耗、增大动力和更好的驾驶乐趣。但随着各国制订更严格的排放标准,必须采用新的技术才能满足要求,相关技术见图 2-1。

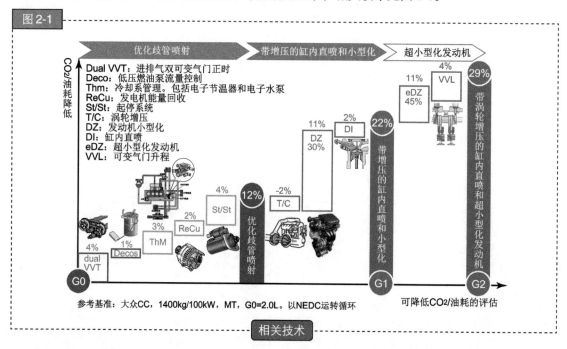

图 2-1

发动机小型化可显著降低 CO_2 排放和油耗,但需要增加涡轮增压器来补偿转矩损失。因此现在的趋势是小型化发动机结合涡轮增压器。

为减少泵气损失,越来越多的发动机采用 VVT(可变气门正时),并且是进排气独立调整。同时,采用两段式或连续可调的可变气门升程技术。

现在歧管喷射的油压是 550kPa、缸内直喷是 15~20MPa,随着与之相关的零部件成本不断下降,油压会持续增大。

电动汽车一直在发展,但进展缓慢。起停系统可以较容易实现降低排放,然后发展为微电动驱动系统,再发展为强混合动力和电动汽车。

第二节 奥迪/大众发动机系列

在国内,常见的奥迪/大众发动机系列是 EA111/EA211 和 EA113/EA888。

一、EA111/EA211

1970 年中,EA111 发动机上市。它是直列三缸/四缸、顶置凸轮轴、正时带驱动的发动机。

EA211 是优化了的 EA111,配全新的四缸涡轮增压,缸内直喷,尺寸更紧凑、重量减轻。关于热管理,EA211 汽油发动机配备了新型的双回路冷却系统,这意味着带有机械驱动冷却泵的高温回路冷却缸体,而低温回路流过中冷器和涡轮增压器壳体。气缸盖回路加热乘客舱内部。排气歧管集成到气缸盖内,使发动机更快地预热,从而可以快速为乘客舱提供热量。在高负荷下,排气通过冷却液冷却,从而降低燃油消耗,见图 2-2。

第二章 奥迪/大众发动机管理系统

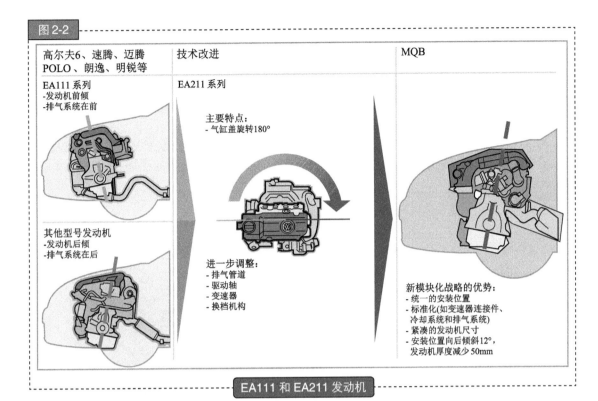

图2-2 EA111 和 EA211 发动机

二、EA113/EA888

1993年EA113上市,现在国外仍在用它装备新车,但国内它已被EA888取代。

EA888发动机是大众汽车集团目前使用较多的四缸发动机系列。它采用了最新的发动机技术,如缸内直喷、薄壁发动机缸体、可变气门正时和进/排气门升程、排气歧管集成到缸盖、EGR、独立点火系统。部分型号采用歧管喷射与缸内直喷组合,以降低油耗和冷起动排放,歧管喷射还有助于减少积炭。目前,EA888发动机有1.8T和2.0T两种排量。EA113/EA888系列发动机发展历程见图2-3。

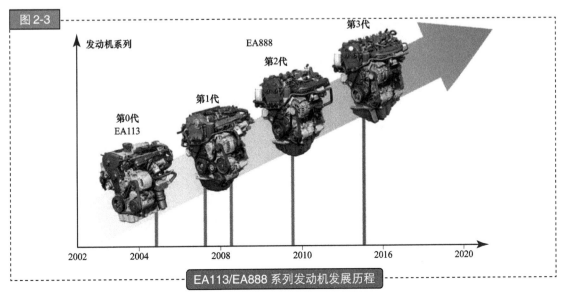

图2-3 EA113/EA888系列发动机发展历程

其主要特点是：

第 0 代：2007 年 1 月到 2007 年 7 月，EA888 试产，仅 1.8TSI 一款发动机。

第 1 代：分 1.8 和 2.0 两款发动机、按需调节的燃油系统、正时链驱动凸轮轴、进气侧 VVT、改进的曲轴箱通风。

第 2 代：按需调节的机油供给；奥迪排气侧有可变气门升程（AVS）；新增制动真空泵、采用第三代日立高压泵、HFM6 空气流量计。

第 3 代：缸盖内集成排气歧管 IAGK；创新温度管理（ITM）采用调节元件来调节发动机温度；带电动排气旁通阀的涡轮增压；MPI 和 FSI 双喷射系统，以达到节能减排的目的（参见图 2-4）。

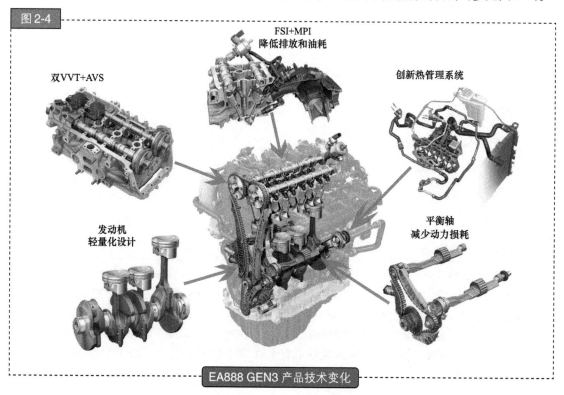

图 2-4　EA888 GEN3 产品技术变化

第 3B 代：新式 TFSI；奥迪进气侧有气门升程调节系统。

第三节　博世汽油喷射系统和点火系统的发展

奥迪 / 大众的发动机管理系统有两家供应商：博世（Bosch）和大陆（Continental），博世占的比例最大。早期的西门子（Siemens）汽车部向奥迪 / 大众提供发动机管理系统，后来与同做汽车零部件的威迪欧（VDO）合并成为 Siemens-VDO 公司，现在加入大陆公司，并以大陆（Continental）品牌向奥迪 / 大众供应发动机管理系统。

在 1967 年 9 月的法兰克福国际车展上，博世第一次推出 D-Jetronic 发动机电子燃油喷射系统，装备在大众 1600LE/TLE 汽车上。这是世界上第一套大规模生产的轿车用电子控制燃油喷射系统。博世 D-Jetronic 电子燃油喷射系统减少了燃油消耗和废气排放，提高了汽油发动机的工作效率。包括电子控制系统在内，D-Jetronic 喷射系统还运用了电动燃油泵和电磁阀控制喷油器等新技术。

第二章 奥迪/大众发动机管理系统

D-Jetronic 电子燃油喷射系统为博世的现代化燃油喷射技术打下了坚实的基础。在开发电控喷射系统的同时,博世也致力于开发低污染排放的经济型发动机系统。汽油喷射系统的简单分类见图 2-5。

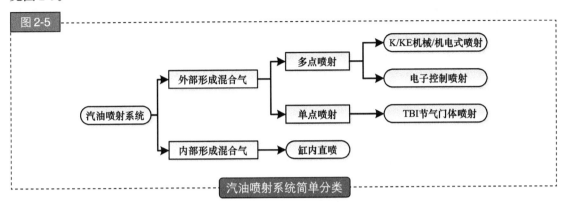

图 2-5 汽油喷射系统简单分类

根据喷油器的位置,它可分为单点喷射(节气门体喷射)、多点喷射(进气歧管喷射)和缸内直喷,见图 2-6。

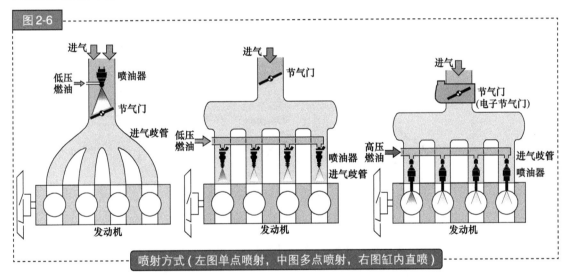

图 2-6 喷射方式(左图单点喷射,中图多点喷射,右图缸内直喷)

一 Jetronic电子燃油喷射系统

汽油喷射系统的设计目标:在任何工况下,供给发动机理想的空燃比混合气。汽油喷射系统,尤其是电子控制汽油喷射系统,在维持混合比在严格的限制范围内有比较好的效果,这可带来经济性、舒适性、方便性和功率输出上的优异表现。

1. D-Jetronic

装车时间:1967~1979 年。

D-Jetronic 这一名称来源于系统采用进气歧管压力作为喷射控制的主要输入参数,以此来准备空气燃油混合气。在德语中,"Druck"的意思是压力。

由于采用了这一新技术,发动机开发商首次可以根据发动机工况精确调控混合比,从而有效降低了油耗和污染物排放量。博世最初开发 D-Jetronic 电子燃油喷射系统的动力就是源于欧洲对更经济发动机的持续增长的需求,以及美国加州对废气排放更加苛刻的标准等。1967年,当《清洁空气法》在加州开始执行之后,博世 D-Jetronic 系统是当时唯一符合法律规定废气排放量,并能应用于汽车发动机的电喷系统。这一技术首次发布5年之后,即1972年,18家知名汽车制造商都将博世创新技术应用于批量生产。

博世 D-Jetronic 电控喷射系统中的电控装置能够通过调节汽油喷油器开启时间来控制喷射入燃烧室的汽油量。和发动机温度及转速一样,被吸入的空气量也是电控系统最重要的控制参数之一。压力传感器根据进气歧管的压力计算出进气量。此外,随着 D-Jetronic 的发展,电动燃油泵可以保证在喷射系统中提供恒定的燃油压力。D-Jetronic 系统原理图见图2-7。

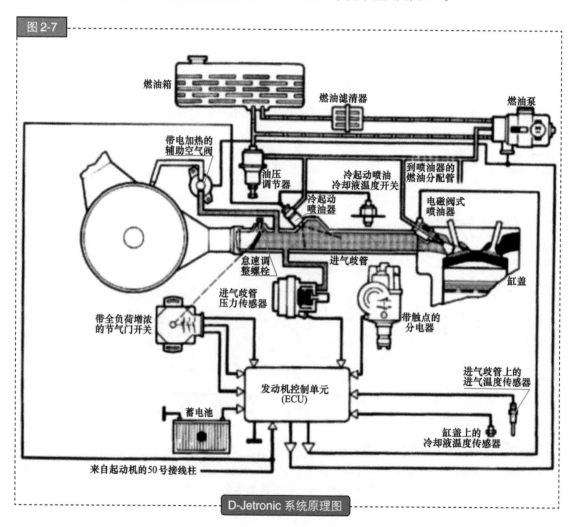

图2-7 D-Jetronic 系统原理图

2. K-Jetronic

装车时间:1973~1995年。

K-Jetronic 是建立在可靠的机械设计上,采用连续喷射形式,并可减少维修和保养的新系统。该系统根据进入发动机的空气量调节供油量。还可以装备氧传感器闭环控制系统,以满足低排放的控制标准。它的原理图见图2-8。

第二章 奥迪/大众发动机管理系统

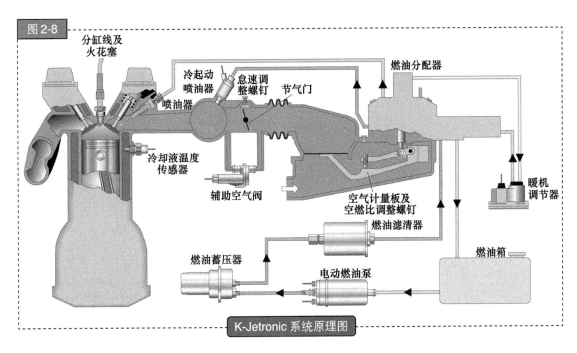

图2-8 K-Jetronic系统原理图

3. L-Jetronic

装车时间：1973~1986年。

L-Jetronic系统是采用模拟控制技术的电子燃油喷射系统，它根据进入发动机的进气量、发动机转速及其他一些运行参数间歇喷射燃油。L3-Jetronic采用了数字控制技术，可实现多个模拟控制技术不能实现的功能，系统也更稳定且运算速度更快，从而使喷油量更好地匹配发动机各种工况的使用要求。它的原理图见图2-9。

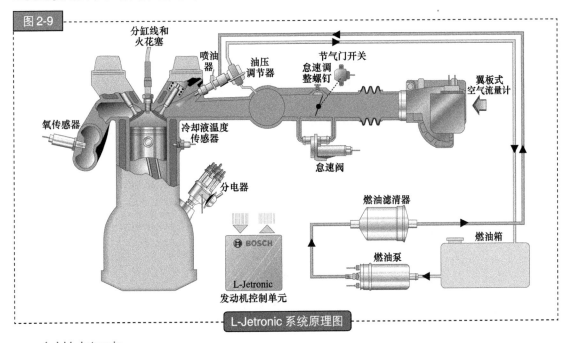

图2-9 L-Jetronic系统原理图

4. LH-Jetronic

装车时间：1981~1998年。

它采用了热线式空气流量计替代原来的翼板式空气流量计,检测进气量精度更高、受环境影响更少。它的原理图见图2-10。

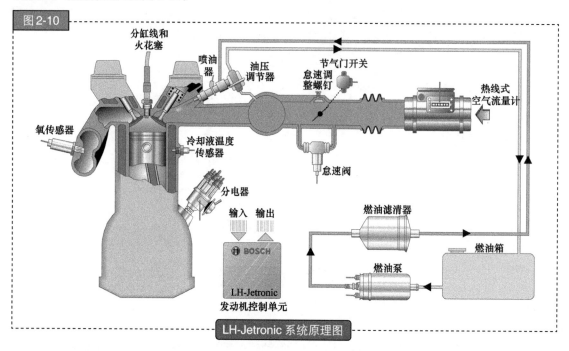

图2-10 LH-Jetronic系统原理图

5. KE-Jetronic

装车时间:1982~1996年。

为了满足更高的性能要求和更高的排放标准,博世在K-Jetronic系统中增加了ECM、主油压调节器、电液压力调节器,发展为KE-Jetronic系统。它的原理图见图2-11。

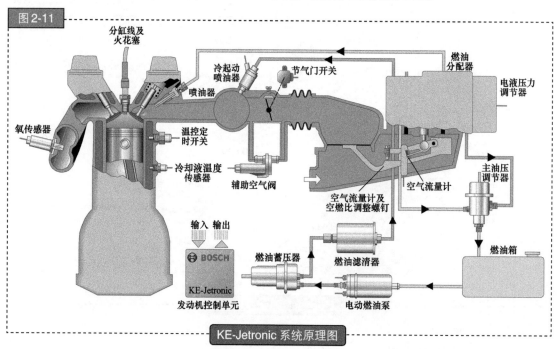

图2-11 KE-Jetronic系统原理图

6. Mono-Jetronic

装车时间：1987~1997 年。

此系统主要应用于低成本的中小型乘用车。单点喷油器直接安装在节气门体上部中央位置，一般不装备空气流量计。它以发动机转速和节气门位置传感器作为控制喷油量的主要控制参数。它的原理图见图 2-12。

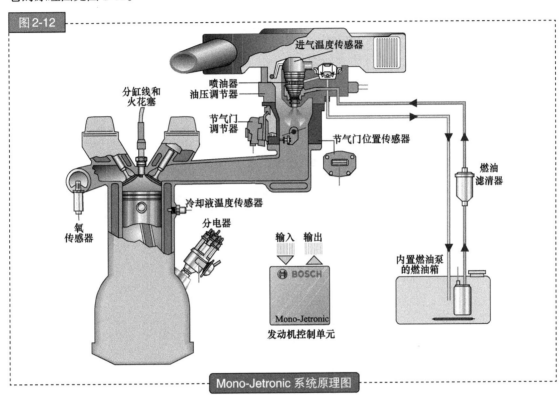

图 2-12 Mono-Jetronic 系统原理图

二 点火系统

1. 概述

控制混合气点燃的两项重要参数是点火提前角和点火能量。

点火提前角（简称点火角）一般是相对曲轴上止点（TDC）的点火时刻，它将影响发动机动力和排放。博世（Bosch）对点火系统的分类方法见图 2-13。

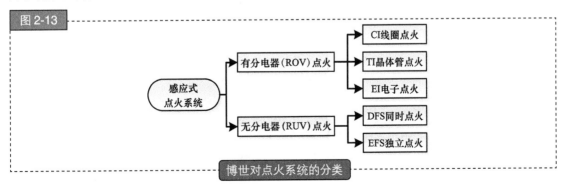

图 2-13 博世对点火系统的分类

高压电的分配，可分为有分电器（ROV）和无分电器（RUV）两类，见图 2-14。

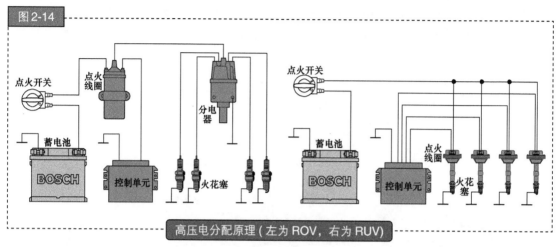

高压电分配原理 (左为 ROV，右为 RUV)

点火线圈在火花塞电极上产生一个高压，以在燃烧室中产生点火火花。根据发动机的特性和火花塞的状态，其电压可高达 30kV（涡轮增压发动机）。火花放电后，点火能量转移到混合气中，并引发燃烧过程。

RUV 中的点火线圈内部电路图见图 2-15。

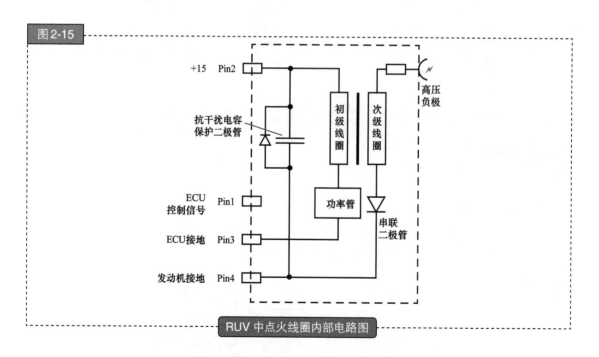

RUV 中点火线圈内部电路图

RUV 控制方式及产生的初级电流和次级电压波形见图 2-16。

现在通常使用感应式点火系统，点火能量暂时储存在点火线圈中，并经过互感后产生足够高的电压点燃混合气。可使用发动机分析仪对点火波形进行分析（见图 2-17），以判断点火是否正常。

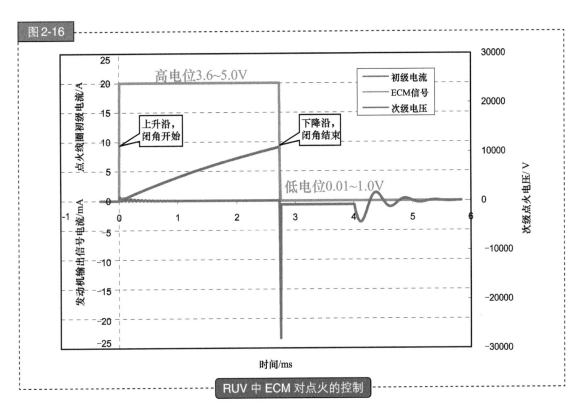

图 2-16 RUV 中 ECM 对点火的控制

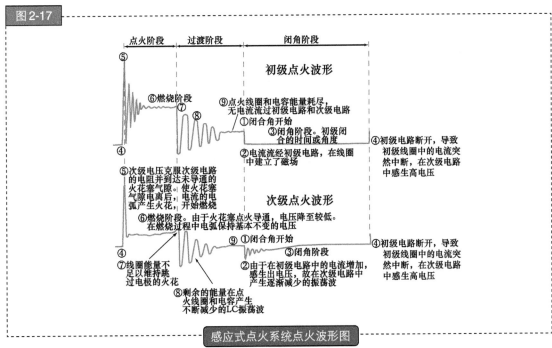

图 2-17 感应式点火系统点火波形图

2. 点火系统的发展

点火系统随着发动机动力输出和排放标准的不断提高而不断发展。在此当中，电子控制技术发挥了很重要的作用，见图 2-18。

图 2-18

感应式 点火系统	通断点火 线圈电流	点火角控制 （点火正时）	点火高压 分配
CI 传统式线圈点火	机械	机械	机械
TI 晶体管点火	电子	机械	机械
EI 电子点火	电子	电子	机械
DI 无分电器点火	电子	电子	电子

点火系统的发展

（1）CI 线圈点火

装车时间：1934~1986 年。

CI 线圈点火为断电器触发式。其通过点火线圈的电流，由分电器上的一个触点（断电器，俗称白金）以机械方式接通或断开。它的原理图见图 2-19。

图 2-19

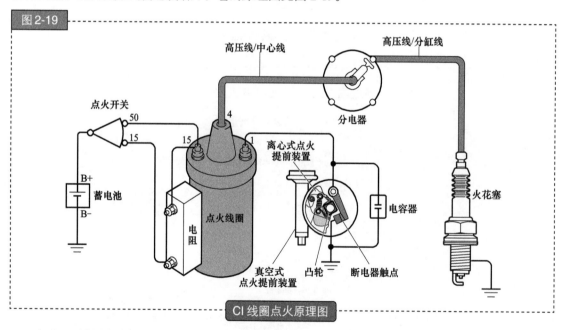

CI 线圈点火原理图

（2）TI 线圈点火

装车时间：1965~1993 年。

在这种点火系统中，晶体管（俗称点火模块）根据信号发生器产生的电信号，周期性地控制初级电流。

它分三种形式：TI-B 触点式晶体管点火、TI-H 霍尔发生器晶体管点火、TI-I 感应式脉冲发生器点火。

1）TI-B 触点式晶体管点火。它包含功率晶体管的点火模块，作用是将电流放大，并通过断电器的通断控制初级电流。其原理图见图 2-20。

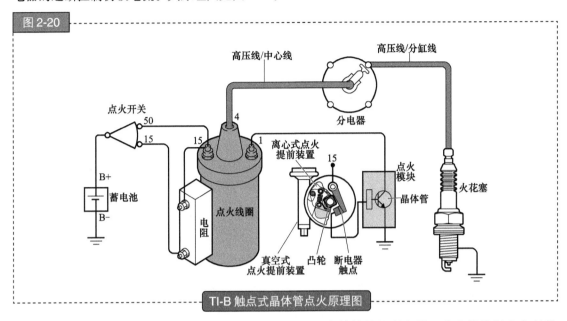

图 2-20 TI-B 触点式晶体管点火原理图

2）TI-H 霍尔发生器晶体管点火。采用霍尔发生器代替传统的断电器。点火模块闭合角的控制方式有两种：早期的取决于霍尔叶片/转子的形状，后期增强了自动调节功能。它的原理图见图 2-21。

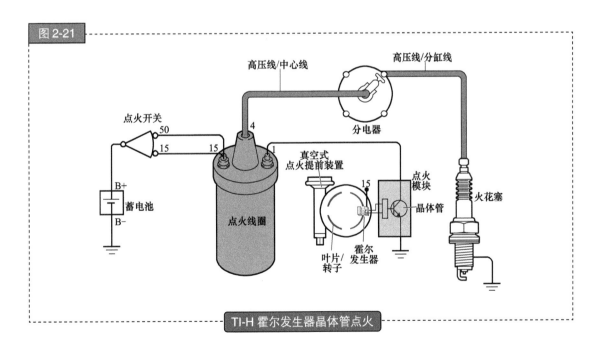

图 2-21 TI-H 霍尔发生器晶体管点火

3）TI-I 感应式脉冲发生器点火。采用感应式脉冲发生器代替传统的断电器。它的原理图见图 2-22。

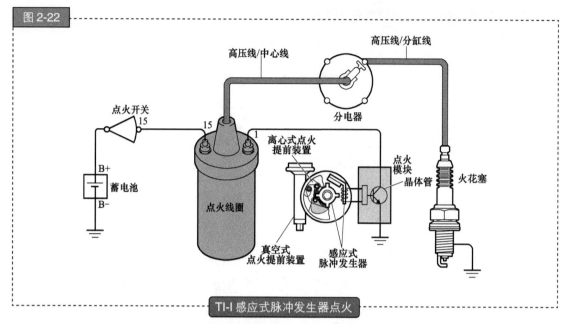

图2-22 TI-I感应式脉冲发生器点火

说明：在点火和喷油互相独立的控制系统中，不同形式的点火系统可与各种喷油系统组合。

（3）EI 电子点火

装车时间：1983~1998 年。

虽然仍采用机械式高压电分配，但点火正时采用控制单元控制。通过传感器检测发动机转速和负荷，作为主要的点火特性曲线图的输入参数。带微处理器的点火控制单元控制和触发点火。它的原理图见图 2-23。

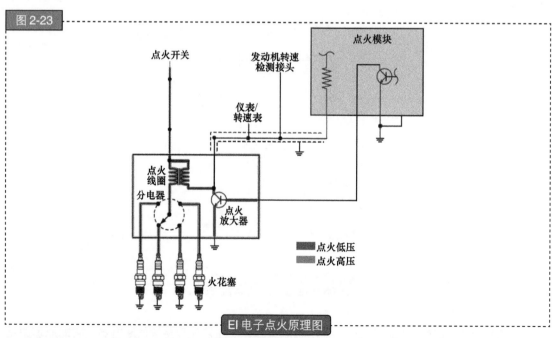

图2-23 EI 电子点火原理图

（4）DI 无分电器点火（也称为半导体直接点火）

装车时间：1983 年~现在。

DI 点火系统的高压电，不是通过机械方式（分电器）进行分配的，而是通过 ECM 进行电子分配（静态高压电分配），这使得点火系统不包含运动磨损组件。自 1998 后博世设计的发动机控制系统，已将无分电器点火与喷油控制合为一个控制单元（Motronic）。它的原理图见图 2-24。

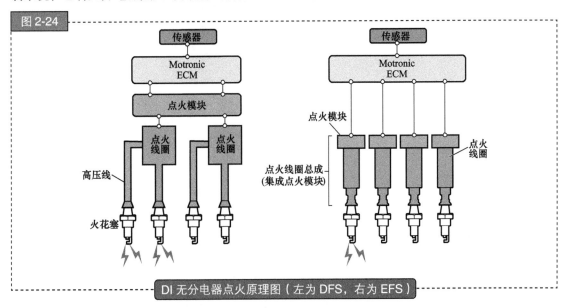

DI 无分电器点火原理图（左为 DFS，右为 EFS）

3. 火花塞

（1）火花塞的组成

汽油发动机的火花塞负责在做功行程时将气缸内的可燃混合气点燃。为此，需要在接线端子上加载约 30~40kV 的电压，并使该电压流经火花塞。在中央电极和侧电极之间就会产生电弧，就是点火火花。它主要由接线柱、绝缘体、火花塞体、电极等组成，详见图 2-25。

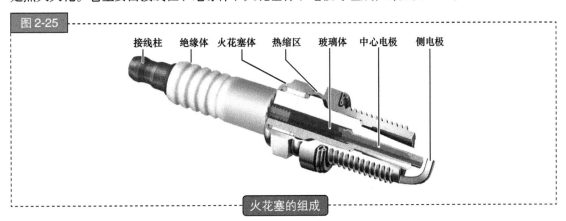

火花塞的组成

（2）火花塞电极间隙

电极间隙为中心电极和侧电极（接地电极）之间的最短距离。电极间隙越小，火花塞所需的点火电压越低。较窄的点火间隙会减小产生电弧所需的点火电压，但因点火火花只能短时间传递极小的点火能量给可燃混合气，就有可能导致点火失败。如果要求电弧通过的间隙加大，则需要提高电压。这样的间隙能有效地将能量传递给混合气，但又会减小储备点火电压，而储备点火电压的减小，则意味着点火失败的可能性增加。具体可参见图 2-26。

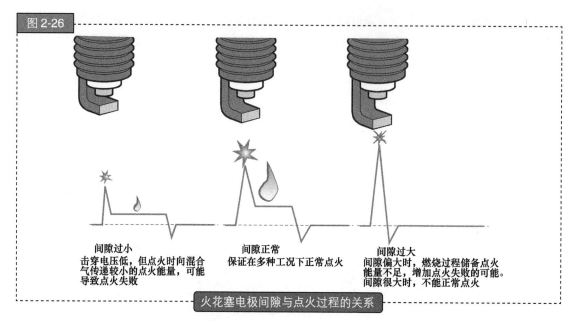

图2-26 火花塞电极间隙与点火过程的关系

（3）火花塞热值

火花塞热值本质上反映了火花塞的工作温度范围。火花塞温度过低容易产生积炭；温度过高会产生炽热引火（也叫热面引火），会损坏发动机。热值正常的火花塞，在冷起动后很快达到450℃，全负荷时温度不超过850℃。具体参见图2-27。

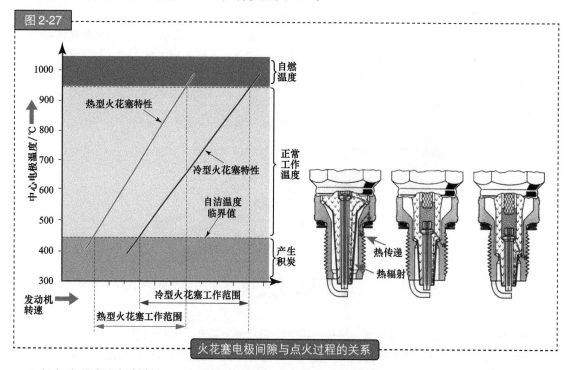

图2-27 火花塞电极间隙与点火过程的关系

（4）火花塞电极材料

在白金火花塞和铱金火花塞上，中心电极和与其相对的接地电极都覆盖着铂和铱的薄层。所以，这样的火花塞使用寿命较常规火花塞更长。常见的三种火花塞电极材料见图2-28。

因为白金和铱金都耐磨，所以这些火花塞的中心电极可以制作得很小，仍具有优良的引燃电火花性能。

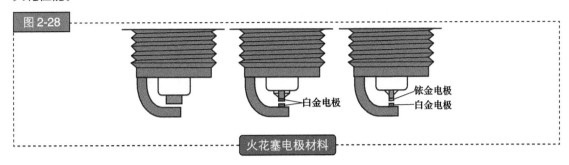

图 2-28　火花塞电极材料

三　Motronic点火和喷油集成在一个控制单元

发动机管理系统包含汽油喷射系统和点火系统。

M-Motronic：装车时间为1979年～现在。以间歇式进气歧管喷射L-Jetronic为基础，与点火系统组合而成。这种系统使用较广泛。此系统原理图参见图2-29。

KE-Motronic：装车时间为1987~1996年。以连续喷射KE-Jetronic为基础，与点火系统组合而成。

Mono-Motronic：装车时间为1898年～现在。以低成本的Mono-Jetronic为基础，与点火系统组合而成。

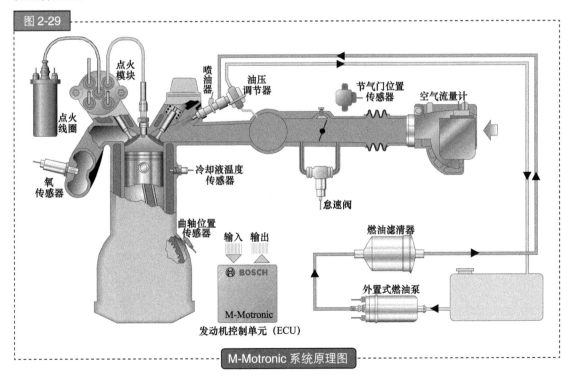

图 2-29　M-Motronic 系统原理图

四　ME-Motronic（采用电子节气门的Motronic）

1. 汽油发动机的ME-Motronic

装车时间：1989年～现在。

ME-Motronic 系统采用了电子节气门（Electronic Throttle Control，简称 ETC 或 E-Gas），使得发动机的进气量不直接由加速踏板来控制，而是由电控单元采集分析诸多信号后，通过控制节气门开度来精确确定。此系统原理图参见图 2-30。

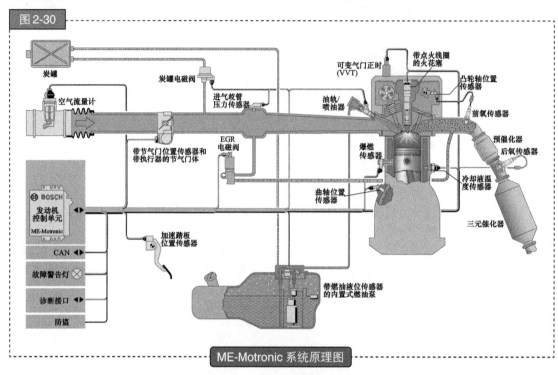

ME-Motronic 系统原理图

ME 与 M 的主要区别是节气门的控制，具体参见图 2-31。

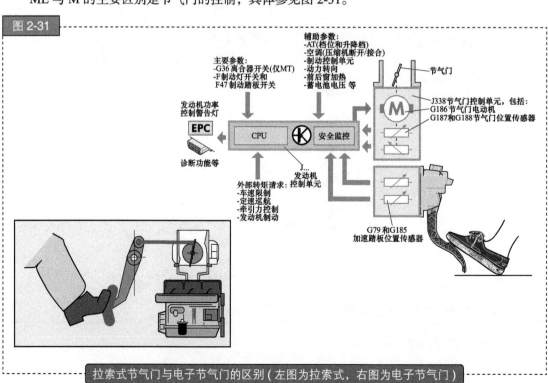

拉索式节气门与电子节气门的区别（左图为拉索式，右图为电子节气门）

2. 多种燃料系统

ME 系统也可用于多种燃料系统。

（1）汽油和乙醇双燃料系统（Flex-Fuel）

装车时间：2003 年～现在，基于 ME7.5.10 开发出的双燃料系统。

博世双燃料系统能够通过氧传感器，自动识别燃油箱中汽油和乙醇的比例，并自动调节发动机管理功能。它能通过氧传感器检测排气中的氧含量，从而修正点火角和燃料喷射量，以降低油耗和排放。此系统原理图参见图 2-32。

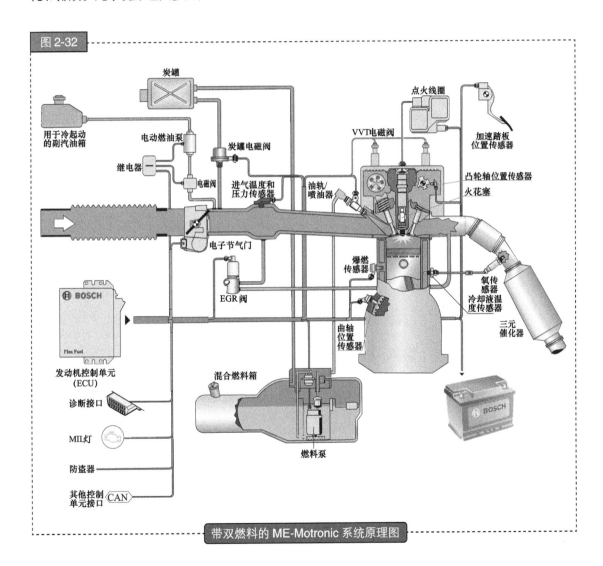

带双燃料的 ME-Motronic 系统原理图

（2）带涡轮增压的博世三燃料系统（Turbo Tri Fuel）

装车时间：2004 年～现在。

此系统能使用压缩天然气（CNG）、汽油、乙醇，或后者两种燃料的任意混合比例燃料。发动机管理系统可控制燃料喷射量、点火、进气、爆燃等。可采用涡轮增压系统，可利用三种燃料不同的优点，减少转矩损失、增大发动机动力。此系统原理图参见图 2-33。

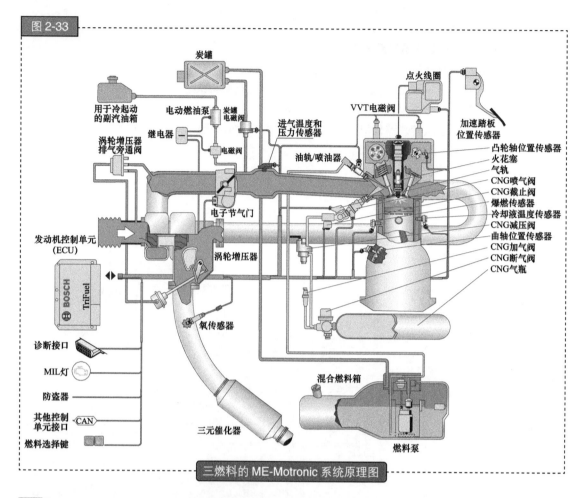

三燃料的 ME-Motronic 系统原理图

五 MED-Motronic（带缸内直喷的Motronic）

装车时间：1999 年～现在。

MED 以 ME 为基础，将汽油直接喷射入燃烧室中，它分为 MED7、MED9 和 MED17 三种版本。发展路线图参见图 2-34。

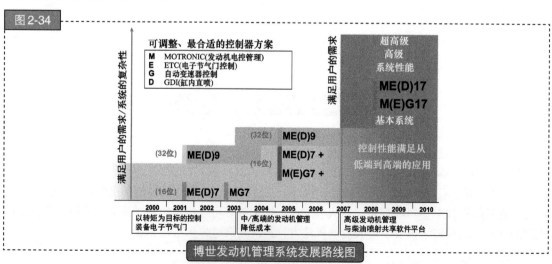

博世发动机管理系统发展路线图

第二章 奥迪/大众发动机管理系统

1. 缸内直喷（MED）的优点

采用 MED 的车，理论上最大可节省 15% 的燃油，具体原因如下。

（1）功率损失较少

在分层模式和均质稀燃模式时，节气门接近全开（参见图 2-35），$\lambda \approx 1.55\sim3$，可减少进气阻力和泵气损失。

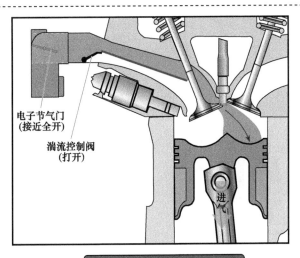

图 2-35　MED 分层模式时的进气控制

（2）可采用稀燃模式

在分层模式（参见图 2-36）时 $\lambda \approx 1.55\sim3$，在均质稀燃模式时 $\lambda \approx 1.55$。

（3）通过缸壁的热量损失更少

在分层模式时，燃烧区域仅发生在火花塞中心附进区域（参见图 2-37），这样可减少缸壁传导的热损失，提高热效率。

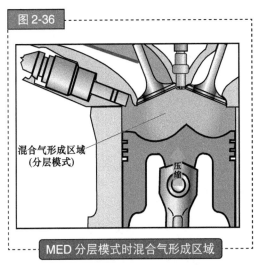

图 2-36　MED 分层模式时混合气形成区域

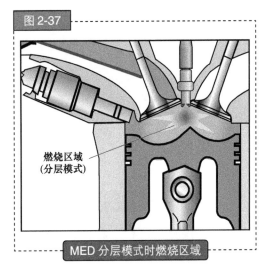

图 2-37　MED 分层模式时燃烧区域

（4）在均质模式下可实现较高 EGR 率

由于强烈的进气流动（参见图 2-38），在均质模式下的 EGR 率可以达到 25%。为了保证与低的 EGR 率时吸入一样多的新鲜空气，节气门需要更大的开度，这样进气阻力更小，降低了泵气损失。

（5）可提高压缩比

当向燃烧室直接喷射高压燃油时，燃油雾化会吸收热量（参见图 2-39），从而冷却了进入气缸中的气体，这样降低了爆燃发生的可能性，可采用更高的压缩比，其压缩终了的压力更高，从而提高了热效率。

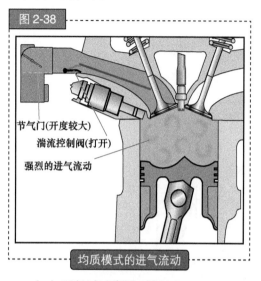

图 2-38 均质模式的进气流动

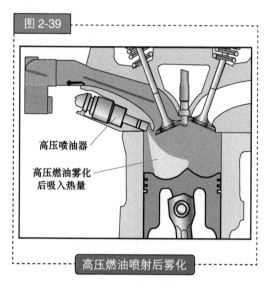

图 2-39 高压燃油喷射后雾化

（6）延长减速断油时间

因为不需要恢复喷油时在燃烧室壁形成油膜（见图 2-40），所以可以降低恢复喷油转速。喷出后雾化的燃油可立即转化为做功的能源。因此，可在较低转速恢复喷油，而且发动机运转平顺。

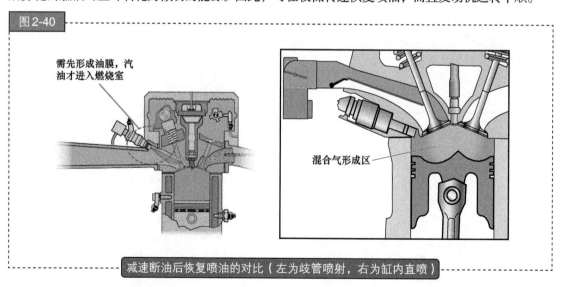

图 2-40 减速断油后恢复喷油的对比（左为歧管喷射，右为缸内直喷）

2. 缸内直喷的技术难题

（1）MED 最难处理的问题是排气后处理

在分层模式和均质稀薄模式中，传统的闭环三元催化器转换 NO_x 为 N_2 的速度均跟不上燃烧产生 NO_x 的速度，参见图 2-41。

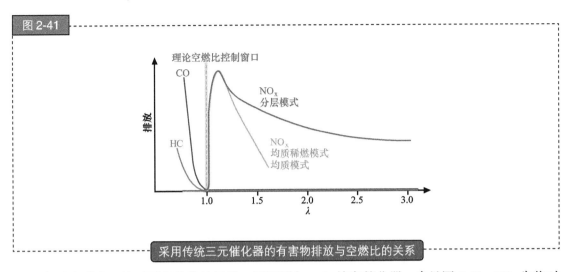

采用传统三元催化器的有害物排放与空燃比的关系

为了达到欧4甚至更高的排放标准，需要增加NO_x储存催化器，参见图2-42。NO_x先临时存储在NO_x储存催化器中，并在适当时候处理转化为N_2。这样成本就增加了。

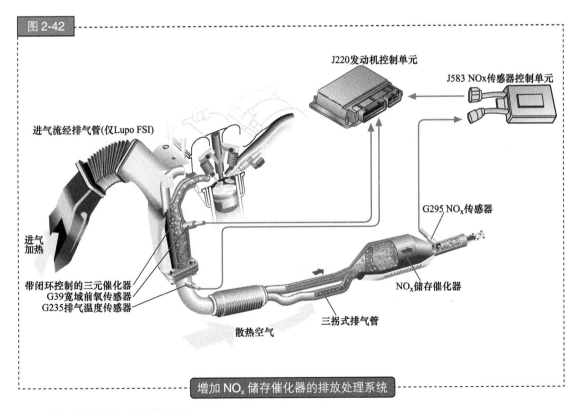

增加NO_x储存催化器的排放处理系统

（2）处理汽油中的硫（S）

由于硫的化学性质与NO_x相近，硫也储存在NO_x储存催化器中，占据了本应属于NO_x的空间（参见图2-43）。燃油中的硫含量越高，NO_x储存催化器就会产生更多的硫物质，导致油耗上升，排放增加。

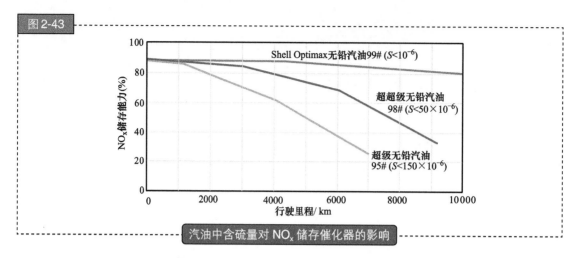

汽油中含硫量对 NO_x 储存催化器的影响

因为主要问题都发生在稀薄燃烧工况，所以非直喷式发动机在稳态工况时都控制 $\lambda =1$。

3. 博世MED发动机管理系统

（1）MED7

代表车型：大众路波和高尔夫 IV。

进气系统主要变化是为了提高燃烧室内的空气和燃油混合效率，增加了进气翻板，参见图 2-44。

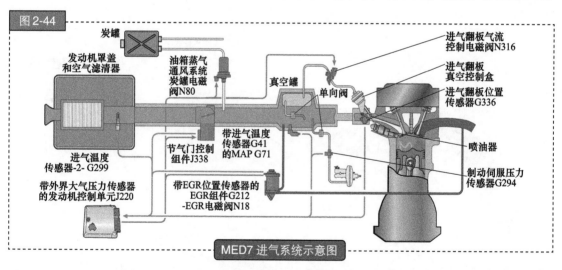

MED7 进气系统示意图

MED 发动机的燃油系统，分成一个低压系统和一个高压系统，参见图 2-45。以高压泵来表示它们的分界。在低压燃油系统中，燃油是由位于燃油箱中的电动燃油泵输送到高压泵的。

在高压燃油系统中，燃油是由高压泵提高压力后输送到燃油分配器管（共轨）中。燃油压力传感器对共轨压力进行测定，并通过燃油压力调节阀（由发动机控制器进行脉动式控制），将压力调节到 50~100bar⊖，通过高压喷油阀实施喷油。

高压泵是一种非调节的三活塞径向泵，其位置参见图 2-46。

燃油计量阀 N290 位于与高压燃油泵和燃油高压调节阀相连的入口管道上。它固定在右侧的减振支柱罩上。正常运行时，N290 打开，并且与燃油压力调节阀相连的路径是畅通的。当发动

⊖ 1bar=100kPa。

机起动时，如果冷却液温度超过110℃以及进气温度超过50℃，N290关闭约50s，切断到燃油压力调节阀的通道，低压燃油压力就上升到电动燃油泵G6的最大输送压力。根据结构规格情况，这个最大压力（它受内部限压阀的限定）在5.8~6.8bar，作用是在热起动时消除了低压油路产生燃油蒸气气泡问题。

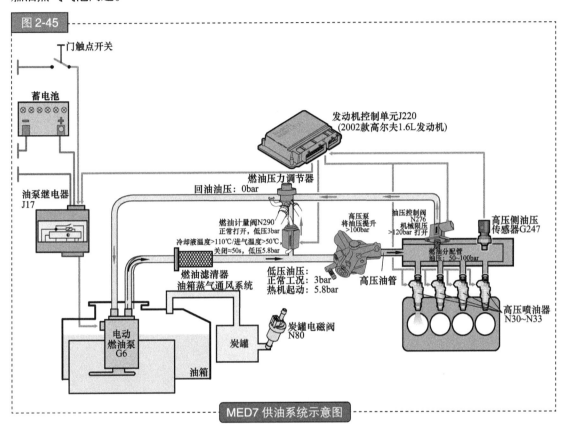

MED7供油系统示意图

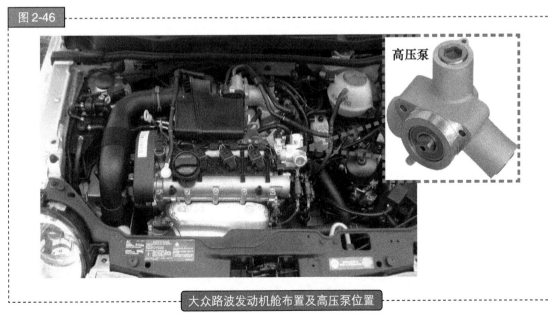

大众路波发动机舱布置及高压泵位置

（2）MED9

代表车型：德国产迈腾 3.2。

MED9 是第一个配置按需调节燃油系统的直接喷油系统。油箱（低压侧）中的电动燃油泵以及高压泵（高压侧）按需要输送燃油。此系统原理图参见图 2-47。

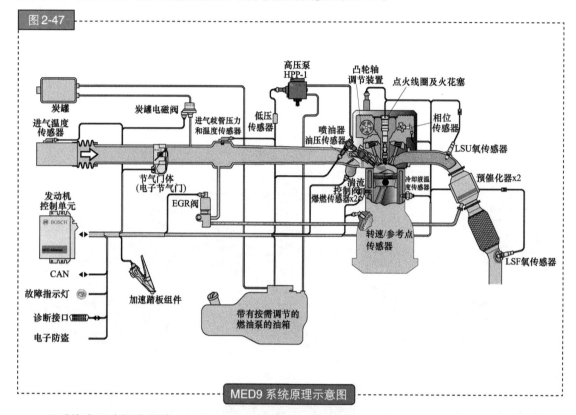

MED9 系统原理示意图

此系统有两个调节回路。

一个在低压侧：油箱中的燃油泵将燃油输送到高压泵。在输送方向的管道中（有些产品类型也在高压泵内）安装有用于低压的燃油压力传感器 G410。传感器根据燃油压力，向发动机控制器发送一个模拟电压信号。紧接着，发动机控制器向燃油泵控制器 J538 发送一个 20Hz 的脉冲宽度调制信号。燃油泵控制器根据这个信息，将电动燃油泵的负荷电流，调制出 20kHz 频率的脉冲宽度。这就是说，在电动燃油泵上的电压不是 12V，而是由脉冲宽度产生的较低的有效电压。在更换燃油泵控制单元或 ECM 后，需要通过故障导航程序来进行匹配。此系统的优点是：

- 节省电能（因为电动燃油泵的功率消耗降低）。
- 进入燃油的热量少。
- 提高了电动燃油泵的使用寿命。
- 降低了噪声，尤其是在怠速时。
- 可以对低压系统和高压系统进行自诊断（通过低压传感器）。

在高压侧也有一条回路：高压泵将燃油输送到蓄压管。此处安装有燃油压力传感器 G247。传感器向发动机控制器发送一个模拟电压信号。接着，发动机控制器就在高压泵的每次行程中，提前或错后地控制着燃油压力调节阀，从而使高压泵时而输送功率时而小一点，时而大一点。

MED9 可根据年份不同，有两种版本，参见图 2-48 和图 2-49。

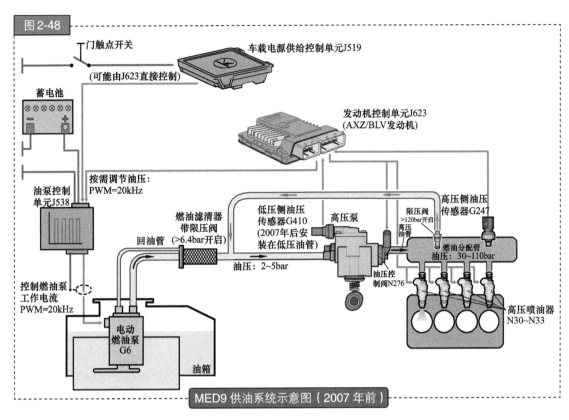

图 2-48 MED9 供油系统示意图（2007 年前）

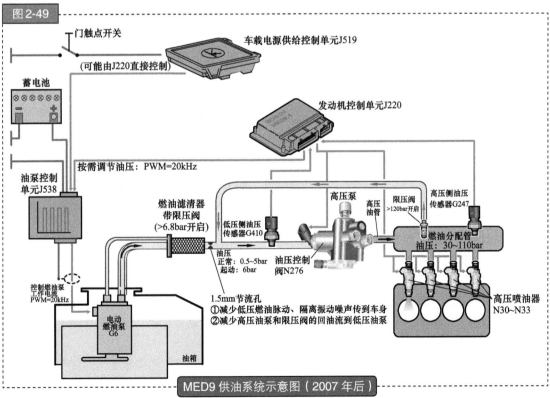

图 2-49 MED9 供油系统示意图（2007 年后）

MED9 的高压油压，在正常状态怠速工况为 30bar，参见图 2-50 中的实测数据。

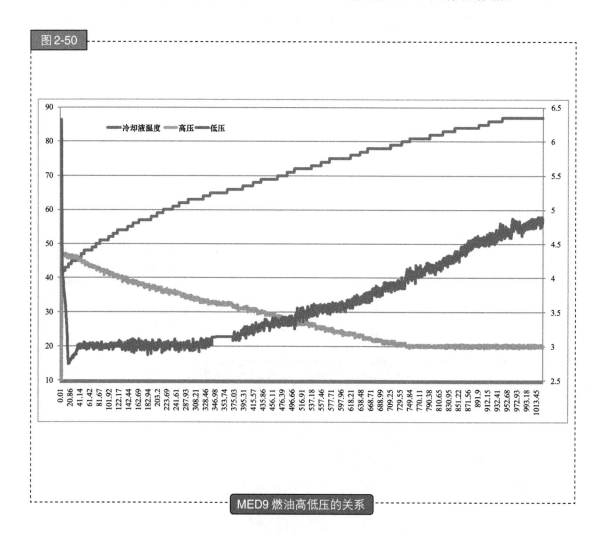

MED9 燃油高低压的关系

（3）MED17.5

代表车型：装备第 1/2 代 EA888 发动机的迈腾/速腾 1.8TSI、迈腾/高尔夫 2.0TSI。

MED17.5 的系统原理图参见图 2-51，其特点如下：

① 采用一个两态型的氧传感器，以满足排放要求。

② 取消低压燃油压力传感器 G410，由 ECM 内的特性曲线代替。

③ 进气歧管翻板在发动机转速 3000r/min 下打开。

④ 取消低压侧压力传感器。ECM 在发动机工作时，通过主动检测法判断低压油压。其原理是，ECM 在发动机稳定工作状态时，尝试不断减少低压油泵的供油量，直到高压系统的压力受到影响。ECM 会对燃油泵的调制信号与存储在 ECM 内的调制信号进行比较。如果发现两个信号有偏差，以 ECM 内存储的为准，并对低压供油控制单元进行修正。

MED17.5 的供油控制系统参见图 2-52。其中左前门信号经 CAN 发送到发动机控制器，然后发动机控制器在驾驶人侧（左前）车门打开的情况下，将信号送到高压泵控制单元上。

第二章 奥迪/大众发动机管理系统

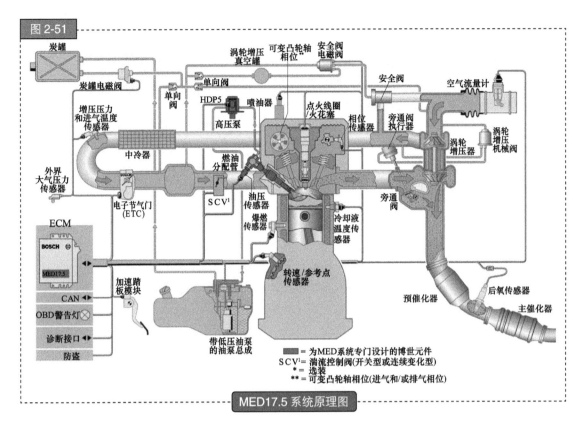

图 2-51 MED17.5 系统原理图

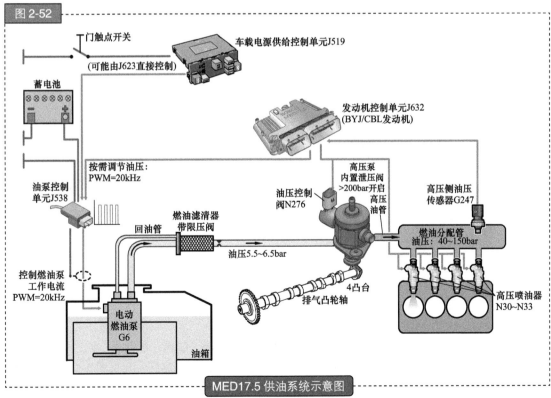

图 2-52 MED17.5 供油系统示意图

（4）MED17.5.20

代表车型：采用 EA111 发动机的速腾/高尔夫 1.4TSI。

MED 17.5.20 主要的改进功能包括：

- 在投放初期，使用两个两态氧传感器控制方式。满足欧 IV 排放。以后可能会将前氧传感器转为宽域氧传感器，可满足苛刻的欧 V 排放要求。
- 取消进气歧管翻板，避免了对排气的干扰；性能、运行的精准性和喷射系统都进行了优化设计。
- 冷却系统利用控制和诊断调整冷却效能（主要是由于冷却系统分成了两部分）。
- 高压泵升级到第三代。

喷油控制（参见图 2-53）：

- <-30℃冷起动分层燃烧喷射。由于采用第 3 代高压泵，在点火点之前就可以建立 60bar 的燃油压力。
- 发动机正常运转期间，均质喷射，$\lambda=1$。
- 只是在发动机负荷和转速突然增大的时候，混合气稍微加浓。
- 排气过热时会进行排温保护。

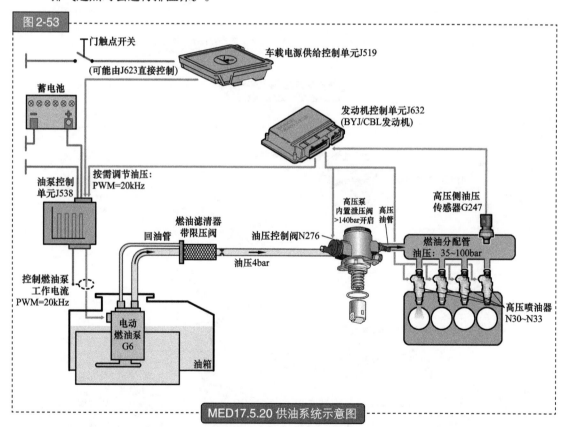

图 2-53 MED17.5.20 供油系统示意图

（5）MED17.5.21/MED17.5.25

代表车型：采用 EA211/1.4TSI 发动机的高尔夫 A7、速腾、朗逸、奥迪 A1 等。

此系统的特点是在高压燃油系统中，急速工况的高压油压都为高压，参见图 2-54。高压能够使所喷出的燃油更好雾化，以形成更佳的混合气，降低废气排放和减少积炭的生成。此外，喷油器的喷射形态经过优化，以确保喷射的燃油不接触到燃烧室中的任何部件。

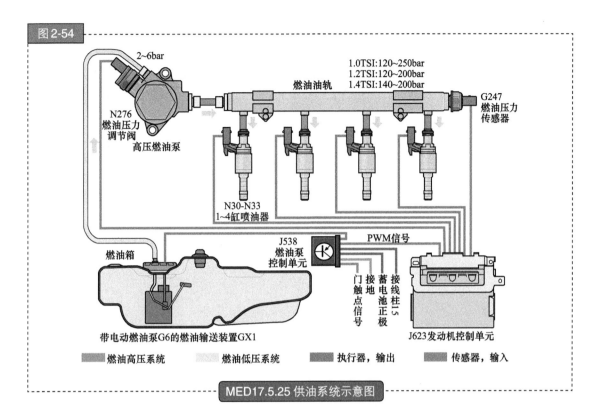

MED17.5.25 供油系统示意图

六 燃烧模式

燃烧模式是指空气和燃油混合,并在燃烧室中将能量释放的方式。在燃烧室中气流的形成,与不同的燃烧模式相关。为了达到分层喷射模式所需要的进气,喷油器将燃油喷射到相应的气流中,并在特定的区域进行空气-燃油混合。在气流流动过程中,将可燃混合气云导向火花塞方向,并在点火时刻到达。

根据喷油器在燃烧室的位置和燃烧模式,可分为以下三类(参见图 2-55)。

 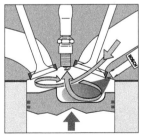 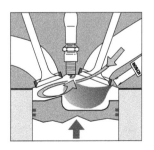

三种燃烧模式的进气情况(左为喷射导向,中为产生湍流的气流导向,右为产生湍流的缸壁导向)

喷油器在燃烧室位置及可采用的燃烧模式如下:

喷油器在燃烧室位置	燃烧模式
中置	喷射导向
侧置	缸壁导向、气流导向

1. 喷射导向的燃烧模式

喷射导向的燃烧模式特征是燃油喷射位置离火花塞很近,并且燃油立即蒸发混合(图2-55左)。为了在精确时刻点燃可燃混合气(点火角),火花塞和喷油器都要精确定位,这样高压的燃油雾气才能精确喷射。在此过程,火花塞受到非常大的热应力,因此它的炽热的火花塞必须被气化膨胀的高压燃油冷冲击。

2. 气流导向的燃烧模式

进气门打开时,下行的活塞将新鲜空气吸入燃烧室,并沿气缸壁产生紊流(进气水平旋转)。这个过程也称为"湍流燃烧模式"。

3. 缸壁导向的燃烧模式

这个模式是产生由上向下的柱形或湍流的气流,并由一个明显偏置的活塞凹槽导向火花塞。

七、工作模式

MED有多种工作模式,发动机管理系统根据不同的工况采用最恰当的模式。MED常见的9种模式参见表2-1。

表2-1 MED工作模式

工作模式	简称	λ	EGR	喷油次数	工况
分层-起动模式			×	1	(起动过程)
分层模式	SCH	1.6~3	✓	1	C
均质加热三元催化器模式	HSP	1	×	2	(起动后)
分层加热催化器模式	SKH	1	×	2	C
均质模式	HOM	1	×	1	ABCDE
		1	✓	1	BCD
均质稀燃模式	HMM	1.55	✓	1	BCD
分层模式	SCH	1.6~3	✓	1	C
均质分层模式	HOS		×	2	D
均质防爆燃模式	HKS		×	2	E

表2-1中的工况,参见图2-56。

图2-56 MED工作模式特性曲线和喷油点火正时关系图

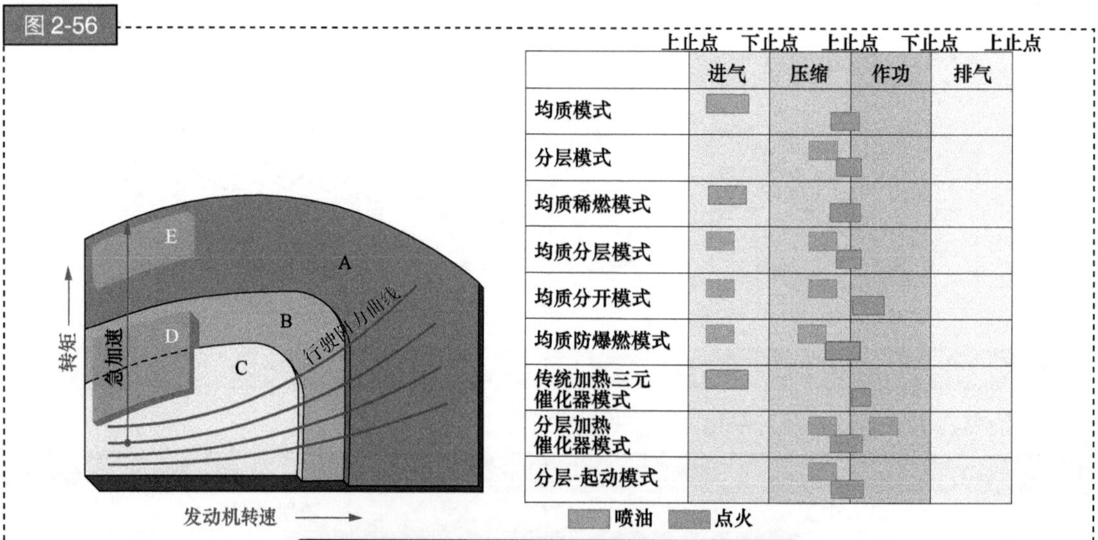

第二章 奥迪/大众发动机管理系统

现对以上模式作说明。

1. 分层模式

空燃混合气通过缸壁导向形成的湍流导向火花塞附近燃烧。喷油器位置精确设计,使喷射的燃油集中在活塞凹槽,并由此导向火花塞附近。进气歧管的湍流控制阀关闭,使得进气地燃烧室中形成湍流,并帮助燃油导向火花塞方向。此时,在火花塞附近形成混合气。

发动机管理系统必须满足以下几个重要的条件,才会切换至分层充气模式:

① 发动机处于相对应的负荷和转速范围。
② 所有的排放系统正常。
③ 冷却液温度 >50℃。
④ NO_x 传感器准备就绪。
⑤ NO_x 储存催化器温度 =250~500℃。

(1) 进气行程

为减少节气损失,节气门打开至尽可能大的位置,参见图 2-57。此时由于油箱蒸气通风系统和 EGR 的工作需要真空度,因此节气门不可能完全打开。

湍流控制阀关闭进气歧管下半部,进气气流在进气歧管上半部的流速加快,并形成湍流进入气缸。

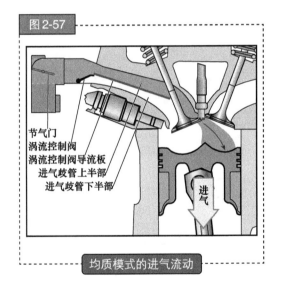

图 2-57 均质模式的进气流动

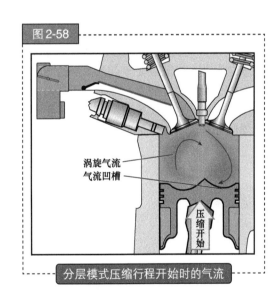

图 2-58 分层模式压缩行程开始时的气流

(2) 压缩行程

1) 形成湍流。

在气缸中,由于活塞顶的特殊形状,增加了进气的湍流运动效应,参见图 2-58。

2) 喷油。

喷油在压缩行程的后 1/3 阶段进行,参见图 2-59。它在点火 TDC 前约 60° 开始,点火 TDC 前 45° 结束。为了使混合气在火花塞附近形成,必须精确控制喷油始点。

燃油喷射入燃油凹槽的方向。喷射的形状按空燃混合气的扩散要求而设计的,参见图 2-60。

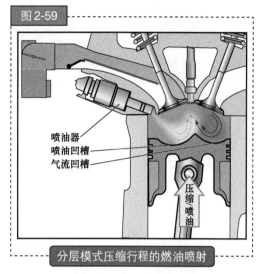

图2-59 分层模式压缩行程的燃油喷射

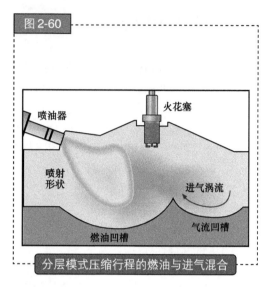

图2-60 分层模式压缩行程的燃油与进气混合

汽油/混合气通过三种方法送至火花塞附近：经汽油凹室的特别设计形状、活塞的向上推力、进气湍流运动的辅助作图，参见图2-61。

3）混合气形成过程。

在分层充气模式的工况，生成混合气的时间只有40°~50°的曲轴转角。这是影响混合气可燃性的决定性因素。如果喷油和点火间隔过短，由于未经充分混合使可燃性变差；如果间隔时间过长，燃烧室就生成很多的均质混合气。这是必须在燃烧室中央围绕火花塞形成高可燃混合气的原因。它由稳定的新鲜空气和EGR包围在外层，参见图2-62。

全燃烧室总的 $\lambda=1.6\sim3$。

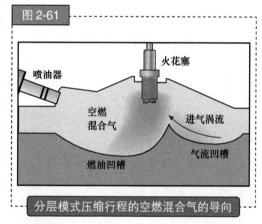

图2-61 分层模式压缩行程的空燃混合气的导向

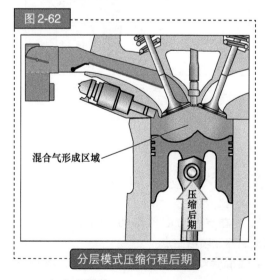

图2-62 分层模式压缩行程后期

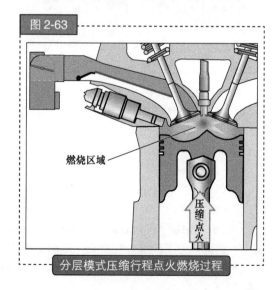

图2-63 分层模式压缩行程点火燃烧过程

4）点火燃烧。

当空燃混合气刚好位于火花塞区域时，开始点火过程，参见图 2-63。

只点燃空燃混合气，其他气体作为绝热层。这样，可减少沿气缸壁的热损失，提高发动机热效率。允许点火的曲轴转角范围较窄，因为要考虑喷射的最后一滴油和压缩行程结束后混合气形成的可用时间。

在分层模式，发动机只靠喷油量控制转矩。进气量和点火提前角影响较小。

现在的汽油发动机，有可能在起动过程中采用分层模式，所需要的燃油量在压缩行程中喷射，在马上到点火点前结束喷射。与低压起动相比，由于可以利用压缩热来生成混合气，使起动更容易。但此时采用的 $\lambda >1$。

2. 均质加热三元催化器模式（两次喷射）

均质加热三元催化器模式是均质分层模式的特例。它主要工作在起动后阶段，尽可能让三元催化器快速达到工作温度，并降低行驶噪声、减少排放和油耗，参见图 2-64。

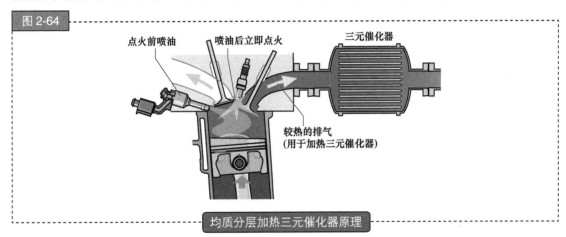

图 2-64

均质分层加热三元催化器原理

第一次喷油。在进气行程中，当曲轴转度为上止点前约 300° 时，开始第一次喷油。这有助于实现空气和燃油混合的均衡分布。

第二次喷油。在压缩行程中，当曲轴转度为上止点前约 60° 时，开始第二次喷油，但油量较少。此时对发动机有稳定作用，可将点火角极大地延迟到 TDC 后 15°~30°。这部分混合气体很迟才进行燃烧，它不会增加转矩，但可使废气温度增加。炽热的废气加热了三元催化器，使它更快地达到最佳的工作温度，参见图 2-65。

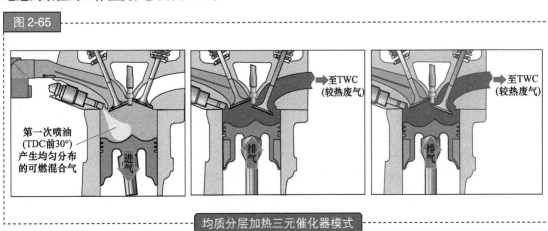

图 2-65

均质分层加热三元催化器模式

3. 均质稀燃模式

它的工作范围是分层模式和均质模式过渡工况的特性曲线。稀薄均质的混合气充满整个燃烧室。此时 $\lambda \approx 1.55$，与分层模式相似。

（1）进气行程。

1）进气

与分层模式类似，节气门尽可能打开，减少节气损失；湍流控制阀关闭，在气缸内产生强烈的湍流，参见图 2-66。

2）喷油

在进气行程，汽油在点火 TDC 前 300°（进气 TDC 后 60°）直接喷射入气缸，参见图 2-67。喷油量由发动机控制单元控制，使 $\lambda \approx 1.55$。

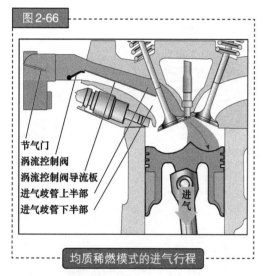

均质稀燃模式的进气行程

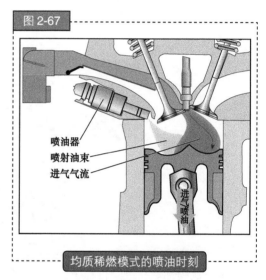

均质稀燃模式的喷油时刻

（2）压缩行程。

1）混合气形成过程

由于喷油点提前，有更多时间生成点火混合气，在燃烧室内形成均质的混合气，参见图 2-68。

2）点火燃烧

由于采用均质充气模式，燃烧室充满均质的混合气，点火提前角可选择的余地较大。燃烧过程发生在整个燃烧室，参见图 2-69。

4. 均质分层模式

在均匀分层模式下，整个燃烧室充满了一个均匀且稀薄的可燃混合气。这样的混合气是通过在进气行程中喷入基本喷油量的燃油生成的。在压缩行程时进行二次喷射（两次喷射）。这样可在火花塞周围形成较浓混合气。这种分层喷射的可燃混合气很容易点燃，火焰向外传播并点燃燃烧室其他部位的均匀稀薄混合气。

均匀分层模式一般在分层与均质模式切换之间进行几个工作循环。这使发动机管理系统可以更精确地控制转矩。第一次均质喷射的基本喷油量约为总喷油量的 75%。

在低转速稳态工况进行均质分层模式的两次喷射，其优点是相对分层喷射可降低炭烟（颗粒物）的产生、相对均质喷射可降低油耗。

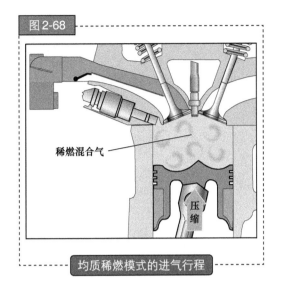

图 2-68 均质稀燃模式的进气行程

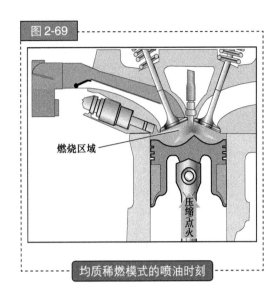

图 2-69 均质稀燃模式的喷油时刻

5. 均质模式

发动机在均质充气模式的工作与进气歧管喷射方式很相似。本质区别在于缸内直喷发动机将汽油直接喷射入气缸内。

发动机转矩由点火提前角（瞬时修正）和进气量（长期修正）确定。喷油量按 $\lambda=1$ 喷油。分层模式与均质模式的切换工况，参见图 2-70。

（1）进气行程。

1）进气

涡流控制阀根据以下工况确定打开还是关闭。

中负荷和中转速：关闭。此时的作用是让涡流的进气进入气缸，提高混合气的质量。

随着负荷和转速的增加：打开（参见图 2-71）。因为只采用进气歧管上半部使进气量不足。涡流控制阀打开，气流也可通过进气歧管下半部进入气缸。

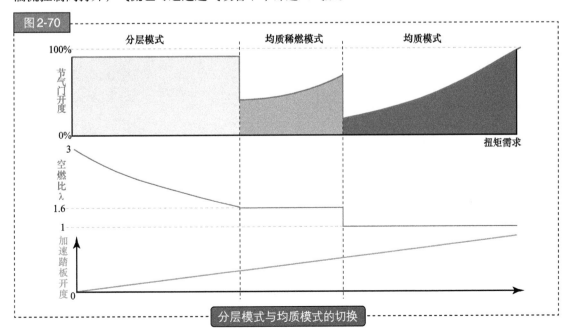

图 2-70 分层模式与均质模式的切换

2）喷油

在进气行程，汽油在点火 TDC 前 300°（进气 TDC 后 60°）直接喷射入气缸，参见图 2-72。高压的汽油（最高可达 100~150bar，根据系统的不同而不同）从喷油器喷射出来后在燃烧室雾化，并与进气混合并发生冷却。这样，相对于进气歧管喷射的机型可以提高压缩比。

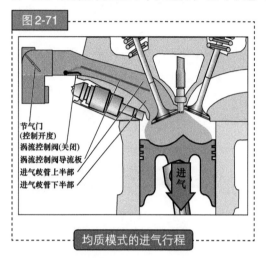

图 2-71 均质模式的进气行程

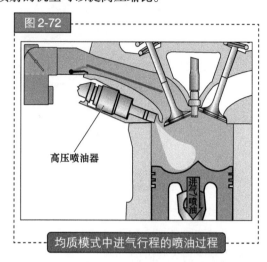

图 2-72 均质模式中进气行程的喷油过程

3）混合气形成

由于喷油在进气行程进行，所以有足够的时间进行混合气形成，参见图 2-73。结果，在气缸内使喷入的汽油和吸入的空气形成均质（均匀分布）的混合气。燃烧室内 λ=1。

（2）压缩行程终了的点火燃烧。

在均质模式，点火提前角是影响发动机转矩、油耗和排放的主要因素，参见图 2-74。

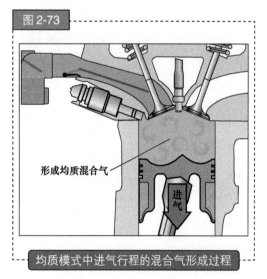

图 2-73 均质模式中进气行程的混合气形成过程

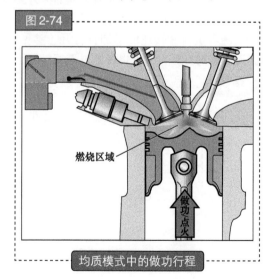

图 2-74 均质模式中的做功行程

6. 均质防爆燃模式（两次喷射）

对缸内直喷发动机来说，当转速低于 3000r/min 而节气门全开时，燃油与空气的混合不均匀，必须为防止爆燃而将点火角延迟。如果采用两次喷油（参见图 2-75），就可防止这种情况发生，并可将转矩增加 1~3N·m。

第一次喷油。在进气行程中，当曲轴转度为 TDC 前约 300° 时，开始第一次喷油，喷油量约为总喷油量的 2/3。

第二次喷油。在压缩行程开始时，喷油量约为总喷油量的 1/3。这样气缸壁上就积聚了较少的燃油。燃油几乎完全蒸发，并且改善了混合气的分布。而且，与燃烧室的其他区域相比，火花塞区域的混合比较浓。这样就改善了燃烧并且降低了爆燃的风险。

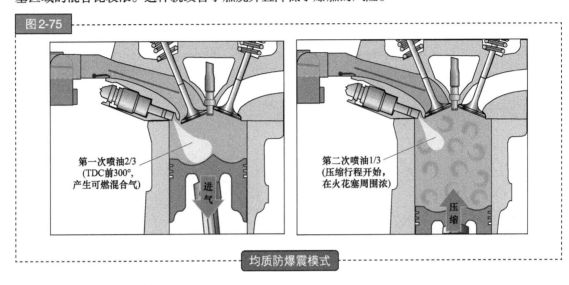

图2-75

7. 分层加热催化器模式（两次喷射）

采用此模式，可快速加热三元催化器。在分层模式下，燃烧室内存在过量的空气，在压缩行程进行第一次喷射（与分层模式相同）。在做功行程进行第二次喷射，由于这部分燃油燃烧开始时刻非常迟，导致排气行程中继续燃烧的高温混合气进入排气管。此模式一般不用于发动机冷机时加热三元催化器，因为均质加热三元催化器模式的效果更好。

此模式主要用于将 NO_x 储存催化器温度加热至超过 650℃，以使 NO_x 储存催化器进行脱硫还原。分层加热催化器模式的两次喷射就可达到此目的，因为常规工况的所有加热方法，都很难达到这样高的温度。

8. 再生模式

再生模式是指将 NO_x 存储催化器中的 NO_x 和硫（S）释放，并转换为 N_2 和 SO_2。

① NO_x 再生

当 NO_x 存储催化器中的 NO_x 超过限值后，NO_x 传感器发动机控制单元发出催化器不能再储存 NO_x 的信号，发动机控制单元就会启动 NO_x 再生。发动机控制单元从稀薄的分层模式切换至稍稍加浓的均质模式，从而增加排气中 HC 和 CO 的残留量。在 NO_x 存储催化器中，HC 和 CO 与 NO_x 中 O 结合，生成 H_2O、CO_2 和 N_2。

在分层模式中，NO_x 储存催化器最多能存储 90s 的 NO_x，然后启动持续约 2s 的再生过程，参见图 2-76。

② 硫的再生

硫的再生过程较复杂因为硫耐热性较大、NO_x 再生后硫仍会留在催化器中。

当 NO_x 储存催化器的饱和时间不断缩短，表示燃油含有较多的硫。NO_x 控制单元将此信息发送给发动机控制单元，NO_x 存储催化器的空间已充满了硫，不能再储存 NO_x 了，参见图 2-77。

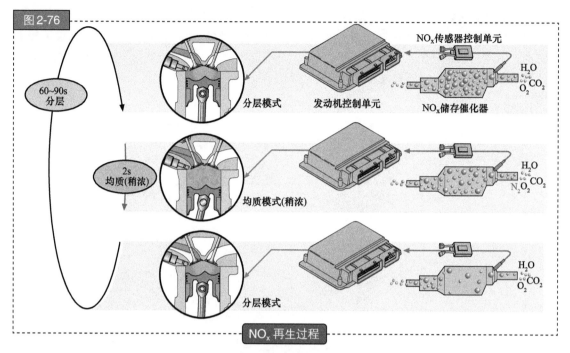

图 2-76 NOₓ 再生过程

如果超过汽车的最低车速后持续 2min，发动机控制单元将进行以下控制：
- 切换至均质模式。
- "延迟"点火提前角，以使 NOₓ 储存催化器的温度提高到 >650℃。

这样，储存的硫就会反应成 SO_2。

当在发动机大负荷和高转速工况行驶时，就会自动进行除 S 过程，因为此车汽车在均质模式下工作，并可使 NOₓ 储存催化器中达到除 S 的温度。

注意：为了降低除硫过程中的油耗，需添加无硫（如 Shell Optimax）的汽油。

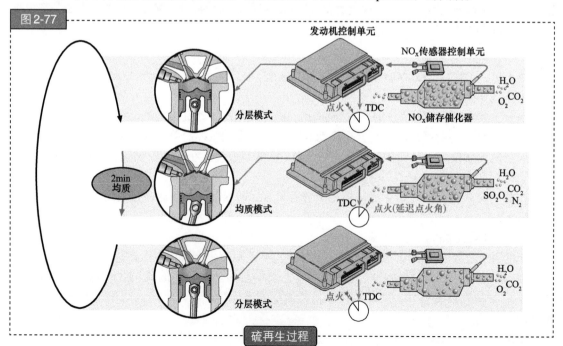

图 2-77 硫再生过程

第二章　奥迪/大众发动机管理系统

9. 奥迪/大众对工作模式的优化

奥迪/大众根据自身发动机的特点，对工作模式做了优化，见表2-2。

表2-2　奥迪/大众车型的工作模式

工况		喷射次数	策略
启动	冷却液温度<18℃	3	单次喷射时间较少，燃油喷入燃烧室的距离缩短，降低燃油接触到燃烧室内组件的可能，形成更佳的混合气，达到快速起动
	冷却液温度>18℃	2	
暖机过程加热催化器		2~3	在多次喷射加热催化器时，能快速加热催化器。 第一次喷射时，进气循环中喷出总燃油量的绝大部分。这样可使燃油和空气实现均匀的混合。 多次喷射使得发动机在延迟点火的情况下运行更平稳。得益于延迟燃烧，可达到更高的废气温度，且更多的仍可燃烧的可燃混合气经过催化器，加热的速度更快。可减少废气排放、降低油耗。
怠速		1	
部分负荷到全负荷		1~3	多次喷射有利于形成更均匀的混合气。 第一次喷射发生在进气行程中的上止点之前。根据发动机运行情况，喷出总燃油量的50%~80%。剩余的燃油量在第二次（或可能在第三次）喷出。所以沉积在气缸壁上的燃油更少。燃油几乎完全蒸发，改善了混合气的形成特性。此外，在火花塞区域形成的混合气比燃烧室其他区域形成的混合气稍浓一些。 由此改善了燃烧性能，减少了爆燃现象的发生。

八　MED高压油泵

高压油泵的作用是将低压（有可能是2~6bar，与系统有关）加压到高压（约35~150bar，与系统和工况有关）、尽量减少油轨压力波动、防止燃油和发动机机油混合。根据系统的不同，已发展了三代高压油泵。

1. 早期产品：三缸径向活塞泵

与 MED 匹配：主要装备在早期的 MED7 系统中。

由三个排列成120°的泵元件组成，可最大限度降低燃油分配管内的压力波动，参见图2-78。高压泵的输入轴由内置凸轮轴驱动。偏心凸轮上有提升环，安装在驱动轴上。当驱动轴转动，带提升环的偏心凸轮使泵活塞上下移动：

—泵活塞向下移动时：从低压供油系统吸放燃油。

—泵活塞向上移动时：燃油泵至燃油分配管。

2. 第一代高压泵

与 MED 匹配：主要装备在后期的 MED7 系统中。它的工作原理参见图2-79。

从这个高压泵的三个燃油接头上就可以看出。它不仅有一个低压接头（燃料进口）和一个高压接头，还有一个渗油管道。在阀针打开以后，有一些燃油流向泵活塞用以润滑，并经渗油管道返回油箱。

随着泵活塞开始上升运动，在泵腔内的压力升高，进气阀关闭。如果泵腔内的压力大于燃油分配器管道内的压力的话，排气阀打开，燃油被泵打回到燃油分配器管（蓄压管）内。

总监这样分析汽车数据流

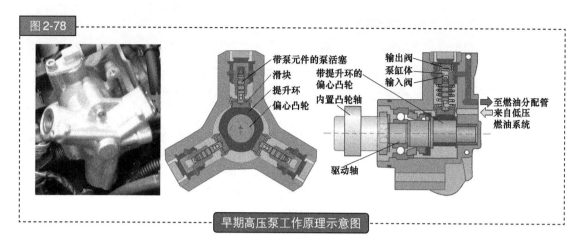

图 2-78 早期高压泵工作原理示意图

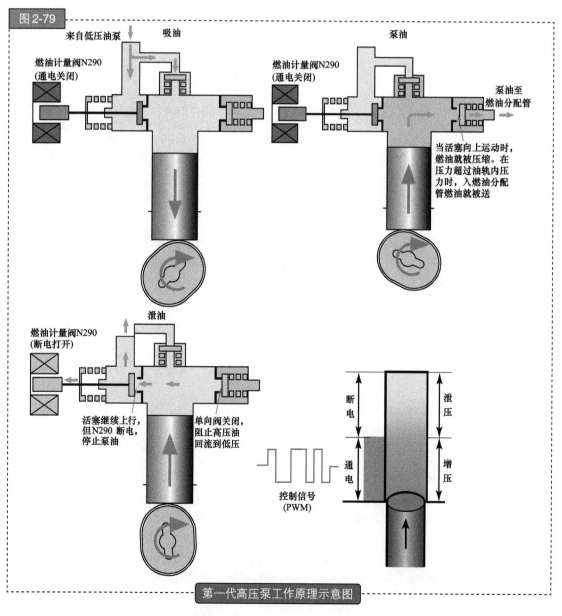

图 2-79 第一代高压泵工作原理示意图

第二章 奥迪/大众发动机管理系统

调节：如果所需的燃油压力达到，则燃油压力调节阀通电，阀针作电磁操作。它将打通与燃油进口相连的路径。在泵腔内的高压下降，而排气阀关闭。减压器用来在调节阀打开时，快速降低峰值压力，并避免低压燃油系统中的压力脉冲化。

3. 第二代高压泵

与 MED 匹配：主要装备在早期的 MED9 系统中。它的结构参见图 2-80。

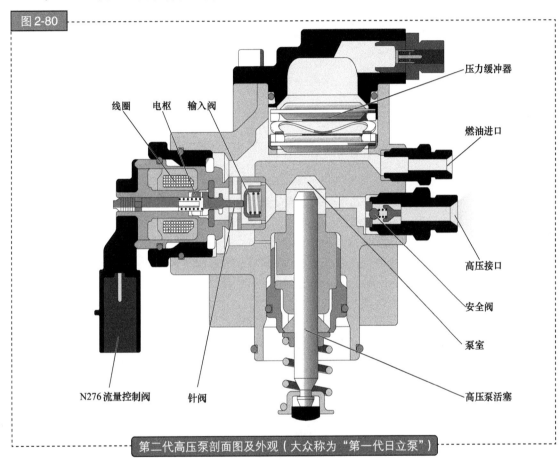

图 2-80 第二代高压泵剖面图及外观（大众称为"第一代日立泵"）

在这个结构形式中，上升的泵活塞行程的第一部分是被用作回油输送的。只是当发动机控制器向燃油压力调节阀 N276 加载电压时，进气阀才闭上，燃油压力上升。压力缓冲器消除系统中的燃油压力波动。它的工作原理参见图 2-81。

维修操作提示：在这种泵结构形式中，为了在燃油高压系统上工作，可以在电机运转的情况下，将燃油压力调节阀上的插接件拔掉。高压泵再也不能生成压力，在几秒钟内，燃料压力就下降。还有一个降压可能性：就是激活自我诊断，基本调节，显示组 140。

4. 第三代高压泵-博世泵

与 MED 匹配：主要装备在 MED17 系统中。

最新一代高压燃料泵，首先出现在速腾/高尔夫 1.4L-TSI 发动机（90kW）中。它与前面介绍的二代产品比较，特点是，在无控制（如果拔掉燃料压力调节阀上插接件，燃油压力上升）情况下的满负荷输送。另一个特点是，它有集成安装的限压阀，但并不安装在进气管底部。

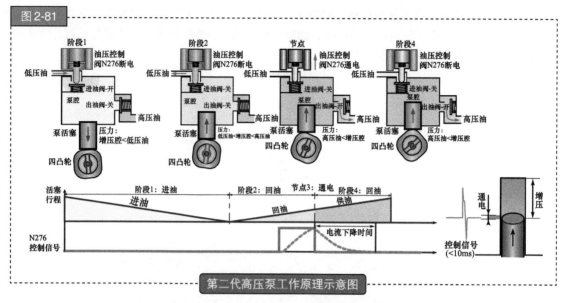

第二代高压泵工作原理示意图

在输送行程开始的一瞬那调节阀还通电,为此还在继续打开,回油产生。

右图是实际泵油行程。在回油结束后,燃油压力调节阀不再通电。由于压力比,弹簧力将阀门关闭,输送开始。燃油高压达 50~100bar。

在燃料压力调节阀失灵的时候,压力上升直至集成安装的限压阀打开(140bar)为止。

原因是,调节阀即使无电控制,也能通过压力比打开高压腔充填。

为了进气量调节,发动机管理系统调节到这个压力。转数被限制在最大 3000r/min 内。转速较高时,限压阀有可能排放不出燃油量。它的工作原理参见图 2-82。

维修中需注意:在这个变种系统中,不要试图将燃油压力调节阀上的插接件拔下使燃油压力降下来,此时油压不降反而会上升到 140bar。只有通过自诊断功能才能将高压油降压。

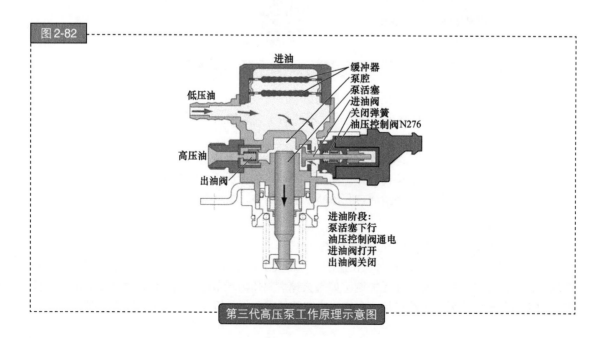

第三代高压泵工作原理示意图

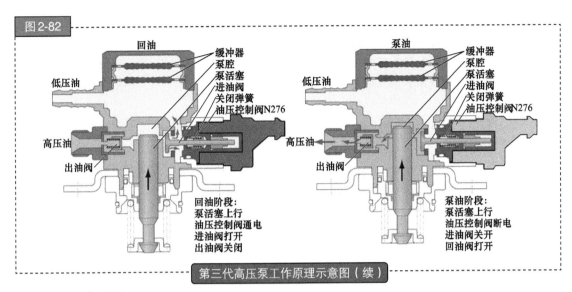

第三代高压泵工作原理示意图（续）

5. 日立高压泵

常见的日立高压泵有两款：第一代和第三代，具体参见图2-83。

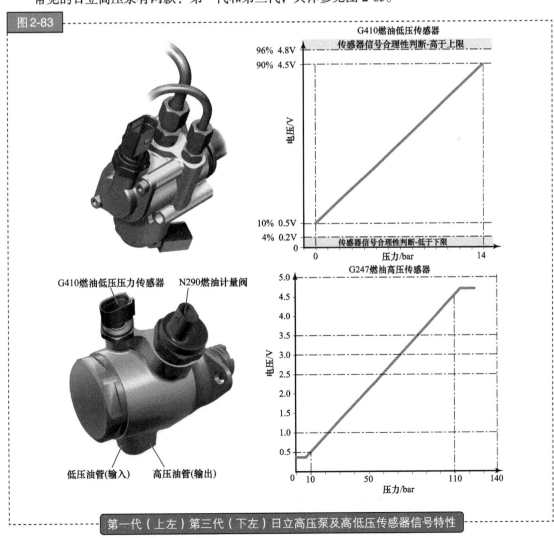

第一代（上左）第三代（下左）日立高压泵及高低压传感器信号特性

第三代日立高压泵安装在奥迪/大众的 3.0L（CNGA 发动机）上。

它的特点是：最大供油量非常大；泵内集成了限压阀，不再需要低压回油管；集成了 G410 燃油低压压力传感器；集成了 N290 燃油计量阀；集成了用于防止预供油时波动的压力缓冲器；G290 断开时，高压泵以最大供油量来供油。

九 高压喷油器

1. 介绍

高压喷油器（High-pressure injector，HDEV）安装在气缸盖上，它把高压燃油定时、定量直接喷入气缸中。HDEV 的安装位置参见图 2-84。

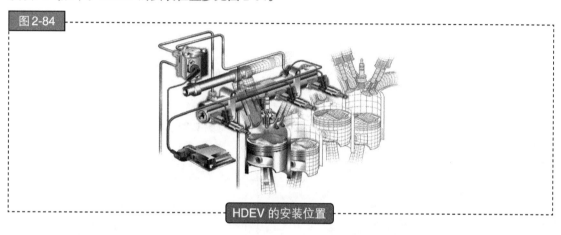

图 2-84　HDEV 的安装位置

2. 喷油脉宽的控制

对于进气歧管喷射，可在曲轴转两圈的时间内将所需燃油喷射到进气歧管中。在发动机转速 6000r/min 时，喷油脉宽相当于 20ms。但在缸内直喷系统中，仅允许较短的时间进行喷油。在均质喷射工况，燃油必须在进气行程喷射。也就是，曲轴转半圈就必须将所需燃油喷射完毕。在同样的 6000r/min 转速时，喷油脉宽只有 5ms。缸内直喷和歧管喷射喷油脉宽的区别见图 2-85。

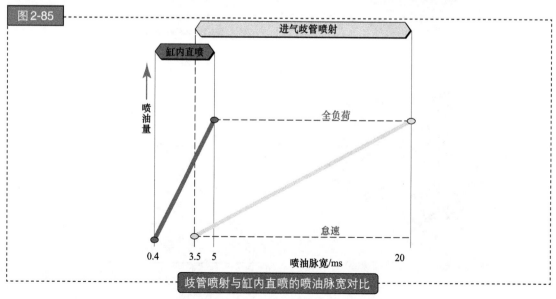

图 2-85　歧管喷射与缸内直喷的喷油脉宽对比

3. MED7的HDEV工作原理

为确保精确和不断重复的喷油过程，HDEV 必须通过复杂的控制电路进行控制。ECM 内的喷油器驱动模块根据喷油信号控制 HDEV。它的硬件原理见图 2-86。

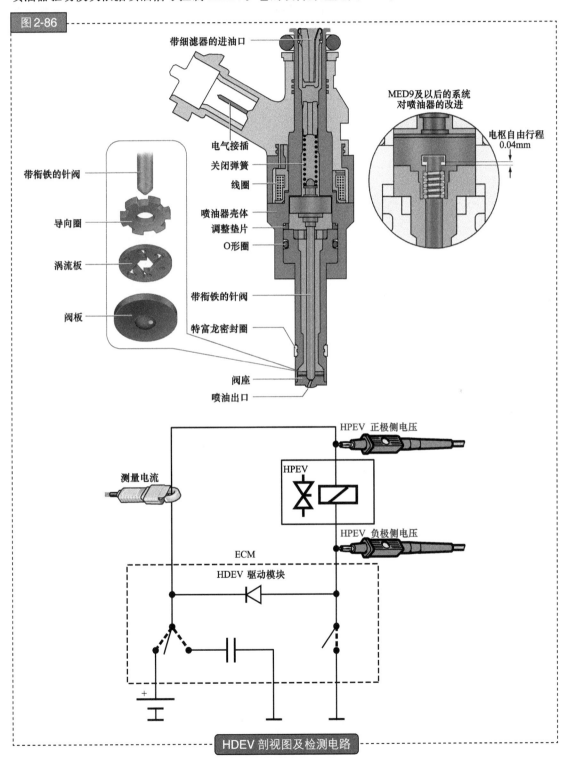

图 2-86　HDEV 剖视图及检测电路

升压电容产生50~90V的工作电压，在开始工作过程，这个电压能产生较高的电流以确保针阀快速提升。当针阀完全打开（提升到最高位置）后，通过降低电压进入针阀保持阶段。当针阀升到最高点后，只需要较少的电流就以保持针阀位置不变。当针阀保持打开时，喷油量与喷油脉宽成正比。在预激励阶段，虽然喷油器仍未开始喷油，但也计算在喷油脉宽中。HDEV电阻为$1.1\sim1.4\Omega$，它只能在电流驱动型的电路中动作，因此故障判断时测量电路的电流波形才是最准确的。由于其电路电压可能高至120V，因此测量时必须小心。它的控制原理及波形图参见图2-87。

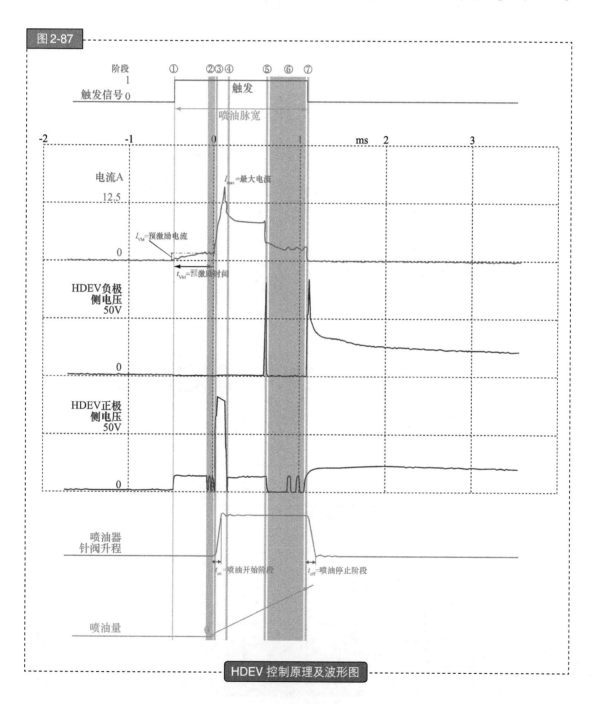

图2-87 HDEV控制原理及波形图

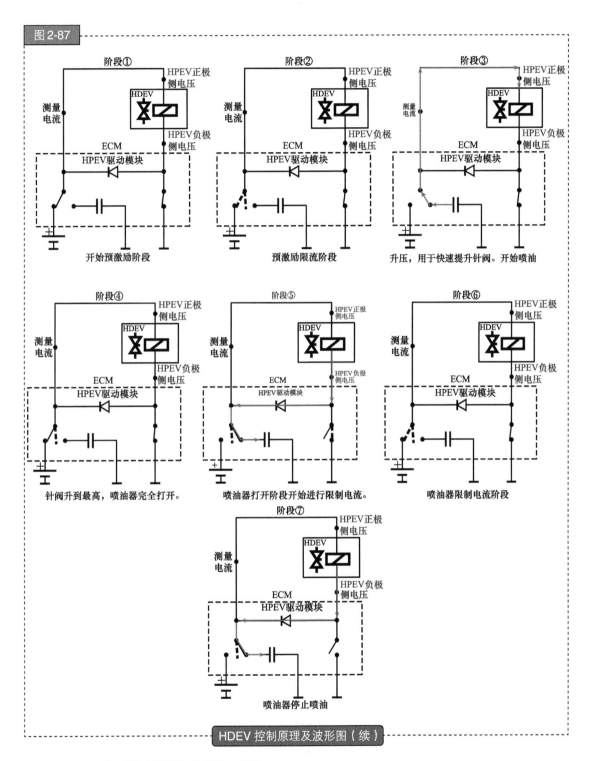

HDEV 控制原理及波形图（续）

4. MED9和MED17的HDEV工作原理

MED9及以后的HDEV驱动模块进行了重新设计，发热量更少。HDEV增加了电枢自由行程，将控制电压从90V下降到60V，并取消激励阶段。电枢的自由行程，是通过针阀与电枢分离实现的。线圈通电后，电枢产生磁场能（针阀启动力矩），针阀通过驱动延迟后提升。

图 2-88 是实测 EA111 1.4TSI 发动机怠速时的喷油器波形。针对这类波形的相关说明如下：

① HDEV 针阀打开：约 60V，0.38ms。为使针阀迅速提升，需要较高的电压和电能。

② ECM 通过调节 HDEV 的供电电压，将电流控制在目标值范围。当针阀提升到最高位置时，只需要较少的电流就能保持在原位置。

③ 断电后产生的自感电压。

④ 总喷油脉宽，约 1.21ms。

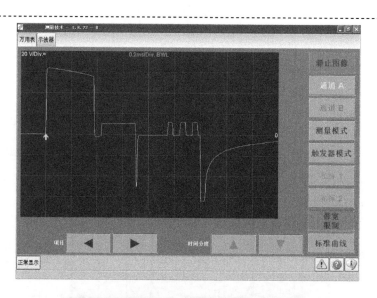

图 2-88　实测的 EA111 1.4TSI 怠速正极测电压波形图

急加速需要增加喷油脉宽时，针阀提升的电压和时间不变，延长 PWM 式调节喷油电压即可，相应波形图见图 2-89。

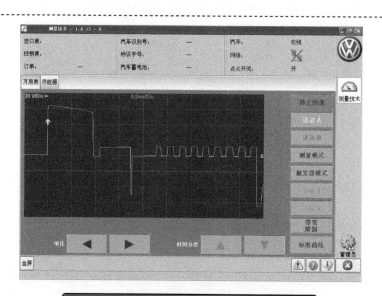

图 2-89　实测的 EA111 1.4TSI 急加速正极测电压波形图

十 故障案例

案例：通过火花塞燃烧状态判断发动机故障。

说明：火花塞在点火过程产生高压，并且直接暴露在高温高压的燃烧室中，通过观察火花塞头部的燃烧状态，能判断发动机的部分故障点。

（1）正常工况的火花塞

外观：绝缘管呈灰白、灰黄到棕色，轻微电极损耗，参见图2-90。

判断：发动机点火顺序、热值、空燃比和点火正时正确，没有失火和过热。

图2-90

正常工况的火花塞

（2）过度损耗

外观：侧电极和中心过度损耗并呈现圆形，参见图2-91。

导致后果：起动困难、急加速失火。

建议：更换火花塞。

图2-91

过度损耗的火花塞

（3）积炭

外观：在绝缘管和电极附着干燥绒状的黑色积炭，参见图2-92。

可能原因：混合气过浓、点火过迟、分火线接触不良、热值过冷、长期短途行驶。

导致后果：难起动、失火、加速不良。车辆起动后长期处于低速状态，发动机温度过低，燃烧不完全，或由于燃油质量导致燃烧不正常，造成火花塞积碳严重，从而引起发动机缸内失火，抖动，起动能力差。

建议：检修空燃比。针对低里程新车发动机失火抖动抱怨，建议对抱怨车辆挂空档，并提高转速至3000~4000r/min，保持3min，加大进气量燃烧去除火花塞上的积炭。

积炭的火花塞

（4）机油污染

外观：在绝缘体、电极和壳体有闪亮的烟灰或积炭残渣，参见图 2-93。

受机油污染的火花塞

可能原因：燃烧室有太多的机油。机油油位过高，活塞环、缸体和气门导管磨损。

导致后果：失火、难起动。

建议：大修发动机、更换火花塞。

（5）铅污染

外观：在绝缘管上有黄色或棕褐色煤渣状堆积物，或是闪亮的釉涂层，有可能存在绿色斑点，参见图 2-94。

可能原因：使用高含铅的汽油。

受铅污染的火花塞（右图为严重的铅污染）

导致后果：急加速或重负荷时失火，但一般工况时正常。如果铅污染严重，粒状的铅在大负荷时会变成导体，导致失火。

建议：清洗油箱更换无铅汽油，更换火花塞。

（6）过热

外观：绝缘管非常白并带少量黑斑点，电极损耗较快。参见图 2-95。

可能原因：火花塞拧紧不足、发动机冷却系散热不良、点火正时过早、火花塞热值过冷、严重爆燃。

导致后果：高速和/或重负荷动力不足。

（7）早燃

过热的火花塞

外观：中心电极和/或侧电极熔化或烧蚀；绝缘管起泡，铝或其他金属物沉积在绝缘管上，参见图 2-96。

可能原因：类似过热的原因。早燃发生在点火正时产生火花前；燃烧室积炭严重、燃油质量太差、火花塞过热等。

导致后果：失火、失去动力并使发动机损坏。

解决：检修发动机的点火和供油系统；安装热值合适的火花塞。

图 2-96　早燃故障的火花塞

（8）汽油添加剂污染

外观：绝缘管和侧电极变成红色，参见图 2-97。

可能原因：使用含锰（Mn）添加剂的汽油，以提高辛烷值。

导致后果：难起动、失火、急加速不良和动力不足。燃油内使用锰基抗爆燃添加剂，燃烧后红褐色的锰氧化物会附着在火花塞绝缘体与电极表面，导致火花塞失火，发动机燃烧不稳定，在高转速高负荷工况下抖动。

（9）有灰垢

外观：绝缘管和侧电极积聚较厚和灰垢，结构松散类似煤渣，参见图 2-98。

可能原因：有合金成分，由于机油或汽油添加剂积聚导致。

导致后果：早燃、动力不足甚至损坏发动机。

建议：检修发动机、更换新的火花塞，使用另一型号的机油。

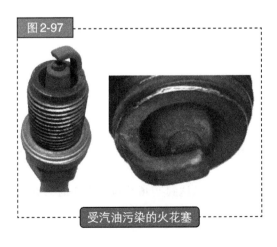

图 2-97　受汽油污染的火花塞

图 2-98　积聚灰垢的火花塞

第四节 西门子/大陆汽油喷射系统和点火系统的发展

西门子（Siemens）/大陆（Continental）/威迪欧（VDO）的系统以 Simos 为命名，单数为低端系统，双数为高端系统，其设计与博世类似。现仅介绍最新的 Simos 12/18 系统。

代表车型：采用第三代 EA888 发动机的奥迪和迈腾 1.8TSI 和 2.0TSI。

进气系统的主要变化是通过增压压力定位器 V465 进行电动废气旁通阀调节，以及增加了增压压力定位器位置传感器 G581，参见图 2-99。

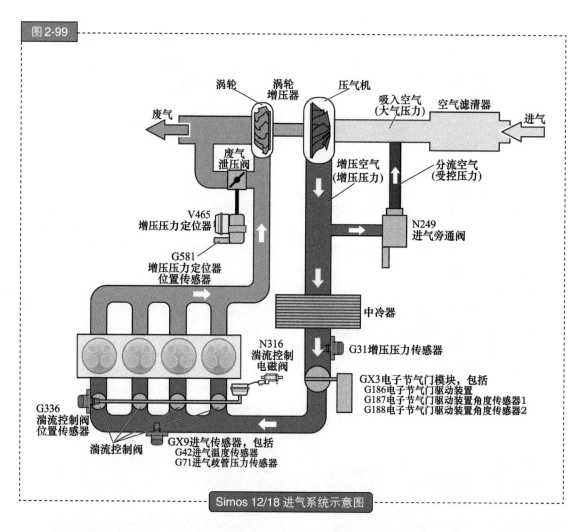

图 2-99 Simos 12/18 进气系统示意图

适用的喷油系统包括 MPI 进气歧管喷射和 FSI 缸内直喷，原理图见图 2-100，主要部件见图 2-101。新系统的主要作用是：

—主要目的是对于 MPI 能显著减少细微炭烟颗粒的排放，以达到 EU6 排放标准中有关颗粒物质量和颗粒物数量的限值。

- 将高压燃油系统的压力增至 200bar。
- 减少 CO_2 废气排放量。
- 降低部分负荷范围下的油耗。
- 具有进气歧管燃油喷射功能。
- 改善发动机运行噪声。

图 2-100

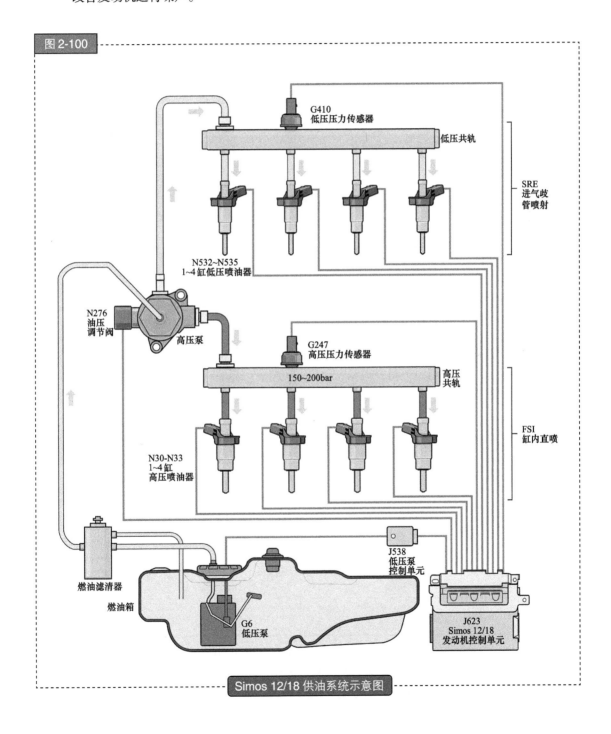

Simos 12/18 供油系统示意图

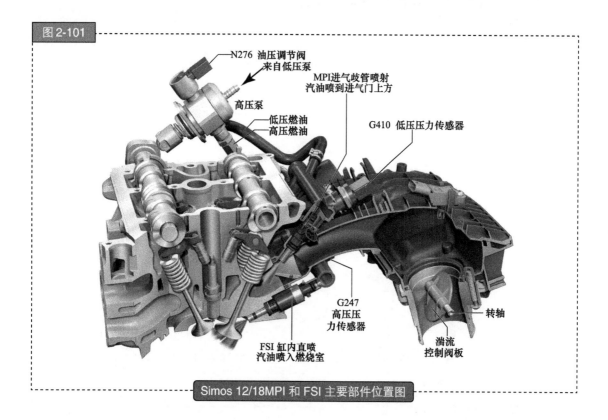

图2-101 Simos 12/18MPI 和 FSI 主要部件位置图

发动机管理系统根据特性曲线（主要参数是冷却液温度、转速和发动机负荷），主要操作目标是减少颗粒物排放、降低机油稀释的可能性和防止爆燃，可采用包括 MPI 单次喷射、FSI 单次喷射、FSI 二次喷射和 FSI 三次喷射的喷射方式，具体参见表2-3。

表2-3 MPI和FSI模式控制方式

发动机工况	MPI	FSI	其他控制
起动且冷却液温度<45℃		压缩行程三次喷射	
暖机和加热三元催化器		进气和压缩各喷一次	点火角延迟、湍流控制阀关闭
部分负荷且 >45℃	单喷	为防止高压泵内燃油焦化，短时激活一次	湍流控制阀多数情况下关闭
全负荷		进气和压缩各喷一次	
紧急运行	任一系统发生故障，另一系统替代		排放警告灯点亮

采用 SRE（歧管喷射）+FSI（缸内直喷）的原因，是 FSI 的颗粒物（炭烟）排放超过欧 6 标准（见图2-102），因此通过特性曲线计算所采取的喷射方式（见图2-103），可以使颗粒物排放最少、冷起动时机油稀释较轻、爆燃倾向较低。

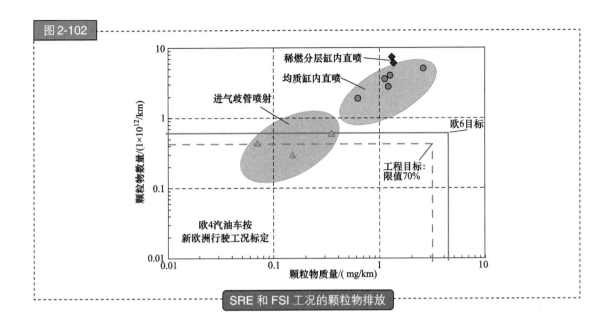

图2-102 SRE 和 FSI 工况的颗粒物排放

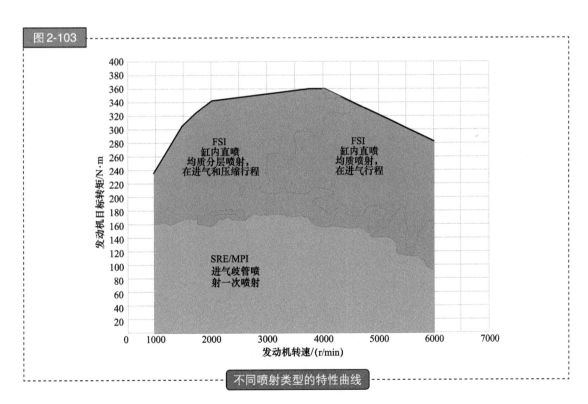

图2-103 不同喷射类型的特性曲线

第三章

000~010 组 基本功能

第三章　000~010组 基本功能

◆ 第一节　000~003组 基本功能（一）◆

一　数据流说明

1. 第000组发动机基本数据

000组数据，不是每款发动机都有。具体数据流见下。

区号	1	2	3	4	5	6	7	8	9	10
单列	冷却液温度	负荷	转速	电压	节气门开度	怠速进气控制	怠速进气学习	空燃比控制	怠速空燃比学习	部分负荷空燃比学习
双列	冷却液温度	负荷	转速	节气门开度	怠速进气控制	怠速进气学习	B1空燃比控制	B2空燃比控制	B1空燃比加修正	B2空燃比加修正

2. 第001组基本功能

基本功能如下。

001	单列	怠速		
数据项	发动机转速	冷却液温度	TWC前氧修正值	基本设定所需的工况
规定值	500~860r/min	80~115℃	-15.0%~15.0%	11111111
经验值	680r/min	84~94.5℃	-10.0%~10.0%	11111111
	双列	怠速		
数据项	发动机转速	冷却液温度	B1前氧修正值	B2前氧修正值
规定值	500~860r/min	80~115℃	-15.0%~15.0%	-15.0%~15.0%
经验值	680r/min	84~94.5℃	-10.0%~10.0%	-10.0%~10.0%

第001组第4区：基本设定所需的条件（单列）

1	2	3	4	5	6	7	8	含义
							1	冷却液温度 >80℃
						1		转速 <2000r/min
					1			节气门处于怠速位置（没有外负荷，无须进行怠速提速）
				1				λ调节正常
			1					怠速状态（怠速开关接通）
		1						空调压缩机已切断
	1							TWC>350℃
1								自诊断无故障码

3. 第002组基本功能

基本功能如下。

002	装备 MAP/MPI	怠速		
数据项	发动机转速	发动机负荷	喷油脉宽	进气压力
规定值	500~860r/min	18%~23%	2~4ms	400mbar
经验值	680r/min	18%	3ms	290~320mbar

(续)

002	装备 MAP/MPI	急速		
数据项	发动机转速	发动机负荷	喷油脉宽	进气压力
规定值	500~860r/min	16%~23%	0.51~4ms	400mbar
经验值	680r/min	17%	0.51~0.75ms	290~320mbar
	装备 HFM/TSI	急速		
数据项	发动机转速	发动机负荷	喷油脉宽	进气量
规定值	500~860r/min	16%~23%	0.51~4ms	2~5g/s
经验值	680r/min	17%	0.51~0.75ms	2.9g/s
	装备 HFM/TSI 双列	急速		
数据项	发动机转速	发动机负荷	进气量1	进气量2
规定值	500~860r/min	16%~23%	3~5g/s	3~5g/s

主要数据流解释：

002_2：发动机负荷（Engine load）

根据 GB18352《轻型汽车污染物排放限值及测量方法》中"车载诊断（OBD）系统"的规定：

计算负荷值（Calculated Load Value，CLV）是指当前空气流量除以最大空气流量（如适用，对最大空气流量进行海拔修正）的指示值。该定义提供了一个与发动机无关的无量纲数，并向维修人员提供了发动机能力使用比例的指示值（节气门全开时为100%）。

$$CLV = \frac{当前空气流量}{最大空气流量（海平面处）} \times \frac{大气压力（海平面处）}{大气压力}$$

002-2 相关故障如下。

002_2	可能的故障原因	故障排除
<10%	发动机处于倒拖工况	
10%~15%	有未经计量的空气进入	检查进气泄漏、检查空气流量计
>35%	急速抖动、某缸工作不良 开启了用电设备 动力转向处于极限位置 AT 处于行驶档 空气流量计损坏	喷油器或火花塞故障 关闭用电设备 将转向盘转至正中位置 将变速杆置于 P 位或 N 位 检查空气流量计

4. 第003组基本功能

基本功能如下。

003	装备 HFM	急速		
数据项	发动机转速	进气量	节气门开度（G187）	点火提前角
规定值	500~860r/min	2~5g/s	0%~4.0%	-15~50°BTDC
经验值	680r/min	2.9g/s	0.2%~4.0%	3~6°BTDC
	装备 MAP	急速		
数据项	发动机转速	进气压力	节气门开度（G187）	点火提前角
规定值	500~860r/min	400mbar	0%~4.0%	-15~50°BTDC
经验值	680r/min	290~320mbar	0.2%~4.0%	3~6°BTDC

第三章 000~010组 基本功能

主要数据流解释：

003_3	可能的故障原因	故障排除
>4%	发动机控制单元未进行节气门匹配 节气门位置传感器故障 节气门卡滞	进行节气门匹配 检查节气门 检查原因，包括清洗节气门

二 相关原理说明

1. 曲轴位置传感器G28

G28作为检测曲轴位置和转速的主要输入变量之一，可确定点火正时和喷油正时的测量基准值。它一般安装在单独的G28信号盘上（参见图3-1），或压装在曲轴密封法兰上（参见图3-2）。

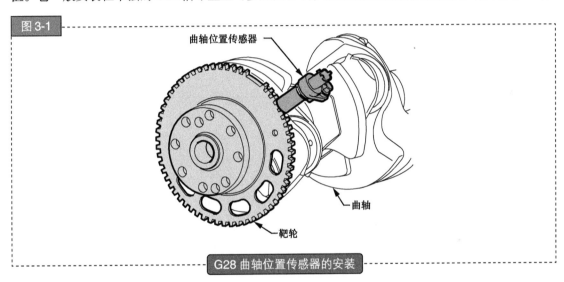

图3-1 G28曲轴位置传感器的安装

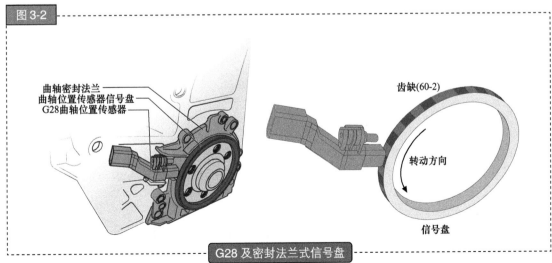

图3-2 G28及密封法兰式信号盘

（1）G28的类型

常见的G28有三种：磁感应式/被动型，代号DG-6；霍尔式/主动型，代号DG-23；能识别正反向型，代号DG-23i。具体参见表3-1。

表3-1 G28类型及性能

型号	DG-6	DG-23	DG-23i
原理	磁感应式	霍尔式	霍尔式
可检测转速范围 /r/min	20~7000	0~8000	向前 0~8000 向后 0~4000
耐温性能	-40~150℃		
线圈电阻 /Ω（20℃时）	860±86		
输入电压 /V	—	5	5
输出电压 /V	0~200	0、5	0、5
安装间隙 /mm	0.3~1.8	0.2~1.8	0.5~1.5

1）磁感应式/被动型，代号 DG-6

DG-6 的电路图和诊断示意见图 3-3。

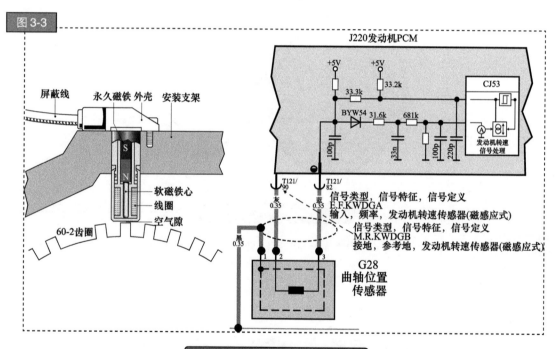

图3-3 DG-6 的电路图和诊断设计示意图

G28 正对信号盘。当信号盘随曲轴转动时，G28 与信号盘中的齿的气隙发生变化，导致磁通量发生变化，从而在 G28 中的线圈产生感生电动势。感生电动势的频率和幅值与转速成正比，参见图 3-4。

但磁感应式 G28 有以下缺点：

① 信号（幅值）大小与曲轴转速有关。由于 ECM 只能接受 5V 以上的电压，因此不能有效检测低于 20r/min 的曲轴转速，不利于快速起动。

② 对安装间隙要求较高。

③ 容易受到振动、噪声等导致气隙波动的干扰。

④ 不能识别正反转。

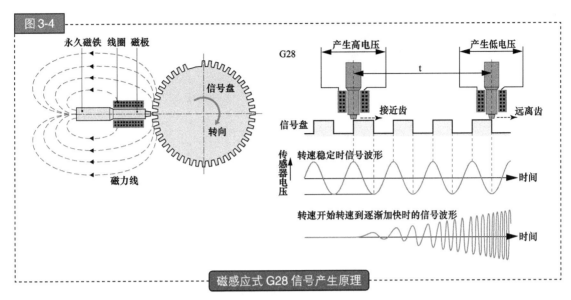

磁感应式 G28 信号产生原理

因此，现在的车型多采用霍尔式传感器。

2）霍尔式 / 主动型，代号 DG-23。

较多车型采用一个带有集成式发动机转速传感器轮的曲轴密封法兰，见图 3-2。曲轴密封法兰在飞轮侧将气缸体密封住。曲轴位置传感器（发动机转速传感器）是一个霍尔传感器，发动机转速传感器轮由一个涂有橡胶混合物的钢环组成。在橡胶混合物中含有大量的金属屑，这些金属屑以交替方式磁化为 N 极和 S 极区域。作为发动机转速传感器的基准标记，传感器信号盘上有一个较大的 N 极区域（60-2）。传感器轮压装在曲轴法兰上且定位精确。

另一种形式是将霍尔元件和磁铁集成在 DG-23 中，检测 60-2 齿的信号盘，参见图 3-5。

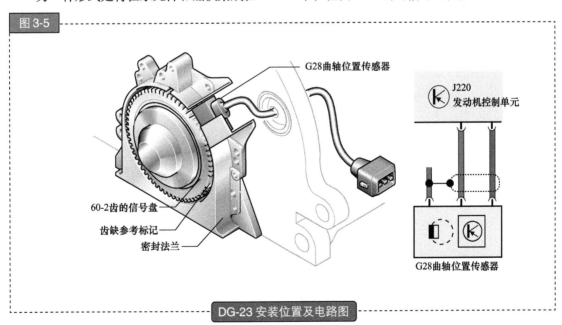

DG-23 安装位置及电路图

DG-23 的工作原理是利用霍尔效应进行检测，参见图 3-6。它的优点是对间隙和温度不敏感、输出信号大、不易受磁场干扰。

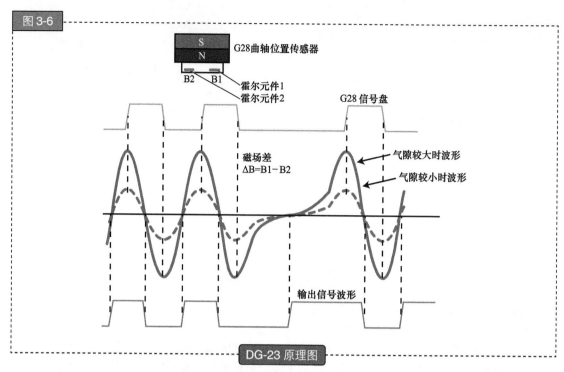

图 3-6

DG-23 原理图

3）能识别发动机转向的霍尔式/主动型，代号 DG-23i

EA211 及以后所有 TSI 发动机，均配备有能识别发动机转向的 G28 传感器 DG-23i。

在装备有起停系统的车辆中，当发动机自动停机后为了迅速再次起动，发动机控制单元必须识别曲轴的准确位置。发动机进入停机工况，发动机会再转几圈才完全停转。如果某缸活塞在压缩上止点前，那么该活塞会被压缩压力向回推，发动机逆向转动。新款 G28 是由三块霍尔元件组成，能识别顺转和逆转，并将处理后的信号输送给发动机控制单元，参见图 3-7。DG-23i 的工作原理参见图 3-8。

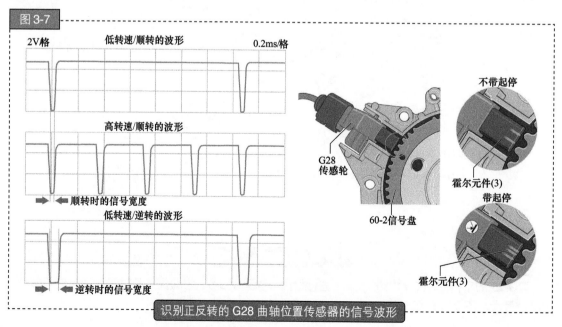

图 3-7

识别正反转的 G28 曲轴位置传感器的信号波形

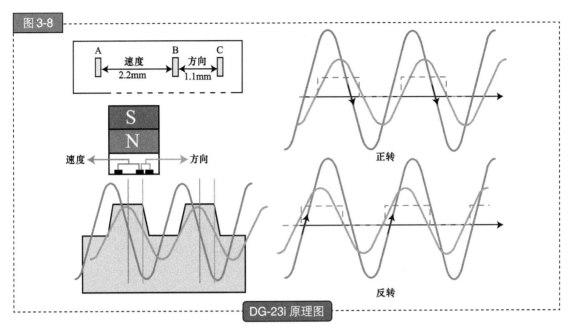

DG-23i 原理图

（2）曲轴上止点缺齿信号

G28 传感器采用 60-2 齿的测速方法，60-2 感应齿圈安装在飞轮上。

当 G28 信号盘随曲轴旋转时，信号转子每转过一个凸齿，传感线圈中就会产生一个周期性交变电动势（即电动势出现一次最大值和一次最小值），线圈相应地输出一个交变电压信号。因为信号盘上设有一个产生基准信号的大齿缺，所以当大齿缺转过 G28 时，信号电压所占的时间较长，即输出信号为一宽脉冲信号，该信号对应于气缸 1 或气缸 4 压缩上止点前一定角度。

当 ECM 检测到某两个下降沿间的距离大于两个齿的距离，就会确认上止点齿缺信号。曲轴每转一圈，系统就会接收到一个曲轴上止点齿缺信号，并根据这个信号与曲轴位置保持"同步"，进而确保系统能正确地控制喷油和点火正时，参见图 3-9。

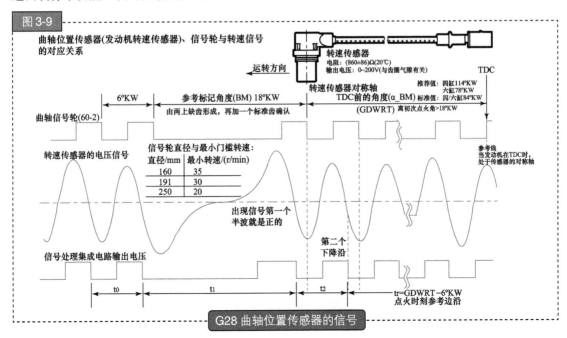

G28 曲轴位置传感器的信号

（3）转速信号

ECM 通过 G28 检测曲轴转速，作为发动机管理的基本参数之一。

2. 相位（凸轮轴位置）传感器 G40

G40 的作用是向 ECM 提供发动机凸轮轴相位信息，结合 G28 信号，可区分曲轴是处于第 1 缸压缩上止点还是排气上止点。

目前大多数系统所用的相位（凸轮轴位置）传感器是霍尔式的，其信号盘安装在凸轮轴上。当信号轮上的凸台经过相位传感器时，磁场发生变化，从而使相位传感器输出的信号电压产生变化。

（1）G40 的类型

1）PG-1 挡板式霍尔传感器

用于早期的车上。当发动机凸轮轴带动触发钢制转子旋转时，叶片周期性通过空气隙，引起磁路状态变化，由此产生相应的霍尔电压以及输出电平脉冲信号，参见图 3-10。

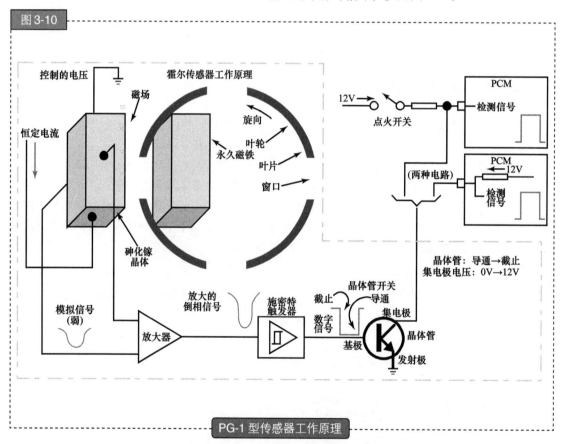

图 3-10

对于采用快速起动功能的车型，装备了带两个宽板和两个窄板（两个大窗、两个小窗）的快速起动信号盘，参见图 3-11。如果霍尔传感器中出现一个隔板，那么传感器信号输出电平就为高（High），参见图 3-12。

2）PG-3.3 差分式霍尔传感器

PG-3.3 的信号盘设计成相邻的双轨道式，互为反相布置。双轨道的设计，确保生成的信号更精确。当霍尔元件 1 处于轨道金属位置时，霍尔元件 2 就处于空隙，参见图 3-13。

图 3-11

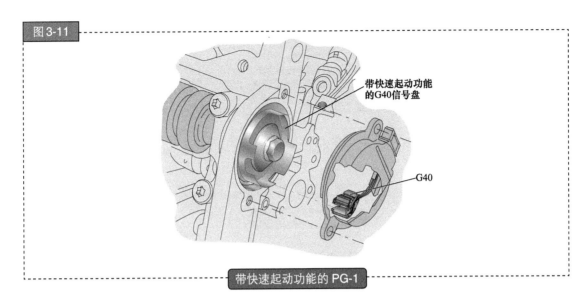

带快速起动功能的 PG-1

图 3-12

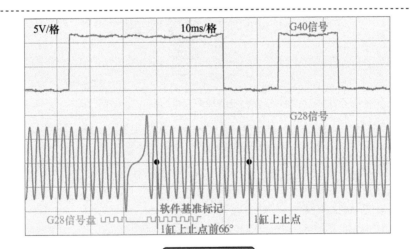

PG-1 信号波形

图 3-13

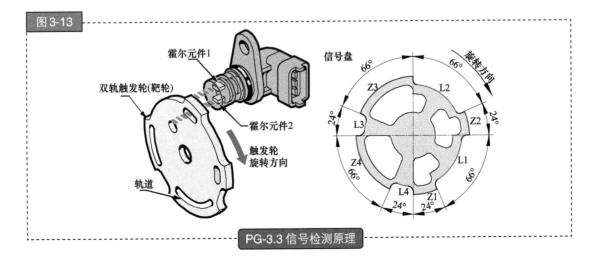

PG-3.3 信号检测原理

霍尔元件1和2的差值，用于评估并产生输出信号，参见图3-14。

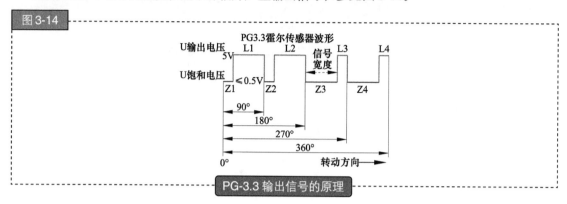

图3-14　PG-3.3输出信号的原理

3）PG-3.5 单霍尔元件的传感器

PG-3.5 主要是利用霍尔原理产生交变信号，参见图3-15。

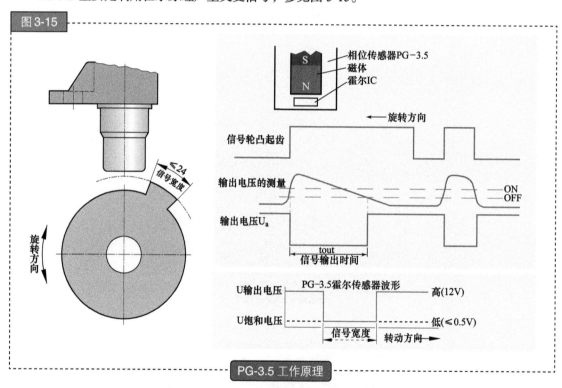

图3-15　PG-3.5工作原理

4）PG-3.8 单霍尔元件的传感器

PG-3.8 安装在发动机上，通过测量连接在凸轮轴信号盘的齿或磁环的位置变化，来确定凸轮轴的位置和转速。由于信号盘在 PG-3.8 的磁场里旋转，由磁感应原理，信号盘旋转时会改变磁通量的大小，带动传感器线圈里电流的变化，从而改变输出信号的大小。通过 ASIC 对信号进行处理从而得到测量数据，参见图3-16。

（2）G40 和 G28 共同判断第1缸上止点

1）G40 信号盘为普通型

在发动机起动过程，装备普通凸轮轴信号盘的发动机中，ECM 检测到第一次 G28 缺齿信号后，曲轴再转一圈才能准确判断1缸上止点，参见图3-17。

第三章　000~010组 基本功能

图 3-16

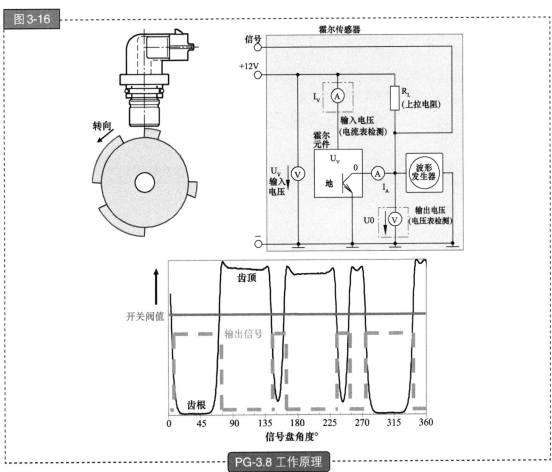

PG-3.8 工作原理

图 3-17

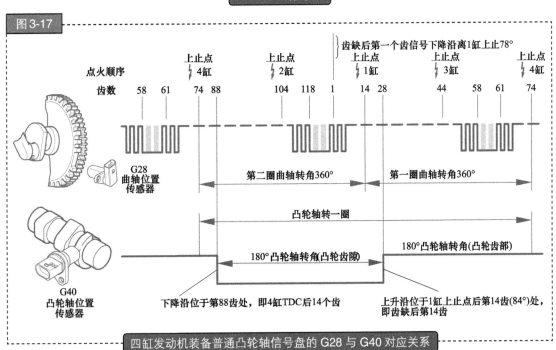

四缸发动机装备普通凸轮轴信号盘的 G28 与 G40 对应关系

2）G40信号盘为快速起动型

如果装备了快速起动凸轮轴信号盘，ECM可借此快速识别出下一个气缸的上止点，于是发动机就可快速起动，不必一定要与第1缸同步了，参见图3-18。

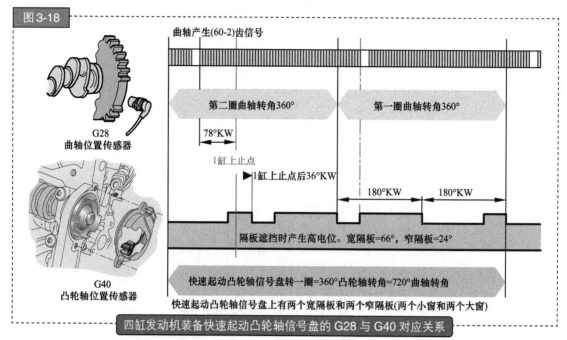

图3-18 四缸发动机装备快速起动凸轮轴信号盘的G28与G40对应关系

（3）G40失效后判断第1缸压缩上止点的方法

当G40失效、G28正常时，发动机仍能判断第1缸压缩上止点，发动机仍能起动，但进入跛行回家模式。以下通过四缸发动机说明其原理。

当ECM在起动时检测到G28有效信号，但没有G40信号时，判断G40故障，ECM采用主动诊断的方法进行判缸。此时，发动机停止某缸（例如第1缸）喷油，通过G28能判断出第1缸或第4缸压缩上止点。在第1缸或第4缸上止点，ECM对第1缸和第4缸同时点火，就会出现以下情况（参见图3-19）：

① 如果此时为第1缸上止点，由于此缸没有燃油，发动机转速减慢。
② 如果此时为第4缸上止点，由于此缸有正常的燃油，发动机转速加快。

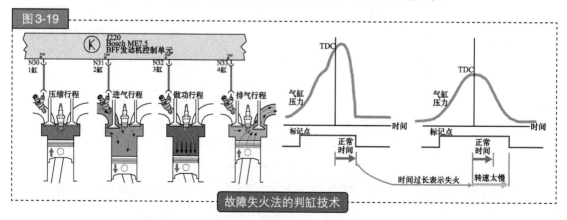

图3-19 故障失火法的判缸技术

实现此功能的前提条件是G40失效前，发动机工作正常。

此判缸方法的准确性达 50%，也就是说，如果判断错误，发动机转速下降甚至熄火，可能要重新起动。如果判缸正确，只要不熄火，就不需要再次判缸，可实现顺序喷油。

3. 点火控制

（1）点火正时/点火提前角

发动机控制单元根据发动机转速和负荷信号计算点火正时，并实现单缸点火提前角控制。

进行点火提前角修正时应考虑进气温度、冷却液温度和过量空气系数这些因素，参见图 3-20。

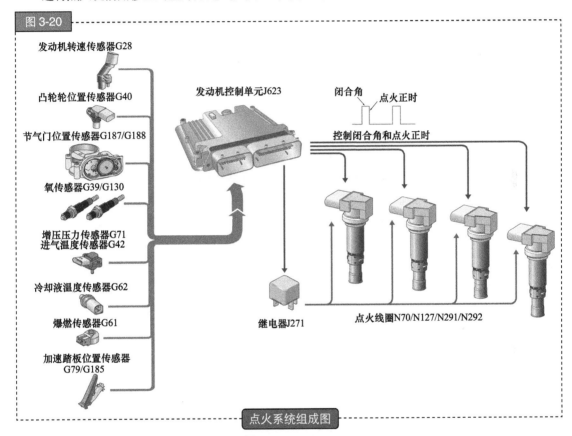

图 3-20 点火系统组成图

确定准确的点火正时后，该值在下列情况下会发生变化：

— 爆燃控制。

— 快速加热三元催化器。

爆燃控制可以选择性地调节各气缸延迟点火。只有在同时接收到爆燃传感器、发动机转速传感器和霍尔传感器 G40 的信号时，才能控制爆燃气缸的延迟点火。

在三元催化器的加热阶段，混合气会变浓，同时对点火正时，发动机控制单元会推后点火提前角，以便提高废气温度并辅助加热三元催化器。

点火提前角可在不同的工况下用于快速降低转矩，这样适用于自动变速器进行换档等工况。

（2）爆燃控制

爆燃现象是由于在火焰前锋达到之前，混合气自燃。它限制了发动机的功率输出和有效热效率。长时间的爆燃引起的压力波，以及在气缸垫上、活塞顶和气门附近的区域产生的热应力，都会导致机械损坏。爆燃所产生的振动信号可以由爆燃传感器测得，并把它们转换为电信号，然后传递给 Motronic 系统的 ECM，参见图 3-21。

缸内直喷型的点火提前角远高于进气歧管喷射型,原因是高压燃油喷射入燃烧室后,吸收了部分缸内热量,减少了爆燃倾向,这样可使用压缩比达到11.5∶1而不发生爆燃。

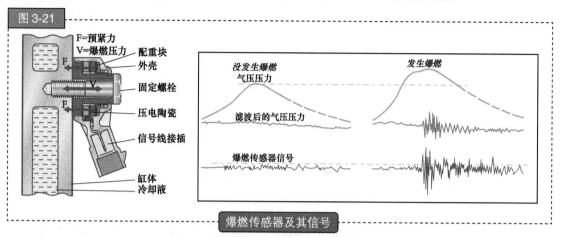

图3-21 爆燃传感器及其信号

多数车型在冷却液温度高于40℃、进气温度高于-10℃时开始爆燃检测和控制。

如果发生爆燃,则将该缸的下次点火正时推迟一个固定的量,奥迪/大众定为3°曲轴转角。对于被判断为爆燃的每一缸的每一个燃烧过程都要重复这一检测程序。如果不发生爆燃了,便以很小的步幅慢慢地增大点火提前角,直到恢复至脉谱图的数值。提前的步幅根据发动机匹配的不同,可能是0.33°、0.35°或0.75°,参见图3-22。

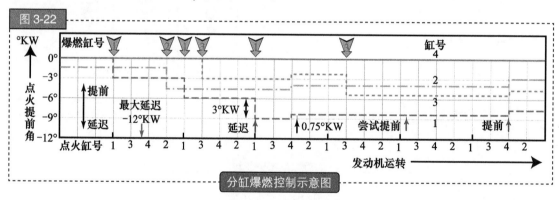

图3-22 分缸爆燃控制示意图

对奥迪/大众车来说,分缸爆燃控制最大的延迟角是12°。当某缸的延迟角超过12°仍发生爆燃,其余所有缸即使没有发生爆燃也都会将点火角延迟11°,并记忆故障码,参见图3-23。

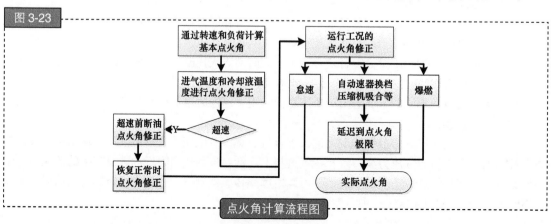

图3-23 点火角计算流程图

第三章 000~010组 基本功能

4.空气充量数据采集

（1）空气充量

在汽油发动机管理系统中，空气充量是计算喷油量和点火正时的主要参数。在基于转矩的发动机管理系统中，气缸充量也作为计算发动机瞬时转矩的基础，参见图3-24。

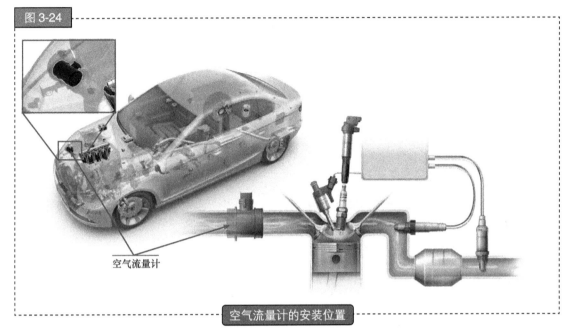

图3-24

空气流量计

空气流量计的安装位置

发动机管理系统采用以下传感器监控空气充量：

→热膜式空气质量流量计G70，简称HFM。
→进气歧管压力传感器G71，简称DS-S。
→大气压力传感器F6，简称DS-U。它一般安装在发动机控制单元中。
→增压压力传感器G31，简称DS-L，适用于涡轮增压发动机。
→节气门位置传感器G187/G188，简称DKG。

以下仅对空气流量计的原理进行说明。

（2）热膜式空气质量流量计G70

现在使用的空气流量计有以下几款，它们的区别见表3-2。

表3-2 热膜式空气流量计类型

	HFM2	HFM5	HFM6	HFM7	HFM8
首装日期	1990	1996	2002	2007	2017
输出信号	模拟 0~5V		数据/频率		
检测反向气流		标准装备			
进气温度传感器		选装			
进气湿度传感器				选装（模拟信号）	
进气压力传感器				选装	

1）HFM5

HFM5有一个加热到特定温度的热区。在这个区域的各边温度都会下降。如果没有空气流动，则热区各边的温度下降梯度都相等。吸入空气对传感器元件产生冷却效应，于是空气流在进气端产生更急剧的温度变化。加热过程模型结果见图3-25，根据温差就可计算出进气量，并可以检测逆向气流。

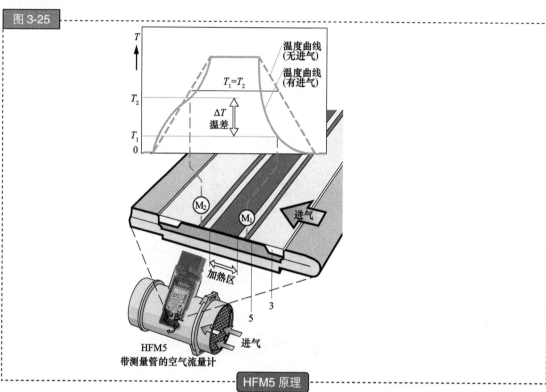

HFM5 原理

2）HFM6

2007年开始，奥迪/大众开始采用HFM6型空气流量计，其检测原理与HFM5类似。

HFM6相对HFM5进行了以下改进：修改测量通道的形状，更有利于抗污能力，延长寿命并提高精度；输出频率的数字信号，提高了抗干扰能力，参见图3-26。

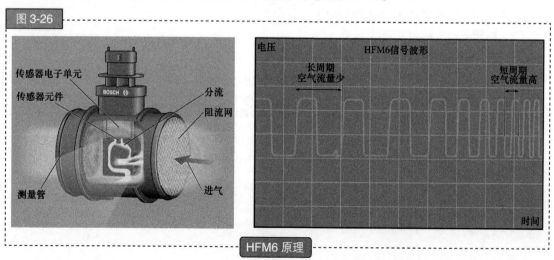

HFM6 原理

3）HFM7 和 HFM8

HFM7 的主要变化是增加了进气湿度传感器，检测更精确，参见图 3-27。

图 3-27

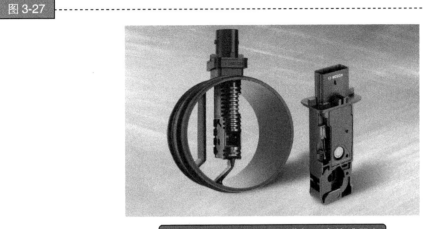

HFM7 示意图（红圈为进气湿度传感器）

HFM8 比 HFM7 精度更高、稳定性更好。

5.发动机负荷

发动机管理的基本测量参数是发动机转速和发动机吸入的空气量，由这些参数确定的每循环吸入气缸的空气量就是发动机工况负荷的直接度量，参见图 3-28。

图 3-28

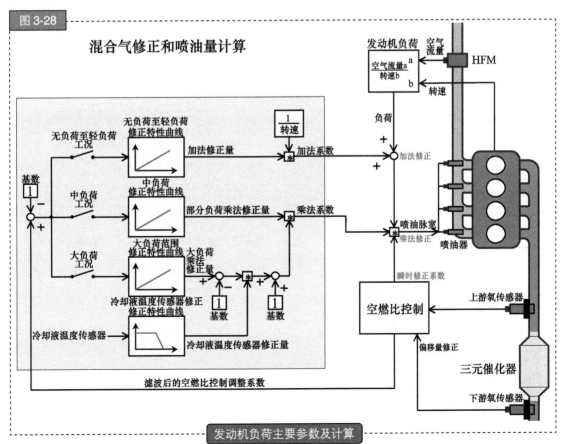

发动机负荷主要参数及计算

数据流分析中，发动机负荷是一个非常重要的数据。影响发动机负荷和驱动转矩的参数见图3-29。

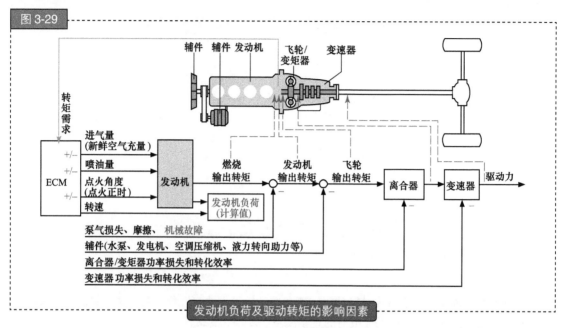

图3-29 发动机负荷及驱动转矩的影响因素

怠速时的发动机负荷，就是克服发动机本身机械运转阻力和部分必须运转的辅件（例如水泵、发电机）的阻力，保证发动机稳定工作即可。通过怠速负荷值，能初步判断发动机是否存在机械故障。

表3-3中举例说明了导致发动机怠速负荷数据异常的情况。

表3-3 发动机怠速负荷数据异常的可能原因

故障情况	负荷（计算值）	原因
节气门后方漏气，包括进气管漏气、曲轴箱通风/PCV漏气等	小	未经计量的空气进入燃烧室
发动机机械故障，例如某缸工作不良、水泵阻力过大等	大	ECM检测到发动机阻力过大可能熄火，需要提高进气量
空气流量计故障，输出信号比实际值大	大	根据进气量计算出的负荷值比实际输出高
外界信号错误，例如液力转向开关长接通等	大	ECM接收到外界负荷请求信号后，会增大进气量，从而负荷值会增大

6. 曲轴箱通风（PCV）/油气分离器

PCV的作用是降低机油中水的混入，避免了机油蒸气和窜缸混合气直接排放到大气中。按PCV控制方式，可分为不带涡轮增压型和带涡轮增压型。

（1）不带涡轮增压型的PCV

不带涡轮增压型的PCV，曲轴箱通风直接接到进气歧管，参见图3-30。PCV的组成包括：

1）曲轴箱进气口

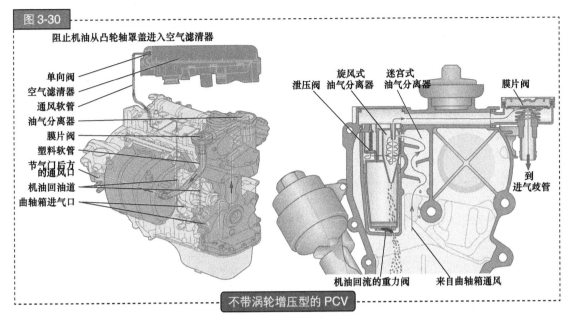

空气通过空气滤清器的软管进入曲轴箱。被进气歧管中真空吸入的新鲜空气通过机油回流通道进入曲轴箱中。此时,在其中的水汽于气缸体冷壁上冷凝成水之前,它们先与窜缸气体混合在了一起。

2)曲轴箱通风出口

进气歧管中的真空将气体从曲轴箱中吸出。机油和气体在迷宫式机油分离器和旋风式机油分离器中进行分离,机油滴回到油底壳中。剩余气体通过膜片阀流入进气歧管中。此时,气体与吸入的空气混合并流向燃烧室。

3)泄压阀

如果曲轴箱存在超压的情况,泄压阀会打开。这时气体经限压阀排入大气,曲轴箱内压力随之减小。如果气缸壁和活塞环磨损,就会形成超压,因为这时就会有更多窜缸气体从气缸流入曲轴箱。

4)膜片阀

它用来确保曲轴箱内压力稳定和通风良好。它通过膜片分成两个室体,一个室体与外界空气相连,另一个和进气歧管相连,参见图3-31。

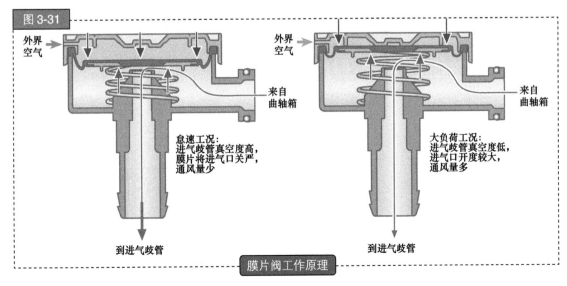

① 进气管真空度较高时（例如怠速时），膜片将按着开口截面的方向被弹簧的力量推回。因此较少量的空气被抽离曲轴箱。

② 进气管真空度较低时（例如节气门全开时），弹簧将膜片推回。因此横截面拓宽，更多空气被抽离曲轴箱。

（2）带涡轮增压型的 PCV

以 EA888 Gen3 为例，其曲轴箱通风的特点是：粗油气分离器集成在缸壁内部；细油气分离器不是在进气歧管端的通风管上，而是直接集成在缸盖上；AKF 电磁阀（炭罐电磁阀 N80）直接连接在细油气分离器上。它的原理参见图 3-32，真空管路连接参见图 3-33。

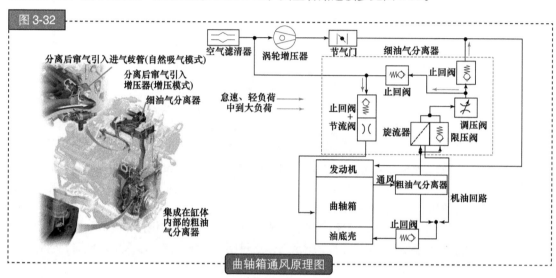

图 3-32 曲轴箱通风原理图

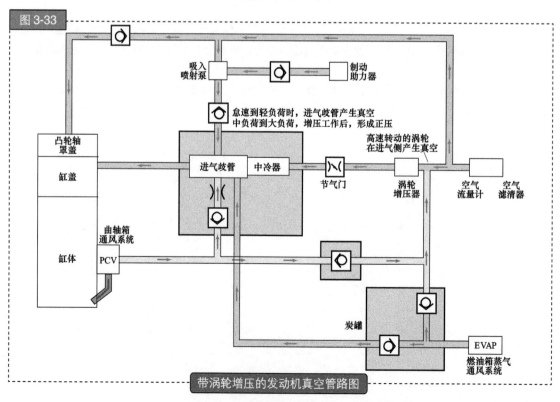

图 3-33 带涡轮增压的发动机真空管路图

EA888 Gen3 细油气分离器（曲轴箱通风系统/PCV）的工作原理见图 3-34。

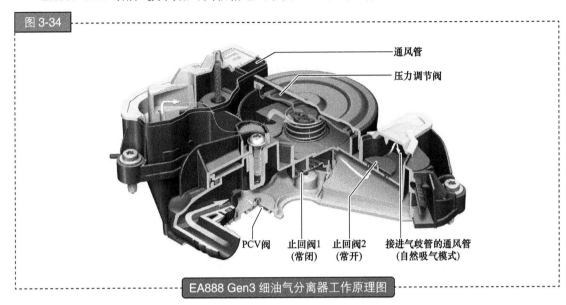

EA888 Gen3 细油气分离器工作原理图

7. 机油消耗的说明

部分车主反映大众车机油消耗较大，对此大众公司进行了相关说明。

（1）受影响车型

装备涡轮增压的 EA888 发动机的一汽大众车型。包括：速腾冠军版、迈腾 1.8TSI、迈腾 2.0TSI、高尔夫 GTI 2.0TSI 等。

（2）机油消耗的国家标准

国家标准 GB/T19055—2003《汽车发动机可靠性试验方法》规定：在全速满负荷试验过程中，机油/燃油消耗百分比应小于 0.3%（参见图 3-34）。符合这一标准的发动机和车辆，其机油消耗量就属于正常和合理的水平。

（3）EA888 发动机机油消耗标准

根据 GB/T 19055—2003 中规定的方法计算，EA888 发动机的机油消耗量在 0.5L/1000km 以内，参见图 3-35。

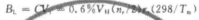

国家标准 GB/T19055—2003《汽车发动机可靠性试验方法》P11

（4）机油消耗的原因

任何一款发动机都会有机油消耗的（参见图 3-36），只要机油消耗量不超过相关国家标准，都属正常。

图 3-36

里程数/km	最高车速/(km/h)	需要时间/h	1000km消耗燃油重量/g	机油/燃油消耗比	机油消耗总重量/(g/1000km)	机油密度/(g/mL)	机油消耗量/(mL/1000km)
1000	210	4.76	159019	0.003	477.06	0.845	564.56

燃油消耗率/(g/kW·h)	发动机功率/kW	全负荷燃油消耗量/(g/h)					
283	118	33394					

EA888 发动机机油消耗计算（以迈腾 1.8TSI 为例）

以下从几方面说明机油消耗的可能原因。

1）外部泄漏

发动机密封不严导致泄漏机油。

2）气门导管（图 3-37a）

气门与气门导管间存在间隙，部分机油会漏入燃烧室，参见图 3-37。

图 3-37

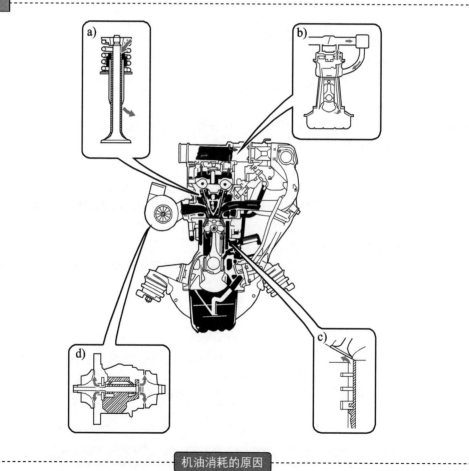

机油消耗的原因

3）机油与进气一起吸入燃烧室（图 3-37b）

① 曲轴箱通风。窜缸混合气会带走部分机油进入燃烧室，参见图 3-38。

② 进气系统。气缸的真空会产生泵机油的现象，参见图 3-39。

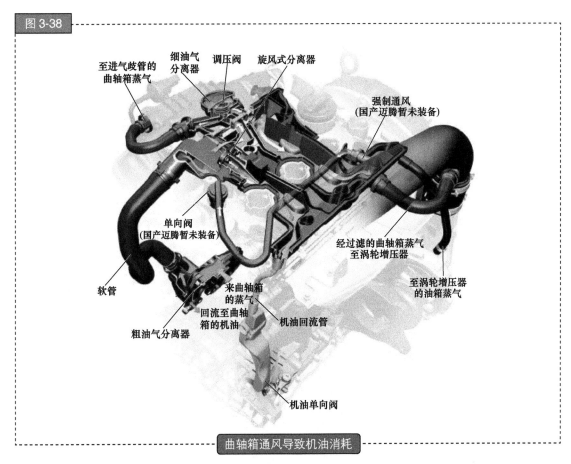

图 3-38 曲轴箱通风导致机油消耗

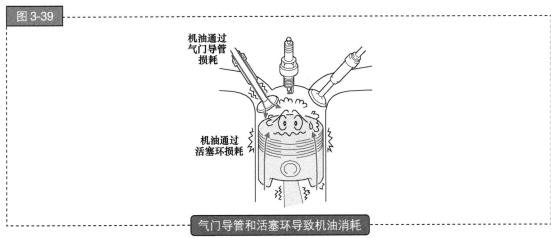

图 3-39 气门导管和活塞环导致机油消耗

③ 使用问题。车辆经常高速行驶，机油温度过高导致消耗偏高；发动机处于磨合期轻微机油消耗过大属于正常现象。

4）气缸壁进入燃烧室（图 3-37c）

活塞与气缸壁存在间隙，有部分机油会通过间隙进入燃烧室。

5）涡轮增压（图 3-37d）

由于采用涡轮增压技术，会有极少部分机油渗出。

6）机件磨损

如果遇到这种情况，必须进行检测，以查明原因。

（5）机油消耗的特别说明

① 现代电控发动机为满足环保需要，增加曲轴箱强制通风，因此机油消耗比化油器发动机要高。

② 机油正常消耗与"烧机油"的现象是不同的。一般有"烧机油"现象的车辆都会有不同程度的尾气冒"蓝烟"、动力下降等症状。

③ 曲轴箱通风阀（油气分离器）会导致异响、机油消耗偏大，必须仔细检查。参见图3-40~图3-42。

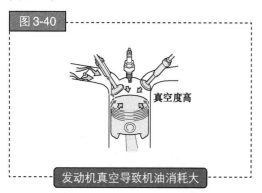

图3-40　发动机真空导致机油消耗大

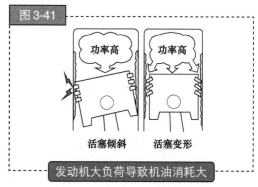

图3-41　发动机大负荷导致机油消耗大

图3-42　已损坏的油气分离器

（6）奥迪/大众对机油消耗的技术改进

① 控制曲轴箱通风的负压，参见表3-4。

表3-4　奥迪/大众各发动机型号的曲轴箱通风负压

系列	版本	标准/mbar	偏差/mbar
EA888	MLB（1.8TSI、2.0TSI） MQB（Q3）	−100	−105±15
	EVO2 MQB（其他）	−100	−20
EA837	3.0TFSI	−150	−146±16
	4.0TFSI	−150	
其余		100~150mbar	

第三章　000~010组 基本功能

②提供降低机油消耗的活塞和活塞环套包。例如，奥迪针对 EA888 Gen3 提供 L06L 107 065 AR 套包，油环从两片式改为三片式。

三　常见故障码

常见故障码见下。

故障码	故障码含义	诊断程序	监控策略	故障判据和阈值	启用条件的辅助参数	监测时间长度
P0102	空气流量计输入信号过低	检查空气流量计 G70	低于最小值	进气量 <0.66g/s		0.2s
P0103	空气流量计输入信号过高	检查空气流量计 G70	高于最大值	进气量 >45g/s	发动机起动后经过 150 转后	0.2s
P0321	曲轴上止点齿缺信号不合理	曲轴位置传感器 G28：信号盘故障、G28 故障/线路/安装	合理性检查	a. 有曲轴信号，且检测到已转 5 圈，但没有检测到齿缺信号。b. 曲轴转 8 圈时检测到的齿缺信号 +/-1		0.5s
P0322	没有转速信号	曲轴位置传感器 G28：断路或短路	信号主动检查	已检测到 5 个相位信号（凸轮轴位置传感器）的有效边沿，但没有检测到曲轴位置传感器的有效脉冲信号	发动机起动经过 150 转后	0.5s
P0506	急速空气控制原因导致急速转速过低	检查电子节气门 J338	低于目标转速下限	急速转速低于目标值 100r/min，急速进气控制超过最大值 8%	发动机处于急速工况车速信号正常，且为 0km/h。N80 关闭，海拔 <2700m，进气温度 >4.5℃，冷却液温度 >5.3℃	8s
P0507	急速空气控制原因导致急速转速过高	检查电子节气门 J338 检查进气管路是否泄漏	高于目标转速上限	急速转速高于目标值 100r/min，急速进气控制低于最小值 -5%	发动机处于急速工况车速信号正常，且为 0km/h。N80 关闭，海拔 <2700m，进气温度 >4.5℃，冷却液温度 >5.3℃，没有进入断油工况	8s
P2279	进气系统泄漏	检查 PCV 检查进气管路是否泄漏	超过空燃比控制窗口的合理性	空燃比信号不合理	车速 <15km/h，空燃比控制工作，且修正值 <15%	4s

四　故障案例

1. 奥迪A6L的G336和G40相互错接导致发动机动力不足

车型：装备 BDW V6 发动机、01J 变速器的 2006 款奥迪 A6L，行驶里程约 17 万 km。

故障现象：冷车和热车起动时间都要在 10s 以上，熄火后立即再次点火就能快速顺利起动；急加速无力；车速超 80km/h 后就很难再提速。

维修过程：通过诊断仪读取发动机控制单元共有 3 个故障码，18502—可变进气管始终打开；18507—可变进气管位置传感器 电气故障；16725—凸轮轴位置传感器 G40 信号错误。经对 G336、G40、N156、N205 的电源线和接地线进行检测，均正常；以上部件更换新的，故障码仍存在，起动困难的故障仍未排除。最后检查线束，发现 G336 与 G40 线束长度差不多，插接口可以互插，现在问题是这两个插接件接错。电路图参见图 3-43。

故障排除：按要求将 G336 和 G40 插好。

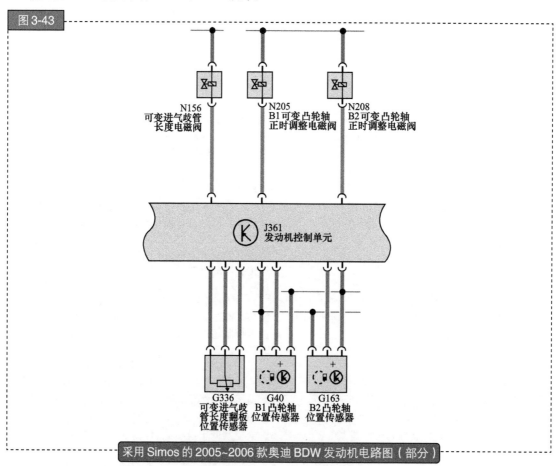

图 3-43 采用 Simos 的 2005~2006 款奥迪 BDW 发动机电路图（部分）

故障现象说明：由于 G40 得不到正确的信号，导致起动困难。

2. 空气流量计故障导致新领驭易熄火

车型：装备 CDE 发动机、01V 变速器的 2009 款帕萨特新领驭 1.8T，行驶里程 17 万 km。

故障现象：怠速不稳、行驶时易熄火。

故障诊断：

① 故障检查。怠速时发动机转速小幅度波动，轻踩下加速踏板将转速稍提高后发动机稳定。

② 通过诊断仪读取故障记忆，有以下故障码。

16486 P0102—空气流量计 G70 输出低电平，静态。

16523 P0139—气缸列 1 氧传感器 2 信号太小，静态。

17535 P1127—气缸列 1，混合匹配空气（乘）系统太浓，静态。

③ 通过诊断仪读取相关数据流。

第三章 000~010组 基本功能

002	装备 HFM	怠速	歧管喷射	
数据项	发动机转速	发动机负荷	喷油脉宽	进气量
实际值	670~750r/min	29.1%~37.8%	4.5~5.1ms	0.1g/s
经验值	720r/min	17%	2.0ms	2.5g/s
003	装备 HFM	怠速		
数据项	发动机转速	进气量	节气门开度（G187）	点火提前角
实际值	670~750r/min	0.1g/s	8.2%~14.5%	−7°ATDC
经验值	720r/min	2.5g/s	1.3%	3~6°BTDC
031	前 LSU	怠速		
数据项	λ 实际值	λ 目标值		
实际值	0.74~0.82	0.99~1.01		
经验值	1.00	1.00		
032		怠速/行车	λ 学习值/长效修正	
数据项	怠速 λ 学习值 +	部分负荷 λ 学习值 x		
实际值	−0.1%	−25.0%		
经验值	0	0		
033	前为 LSU	怠速	B1S1 修正值	
数据项	B1S1 修正值	B1S1 电压		
实际值	−25%	0.224~0.685V		
经验值	−10%~10%	1.48~1.54V		

数据流分析：

a. 当发动机控制单元 J220 诊断到空气流量计 G70 信号过低并记忆故障码后，就采用节气门开度/转速模型代替 G70 信号。此时 002_4 显示的是 G70 的输入信号，但 J220 不采用。此时可以判断 G70 有故障。

b. 003_1 的转速接近经验值，但 003_3 节气门开度大很多，判断是节气门脏，J220 必须增大节气门开度才能保证正常的怠速运行。

c. 由于节气门脏后增大节气门开度，J220 根据节气门开度/转速计算出的进气量，换算成 002_2 的发动机负荷值很大，导致 002_3 的喷油脉宽过长。即使通过 033_1 的瞬时 λ 修正值、032_2 的长时部分负荷 λ 学习值的减稀，仍导致 031_1 的 λ 处于过浓工况。

d. 当 λ 修正值和学习值达到极限，氧传感器仍显示过浓工况，就会出现 P1127 和 P0139 的故障。

故障排除：更换空气流量计 G70、清洗节气门、清除故障码。故障排除。

3. 进气管漏气导致排放灯点亮

车型：装备 CGM 发动机的 2010 年款 CC 2.0TSI，行驶里程 1153km。

故障现象：行驶中偶发轻微耸车现象，并且发动机排放灯点亮。

故障诊断：

① 读取故障码。

第一次，读得"00257—质量或容积空气流量电路范围/性能"故障码（图 3-44 左）。

清除故障码后再行驶 2~3km，排放灯点亮，读得"04759—增压器-节气门连接 压力下降"故障码（图 3-44 右）。

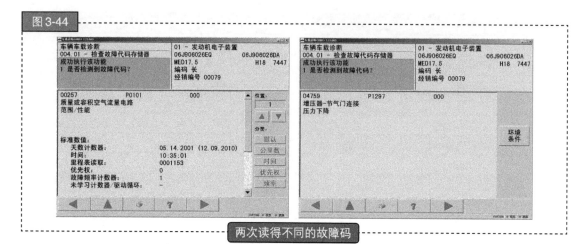

图 3-44 两次读得不同的故障码

② 读取数据流。具体见下。

002	装备 HFM	怠速	TSI	
数据项	发动机转速	发动机负荷	喷油脉宽	进气量
实际值	760r/min	23.3%	1.02ms	3.9g/s
经验值	680r/min	17%	0.51~0.75ms	2.9g/s

可以看到 002_4 进气量偏大，导致喷油脉宽和发动机负荷偏大，并且怠速转速较高，初步判断存在漏气现象。

③ 仔细检查进气管，发现涡轮增压器出口处管路接口漏气，见图 3-45。

图 3-45 漏气部位

故障排除：更换涡轮增压器出口处的密封圈。

故障说明：怠速工况，涡轮增压仍会转动。当涡轮增压器出口处管路接口安装不良时，部分通过空气流量计和涡轮增压器后的进气会从泄漏口逸出，导致空气流量计检测到的进气量比进入燃烧室的空气偏大。

4. 通过数据流分析发动机漏气部位

车型：装备 CEAA 发动机的 2014 年款帕萨特 1.8TSI，VIN 为 LSVCC2A49CN0xxxxx，行驶里程 126240km。

故障现象：排放灯点亮，油耗增大。行驶感觉正常。

故障诊断：

① 通过诊断仪，读得以下故障码。

第三章　000~010组 基本功能

故障存储器记录：

编号：	P2187—气缸列1，燃油测量系统 怠速转速时系统过稀	编号：	P306E— 预热点火开关，短时输出降低
故障类型2:	静态	故障类型2:	间歇性问题
- 标准环境条件：		- 标准环境条件：	
日期：	2017-12-11	日期：	2017-12-11
时间：	12:56:30	时间：	13:56:37
里程（DTC）：	126103	里程（DTC）：	126140
优先等级：	0	优先等级：	0
频率计数器：	2	频率计数器：	1
遗忘计数器/驾驶周期：	-1	遗忘计数器/驾驶周期：	-1
- 高级环境条件：		- 高级环境条件：	
839.0	/min	2265	/min
11	%	99	%
0	km/h	69	km/h
97	℃	96	℃
42	℃	45	℃
1000	mbar	970	mbar
13.589	V	13.843	V

说明：故障码 P306E，大众码为 12398，其含义是"软件识别早火后降低发动机功率"。

故障码 P2187 的环境条件显示，出现故障码时应为怠速工况，发动机负荷仅为 11%（正常应是 16% 左右），发动机控制单元根据此负荷进行喷油，会导致过稀。初步判断发动机负荷不准确导致混合气过稀。

② 通过数据流分析，以缩小故障范围。具体如下。

002	装备 HFM	怠速	TSI	
数据项	发动机转速	发动机负荷	喷油脉宽	进气量
实际值	760r/min	12.78%	1.275ms	1.694g/s
经验值	680r/min	17%	1.27ms	2.9g/s
003	装备 HFM	怠速		
数据项	发动机转速	进气量	节气门开度（G187）	点火提前角
实际值	760r/min	1.67g/s	2.35%	3.75°BTDC
经验值	680r/min	2.9g/s	3.5%	3°~6°BTDC
031	前 LSU	怠速		
数据项	λ实际值	λ目标值		
实际值	0.98	1.0		
经验值	1.00	1.00		
032		怠速/行车	λ学习值/长效修正	
数据项	怠速λ学习值+	部分负荷λ学习值x		
实际值	5.6%	0.8%		
经验值	0	0		

（续）

091	第 2 代 VVT	怠速	进气凸轮轴 B1 VVT	
数据项	发动机转速	N205 调整	B1 进气调整目标值	B1 进气调整实际值
实际值	720r/min	6.27%	38.0°KW	37.5°KW
经验值	680r/min	5.90%	38.0°KW	38.0°KW
093	第 2 代 进 VVT 单列	怠速	VVT 匹配	
数据项	发动机转速	发动机负荷	B1 相位差值	
实际值	720r/min	12.78%	−1.66° KW	
经验值	680r/min	18%	−1~+1° KW	

通过 091 和 093 组，初步判断发动机机械正常。

032 组说明怠速混合气过稀、部分负荷时正常。031 组说明通过氧传感器修正后，混合气正常。

003_3 节气门开度较小、进气量较少（发动机负荷偏低）的情况下，发动机转速仍稍偏高，说明存在漏气现象，并判断可能是炭罐电磁阀漏气。

③拆下炭罐电磁阀 N80 进行检查，发现其已破损，参见图 3-46。

图 3-46　已破损的炭罐电磁阀 N80

④更换 N80 后，故障排除，数据流也恢复正常。

002	装备 HFM	怠速	TSI	
数据项	发动机转速	发动机负荷	喷油脉宽	进气量
维修后	760r/min	18.8%	1.275ms	2.75g/s
经验值	680r/min	17%	1.27ms	2.9g/s
003	装备 HFM	怠速		
数据项	发动机转速	进气量	节气门开度（G187）	点火提前角
维修后	720r/min	2.75g/s	3.53%	3.0°BTDC
经验值	680r/min	2.9g/s	3.5%	3°~6°BTDC
032		怠速 / 行车	λ 学习值 / 长效修正	
数据项	怠速 λ 学习值 +	部分负荷 λ 学习值 x		
维修后	0.0%	0.0%		
经验值	0	0		

故障排除：更换炭罐电磁阀 N80。

5. 案例分析

以带空气流量计、1.8TSI 发动机为例，说明通过数据流判断漏气点的方法。可能的漏气点参见图 3-47。

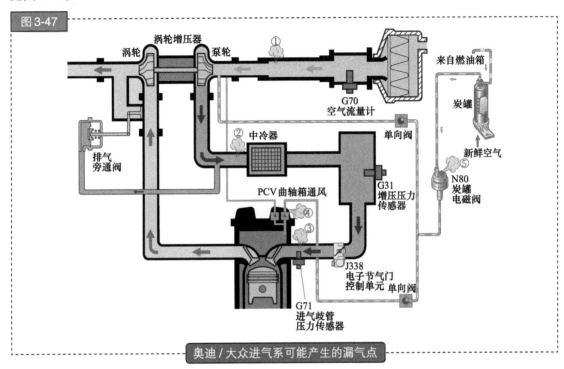

图 3-47 奥迪/大众进气系可能产生的漏气点

数据流初步定位漏气点的方法如下。

漏气点	数据位	002_2	002_4	003_3	001_3、032_1	G70是否正确检测	是否受J338控制
	数据项	发动机负荷	进气量	节气门开度	怠速空燃比修正		
	经验值	16%~18%	2.9g/s	3.5%	0%		
①	进气道（空气流量计与涡轮增压器间）	小	小	——	大	否	——
②	进气道（涡轮增压器与节气门间）	大	大	——	小	否	——
③/④/⑤	节气门后方漏气 真空助力器/机械式真空泵漏气 PCV阀膜片穿孔 炭罐电磁阀常通	小	小	小	大	否	否

① 处泄漏时：由于空气滤清器有阻力，此处会有小许真空，未经 G70 计量的空气会进入进气系，导致发动机负荷偏低。

② 处泄漏时：发动机怠速工况，涡轮增压器仍会转动，产生小许增压；并且进气受涡轮增压的加热而膨胀（特别是中冷器前），此处会产生压力，经 G70 计量的空气泄漏到外面，导致发

动机负荷偏大。

③/④/⑤处泄漏时：发动机怠速工况，此处较大真空，较多未经 G70 检测和 J338 控制的空气进入燃烧室。如果泄漏量较大，即使节气门完全关闭进气量仍大，会导致怠速转速较高。

6. 油气分离器漏气发动机怠速转速过高

车型：装备 CDZ、第二代 EA888 发动机的 2010 款奥迪 Q5 2.0TSI，行驶里程 4.6 万 km，使用时间 3.5 年。

故障现象：仪表的排放灯和 EPC 点亮；起动后发动机严重抖动，容易熄火。

故障诊断：

① 通过诊断仪读取故障码如下。

```
              地址 01: 发动机        标签: ZHS\06F-907-115-AXX.clb
    控制器零件号: 4F2 910 115 J      硬件: 4F2 907 115
    组件 和/或 版本: 2.0l R4/4V TFSI      0020
    软件编码: 0105000C02070120
         服务站代码: WSC 00000 785 00200
                VCID: 275D1D179618CF26F59-8072
3 个故障码已找到:
008825 - 进气系统泄漏        001287 - 怠速控制系统        008583 - 气缸列1怠速时系统过稀
P2279 - 002 -                P0507 - 001 - 转速高于期望值  P2187 - 004 -
故障发生环境要求:            故障发生环境要求:            故障发生环境要求:
故障状态: 01100010           故障状态: 01100001           故障状态: 01100100
故障优先级: 2                故障优先级: 2                故障优先级: 2
故障频率: 1                  故障频率: 4                  故障频率: 1
自动重置计数器: 255          自动重置计数器: 255          自动重置计数器: 255
里程: 46426 km               里程: 46426 km               里程: 46426 km
时间标志: 0                  时间标志: 0                  时间标志: 0
日期: 2014.12.04             日期: 2014.12.04             日期: 2014.12.04
时间: 15:22:14               时间: 15:22:21               时间: 15:22:30
故障发生环境要求:            故障发生环境要求:            故障发生环境要求:
发动机转速: 851 /min         发动机转速: 1210 /min        发动机转速: 750 /min
负荷: 14.5 %                 负荷: 13.3 %                 负荷: 14.1 %
车速: 0.0 km/h               车速: 0.0 km/h               车速: 0.0 km/h
温度: 94.0°C                 温度: 93.0°C                 温度: 79.0°C
温度: 32.0°C                 温度: 33.0°C                 温度: 57.0°C
绝对压力: 1020.0 mbar        绝对压力: 1020.0 mbar        绝对压力: 1020.0 mbar
电压: 14.351 V               电压: 14.732 V               电压: 13.716 V
就绪状态: 0000 0001
```

通过故障码分析，初步判断有部分未计空气流量计计量的空气进入燃烧室。

② 读取相关数据流。根据"案例 4."的"数据流初步定位漏气点的方法"，判断是节气门后方漏气。

002	装备 HFM/TSI	怠速		
数据项	发动机转速	发动机负荷	喷油脉宽	进气量
实际值	1080r/min	12.8%	1.02ms	0.9g/s
经验值	680r/min	17%	0.51~0.75ms	2.9g/s
003	装备 HFM	怠速		
数据项	发动机转速	进气量	节气门开度（G187）	点火提前角
实际值	1080r/min	0.9g/s	0.2%	-2°ATDC
经验值	680r/min	2.9g/s	0.2~4.0%	3~6°BTDC
033	前为 LSU	怠速	前氧修正值 / 瞬时修正	
数据项	B1S1 修正值	B1S1 电压		
实际值	23%	1.62V		
经验值	-10%~10%	1.5V		

③ 先对故障可能性较大的油气分离器检查，听到"嗞嗞"声，判断是已漏气。

故障排除：更换油气分离器。

检查方法：堵住油气分离器的压力平衡孔后，如果故障消失，则故障在油气分离器，参见图 3-48。

第三章 000~010组 基本功能

图3-48

油气分离器的简单判断方法

7. 中冷器损坏导致急加速易熄火

车型：装备 BYJ 发动机的 2008 款迈腾 1.8TSI，VIN 为 LFV3A23C4A3xxxxx，行驶里程 15.6 万 km，使用时间 6 年。

故障现象：排放故障灯和 EPC 灯同时点亮，急速高、急加速易熄火。

故障诊断：

① 读取故障码，见图 3-49。根据故障码，初步判断进气系存在漏气点。

图3-49

```
车辆车载诊断                    01 - 发动机电子装置
004.01 - 查询故障存储器         06J906026CM      06J906026B
成功执行该功能                  MED17.5          H17    7220
2 检测到故障                    编码 长
                                经销商号 00079

04750      P1297      000                        位置
增压器-节气门连接                                  1
压力下降
静态                                             ▼ ▲

00257      P0101      000                        分类：
空气流量计                                        默认值
不可信信号
静态                                              km
```

故障码

② 清除故障码后，读取相关数据流如下。

001	单列发动机	急速		
数据项	发动机转速	冷却液温度	TWC 前氧修正值	基本设定所需的工况
实际值	840r/min	98.0℃	-17.19%	10111111
经验值	740r/min	84~94.5℃	-10.0%~10.0%	11111111
002	装备 HFM	急速	TSI	
数据项	发动机转速	发动机负荷	喷油脉宽	进气量
实际值	840r/min	21.8%	1.02ms	3.61g/s
经验值	740r/min	17%	1.0~1.5ms	2.9g/s
003	装备 HFM	急速		
数据项	发动机转速	进气量	节气门开度（G187）	点火提前角
实际值	840r/min	3.61g/s	3.10%	1.5° ATDC
经验值	740r/min	2.9g/s	0.2%~4.0%	3°~6° BTDC

数据流中的进气量、发动机负荷偏高、空燃比过浓，结合故障码，判断是涡轮增压器与节气门间存在较大的漏气。由于混合气过浓，导致转速较高。

③ 对进气管路进行检测，发现中冷器由于事故撞穿孔了，见图 3-50。

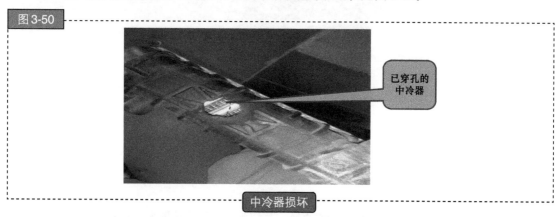

图 3-50　中冷器损坏

故障排除：更换中冷器。

8. G71故障导致发动机不能起动

车型：装备 CLS 发动机的 2012 款新宝来 1.6L，VIN 为 LFV2A1152B35xxxxx，行驶里程 1800km，使用时间 3 个月。

故障现象：发动机不能起动。

故障诊断：

① 通过 VAS5052a 读取故障码。发现发动机控制单元有"P0322—没有转速信号"的故障码，见图 3-51。

图 3-51　故障码截图

② 根据故障码内容和维修经验，更换了 G28 发动机转速传感器、发动机控制单元，故障仍未解决。检查 G28 信号盘，正常。

③ 尝试更换发动机线束，当时能起动，以为故障解决了。但将所有的线束安装好后，又不能起动了。

④ 再对故障码进行分析，发现其"故障发生环境要求"中的发动机转速一直为 0，说明发动机控制单元没有检测到转速信号。由于线束、发动机控制单元、G28 传感器已更换，判断有可能是其他传感器导致故障。

⑤ 认真查看电路图（参见图 3-52），发现新宝来 1.6/4V 的 G28 采用了霍尔传感器，它的电

源线是与 G71（进气歧管压力传感器）公用的。用万用表检查 G28 电源线，结果为 0V，判断是由于 G71 导致。拔下 G71 传感器，发动机能起动。

故障排除：更换 G71/G42（进气歧管压力传感器/进气温度传感器传感器组件）。

案例点评：

① 故障诊断时，故障码发生的环境条件会给我们提供有用的信息。

② 一定要认真分析电路图。

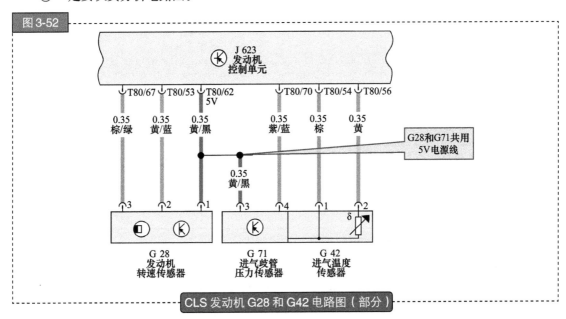

图 3-52　CLS 发动机 G28 和 G42 电路图（部分）

第二节　004组 ECM供电电压

一　数据流说明

数据流说明如下。

004		怠速		
数据项	发动机转速	供给 ECU 电压	冷却液温度	进气温度
规定值	500~860r/min	12.0~15.0V	80~115℃	-48~105℃
经验值	680r/min	>13.5V	84~94.5℃	>外界温度

主要数据流解释：

004_2：正常情况下，在 11.5~15V 间。

004_2	可能原因	故障排除
<11.5V	◆ 发电机损坏，蓄电池亏电严重 ◆ 蓄电池短时负荷过高（如起动后大电流充电或有额外载荷） ◆ 发动机控制单元的供电及接地线路有接触电阻 ◆ 关闭点火开关后仍有电流消耗	- 检查电压，给蓄电池充电 - 用转速升高几分钟并关闭用电器 - 检查发动机控制单元的供电电压 - 排除电流消耗。
>15V	◆ 发电机电压调节器损坏 ◆ 因辅助起动或快速充电而负荷过大	- 检查电压，必要时更换发电机 - 查询故障存储器

004_3：如果故障存储器存储了与冷却液温度传感器 G62 相关的故障，那么发动机控制单元将使用进气温度作为替代值来起动发动机（起动温度替代值）。该温度接控制单元内的模型曲线上升。暖机时，经过一个固定时间，发动机将显示一个固定的替代值，该固定替代值由进气温度决定。

004_3	可能原因	故障排除
<80℃	◆ 发动机过冷 ◆ 冷却液温度传感器或发动机控制单元导线损坏	- 必要时试车。 - 检查冷却液温度传感器
>105℃	◆ 散热器脏污 ◆ 电子风扇不工作 ◆ 节温器损坏 ◆ 冷却液温度传感器或发动机控制单元导线损坏	- 清洁散热器 - 检查电子风扇功能 - 检查节温器 - 检查冷却液温度传感器

004_4：由于进气温度传感器安装在发动机舱中，因此长时间停车后，此温度约为外界温度；发动机运转过程中，进气温度高于外界温度。

004_4	可能原因	故障排除
恒定 19.5℃	◆ 识别出进气温度传感器 G42 有故障 ◆ 进气温度传感器 G42	- 查询故障存储器 - 检查进气温度传感器

二 相关原理说明

下面就奥迪/大众车型的电能控制/管理功能进行说明。

1. 不带电能管理的老款车型

在较老的系统中，励磁电流流经充电指示灯灯泡或 LED。如果是采用 LED 形式，需增加并联电阻已提高励磁电流。点火开关刚旋转到"起动"档时，接线柱 50 和 50b 接通，此时串联电阻桥可增大励磁电流，并且 LED 充电指示灯在两端电动势相同时立即熄灭，参见图 3-53。

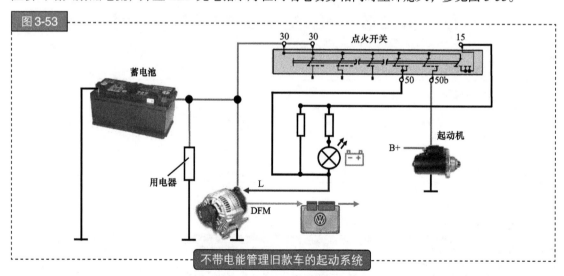

图 3-53 不带电能管理旧款车的起动系统

2. 带电能管理的车型

现在的车型，基本上都通过 J519 进行电能管理，原理图见图 3-54。

当车载网络电压 <12.7V 时，就不能确保能向蓄电池充电，为防止出现这样的情况，可采取以下措施（参见图 3-55）：

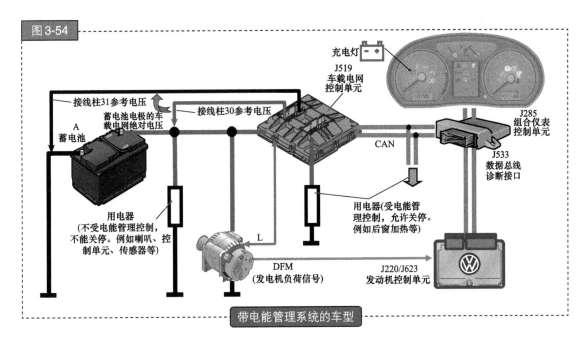

图 3-54　带电能管理系统的车型

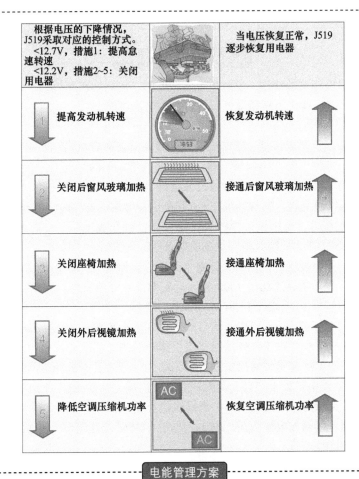

图 3-55　电能管理方案

① 提高怠速转速以获得较高的充电电压。
② 减少用电器的电能输出，甚至关闭。

3. 发电机内部线路图

了解发电机的内部线路图（参见图3-56），才能搞清楚发电机的控制方法。

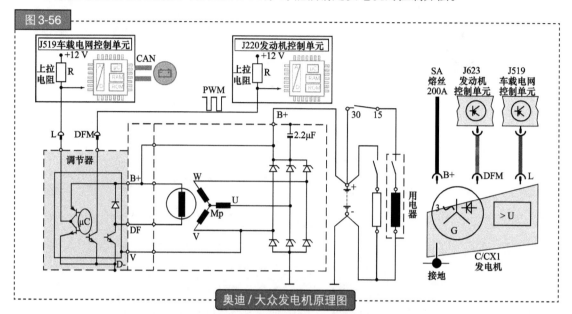

图3-56 奥迪/大众发电机原理图

电压调节器有温度相关的特性。发电机温度较低时，输出电压稍偏高，以确保蓄电池充电良好；当处于温度较高时，输出电压稍降低，以防止蓄电池过充。

（1）接线柱L的说明

接线柱L作用是提供发电机预励磁电流，同时提供仪表警告功能。

打开点火开关，控制电流切换到调节器。在发电机不转动的情况下，接线柱L处于约1V的低电平工况。当控制电流流过时，调节器通过预励磁电流切换到励磁绕组。此款新的紧凑型发电机的电流从B+流向励磁绕组。测量接线柱B+到交流发电机的电流时，约有100mA。

当交流发电机工作时，电压调节器将接线柱L切换到车载电压——高电平。J519将此信号通过CAN发送到仪表，作为控制充电灯点亮或熄灭的输入信号。

当电压过高时，调节器将L线设置为低电平，以给出警告。

当L线断路时，发动机转速超过1500r/min后发电机才开始发电。

（2）发电机负荷信号（Dynamo Field Monitor，DFM）

当发动机控制单元工作时，向DFM信号线提供带上拉电阻的+12V电压。当发电机不运转时，电压调节器输出一个恒定的PWM信号，用于诊断检测；当交流发电机正在运行时，励磁绕组的末级信号转换为PWM信号发送给发动机控制单元，作为发电机的负荷信号。也就是说，当PWM<100%时，说明发电机处于"打开点火开关"或负荷<100%的工况；0V表示励磁绕组不再因电压调整而关闭，因此负荷大于100%。当发电机负荷接近100%时，发动机控制单元会提高转速，以提高发电量，降低发电机负荷。表3-5给出了DFM与用电器/转速的关系。

（3）"V"发电机转速信号

当发电机的转速较低时，发电机判断为静止或起动工况，发电机不工作，可减少发动机的负荷，以利于迅速起动。

第三章 000~010组 基本功能

表3-5 DFM与用电器/发电机转速的关系

工况 \ 转/(r/min) DFM	700	1400	2000	3000
怠速	38%~47%	23%~27%	18%~20%	16.9%
仅开大灯	50%~60%	29%~31%	25%~27%	16.9%
仅开空调	45%~60%	32%	25%~30%	16.9%
开前照灯/空调	74%~99%	49%~51%	47%~50%	20%

当车载电网突然需要大电流时，例如空调、后窗加热、电动转向等，发电机的电流输出进入斜升阶段，不足的电流由蓄电池补充。发电机如果迅速响应增大输出电流，会导致发电机的负荷增大，导致发动机转速波动，参见图 3-57。

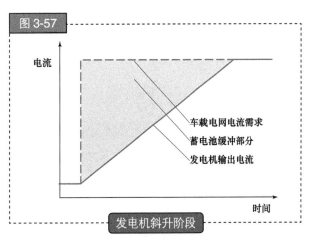

图 3-57

三、常见故障码

常见故障码如下。

故障码	故障码含义	诊断程序	监控策略	故障判据和阈值
P0641	传感器参考电压 A 线路/断路	检查传感器电源线 +5V 电压，检查传感器连接，检查发动机和变速器控制单元	断路/间歇性检测不到电压（0V）	信号电压 > ±0.3V
P0642	传感器参考电压 A 线路/电压过低		低于下限	信号电压不在 4.6~5V 范围
P0642	传感器参考电压 A 线路/电压过高		高于下限	信号电压不在 5~5.4V 范围
P0651	传感器参考电压 B 线路/断路		断路/间歇性检测不到电压（0V）	信号电压 > ±0.3V
P0652	传感器参考电压 B 线路/电压过低		低于下限	信号电压不在 4.6~5V 范围
P0652	传感器参考电压 B 线路/电压过高		高于下限	信号电压不在 5~5.4V 范围

四、故障案例

1. 接线柱30故障导致新宝来不能起动

车型：装备 CFBS 发动机的 2014 款新宝来 1.4TSI。VIN 为 LFV2A2154A35xxxxx，行驶里程 4.7 万 km，使用时间 5 年。

故障现象：经常出现发动机不能起动，伴随仪表板上 P 档灯闪烁。可能等大约半小时后就能起动。

故障诊断：

① 读取故障码，见图 3-58。

新宝来不能起动时的故障码

② 由于多数控制单元的故障码都是指向"与发动机控制单元无通信"，尝试更换网关、发动机控制单元，故障仍未解决。

③ 查看电路图（见图 3-59），并根据电路图中与发动机控制单元相连的电源线进行检测。最后发现 J317 接触不良，导致故障。

故障排除：更换 J317 发动机控制单元接线柱 30 继电器。

2. 全新速腾车偶尔怠速超过5min后空调压缩机不吸合

车型：装备 CLRM 发动机的 2014 款新速腾 1.6。VIN 为 LFV2A21K1E40xxxxx，行驶里程 4800km，使用时间半年。

故障现象：车辆怠速超过 5min 后空调压缩机不吸合，且充电灯闪亮。车速达到 50km/h 以上后，空调又正常。

故障诊断：

① 故障确认，与车主反映的一样。同时发现在出现故障时挂倒档，发动机摆动较大，充电灯可能熄灭、压缩机吸合，故障消失。关闭发动机后再起动，怠速超 5min 后故障重现。

② 所有系统都没有记忆故障码。

③ 读取相关数据流如下。

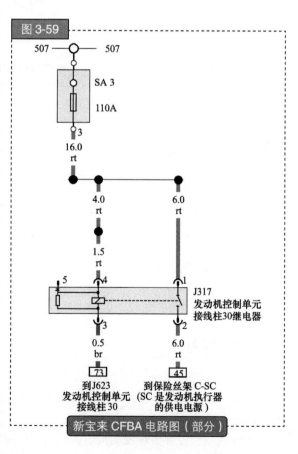

新宝来 CFBA 电路图（部分）

第三章 000~010组 基本功能

004		怠速		
数据项	发动机转速	供给 ECU 电压	冷却液温度	进气温度
实际值	760r/min	11.5V	87℃	48℃
经验值	680r/min	>13.5V	>80℃	> 外界温度
050		怠速	怠速转速调节 - 空调提速	
数据项	发动机转速	目标转速	压缩机吸合请求	压缩机吸合允许
实际值	760r/min	760r/min	空调高档	切断空调
经验值	680r/min	700r/min	A/C-High	Compr.ON

050_3 表示发动机控制单元 J220 收到压缩机吸合的请求信号（驾驶人按下 A/C 键、乘员舱温度较高），050_4 表示 J220 达不到压缩机吸合的条件而不允许压缩机吸合。

可以看到 004_2 低于经验值，初步判断由于 J623 检测到电压较低而不允许压缩机吸合。此时，如果拨动一下发动机舱的线束，004_2 电压会变为 12.9V，压缩机吸合。

通过以上分析，判断是线束接触不良导致。

故障排除：经对结束仔细检查，发现发电机的 L 线断路。修复后故障排除。

原因分析：当 L 线断路，怠速时发电机不发电。怠速时间过长后，导致蓄电池亏电、电能管理工作，停止压缩机运转。如果转速上升，发电机能正常发电，压缩机吸合；挂档时，L 线刚好能连接，发电机开始工作，压缩机也吸合。

3. 熔丝断路导致迈腾怠速不稳

车型：装备 1.8TSI 的 2015 款迈腾 B7L。

故障现象：怠速不稳，排放灯和 EPC 灯点亮。

故障诊断：

① 读取故障，共有 12 个（参见图 3-60）。多个配件同时出现故障的可能性很小，一般是共同电源线或接地线、发动机控制单元或较大的电磁干扰导致。

图 3-60 故障码

② 故障码多数为电压过低，初步判断是电源线故障。通过电路图分析（参见图 3-61），这几个故障码都涉及共同的电源熔丝—SB18。

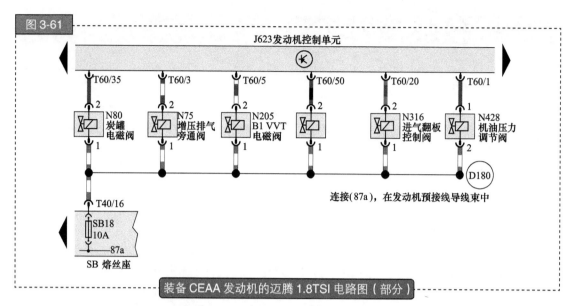

装备 CEAA 发动机的迈腾 1.8TSI 电路图（部分）

③ 最后确认是 SB18 熔丝断路，参见图 3-62。

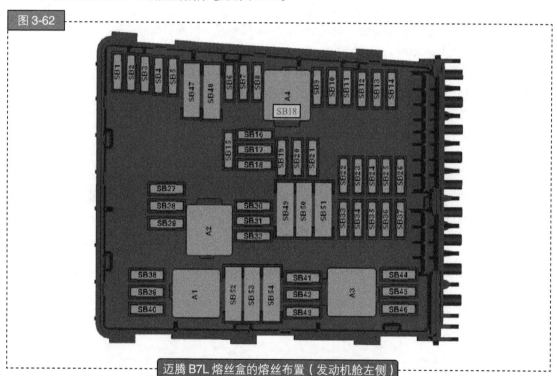

迈腾 B7L 熔丝盒的熔丝布置（发动机舱左侧）

故障排除：更换 SB18 熔丝。

4. 全新宝来 J519 故障导致发电机急速不工作

车型：全新宝来

故障现象：仪表上充电灯一直点亮。但已行驶了 3000km，蓄电池仍正常工作。

故障诊断：

第三章 000~010组 基本功能

① 通过诊断仪读取故障码,全车无故障记忆。

② 通过01-08-004_2读取发电机电压。怠速时为12.3V、前照灯灯光较暗,发电机应没有发电;将发动机提升到1700r/min后,发电机电压为13.5V、前照灯灯光较亮,发电机应已发电;松开加速踏板,发电机电压仍为13.5V。就是,只有起动发动机后,从怠速到1700r/min这段时间,发电机不工作。

③ 对发电机的L线进行测量,结果如下。

	发电机接插正常连接		拔下发电机接插	
	正常车	故障车	正常车	故障车
打开点火开关	1V	0V	蓄电池电压	0V
怠速	>13.5V(蓄电池电压)	0V		0V

检查发电机L接脚与J519的连线,正常,判断是J519故障。

故障排除:更换J519。

故障说明:此车仅是起动后到1500r/min的期间没有发电。只要转速超过1500r/min后,发电机即提供励磁电压开始发电,并且一旦激活就会持续发电,直到发电机停止转动为止。这也是此车蓄电池一直能正常工作的原因。

但如果起动后长时间处于怠速工况,可能会导致蓄电池亏电太多并且不能再次起动,还可能产生P1602—电压过低的故障码,参见图3-63。

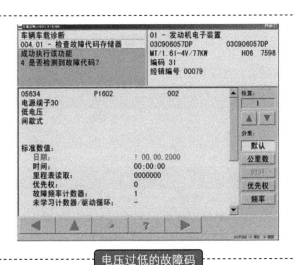

图3-63 电压过低的故障码

5. 传感器基准电压故障

车型:装备CGM发动机的迈腾2.0TSI,行驶里程2.8万km。

故障现象:发动机较难起动;起动后仪表EPC和排放灯点亮,踩下加速踏板发动机转速提升慢,并且最高只能到2800r/min。

故障诊断:

① 通过诊断仪读取故障码。发现除了两个较常见的故障P1545和P2106外,还有两个故障码P0641(传感器基准电压"A"断路)和P0651(传感器基准电压"B"断路);并且4个故障都是发生在打开点火开关的同一时间,初步判断是传感器的+5V线、某个传感器内部的+5V线短路到接地、发动机控制单元故障等,参见图3-64。

总监这样分析汽车数据流

图 3-64

```
事件存储器条目:
编号:              P1545: 节气门控制 功能失效
故障类型1:          主动
故障类型2:          静态
  标准环境条件:
    日期:          14-6-5
    时间:          下午6:10
    里程数(DTC):   28811
    优先等级:      0
    频率计数器:    1
    忘记计数器/驾驶周期: -1
  高级环境条件:
                   0.0 /min
                   0 %
                   0 km/h
                   26 ℃
                   26 ℃
                   980 mbar
                   10.16 V

事件存储器条目:
编号:              P2106: 节气门控制单元-J338由于系统故障功能受限
故障类型1:          主动
故障类型2:          静态
  标准环境条件:
    日期:          14-6-5
    时间:          下午6:10
    里程数(DTC):   28811
    优先等级:      0
    频率计数器:    1
    忘记计数器/驾驶周期: -1
  高级环境条件:
                   0.0 /min
                   0 %
                   0 km/h
                   26 ℃
                   26 ℃
                   980 mbar
                   10.16 V

事件存储器条目:
编号:              P0641: 传感器基准电压"A"断路
故障类型1:          主动
故障类型2:          静态
  标准环境条件:
    日期:          14-6-5
    时间:          下午6:10
    里程数(DTC):   28811
    优先等级:      0
    频率计数器:    1
    忘记计数器/驾驶周期: -1
  高级环境条件:
                   0.0 /min
                   0 %
                   0 km/h
                   26 ℃
                   26 ℃
                   980 mbar
                   10.16 V

事件存储器条目:
编号:              P0651: 传感器基准电压"B"断路
故障类型1:          主动
故障类型2:          静态
  标准环境条件:
    日期:          14-6-5
    时间:          下午6:10
    里程数(DTC):   28811
    优先等级:      0
    频率计数器:    1
    忘记计数器/驾驶周期: -1
  高级环境条件:
                   0.0 /min
                   0 %
                   0 km/h
                   26 ℃
                   26 ℃
                   980 mbar
                   10.16 V
```

故障码

② 起动后读取相关数据流,具体如下。

062		急速	电子节气门电位计电压比 U/U 基准	
数据项	节气门角度 1-G187	节气门 2-G188	加速踏板 1-G79	加速踏板 2-G185
实际值	0.0%	0.0%	0%	0.0%
经验值	13%	87%	14.5%	7%
091	第 2 代 VVT	急速	进气凸轮轴 B1 VVT	
数据项	发动机转速	N205 调整	B1 进气调整目标值	B1 进气调整实际值
实际值	680r/min	46%(不变化)	34° KW(不变化)	34° KW(不变化)
经验值*2	760r/min	43%~46%	34° KW	34° KW
115		急速	增压控制	
数据项	发动机转速	发动机负荷	目标增压压力	实际增压压力
实际值	680r/min	18.0%	290mbar(不变化)	20mbar(不变化)
经验值	680r/min	18%	300~390mbar	990mbar
142	开关式	急速	进气歧管翻板诊断	在功能 04 基本设定
数据项	实际位置	目标位置	翻板电压偏差	诊断结果
实际值	100%	0.0%	5V	系统异常
经验值	0%	0%	3.74V	系统正常

数据流说明多个传感器受 +5V 电源电压(基准电压)影响,并且故障不容易准确定位。

③ 打开点火开关,测量相关传感器的 +5V 电源线,显示为 0.29V,说明 +5V 电源线存在短

第三章　000~010组 基本功能

路到接地。逐个拔下传感器，当拔下 J338 电子节气门控制单元时，基准电压立即变为 +5V，说明故障点在 J338。经对线路进行检查，发现其连接线束被人为接错，车主后来反映是此车曾出现较大的事故，维修后故障就出现了。

故障排除：对 J338 电子节气门控制单元的线束重新按电路图进行连接。

案例说明：

奥迪/大众传感器的基准电压电路一般分为 A、B、C 三组，车型和发动机型号不同，其连接的传感器有少许差异。图 3-65 是装备 CSS 发动机的高尔夫 7 1.4TSI 的相关电路图。

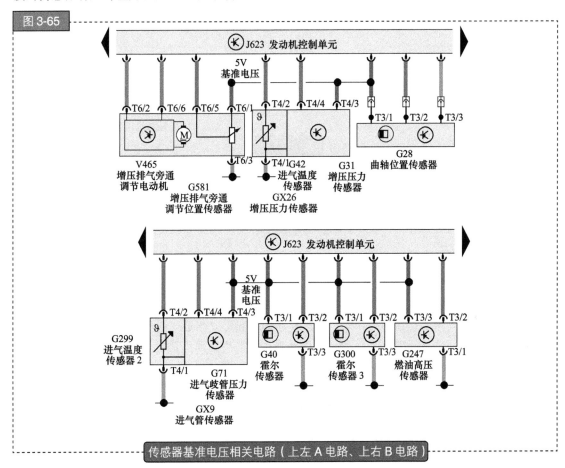

图 3-65　传感器基准电压相关电路（上左 A 电路、上右 B 电路）

◆ 第三节　005~007组 基本功能（二）◆

一　数据流说明

1. 第005组行车工况

具体数据见下。

005		各工况		
数据项	发动机转速	发动机负荷	车速	行车工况
规定值	640~6800r/min	13.5%~150%	0~255 km/h	LL/TL/VL/SA/BA
经验值	640~6800r/min	13.5%~150%	0	LL

主要数据流解释：

005_4：行驶工况。LL-怠速，TL-部分负荷，VL-全负荷，SA-倒拖/断油滑行，BA-急加速增浓。发动机工况参见图3-66。

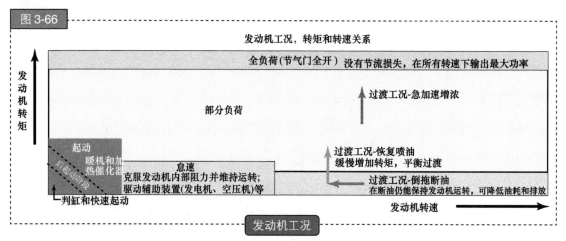

图3-66

2. 第006组海拔

具体如下。

006		各工况		
数据项	发动机转速	发动机负荷	进气温度	海拔修正
规定值	640~6800r/min	13.5%~150%	-48~105℃	-50%~20%
经验值	640~6800r/min	13.5%~150%	>外界温度	-4%~0%

主要数据流解释：

006_3：进气温度。现在的G42进气温度传感器一般集成在G71进气歧管压力传感器或G70空气流量计中，如果是带增压的车，它一般安装在中冷器后。因此它的检测温度一般高于环境温度。

006_4：海拔。F96海拔传感器一般安装在发动机控制单元内。如果此车是采用G71检测进气量，一般是通过G71与节气门位置传感器的模型进行计算。海拔=（1-进气压力/1013）×10000，修正值与海拔的关系如下：

示值	海拔
<+10%	-1000m，故障
-4%~+1%	0m
-10%	1000m
-20%	2000m
>-50%	5000m，故障

3. 第007组缸内直喷模式

具体如下。

007		各工况		
数据项	发动机转速	发动机负荷	冷却液温度	MED模式
规定值	640~6800r/min	0%~150%	80~115℃	00000001

主要数据流解释：

						007-4、048-1、143-4、150-1、169_4：MED 工况
					1	均质模式，λ=1
				1		均质稀燃模式
			1			均质分层，两次喷射
		1				分层模式
	1					分层加热 TWC，两次喷射
0						——
1						均质分层模式/TWC 加热，两次喷射
1						均质防爆震模式

1= 采用的工作模式 0= 没有进入此模式 SV= 禁止分层模式

二 相关原理说明

1. 进气温度G42

（1）进气温度的作用

采用 G71 当作"主充量-密度传感器"时，它可直接监测进气歧管压力。发动机控制单元根据进气歧管压力，计算进入气缸的空气质量。但由于空气密度随空气温度的变化而变化，因此需要增加 G42，检测进气温度来修正实际进气量。

对装备涡轮增压的发动机，它安装在中冷器后，用于修正温度对增压空气密度的影响，作为增压压力调节的修正值。

在大众/奥迪的车型中，发动机熄火后 G42 还与 G62 冷却液温度共同检测发动机舱的温度，因为此时发动机舱温度可达 90℃。因此，为了保护发动机和保证下次起动时排放达标，当监测到温度过高时，电子风扇会保持转动。因此，当 G42 和 G62 发生故障时，发动机熄火后电子风扇会保持转动较长的时间。

（2）进气温度传感器的工作原理

进气温度传感元件是一个负温度系数（NTC）的电阻应变片。当对传感器元件加热时，其电阻值会急剧下降，使得相应的信号输出电压值也减少。该传感器电压范围约 0.2~4.9V。ECM 通过特性曲线即可换算成温度值，参见图 3-67。

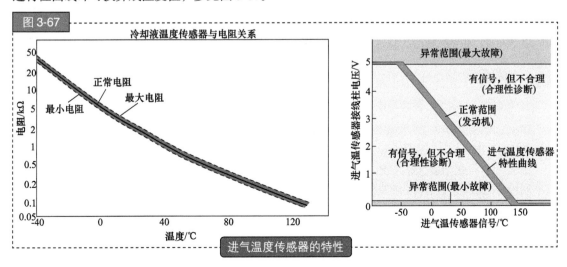

图 3-67 进气温度传感器的特性

当 G42 发生故障时，发动机控制单元使用一个替代温度（一般是 20℃）进行操控，此时点亮排放灯，发动机功率可能稍下降。但实际上影响不大，因为进气量可通过闭环控制进行修正。

2. 海拔

（1）海拔信号的作用

① 对装备涡轮增压的发动机，用于增压调节。当海拔增加时，空气压力和密度降低，需降低增压压力以防止涡轮增压器转速过高。

② 修正起动过程和起动后的空燃比。随着海拔的增加，空燃比变稀，必须防止混合气过浓。

说明：根据 GB 18352.5-2005《轻型汽车污染物排放限值及测量方法（中国Ⅲ、Ⅳ阶段）》（简称国 3 和国 4）和 GB 18352.5-2013《轻型汽车污染物排放限值及测量方法（中国第五阶段）》（简称国 5）中，第 I.3.2.1.2 款规定，制造厂仅需在海拔 2500m 内进行 OBD 监测，因此有部分车辆在高海拔地区出现起动时过浓、起动后抖动容易熄火的故障，是系统标定不完善的表现。

③ 用于 EGR 的调节修正。在高海拔时，减少 EGR 阀的开度或打开时间，防止 EGR 过量。

（2）海拔信号检测方法。

为检测海拔，高配车型一般装备了海拔传感器 F96，通常安装在 ECM 中，参见图 3-68。

为了节省成本，部分低配车型将进气歧管压力传感器 G71 所检测的数据作为计算海拔的参数，其控制策略如下：

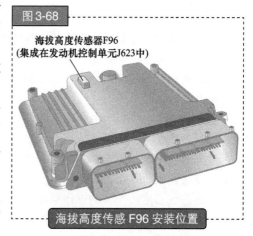

图 3-68 海拔高度传感 F96 安装位置

1）打开点火开关时，将 G71 的信号转换为海拔值。

2）在行驶过程中，当节气门打开较多时，将 G71 的信号转换为海拔值。一般情况下，当急踩下加速踏板 50% 时，进气歧管的压力就接近大气压力。现以非增压发动机为例，说明海拔变化的两种情况。

① 上山。在海拔 4000m 时，由于空气压力低，吸入发动机的空气体积 2.0L 时，其质量仅相当于平原时的 1.3L，因此在上山过程中肯定需要急踩加速踏板，此时发动机控制单元就可根据 G71 推算海拔。

② 下山。在此过程中，发动机控制单元通过较快的车速，但节气门开度较小，判断处于下山过程，此时会慢慢减少降低海拔的数值。

③ 当 G71 发生故障时，以大气压力为 850mbar/ 海拔 1500m 时为替代值，兼顾平原和高原。

三 故障案例

1. 高尔夫 A6 起动后空调不制冷

车型：装备 CDFA 1.6 发动机的 2010 款高尔夫 A6，半自动空调。行驶里程 7 万多 km，使用时间 5 年。VIN：LFV2B11K9A32xxxxx。

故障现象：起动后怠速工况，打开空调制冷，鼓风机工作，感觉出风口的风不冷，判断压缩机不制冷；但此时只需将发动机转速提升超过 2000r/min 就感觉出冷风，然后空调制冷功能一直正常，包括怠速工况；但关闭发动机再次起动后怠速工况，又回复到之前的不能制冷状态。

初步诊断：

① 检查制冷剂压力，正常。

② 通过 ODIS 对空调系统进行诊断，没有故障记录，参见图 3-69。

图 3-69 通过 ODIS 对空调系统读取故障码的情况

数据流分析：

① 通过 ODIS 读取空调数据流，参见图 3-70。"空调操作信息"状态是冷却，说明空调控制单元 J301 已接收到乘客需要制冷的信号。但发现"压缩机关闭要求"的数值是"来自发动机控制单元（ECM）通过 CAN 的关闭"，从而导致压缩机电流、转速和负荷都为 0，并且空调的其他信号均在正常值范围，因此可以判断压缩机不工作的原因来自发动机控制单元 J220。

图 3-70

诊断报告 (功能检测) 26.07.2015 19:29

测量值

名称列:	数值:	名称列:	数值:
端子30电压	13.2 V	再循环风门规定值	0.00%
压缩机关闭要求	来自发动机控制单元（ECM）通过CAN的关闭	温度风门，实际值	26
压缩机电流，规定值	0.0 A	温度风门，规定值	0.00%
压缩机转速	0 rpm	温度风门，冷停止	25
压缩机负荷	0.0 Nm	温度风门，热停止	227
制冷剂压力	7.8 bar	国家编码	德国
散热器风扇促动实际值	24.80%	气流分配风门，实际值	80
冷却液风扇启动，规定值	20.00%	气流分配风门，规定值	21.50%
怠速增加	未激活	再循环空气的状态	手动再循环启用
外部空气温度	32.0 ℃	折叠式车顶状态	关闭
车外温度内部计算	31.5 ℃	自点火开关关闭的时间	5 min
中央出风口温度-（仪表板，驾驶员侧）	30.666666 ℃	气流分配风门，除霜停止（通过上部车身出口）	291
脚部空间出风口温度	37.333332 ℃	气流分配风门，除霜停止（通过除雾）	22
蒸发器后的温度	27.333334 ℃	空调操作信息	冷却
车内温度	32.0 ℃	冷却液温度	89 ℃
鼓风机状态	接通	发动机转速	700 rpm
调光器信号	0%	车速	0 km/h

通过 ODIS 读取故障时怠速开空调的空调数据流

② 通过 ODIS 对发动机进行诊断。读取故障码，发现有 P2279- 进气系统有少量气流不可信信号的故障码，参见图 3-71。

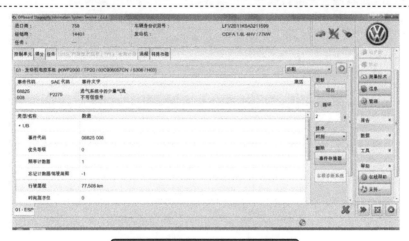

图 3-71 通过 ODIS 读取发动机系统故障码

③ 据故障码的内容，故障原因可能是进气系统存在漏气。经过排查，发现此车炭罐电磁阀 N80 关闭不严，有漏气现象。但更换后并确认进气系统没有漏气，故障未能解决。

④ 通过 ODIS 读取发动机数据流，参见图 3-72。经分析，发现有几个数据偏离了正常值较大的范围：海拔传感器为 -39%（相当于处于海拔 3900m）、发动机负荷为 21%（正常为 17%）、空燃比修正为 -14.6%（正常为 ±5%）。

图 3-72

测量值：

名称列:	数值:	识别:	名称列:	数值:	识别:
发动机转速	760 /min	1.1	气缸列1催化转化器测量值 - 转变	2	46.3
冷却液温度	87.0 ℃	1.2	发动机转速为	790 /min	50.1
空燃比调节值	-14.06%	1.3	规定的发动机转速	800 /min	50.2
基本设置的设置条件	111111	1.4	空调器请求	空调低档	50.3
发动机负荷	21.80%	2.2	空调压缩机	降低	50.4
平均喷油正时	3.28 ms	2.3	驱动模式1…6档，仅用于自动变速箱	0	51.3
进气歧管压力	320 mbar	2.4	车辆电压	13.86 V	51.4
节气门角度（电位计）	3.53%	3.3	蓄电池电压	13.86 V	53.3
正时角度（当前值）	6.0 ₀.OT	3.4	发动机负荷	35.29%	53.4
电压	13.79 V	4.2	发动机工作状况	怠速	54.2
进气温度	39.0 ℃	4.4	节气门位置（TP）传感器1	0.00%	54.3
速度	0 km/h	5.3	电位计的节气门角度	3.92%	54.4
工作状态	怠速	5.4	怠速调节器	0.98%	55.2
高度校正	-39.06%	6.4	怠速调整的实际匹配值	3.71%	55.3
失火总数计数器	0	14.3	发动机转速规定值	800 /min	56.2
点火缺火识别	激活	14.4	空调压缩机压力传感器/扭矩占空比	9 bar	57.4
1缸不发火	0	15.1	电位计1的节气门角度	13%	60.1
2缸不发火	0	15.2	电位计2的节气门角度	86%	60.2
3缸不发火	0	15.3	节气门控制匹配状态（匹配状态计数器）	4	60.3
4缸不发火	0	16.1	节气门匹配状态	ADP OK	60.4
1缸点火正时延迟角	0.0 ℃W	20.1	供电电压	13.79 V	61.2
2缸点火正时延迟角	0.0 ℃W	20.2	节气门位置（TP）促动器的启动	3.92%	61.3
3缸点火正时延迟角	0.0 ℃W	20.3	节气门驱动的角度传感器1	13%	62.1
4缸点火正时延迟角	0.0 ℃W	20.4	节气门驱动的角度传感器2	86%	62.2
气缸列1传感器1怠速匹配值	0.00%	32.1	节气门位置（TP）传感器	14%	62.3
气缸列1传感器1匹配值，节气门部分开启	0.00%	32.2	加速踏板位置传感器2	7%	62.4
气缸列1，传感器1控制值	-14.84%	33.1	实际行驶速度	0 km/h	66.1
气缸列1，传感器1电压	0.62 V	33.2	空油箱信息	过低	89.2
气缸列1催化转化器，催化转化器之前的温度	465.0 ℃	34.2	氧传感器控制器	-14.06%	99.3
气缸列1，传感器1，期段持续时间	0.0 s	34.3	氧传感器调节	I-调节接通	99.4
事件	测试关闭	34.4	就绪数位	1100101	100.1
气缸列1，传感器2传感器电压	0.45 V	36.1	发动机起动后运行时间	153 s	100.3
气缸列1，传感器2结果	测试关闭	36.2	OBD-状态	1010001	100.4
气缸列1，传感器2电压	0.45 V	37.2	环境温度	31.0 ℃	134.2
气缸列1的氧传感器值	0 ms	37.3	发动机出口温度	87.0 ℃	134.4
传感器加热器电阻	0.1 kOhm	41.1	散热器输出端温度规定值	50.0 ℃	135.1
传感器加热状况	Htg.bC.接通	41.2	冷却风扇起动1占空比	9.80%	135.2
气缸列1传感器2的电阻		41.3	AC输入	空调低档	137.1
状态	Htg.aC.切断	41.4	压缩机状况	降低	137.2
气缸列1催化转化器温度	20 ℃	46.2	空调压缩机信号PWM	9 bar	137.3

通过 ODIS 读取故障时的发动机怠速数据流（部分）

第三章　000~010组 基本功能

⑤ 根据经验，大气压力传感器位于发动机控制单元中，不能单独更换，尝试更换J220，但故障仍未解决。重新对故障码和数据流进行分析，它们都指向进气系统，已确认没有漏气。对进气系统的各元件进行分析，怀疑进气的主要传感器-G71进气歧管压力传感器故障。因此，打开点火开关，读取发动机数据流，发现G71数据不合理。打开点火开关停机时，G71应是大气压力，约1000mbar；现在为620mbar，参见图3-73。

图3-73

测量值：					
名称列：	数值：	识别：	名称列：	数值：	识别：
发动机转速	0 /min	1.1	平均喷油正时	0.0 ms	2.3
冷却液温度	78.0 ℃	1.2	进气歧管压力	620 mbar	2.4
空燃比调节值	0.00%	1.3	发动机转速	0 /min	3.1
基本设置的设置条件	10110010	1.4	进气歧管压力	620 mbar	3.2
发动机转速	0 /min	2.1	节气门角度（电位计）	8.24%	3.3
发动机负荷	100.00%	2.2	正时角度（当前值）	0.0 自.OT	3.4

故障车打开点火开关时的发动机系统数据流（部分）

故障排除：更换G71，数据流显示正常（参见图3-74），故障解决。

图3-74

测量值：					
名称列：	数值：	识别：	名称列：	数值：	识别：
发动机转速	0 /min	1.1	平均喷油正时	0.0 ms	2.3
冷却液温度	90.0 ℃	1.2	进气歧管压力	990 mbar	2.4
空燃比调节值	0.00%	1.3	发动机转速	0 /min	3.1
基本设置的设置条件	110011	1.4	进气歧管压力	1000 mbar	3.2
发动机转速	0 /min	2.1	节气门角度（电位计）	8.24%	3.3
发动机负荷	100.00%	2.2	正时角度（当前值）	0.0 自.OT	3.4

正常车打开点火开关时的发动机系统数据流（部分）

2.案例分析

经对数据流研究，本案例中发动机管理系统的控制策略见图3-75。

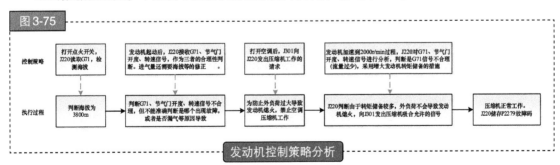

发动机控制策略分析

（1）进气歧管压力传感器G71信号合理性的判断。

传感器有四种故障类型：

A. 最大故障：信号超过正常范围的上限。

B. 最小故障：信号超过正常范围的下限。

C. 信号故障：无信号。

D. 不合理故障：有信号，但信号不合理。

为了判断故障，采取以下三种方案：

a. 直接采样。主要检测最大/最小值。
b. 直接采样+辅助信号。对信号合理性的判断。
c. 采样+主动诊断。特殊检测，例如对后氧传感器的诊断。

对于本案例的 G71，可能存在 D 种故障，因此需采用 b.方案进行检测，就是引入节气门和转速。因为在给定的发动机，它们三者的关系（加上其他修正参数）基本恒定的，因此只是其中一个参数出现偏差，可通过其他两个参数进行计算判断，参见图 3-76。

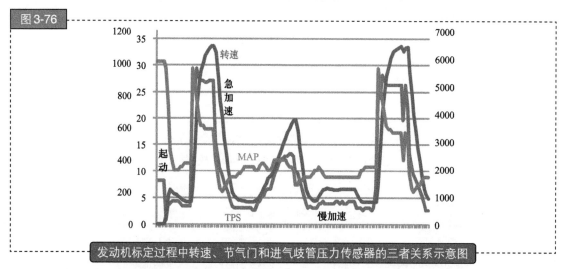

图 3-76 发动机标定过程中转速、节气门和进气歧管压力传感器的三者关系示意图

（2）ECM 与空调压缩机工作。

空调控制单元在吸合压缩机前，为防止转矩波动，必须先向发动机控制单元发出"压缩机吸合请求"的信号。发动机控制单元接到此外部转矩变化的信号，增大转矩。如果发动机判断发动机能满足转矩变化，向空调控制单元发出"压缩机吸合允许"的信号，空调控制单元就可吸合压缩机。

◆ 第四节　008 组 制动真空泵 ◆

一　数据流说明

具体说明如下。

008	HFM	怠速		不带基本设定
数据项	制动踏板	供给 ECU 电压	真空泵状态	制动助力器绝对压力
规定值	踩下/松开	12.0~15.0V	ON/OFF	mbar
经验值	松开	>13.5V	OFF	300mbar
	MAP	怠速		不带基本设定
数据项	制动踏板	真空泵状态	进气压力	制动助力器绝对压力
规定值	踩下/松开	ON/OFF	mbar	mbar
经验值	松开	OFF	300mbar	300mbar
	HFM	怠速		在功能 04 基本设定
数据项	制动踏板		制动助力器绝对压力	结果
规定值	踩下/松开		mbar	测试关闭/开启、系统正常/异常
经验值	松开		300mbar	测试正常

第三章　000~010组 基本功能

主要数据流解释：

008_1：制动踏板状态。只有制动灯开关 F 和制动踏板 F47 同时接通时，会显示"踩下"；否则会显示"松开"。

008_4：带基本设定功能的车辆。根据车型不同，有两种设定方法：

第 1 种：关闭发动机、打开点火开关、自动变速器位于 P 位或 N 位；进入诊断仪的功能 04（基本设置）；用按钮"4"激活短行程功能（接通）；用力踩下制动踏板两次，008_4 显示"测试开始"；等候"系统正常"在 008_4 中出现。

第 2 种：自动变速器位于 P 位或 N 位；进入诊断仪的功能 04（基本设置）；起动发动机，同时踩下制动和加速踏板，转速会上升到 2200r/min；等候"系统正常"在 008_4 中出现。

制动助力器绝对压力应接近进气歧管压力 300mbar。如果一直低于进气歧管压力，有可能是真空助力器或连接软管漏气。

二　相关原理说明

1. 需要装备制动真空泵的原因

为提高制动舒适性，部分奥迪/大众车装备了制动真空泵。在以下两种工况，需要外加的真空泵产生制动真空。

（1）冷起动工况

国 IV 及以上排放要求，冷起动后 TWC 尽快加热以达到工作温度，并且此时发动机阻力较大。如果此时挂档行驶，节气门开度较大，导致进气歧管真空度较低，可能导致制动助力器的真空度不足。利用发动机进气歧管产生真空的原理，参见图 3-77。

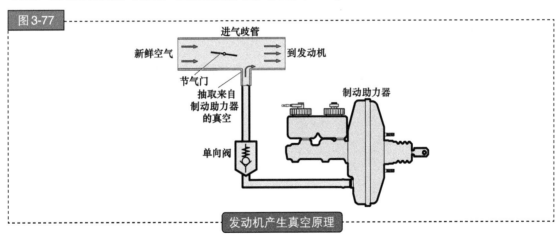

图 3-77　发动机产生真空原理

（2）低速并且外负荷较大时

在发动机处于低转速控制区域，为了预留转矩，一般推迟点火角，因而节气门都比较大。如果此时开空调、车辆转向及处于高原等综合因素，会导致进气压力大于 75kPa。

2. 制动真空泵类型

奥迪/大众装备了电动和机械两种类型的真空泵。

（1）电动真空泵

1）电动真空泵的类型

① 开环控制型。其特点是不带制动助力器压力传感器。通过发动机负荷、发动机转速、节气门开度、制动灯开关计算出制动助力器中的压力，然后与发动机控制单元内的脉谱图进行对比，必要时控制真空泵工作。它的工作原理参见图3-78。

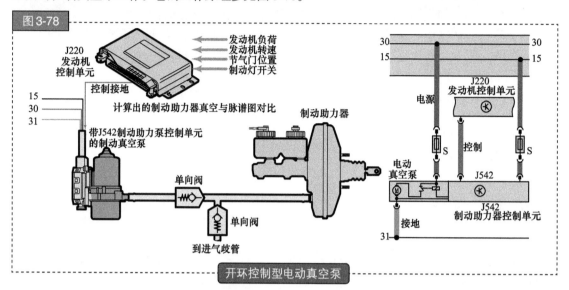

② 闭环控制型。其特点是带制动助力器压力传感器G294。发动机控制单元根据G294的数据与脉谱图进行对比，必要时让电动真空泵工作，参见图3-79。

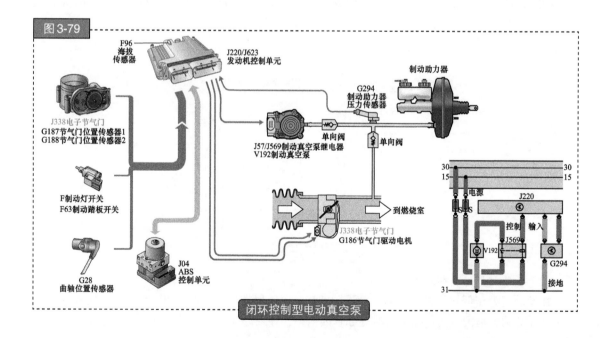

2）电动真空泵的控制策略

① 制动真空泵运转控制。为了避免真空泵频繁地接通和断开，采用"延迟控制"的策略，即在制动真空泵在制动助力器压力的某个范围内进行接通和断开，参见图3-80。

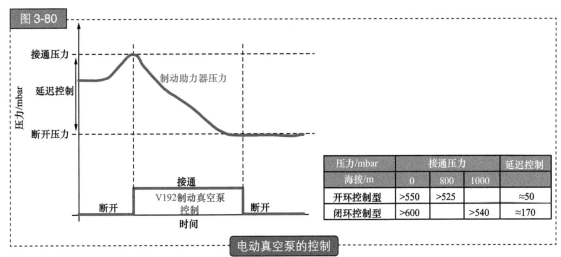

图3-80 电动真空泵的控制

压力/mbar	接通压力			延迟控制
海拔/m	0	800	1000	
开环控制型	>550	>525		≈50
闭环控制型	>600		>540	≈170

② 制动真空的控制。由控制单元控制的制动助力器中的真空，有两种不同的模式控制真空度。

第一种模式：当控制单元通过 G294 和 F96 检测到制动助力器与大气压力差值低于限值，并结合制动开关 F/F63 的信号，起动真空泵 J57/V192。

第二种模式：控制单元采用其他方法提高进气歧管和制动助力器的真空度。例如，断开空调压缩机 J255/301 可以降低发动机负荷，并使节气门 G186 开度减少；停止催化器预热，优化发动机运行条件，也可使节气门 G186 轻微关闭。

根据车型和发动机的装备不同，可采用不同的产生真空模式。装备自动变速器、带 J57/V192、无 ESP 的车型，可使用以上两种模式；装备自动变速器、带制动增力 ESP 的车型，不需要装备 G297 和 J57/V192，在紧急制动时 ABS 控制单元会提高制动压力，并向发动机控制节气门提出减少节气门开度的请求；装备手动变速器和 G294 的车型，通过减少节气门开度来提高制动真空度。

（2）机械真空泵

EA888 的制动助力器和其他需要真空驱动的系统（例如涡轮增压的进/排气旁通阀、EVAP、进气翻板等），都是通过机械真空泵产生真空的。机械真空泵采用回转叶片式泵，由排气凸轮轴驱动并安装在高压泵后。由于真空泵在任何工况下都能提供 50mbar 的连续真空度，因此不需要真空罐储存真空，参见图3-81。

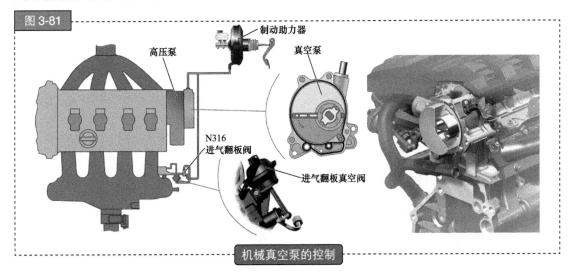

图3-81 机械真空泵的控制

由于机械真空泵工作需要机油润滑，因此真空室内的气体不能直接排到大气中，需进入燃烧室内进行净化。

三、故障案例

真空助力器故障导致轻踩制动时产生紧急制动的工况

车型：装备 CLX 发动机的 2013 款奥迪 A6L 2.5L，行驶里程 9 万 km，使用时间 4 年。

故障现象：轻踩制动踏板时，就如同用力急踩制动踏板一样制动，并且制动踏板上方有"嗞嗞"响声。

故障诊断：

① 通过诊断仪读取故障码，所有系统正常。

② 由于与制动有关，因此读取相关数据流。可以看到，008_4 制动助力器绝对压力偏高，并且高于进气歧管压力较多，结合制动踏板上方有"嗞嗞"响声（检查是由真空助力器发出），判断是真空助力器内部漏气导致。

008		MAP	急速	不带基本设定
数据项	制动踏板	真空泵状态	进气压力	制动助力器绝对压力
实际值	松开	OFF	370mbar	475mbar
经验值	松开	OFF	300mbar	300mbar

故障排除：更换真空助力器。

◆ 第五节　009组 保养间隔

一、数据流说明

具体说明如下。

009		保养间隔	机油及油耗信号	
数据项	发动机机油液面	机油警告灯范围	燃油油耗信号	燃油油耗比值
规定值	mm	39~50mm	0~65535	0~65535

主要数据流解释：

009_1：机油油位。奥迪／大众采用两种机油液位传感器。

第一代：热敏式机油油位传感器（TOG）

① 机油油位传感器安装油底壳中的下部。持续测得的油位和温度数据作为脉冲宽度调制的输出信号传递给组合仪表，参见图3-82。

② 信号形式和分析。一个电子装置控制的测量元件，由当前机油温度短时加热（输出＝高），然后重新冷却（输出＝低），参见图3-83。

这个过程自动不停地重复。此时"高"的时间取决于机油温度，而"低"的时间则与油位成比例。

机油油位。通过一个传感器等式，可从冷却时间计算出在冷却阶段期间的油位高度（单位mm）。精确度约为 ±3 mm。

长冷却时间＝加注不足（1000 ms），短冷却时间＝加注过多（100ms）。

第三章　000~010组 基本功能

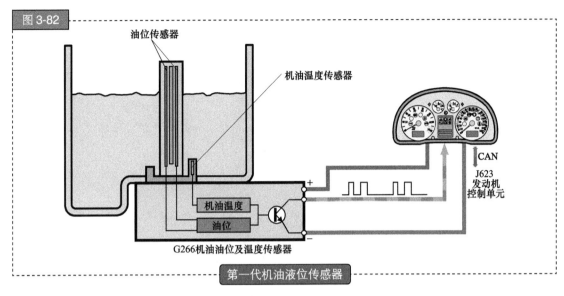

图3-82

第一代机油液位传感器

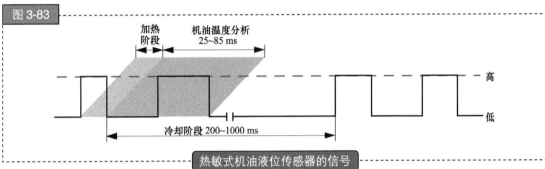

图3-83

热敏式机油液位传感器的信号

在传感器冷却阶段也传输机油温度信号。机油油位、机油温度、每缸耗油量（升/小时）和行驶里程都是影响可变保养周期显示的因素。通过分析这些影响因素，在组合仪表中确定车辆的机油油位，并灵活调整至下次保养的里程上限值（最大3万km）和时间上限值（最长2年），参见图3-84。

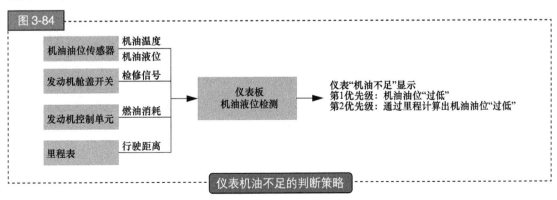

图3-84

仪表机油不足的判断策略

第二代：封装式超声波油位传感器（PULS）

这种传感器是按超声波原理来工作的。发出的超声波脉冲被机油-空气的边界层所反射。根据发出的脉冲和返回的脉冲之间的时间差，参照声波的速度就可计算出机油油位，参见图3-85。

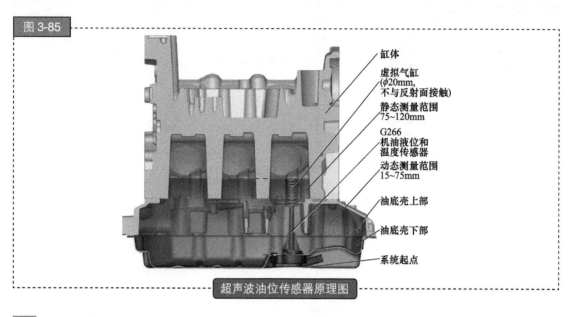

图 3-85 超声波油位传感器原理图

（缸体；虚拟气缸（ϕ20mm，不与反射面接触）；静态测量范围 75~120mm；G266 机油液位和温度传感器；动态测量范围 15~75mm；油底壳上部；油底壳下部；系统起点）

二 故障案例

1. EA888发动机保养后机油足够，但机油不足报警灯仍点亮

车型：装备 EA888 发动机的 GTI、全新迈腾、CC。

故障现象：做更换机油的保养后，"机油不足"警告灯仍点亮。已确保机油添加量足够、使用原厂机油，并已更换机油传感器。一般是行驶 1~2 天后，机油不足警报灯自动熄灭，参见图 3-86。

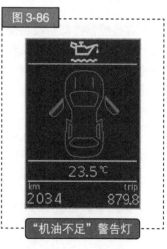

图 3-86 "机油不足"警告灯

原因说明：

EA888 发动机的机油油面高度的检测/计算有两种方式：动态测量和静态测量。

① "动态检测"主要是在行车过程中进行的。重要的测量参数包括：

- 发动机转速；
- 发动机温度，应已达到正常工作温度；
- 来自 ESP 控制单元的纵向加速度和横向加速度；
- 发动机舱盖接触点信号，舱盖必须是关闭的；
- 最后一次舱盖断开的行驶里程 - 接通后的行驶里程 >50 km；
- 在这个行驶循环内必须存在一定数量的测量值。

由于动态测量更为精确，因此作为第一优先级进行判断。但出现以下工况时，停止动态检测：

- 加速度值高 3 m/s2；
- 机油温度超过 140℃；
- 操纵了发动机舱盖接触开关 F266。

② 在动态检测停止工况，进行"静态检测"。

第三章　000~010组 基本功能

在下述情况下开始静态测量：
- 点火开关"接通"。为了能更快地获得测量结果，实际上在打开驾驶人侧车门时就开始检测；
- 发动机机油温度 >40℃；
- 发动机转速 < 100r/min；
- 发动机停机时间 > 60s；
- 来自 ESP 的车辆倾斜信号；
- 驻车制动信号。

当机油油位高度可能会导致发动机损坏时（测量值低于最小值了），那么会出现"油位不足"报警。

根据以上的测量条件，如果保养前显示"机油不足"，现在车辆的仪表记忆还是上次的报警记录状态，依然可能会报警。有可能车辆行驶至少超过 50km，并满足上述条件后，报警才能解除，所以保养后当时无法解除报警是正常的

2. 发动机积炭原因说明

产生积炭的常见部位见图 3-87，主要有两种原因会产生积炭。

（1）PCV 产生的曲轴箱废气

在中高速、急加速和大负荷时，部分窜缸混合气通过节气门后进入燃烧室（参见图 3-88），此时由于高温而挥发的机油蒸气会附在节气门翻板（参见图 3-89）、进气道处（参见图 3-90）产生积炭；进到燃油室后会在进气门背面（参见图 3-91）、燃烧室内（参见图 3-92）产生积炭。

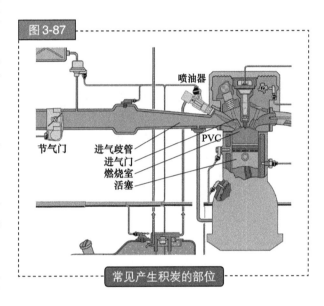

图 3-87　常见产生积炭的部位

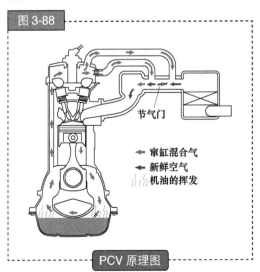

图 3-88　PCV 原理图

图 3-89　积炭的节气门翻板

图 3-90

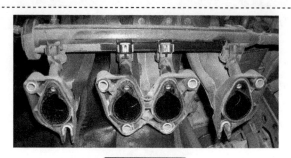

积炭的进气道

图 3-91

气门背严重积炭　　此处积炭会导致气门卡滞而损坏缸盖

严重积炭的气门导管可能导致气门卡滞

图 3-92

燃烧室内积炭

（2）使用含胶质较多的汽油

高温时汽油中的胶质释放出来，导致进气门背和燃烧室/活塞顶产生积炭，严重时会导致气门卡滞而损坏缸盖。缸内直喷的发动机，由于内部 EGR 量很大，也会导致积炭增多，参见

图 3-93。

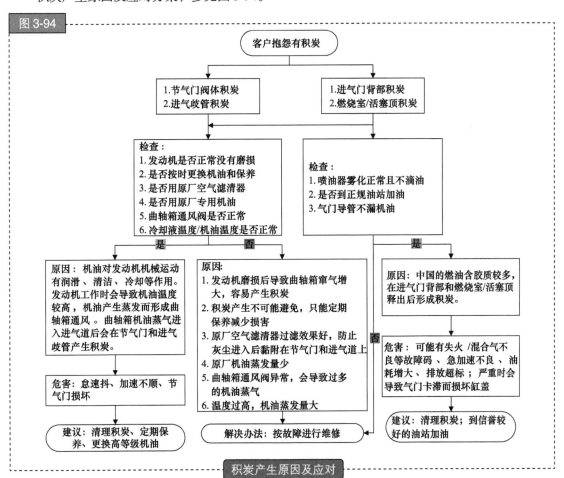

积炭产生原因及应对方案，参见图 3-94。

3. W12加机油时不得使用密封加机油口的辅助加注工具

车型：装备 W8 和 W12 发动机的奥迪 A8L、辉腾

技术说明：W8 和 W12 的曲轴箱通风结构较复杂（参见图 3-95）。如果使用密封加机油口的辅助加注工具（见图 3-96），由于加油量较大，在曲轴箱通风装置中产生压力，因此机油会通过净化漏气的路径漏到进气管中，很容易损坏发动机。

因此，建议使用漏斗慢慢加注。如果在温度极低的时候，还需等待几分钟，让机油充分流到油底壳后，才能起动发动机。

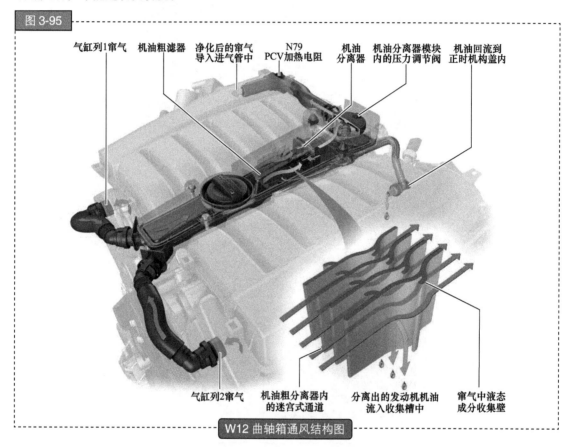

图 3-95　W12 曲轴箱通风结构图

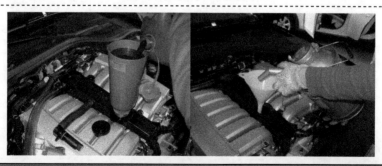

图 3-96　W12 加机油方法（上左使用密封加机油口的辅助加注工具 - 错误，上右使用漏斗 - 正确）

机油量：W8 约 8L，W12 带机油滤清器的为 11.2L、不带机油滤清器为 10.2L。

第四章

010~029 组 点火和爆燃

第一节 010~019组点火控制组

一、数据流说明

1. 第010和011组点火

数据流如下。

010		怠速		
数据项	发动机转速	发动机负荷	节气门开度（G187）	点火提前角
规定值	700~860r/min	13.5%~150%	0.2~4.0%	0~6°BTDC
经验值	680r/min	13%~45%	3.1~4.0%	0~6°BTDC
011		怠速		
数据项	发动机转速	冷却液温度	进气温度	点火提前角
规定值	700~860r/min	80~105℃	−48~105℃	0~6°BTDC
经验值	680r/min	>80℃	>外界温度	0~6°BTDC

2. 第012组分电器调节/配气正时

数据流如下。

012		怠速	配气正时	G40带半圆形信号盘
数据项	发动机转速	发动机负荷	G28距G40上升沿的齿数	G28距G40下降沿的齿数
规定值	700~860r/min	13.5%~150%	26~30	86~90
经验值	680r/min	13%~45%	28	87

主要数据流解释。

见012_3和012_4：主要用于早期G40带半圆形信号盘的车型，用于分析配气正时是否正确。参见图4-1。

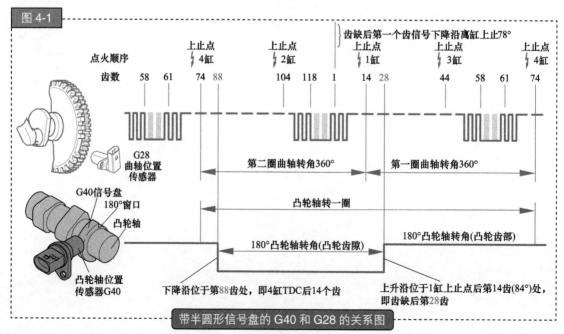

图4-1 带半圆形信号盘的G40和G28的关系图

第四章　010~029组 点火和爆燃

G28 曲轴位置传感器可传递发动机转速、曲轴位置和参考点信号。参考点信号是通过 G28 信号盘的齿缺产生的。

G40 凸轮轴位置传感器（又称相位传感器）的安装在凸轮轴上，转速是曲轴的一半。在此款车型中，G40 信号盘一半是凸起，一半是凹陷；或者一半是窗口，一半是间隙。

凸轮轴转动时，当 G40 信号盘转动到窗口气隙或凹陷半圆时，信号从（低－）向（高＋）变化，进入上升沿；当 G40 信号盘离开窗口气隙或转动到凸起半圆时，信号从（高＋）向（低－）变化，进入下降沿。

当 G28 检测到参考点信号时，ECM 对 G28 信号盘进行齿数计数，一旦 G28 齿数计数为 26~30 齿时，G40 应输出上升沿信号；当 G28 齿数计数为 86~90 齿时，G40 已判断曲轴为第二圈，G40 应输出下降沿信号。

如果不在此范围，说明配气正时不正确。

3. 第014~017组失火识别

数据流如下。

014			行车	失火识别
数据项	发动机转速	发动机负荷	总失火量	失火识别
规定值	640~6800r/min	0%~150%	0-5	active/blocked
经验值	640~6800r/min	13%~45%	0	active
015			行车	一~三缸失火识别
数据项	一缸失火量	二缸失火量	三缸失火量	失火识别
规定值	0	0	0	active/blocked
经验值	0	0	0	active
016			行车	四~六缸失火识别
数据项	四缸失火量	五缸失火量	六缸失火量	失火识别
规定值	0	0	0	active/blocked
经验值	0	0	0	active
017			行车	七~九缸失火识别
数据项	七缸失火量	八缸失火量	九缸失火量	失火识别
规定值	0	0	0	active/blocked
经验值	0	0	0	active

主要数据流解释。

数据显示	可能的故障原因	故障排除
014_3>5 015_1、015_2、015_3、015_4、015_5、015_6>1 以上数据不断增加，或记忆失火相关的故障码	火花塞故障	检查火花塞
	点火线圈及连接线故障	检查点火线圈及连接线
	喷油器故障	检查喷油器
	未计量的空气进入	检查进气系统是否泄漏
	机械故障	检查气缸压力
	EGR 阀 N18 卡滞/故障	检查 EGR 系统

014_4、015_4、016_4：是否进行失火监测。在坏路、换档、发动机起动后、倒拖滑行、急加速等工况，如果无法辨别失火与其他因素的影响，就会中断失火监测系统，数据显示 blocked。其他工况，都就处于"active"工作状态。

4. 第018组失火识别的负荷/转速控制窗口

数据流如下。

018		行车	失火后故障保护	
数据项	转速最低下限	转速最高上限	负荷最低下限	负荷最高上限
规定值	0	0	0	0
经验值	0	0	0	0

如果没有检测到失火,所有值都是0。

5. 第019组失火识别

数据流如下。

019		行车	十~十二缸失火识别	
数据项	十缸失火量	十一缸失火量	十二缸失火量	失火识别
规定值	0	0	0	active/blocked
经验值	0	0	0	active

二 失火检测的原理说明

1. 失火检测的工作原理

在多种失火检测方案中(例如图4-2的通过离子流判断失火),已确认检测曲轴转速的变动是最合适的方法。

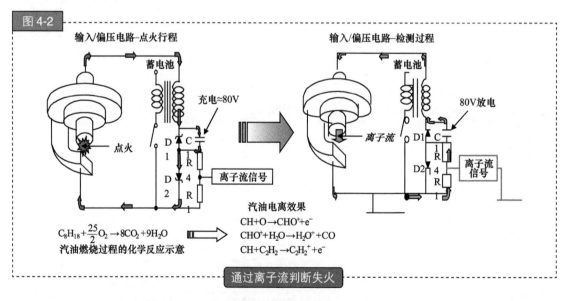

图4-2

奥迪/大众的失火检测是通过转速传感器精确感知来自曲轴飞轮信号盘的发动机转速波动,以判断是否出现失火。当失火发生时,发动机转矩会突然下降,并引起发动机曲轴上飞轮信号的"齿加速度"发生变化,因而系统可以用"齿加速度"的变化来表示发动机运转的粗糙度水平,从而进行失火检测,参见图4-3。

要精确检测失火是较难的,因为失火仅使间隔延长0.2%,参见图4-4。因此ECM需要采取多种措施防止误判。

第四章 010~029组 点火和爆燃

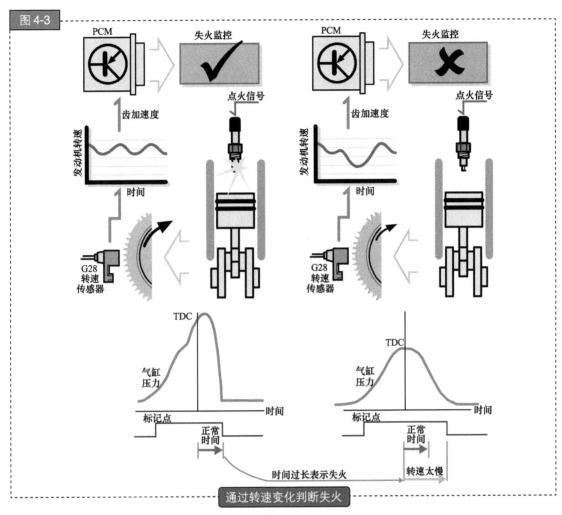

图 4-3　通过转速变化判断失火

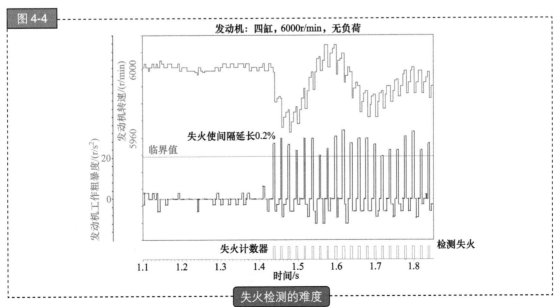

图 4-4　失火检测的难度

2. 排放法规中对失火检测区域的描述

① 整个转矩输出的工作区域都应检测。

② 在高转速进气压力较低区域可以关闭失火检测。这个区域根据指定的方法确定失火：在进气压力（纵轴）和转速（横轴）确定的坐标系上，过转速红线上零转矩线上的点，对应的歧管压力加上133mPa处对应的点，与3000r/min零转矩的点做一直线，此线下方可以不检测。

③ "转速红线"是指在仪表板上标出的最大发动机转速，或是发动机断油转速，参见图4-5。

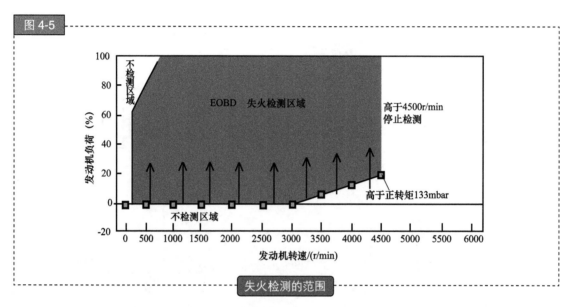

图4-5 失火检测的范围

表4-1给出了失火率与排放故障灯反应的关系。

表4-1 失火率与排放故障灯反应的关系

检测内容	说明	失火故障判定方法	失火率统计周期	排放故障灯反应
引起催化器损坏的失火检测	引起催化器损坏的失火率	- 超过此失火率	曲轴转200圈	闪烁
排放相关的失火检测	超过OBD排放限值的失火率	- 如果在第一个统计周期内失火计数器超过设定值 - 如果在一个运转循环中失火计数器在4个统计周期内超过设定值	曲轴转1000圈	点亮

3. 引起催化器损坏的失火检测

失火发生时，未燃烧的混合气会在催化器（TWC）中燃烧，这会加速催化器涂层老化，甚至损坏TWC。一般的TWC载体可接受温度为900~1000℃，参见图4-6。

在高转速进气压力较高的区域，TWC温度可能在很短时间内达到临界值（≈1s），因此法规要求在曲轴转200圈内就要将故障检测出来，相当于6000r/min时约2s内完成检测是有意义的。

第四章 010~029组 点火和爆燃

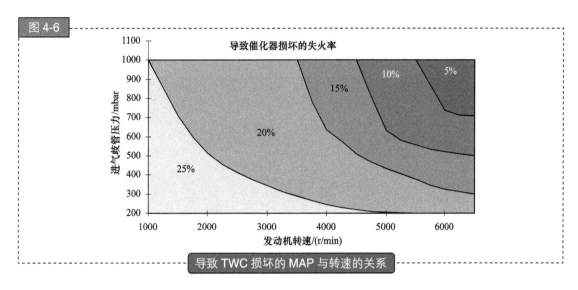

图 4-6 导致TWC损坏的MAP与转速的关系

4. G28信号盘齿隙学习

为了修正G28信号盘的齿隙偏差或发动机独特的运转特性,在更换G28或信号盘后,必须对失火识别进行匹配。成功匹配是进行可靠失火识别的前提。

① 早期欧Ⅲ车型,装备OBD的西门子发动机管理系统,G28信号盘齿隙学习方法:清除故障码;01-10-00清除自适应值;01-04-060节气门基本设定;举升车辆,从1档至5档,每个档位将发动机转速提高到4500r/min后,迅速松加速踏板,直至转速降至最低。

② 早期非西门子系统:在滑行状态下实现。因为此时没有出燃烧过程,发动机的旋转运动较均匀。

③ 现在所有的系统:只要未出现失火,可在整个运行过程中实现。

针对②和③,其学习方法是:清除故障码;01-10-00清除自适应值;在直路,让发动机在惯性滑行中的转速由约4000r/min降至2000r/min,共5次。

三 失火相关故障码

引起失火/发动机工作不良的原因很多,建议的检测流程见图4-7。
失火相关的常见故障码如下。

故障码	故障码含义	诊断程序	监控策略	故障判据和阈值	启用条件的辅助参数	监测时间长度
P0300	检测到不定缸失火	检查喷油器 检查点火线圈 检查火花塞 检查进气系统泄漏 检查汽油压力	曲轴转速波动	失火率导致排放超标准的阈值>2.66% 失火率导致催化器损坏率>1.214%	转速在520~6500r/min 进气温度>−48℃ 冷却液温度>−30℃ 没有断油和检测到坏路	1000转 或 200转
P0301	检测到一缸失火					
P0302	检测到二缸失火					
P0303	检测到三缸失火					
P0304	检测到四缸失火					

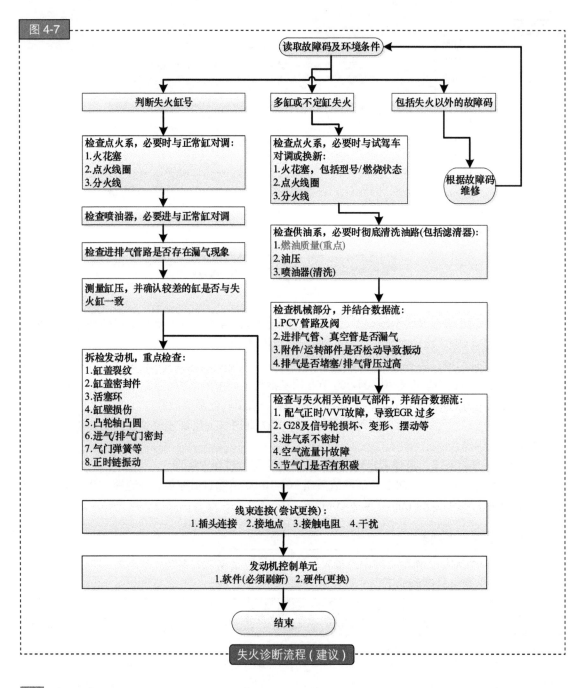

图 4-7 失火诊断流程(建议)

四 故障案例

1. 由于正时带跳齿导致装备BJG发动机的捷达怠速不稳

车型：装备 BJG 发动机的 2011 款捷达 1.6

故障现象：怠速不稳，行驶动力稍差。

故障诊断：此车已清理过节气门和喷油器，更换了火花塞，故障仍未解决。

数据流分析：通过诊断仪读取数据流如下。

第四章 010~029组 点火和爆燃

001	单列发动机	急速		
数据项	发动机转速	冷却液温度	TWC 前氧修正值	基本设定所需的工况
实际值	768r/min	85.5℃	−26.6%	111111
经验值	740r/min	84~94.5℃	−10.0%~10.0%	11111111
002	装备 MAP	急速	歧管喷射 MPI	
数据项	发动机转速	发动机负荷	喷油脉宽	进气压力
实际值	768r/min	29.8%	4.12 ms	479.4 mbar
经验值	740r/min	18%	3ms	350mbar
012		急速	配气正时	G40 带半圆形信号盘
数据项	发动机转速	发动机负荷	G28 距 G40 上升沿的齿数	G28 距 G40 下降沿的齿数
实际值	768r/min	30.2%	32	91
经验值	680r/min	13%~45%	28	87

从 012_3 和 012_4 可以看到,初步判断是正时带跳了一个齿,导致 002_2 负荷偏高、001_3 混合气偏浓。

故障排除:更换正时带和正时带张紧器,按手册要求重新校正配气正时,故障解决。

2. 油气分离器故障导致失火

车型:装备 CGMA 发动机的 2015 款迈腾 B7L 2.0TSI。

故障现象:发动机抖动、急加速不良,排放故障灯和 EPC 灯点亮。

故障诊断:

① 通过 VAS5052a 读取故障码,参见图 4-8。

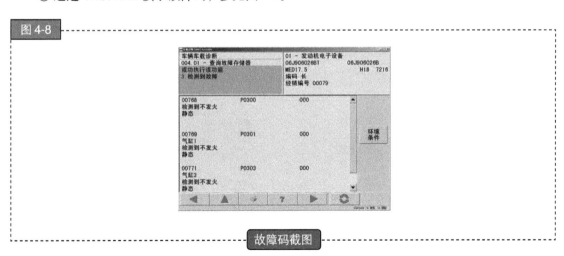

图 4-8 故障码截图

② 由于产生的失火的原因很多,故障点不容易确认,采用数据流分析的方法,读取数据流如下。

001	单列发动机	急速		
数据项	发动机转速	冷却液温度	TWC 前氧修正值	基本设定所需的工况
实际值	760r/min	94.0℃	22.7%	01111111
经验值	740r/min	84~94.5℃	−10.0%~10.0%	11111111

(续)

002	装备HFM	急速	TSI	
数据项	发动机转速	发动机负荷	喷油脉宽	进气量
实际值	760r/min	29.3%	1.79ms	4.2g/s
经验值	680r/min	17%	0.51~0.75ms	2.9g/s
003	装备HFM	急速		
数据项	发动机转速	进气量	节气门开度（G187）	点火提前角
实际值	760r/min	4.2g/s	0%	1°BTDC
经验值	680r/min	2.9g/s	0.2%~4.0%	3~6°BTDC

③数据流分析。在003_3节气门开度为0%的情况下，003_2还有较大的进气量，导致002_2发动机负荷偏大、001_3混合气需要较大的增浓修正。由于空气流量计检测较大的进气、但节气门开度很小，初步判断是节气门后方有较大的泄漏。经对管道、N80炭罐电磁阀、真空助力器进行仔细检查，没有发现漏气现象。

④对曲轴箱通风阀（精分离器）进行检查，发现漏气较严重。更换后正常。

故障排除：更换曲轴箱通风阀。

原因分析：曲轴箱通风阀膜片破裂后（参见图4-9），空气可从节气门后方直接进入燃烧室。但由于膜片不规则的破裂，进气量也会不断变动，导致进入各缸的进气量不同、工作动力也不一样，产生失火。

3. 进气歧管喷油器故障导致失火

车型：装备EA111/CDF发动机的2014款高6/新宝来/新速腾1.6。

故障现象：排放故障灯点亮、加速无力。

故障诊断：

①通过诊断仪读取故障码，有某缸失火的故障码，参见图4-10。

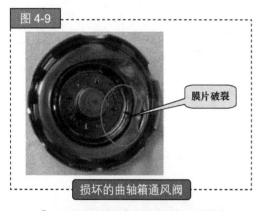

图4-9 损坏的曲轴箱通风阀

图4-10 单缸失火（以一缸失火为例）

②通过诊断仪读取失火的相关数据流，发现一缸失火严重。

015		行车	一~三缸失火识别	
数据项	一缸失火量	二缸失火量	三缸失火量	失火识别
实际值	198	0	0	激活
经验值	0	0	0	active

③失火缸与正常缸火花塞、点火线圈互换，故障没有变化。

④根据维修手册对喷油器的喷射量进行检查。要求：工作30s，喷油器喷油量85~105mL，

所有喷射束必须相同,参见图4-11。

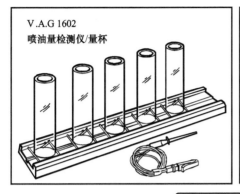
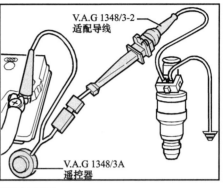

图4-11 测量进气歧管喷油器

故障排除:更换喷油量和喷射束形状异常的喷油器。

4. 更换曲轴后油封后出现失火故障

车型:装备EA111/CFB发动机的2014款高6/新宝来/新速腾/新迈腾。

故障现象:更换曲轴后油封后出现发动机怠速抖动、加速不良。

故障诊断:更换曲轴后油封后,出现1缸和4缸失火的故障码,参见图4-12。

技术说明:集成G28信号盘的曲轴后法兰油封(参见图4-13)进行了技术改进,配件号参见表4-2。如果更换曲轴后法兰油封后,必须执行措施代码"3AD7"的软件刷新。

图4-12 1缸和4缸失火故障码

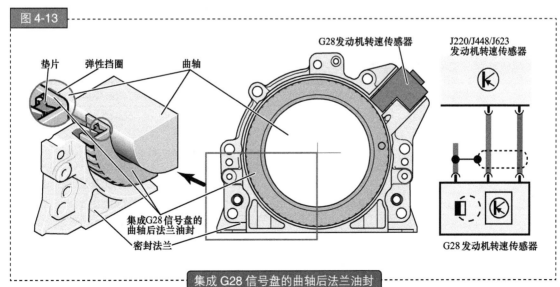

图4-13 集成G28信号盘的曲轴后法兰油封

表4-2 集成G28信号盘的曲轴后法兰油封配件号

状态	改进前	改进后
配件号	03C103170A	生产线 03C103170 售后配件 03C103170C

第二节 020~029组爆燃控制组

一、数据流说明

1. 第020~025组爆燃控制

数据流如下。

020		行车	爆燃控制	
数据项	一缸爆燃延迟	二缸爆燃延迟	三缸爆燃延迟	四缸爆燃延迟
规定值	0~12.75°CA	0~12.75°CA	0~12.75°CA	0~12.75°CA
经验值	0°	0°	0°	0°
021		行车	爆燃控制	
数据项	五缸爆燃延迟	六缸爆燃延迟	七缸爆燃延迟	八缸爆燃延迟
规定值	0~12.75°CA	0~12.75°CA	0~12.75°CA	0~12.75°CA
经验值	0°	0°	0°	0°
022		行车	爆燃控制	
数据项	发动机转速	发动机负荷	一缸爆燃延迟	二缸爆燃延迟
规定值	640~6800r/min	0%~150%	0~12.75°CA	0~12.75°CA
经验值	640~6800r/min	13%~45%	0°	0°
023		行车	爆燃控制	
数据项	发动机转速	发动机负荷	三缸爆燃延迟	四缸爆燃延迟
规定值	640~6800r/min	0%~150%	0~12.75°CA	0~12.75°CA
经验值	640~6800r/min	13%~45%	0°	0°
024		行车	爆燃控制	
数据项	发动机转速	发动机负荷	五缸爆燃延迟	六缸爆燃延迟
规定值	640~6800r/min	0%~150%	0~12.75°CA	0~12.75°CA
经验值	640~6800r/min	13%~45%	0°	0°
025		行车	爆燃控制	
数据项	发动机转速	发动机负荷	七缸爆燃延迟	八缸爆燃延迟
规定值	640~6800r/min	0%~150%	0~12.75°CA	0~12.75°CA
经验值	640~6800r/min	13%~45%	0°	0°

主要数据流解释：

爆燃系统数据流的组成，参见图4-14。

第四章 010~029组 点火和爆燃

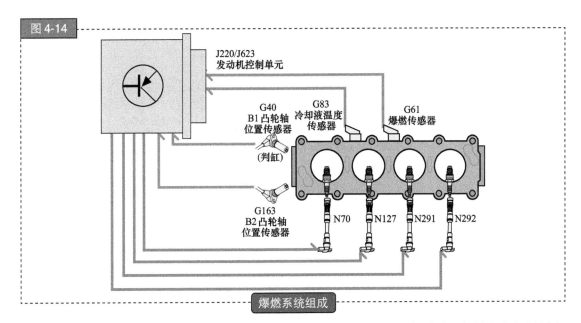

图4-14 爆燃系统组成

023~025组的第3和第4区为爆燃延迟，急速应显示0°CA；在行驶时，仅输出各气缸最大工况测量值。

如果所有缸都显示 >0°CA，可能是爆燃传感器损坏、接插头锈蚀或接触不良、爆燃传感器拧紧力矩过大、发动机附件松动、燃油质量、发动机过热或积炭严重等。

如果某一缸与其他缸有差别，可能是发动机机械故障或发动机附件松动等。

2. 第026和027组爆燃传感器电压（已包含放大系数）

数据流如下。

026	爆燃基准电压	行车	爆燃控制	
数据项	一缸爆燃电压	二缸爆燃电压	三缸爆燃电压	四缸爆燃电压
规定值	0~2.5V	0~2.5V	0~2.5V	0~2.5V
经验值	0.7V	0.7V	0.7V	0.7V
027	爆燃基准电压	行车	爆燃控制	
数据项	五缸爆燃电压	六缸爆燃电压	七缸爆燃电压	八缸爆燃电压
规定值	0~2.5V	0~2.5V	0~2.5V	0~2.5V
经验值	0.7V	0.7V	0.7V	0.7V

主要数据流解释：

026和027组表示爆燃自适应控制。实际上发动机运行时，不同气缸的爆燃极限值都是不同的，因此也要相应地调整各个气缸的控制。为了在不断变化的运行工况内，使预置的点火正时能够适应各缸不同的爆燃极限，就需要为各个气缸的预置点火正时储存不同的偏移量。这些数据可针对不同的发动机转速和负荷，它们以非易失的程序 MAP 图的形式储存在永久供电的 RAM 中。采用这种方法就可能在任何工况，即使是在发动机转速和负荷发生突变的情况下，让发动机以最高效率工作，而不会有发生可听到的爆燃的危险。

根据其设计原理图特性（参见图4-15），打开点火开关发动机未工作时，026和027组均显示静态偏置电压，其数据见表4-3。

各缸爆燃基准电压差异在0.2V以内为最合适。如果电压过高的缸可能是积炭、喷油器雾化不良等原因导致。

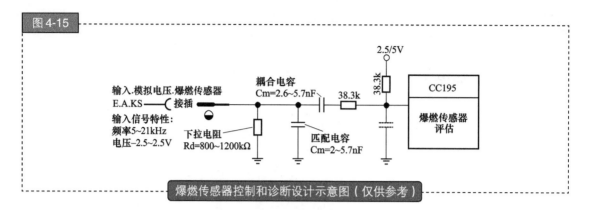

图4-15 爆燃传感器控制和诊断设计示意图（仅供参考）

表4-3 常见车型的爆燃偏置电压和基准电压

车型	控制单元硬件	软件	软件版本	型号	打开点火开关时 /V	急速时 /V
B7L	06J906027HM	MED17.5.2	H05 7824	1.8TSI	16.7	0.9
B7L	06J906027EH	MED17.5.2	H04 4073	1.8TSI	16.7	1.25~1.72
B7L	06J906027EH	MED17.5.2	H04 4073	1.8TSI	16.7	0.79~1.09
CC	06J906027BN	MED17.5.2	H04 0625	2.0TSI	16.7	0.7~1.0
NCS	03C906022CA	MED17.5.20	H11 1817	1.4TSI	15.6	1.0~1.4
NCS	03C906022CA	MED17.5.20	H11 4511	1.4TSI	15.6	1.3
NSC	06C906057EG		H07 2814	1.6L	0.0	0.0
宝来	03C906057DP	ME7.5.20	H06 7598	1.6L	0.0	0.0
宝来	03C906022BD	MED17.5.20	H04 7590	1.4TSI	15.6	1.09-1.404
高尔夫7	04E907309M	MED17.5.25	H20 7677	1.4TSI	16.8	1.5~2.4
捷达	06A906023AD	Simos94	00H 6971	1.6L	4.1	0.4~0.7
迈腾 B6	06J906026CM	MED17.5.2	H10 3947	1.8TSI	15.9	0.78~1.25
速腾	06G906033C	Simos76	H01 8933	1.6L	4.1	0.3~0.6
速腾	06A906023H	Simos93	H02 5571	1.6L	4.1	0.3
速腾	06A906024M	Simos93	H02 7963	1.6L	4.1	0.4
新速腾 GP	03C906057EG	ME7.5.20	H07 2814	1.6L	0.0	0.0

3. 第028组爆燃传感器诊断-短行程测试

数据流如下。

028		停车急加油	爆燃控制诊断	在功能 04 基本设定
数据项	发动机转速	发动机负荷	冷却液温度	结果
规定值	2600~6600r/min	>13.5%	80~105℃	测试关闭/开启、系统正常/异常
经验值	2600r/min	20%	80~105℃	系统正常

数据流说明：此组用于爆燃传感器的诊断。

方法是：停车工况，拉起驻车制动。进行诊断仪的发动机控制，再进入功能 04（基本设置）用'激活'按钮起动短行程；用力踩下制动踏板和加速踏板，然后急加速至 Test On 出现、转速约 2200rpm，再松开加速踏板，如此四次。等待'系统正常'在区域 4 中出现。

第四章 010~029组 点火和爆燃

二、爆燃传感器相关故障码

故障码如下。

故障码	故障码含义	诊断程序	监控策略	故障判据和阈值	启用条件的辅助参数	监测时间长度	监测频率
P0324	爆燃系统控制错误	检查爆燃传感器G61/G66	内部硬件检查	脉冲测试过程失败 硬件检测错误 传感器信号错误	爆燃传感器控制激活		2周期
P0327	爆燃传感器G61输入信号过低	检查爆燃传感器G61	信号范围检查	低于阈值，0.07~0.53V	发动机转速 >2200r/min 冷却液温度 >49.5 发动机负荷 >30%	0.5s	2周期
P0328	爆燃传感器G61输入信号过高	检查爆燃传感器G61	信号范围检查	低于阈值，8~30V	发动机转速 >2200r/min 冷却液温度 >49.5 发动机负荷 >30%	0.5s	2周期
P0332	爆燃传感器G66输入信号过低	检查爆燃传感器G66	信号范围检查	低于阈值，0.07~0.53V	发动机转速 >2200r/min 冷却液温度 >49.5 发动机负荷 >30%	0.5s	2周期
P0333	爆燃传感器G66输入信号过高	检查爆燃传感器G66	信号范围检查	低于阈值，8~30V	发动机转速 >2200r/min 冷却液温度 >49.5 发动机负荷 >30%	0.5s	2周期

三、故障案例

1. 故障码12398（软件识别早火后降低发动机功率）和12480（燃油质量缺陷）

TSI发动机火花塞烧蚀的一个最重要原因是混合气在点火前的早燃。奥迪/大众在发动机控制单元中增加了早燃识别功能。当检测到早燃后，软件中会有相应的故障记忆（参见图4-16），并对相应缸断油而导致发动机抖动，这都属于正常现象，是对发动机的保护。它是通过对爆燃传感器的电压进行检测，确认早燃的。

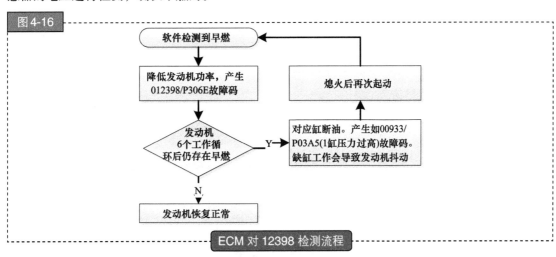

图4-16

因此，如果出现12398/P306E、12480/P30C0故障码，并可能有00933/P03A5（1缸压力过高）的故障，伴随发动机抖动、加速无力的故障，售后维修诊断方案如下。

① 通过诊断仪读取其控制单元版本号，参见图4-17。如果版本较低，则需升级。由于软件可能不断升级，以下版本号仅供参考。

车型	发动机系列	软件号	软件版本	车型	发动机系列	软件号	软件版本
宝来	EA111	03C 906 057 EH	1344	朗逸	EA211	04E 906 057 A	6256
		03C 906 057 DP	1345			04E 906 057 B	6257
		03C 906 057 DQ	1347			04E 906 057 C	6258
速腾		03C 906 057 EG	1349			04E 906 057 D	6259
		03C 906 057 DR	1350		EA111	03C 997 058	6482
迈腾	EA888	06J 997 028	0647			03C 997 057 T	6485
		06J 997 028 A	0648				
		06J 997 028 B	0649				
		06J 997 028 D	0651				
		06J 997 028 E	0652				
		06J 997 028 F	0653				

图 4-17

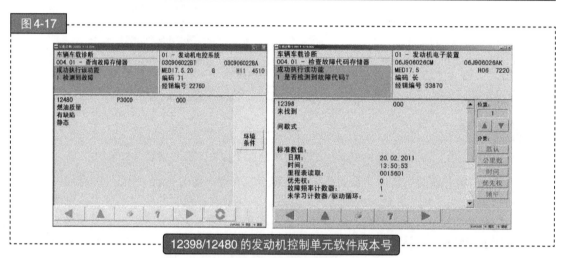

12398/12480 的发动机控制单元软件版本号

② 更换质量较好、标号较高的燃油。必要时清洗燃油箱。

③ 检查火花塞，必要时更换。参见图 4-18。

图 4-18

受污染的火花塞

④ 读取 026 组数据。如果各缸爆燃电压超过标准 0.3V，可能是气门、燃烧室积炭严重（参见图 4-19），需进行清洗。如果是维修发动机后出现的故障码，可能是机械安装原因导致。

第四章 010~029组 点火和爆燃

图4-19

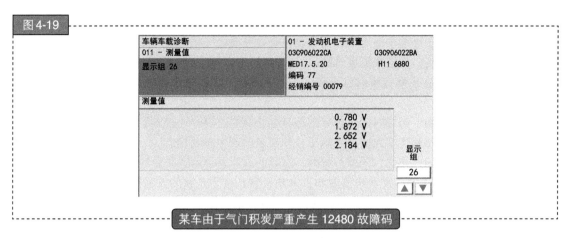

某车由于气门积炭严重产生12480故障码

⑤ 尝试更换爆燃传感器，并严格按维修手册上的力矩（一般是20N·m）进行拧紧。

⑥ 尝试起动车辆，挂空档，保持大节气门开度约1min，以清除活塞顶部积炭和机油。

2. 通过爆燃传感器电压判断劣质汽油导致发动机异响

车型：装备BWH发动机的2006款新宝来1.6，VIN为LFV2A11559300xxxx，行驶里程5023km，使用时间3个月。

故障现象：冷车故障不明显。热车后原地急踩加速踏板，或转速超3000r/min时，明显听到发动机内部"咯咯咯"声，并且行驶无力。

故障诊断：

1）用VAS5052a对发动机控制单元诊断。包括发动机系统在内的全车系统无故障码。

2）停车怠速时读取发动机数据流，没有发现明显的故障。初步判断发动机控制正常的。

3）对发动机机械部分进行诊断。停车将转速升到4000r/min，此时有很明显的"咯咯咯"声；用听诊器听各缸的位置，发现每缸的响是一样的。进行断缸试验，分别断各缸的喷油器，各缸响声一样。初步故障不是由判断机械部分原因导致。

4）从以上分析，可说明故障不在原车质量方面，怀疑是汽油原因。由于开始时没有读取故障时的数据流，因此在出现故障时重新读数据流。

图4-20

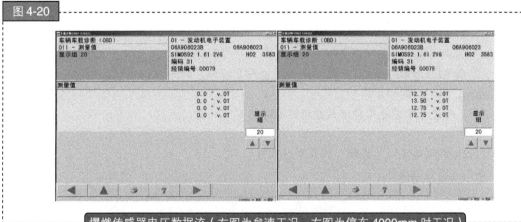

爆燃传感器电压数据流（左图为怠速工况、右图为停车4000rpm时工况）

5）新宝来1.6采用西门子Sioms92系统，对爆燃的误判较少。从图4-20可以判断，发动机响声是由于爆燃导致的，并会使发动机动力下降。因此，我们集中在爆燃原因进行分析。产生爆燃的原因：

① 汽油质量：由于燃油中混有低燃点物质，会导致混合气在火花塞点火前爆燃。

② 发动机温度过高：使进气温度过高。

③ 点火角过早：在压缩行程时已有较多的汽油燃烧，导致还没有燃烧的混合气承受极大的压力而自燃。

④ 混合气过稀：由于燃烧时间过长导致部分继续燃烧的混合气进入下一循环。

⑤ 燃烧室积炭：压缩比增大而产生高压；积炭表面产生高温热点。

⑥ 使用热值不对的火花塞：压缩行程时，过热的火花塞会点燃混合气。

6) 通过数据流，可确认发动机温度和点火角正常；由于是新的发动机，燃烧积炭和混合气过稀机会少；火花塞采用的原厂火花塞。现在就怀疑汽油质量了，但仅从外观不能确认故障，参看图4-21。

7) 清洗油箱，更换全部汽油及汽油滤清器，起动后试车，异响消失。

图 4-21

爆有问题的汽油（左杯）和正常的（右杯）对比，外观不能发现问题

故障排除：清洗油箱，更换全部汽油及汽油滤清器。

故障原因分析：当发动机控制单元检测到爆燃后，将点火角延迟到极限 $-12.75°$，所以会导致发动机动力不足；但由于爆燃延迟有极限，汽油质量太差，即使延迟到最后也产生爆燃，此时发动机控制单元不会再采取其他控制方法，只能让发动机爆燃。

3. 通过爆燃基准电压定性分析单缸机械故障

车型：装备 CFB 发动机的 2015 款全新一代速腾 1.4TSI，VIN 为 LFV2A21K6D42xxxxx，行驶里程 6000km，使用时间半年。

故障现象：坐在车中感觉车身比其他车抖动厉害。

诊断过程：

1) 通过诊断仪读取系统故障码，所有系统正常。

2) 采集的主要数据流如下。

001	单列发动机	怠速		
数据项	发动机转速	冷却液温度	TWC 前氧修正值	基本设定所需的工况
实际值	680r/min	87℃	1.17%	11111111
经验值	680~750r/min	80~100℃	−10%~10%	11111111

第四章　010~029组 点火和爆燃

（续）

002	带 MAP	急速	TSI	
数据项	发动机转速	发动机负荷	喷油脉宽	进气压力
实际值	680r/min	23.3%	0.765ms	370mbar
经验值	680r/min	17%	0.51~0.75ms	290~320mbar
003	带 MAP	急速	TSI	
数据项	发动机转速	进气压力	节气门开度（G187）	点火提前角
实际值	680r/min	370mbar	2.35%	0°BTDC
经验值	680r/min	290~320mbar	3.1%~4.0%	0~6°BTDC
014		急速	失火识别	
数据项	发动机转速	发动机负荷	总失火量	失火识别
经验值	680r/min	23.3%	0	激活
020	680rpm	17%	0	active/blocked
数据项		急速	爆燃控制	
规定值	一缸爆燃延迟	二缸爆燃延迟	三缸爆燃延迟	四缸爆燃延迟
实际值	0°CA	0°CA	0°CA	0°CA
经验值	0°	0°	0°	0°
026	爆燃基准电压	急速	爆燃控制	EA111/1.4TSI
数据项	一缸爆燃电压	二缸爆燃电压	三缸爆燃电压	四缸爆燃电压
规定值	1.092V	1.092V	1.092V	1.404V
经验值	0.6~1.0V	0.6~1.0V	0.6~1.0V	0.6~1.0V

　　从数据流可以看到，在003_3节气门开度不大情况下，002_4的进气压力稍高于正常值，并导致002_4的发动机负荷偏大，但急速正常。从014组可看到发动机每缸没有较大的工作不良情况。从026组可以看到，一~三缸的爆燃基准电压一致，但四缸过高，初步判断有可能是发动机机械原因（一缸或四缸）不平衡导致抖动。

　　3）常规机械检查。
　　① 测量缸压，参见表4-4。维修手册标准是新发动机10~15bar、缸间允许差是3bar。

表4-4　缸压测量值

缸号	一缸	二缸	三缸	四缸
表4-4	缸压测量值	14	14.5	14
判断	稍低			

　　② 检查进气管路没发现漏气，炭罐电磁阀N80和曲轴箱通风正常。对换左侧和右侧进气歧管，故障未解决。

　　4）根据数据流026组和气缸压力有偏差的情况分析，故障会在机械部分。于是拆检发动机，发现一缸进气门关闭不严。

　　解决方案：更换发动机总成。

　　故障案例说明：一缸做功时，四缸处于进气门打开的进气行程，参见图4-22。如果此时一缸进气门关闭不严，导致压缩气门泄漏而进行四缸，四缸进气量增大、压缩比偏大，026_4的爆燃电压比其他缸高。

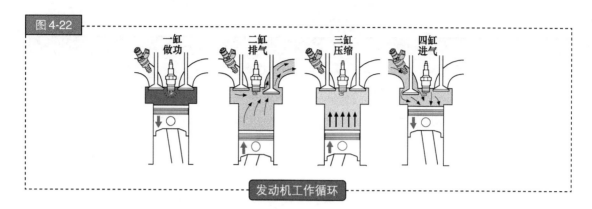

发动机工作循环

4. 通过爆燃基准电压定性分析12480（燃油质量缺陷）故障

车型：装备 CFBY 发动机的 2014 款新速腾 1.4TSI，VIN 为 LFV2A21KXD41xxxxx，行驶里程 5 万 km，使用时间 1.5 年。

故障现象：急加速不良，上坡时有咔咔的爆燃声，排放故障灯点亮。

故障诊断：

①读取故障码。发动机系统记忆了 12480/P30C0- 燃油质量有缺陷的故障码；并确认其软件版本号针对 12480 的故障码升级已是最高版本，参见图 4-23。

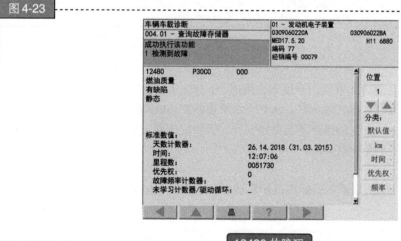

12480 故障码

②读取数据流如下。

001	单列发动机	急速		
数据项	发动机转速	冷却液温度	TWC 前氧修正值	基本设定所需的工况
实际值	720r/min	90.0℃	5.5%	01111111
经验值	740r/min	84~94.5℃	-10.0%~10.0%	11111111
002	装备 MAP	急速	TSI	
数据项	发动机转速	发动机负荷	喷油脉宽	进气压力
实际值	680r/min	18%	0.51ms	310.0mbar
经验值	680r/min	17%	0.51~0.75ms	290~320mbar

（续）

003	装备 MAP	急速		
数据项	发动机转速	进气压力	节气门开度（G187）	点火提前角
实际值	680r/min	310.0mbar	1.20%	4.5°BTDC
经验值	680r/min	290~320mbar	3.1%~4.0%	0~6°BTDC
004		急速		
数据项	发动机转速	供给 ECU 电压	水温	进气温度
实际值	680r/min	13.818V	90.0℃	47.0℃
经验值	680r/min	>13.5V	>80℃	> 外界温度
026	爆燃基准电压	急速		爆燃控制
数据项	一缸爆燃电压	二缸爆燃电压	三缸爆燃电压	四缸爆燃电压
实际值	0.780V	1.872V	2.652V	2.184V
经验值	0.7V	0.7V	0.7V	0.7V
090	第 2 代进 VVT 单列	行车 / 有负荷	进气凸轮轴 B1 VVT	
数据项	发动机转速	N205 状态	B1 调整规定值	
实际值	680r/min	OFF	19.5°KW	
经验值	680r/min	ON	19.5°KW	
091	第 2 代 VVT	行车 / 有负荷	进气凸轮轴 B1 VVT	
数据项	发动机转速	N205 调整	B1 进气调整目标值	B1 进气调整实际值
实际值	640~6800r/min	6.27%	19.5°KW	19.5°KW
经验值	680r/min	5.90%	19.5°KW	19.5°KW

通过 091 组初步判断发动机配气相位正常，002~004 组初步判断发动机急速的主要控制正常。001_4 第 1 位为 0，表示有故障码，并且导致 090_2 显示 VVT 调节阀 N205 停止调节。

③ 026 组可以看到，急速工况的爆燃基准电压较高。针对此故障，进行更换 95# 汽油、清洗喷油器、清洗进气道及缸内积炭、更换火花塞和点火线圈、对换左、右爆燃传感器 / 发动机控制单元 / 线束 /VVT 电磁阀及调节机构，故障仍未解决。

④ 由于初步判断的故障点仍在机械部位，并且使用时间较长，于是拆检发动机，发现气门有积炭。因此将发动机彻底解体，研磨气门、更换活塞环、清理机油道。装车后故障解决。

故障排除：清理包括气门、燃烧室在内的发动机积炭。

5. 爆燃传感器安装力矩不足导致发动机动力不足

车型：装备 CGM 发动机的 2012 款 CC 2.0TSI，VIN 为 LFV3A23C8B38xxxxx，行驶里程 5 万 km，使用时间 1.5 年。

故障现象：发动机急速平稳，但动力不足、急加速不良，油耗偏大。

故障诊断：

① 通过诊断仪读取发动机系统，有一个 00807 的故障码，见图 4-24。

图 4-24

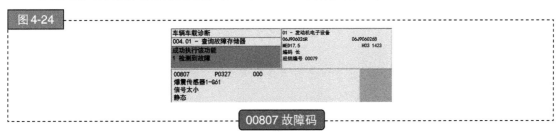

00807 故障码

② 读取相关数据流如下。

026	爆燃基准电压		打开点火开关		爆燃控制		
数据项	一缸爆燃电压		二缸爆燃电压		三缸爆燃电压		四缸爆燃电压
实际值	16.692V		16.692V		16.692V		16.692V
经验值	16V		16V		16V		16V
	爆燃基准电压		急速		爆燃控制		
数据项	一缸爆燃电压		二缸爆燃电压		三缸爆燃电压		四缸爆燃电压
实际值	0.156V		0.156V		0.156V		0.156V
经验值	0.7V		0.7V		0.7V		0.7V

打开点火开关的电压与怠速电压不同，说明线路正常。但怠速时的电压远低于目标值，有可能是爆燃传感器本身故障或安装力矩不足导致。检查发现爆燃传感器安装力矩明显不足。

故障排除：按要求的（20±5）N·m力矩拧紧爆燃传感器，故障解决，见图4-25。

图4-25

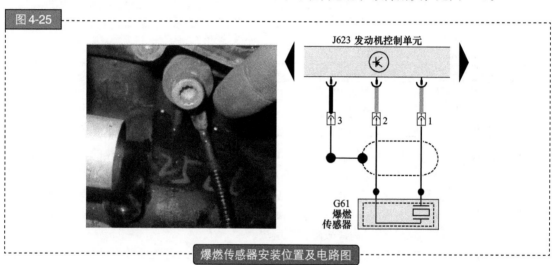

爆燃传感器安装位置及电路图

第五章

030~049、070~079、145~169 组 空燃比和排放控制

第一节 030~043组空燃比控制组

一、数据流说明

1. 第030组氧传感器状态

数据流如下。

030	λ调节，单列发动机	急速	TWC 温度 >350℃（34 组第 2 区）	
数据项	B1S1 调节状态	B1S2 调节状态	B1S3 调节状态	
规定值	01111	1111	1111	
经验值	01111	1111	1111	
	λ调节，双列发动机	急速	TWC 温度 >350℃（34 组第 2 区）	
数据项	B1S1 调节状态	B1S2 调节状态	B2S1 调节状态	B2S2 调节状态
规定值	01111	1111	01111	1111
经验值	01111	1111	01111	1111

状态位说明：

\	\	\	\	030-1/3、201-3：空燃比调节	\	\	\	\	030-2/3/4、201-4：空燃比调节
1	2	3	4	5	含义	1	2	3	4	含义
				1	氧传感器控制启动（闭环）				1	氧传感器控制启动（I）
			1		氧传感器准备就绪			1		氧传感器准备就绪
		1			氧传感器加热接通		1			氧传感器加热接通
	1				TWC 清除功能启动	1				氧传感器控制启动（P）
1					分缸空燃比控制（无控制显示 0）					

1= 满足条件 0= 未满足条件

主要数据流解释：030_1 第 2 位：在发动机起动或急减速断油后，催化器中含有较多的氧气，不能有效地对燃烧室的排气进行催化转换。为提高催化效率，此时发动机增浓，将催化器中的富余的氧清除。

030_1 第 3 位：此参数显示由控制模块指令的加热型氧传感器加热器状态。当加热器被指令接通时，故障诊断仪将显示较高百分比，当指令加热器不接通时，故障诊断仪将显示较低百分比。

030_1 第 5 位：1= 闭环，表示发动机控制单元根据氧传感器电压来修正喷油量；0= 开环，表示发动机控制单元忽略了氧传感器电压，仅根据节气门位置传感器、冷却液温度和空气流量传感器输入来决定喷油量。

2. 第031组 氧传感器电压

数据流如下。

031	前后均为 LSH/LSF	急速	空燃比控制	
数据项	B1S1 氧传感器电压	B1S2 氧传感器电压	B2S1 氧传感器电压	B2S2 氧传感器电压
规定值	0.1~0.9V	0.1~0.9V	0.1~0.9V	0.1~0.9V
经验值	0.1~0.9V	0.6V	0.1~0.9V	0.6V
	前 LSU/ 后为 LSH 或 LSF	急速	空燃比控制	
数据项	B1S1 氧传感器电压	B1S2 氧传感器电压	B2S1 氧传感器电压	B2S2 氧传感器电压
规定值	1.4~1.6V	0.1~0.9V	1.4~1.6V	0.1~0.9V
经验值	1.5V	0.6V	1.5V	0.6V

第五章 030~049、070~079、145~169组 空燃比和排放控制

（续）

	EA888 VOL2 采用单氧	急速		
数据项	B1S1 氧传感器电压			
规定值	0.1~0.9V			
经验值	0.6V			
	单列发动机	急速		
数据项	B1 实际空燃比	B1 目标空燃比		
规定值	0.7~1.3V	0.7~1.3V		
经验值	1.0	1.0		
	双列发动机	急速		
数据项	B1 实际空燃比	B1 目标空燃比	B2 实际空燃比	B2 目标空燃比
规定值	0.7~1.3V	0.7~1.3V	0.7~1.3V	0.7~1.3V
经验值	1.0	1.0	1.0	1.0

主要数据流解释：

注意：车型的不同，数据流的含义会有所不同。

LSH（管形氧传感器）和 LSF（平板氧传感器）产生的电压是一样的，过稀 <0.45V、过浓 >0.45V。

LSU（宽域氧传感器）产生的电压，过稀 >1.5V、过浓 <1.5V。

后氧传感器都是 LSH/LSF 型氧传感器，电压基本上保持 0.6~0.8V，当进行系统测试时会在 0.2V 左右。

3. 第032组 氧传感器学习值（最大值）

数据流如下。

032		急速/行车	λ学习值/长效修正	最大值
数据项	B1 急速λ学习值+	B1 部分负荷λ学习值x	B2 急速λ学习值+	B2 部分负荷λ学习值x
规定值	−5%~5%	−10%~10%	−5%~5%	−10%~10%
经验值	−3%~3%	−5%~5%	−3%~3%	−5%~5%

主要数据流解释：

032_1、032_2	混合气状态	λ修正
<0%	过浓	减少喷油
=0%	混合气不浓不稀；ECM 检测到有故障，不进行学习；自学习值被清除	
>0%	过稀	增加喷油

032_1：加法修正/急速时空燃比学习。加法修正喷油脉宽在固定值变动，与基本喷油脉宽无关。

032_2：乘法修正/部分负荷时空燃比学习。乘法修正喷油脉宽按基本喷油脉宽的百分比变动。

常见学习值超差的原因如下。

故障件	损坏情况	032_1 急速空燃比学习	032_2 部分负荷空燃比学习
喷油器	滴油	低	稍低
	堵塞	高	高
汽油压力	过高	稍低	较低
	过低	高	高

（续）

故障件	损坏情况	032_1 怠速空燃比学习	032_2 部分负荷空燃比学习
空气流量计	故障	（多数）低	（多数）低
进气歧管（HFM 型）	漏气	高	稍高
排气管（D 型）	堵塞	低	稍低
排气歧管	漏气	高	稍高
N80 炭罐电磁阀（HFM 型）	长通	低	稍低
机油	含有汽油	低	稍低

其他可能影响因素：氧传感器、曲轴箱通风、配气相位、气缸压力、火花塞间隙等。
如果发现机油中含有汽油，可能是高压泵损坏、喷油器滴油，必要时更换机油。

4. 第033组 氧传感器控制值（瞬时修正）

数据流如下。

033	前为 LSH/LSF	怠速	前氧修正值/瞬时修正	
数据项	B1S1 修正值	B1S1 电压	B2S1 修正值	B2S1 电压
规定值	-10%~10%	0.1~0.9V	-10%~10%	0.1~0.9V
经验值	-10%~10%	0.1~0.9V	-10%~10%	0.1~0.9V
	前为 LSU	怠速	前氧修正值/瞬时修正	
数据项	B1S1 修正值	B1S1 电压	B2S1 修正值	B2S1 电压
规定值	-10%~10%	1.4~1.6V	-10%~10%	1.4~1.6V
经验值	-10%~10%	1.5V	-10%~10%	1.5V

主要数据流解释：

033_1：空燃比瞬时修正数。由于催化器必须要不断在富氧/偏稀、缺氧/偏浓的交替变化中才能有效催化，因此 033_1 应在 0% 界限上下不断变化。如果一直为 0，说明空燃比调节有故障。

033_2：氧传感器电压值如下。

LSH/LSF	LSU	可能原因
1.1V	4.9V	信号线对电源短路
0.4~0.5V	1.5	信号线断路
0V	0V	信号线对地短路
0.2~0.8V 变化	1.4~1.6V 变化	正常

5. 第034、035组 前氧传感器老化诊断-短行程

数据流如下。

034	前为 LSH/LSF	停车急加油	B1S1 老化诊断	在功能 04 基本设定
数据项	发动机转速	B1 TWC 前排气温度	B1S1 变化频率	B1S1 诊断结果
规定值	2300~2800r/min	>450℃	0.10~2.80s	测试关闭/开启、系统正常/异常
经验值	2800r/min	>450℃	0.3~0.7s	B1-S1 OK

第五章 030~049、070~079、145~169组 空燃比和排放控制

（续）

	前为 LSU			在功能 04 基本设定
数据项	发动机转速	B1 TWC 前排气温度	B1S1 动态系数	B1S1 诊断结果
规定值	2300~2800r/min	>450℃	1.2~1.99	测试关闭/开启、系统正常/异常
经验值	2800r/min	>450℃	1.6~1.9	B1-S1 OK
035	前为 LSH/LSF	停车急加油	B2S1 老化诊断	在功能 04 基本设定
数据项	发动机转速	B2 TWC 前排气温度	B2S1 变化频率	B2S1 诊断结果
规定值	2300~2800r/min	>450℃	0.10~2.80s	测试关闭/开启、系统正常/异常
经验值	2800r/min	>450℃	0.3~0.7s	B2-S1 OK
	前为 LSU			在功能 04 基本设定
数据项	发动机转速	B2 TWC 前排气温度	B2S1 动态系数	B2S1 诊断结果
规定值	2300~2800r/min	>450℃	1.2~1.99	测试关闭/开启、系统正常/异常
经验值	2800r/min	>450℃	1.6~1.9	B2-S1 OK

主要数据流解释：

034_2 和 035_2：通过发动机转速、负荷、冷却液温度等参数的计算值。

034_3 和 035_3：可以通过氧传感器的变化频率/周期判断氧传感器是否劣化，参见图 5-1。

034_4 和 035_4：在功能 04（基本设置）；用'激活'按钮起动短行程；同时完全踩下制动踏板和加速踏板，发动机转速自动设置 ->'测试接通'到约 1600r/min；等待'B1-S1 OK'出现在区域 4 中。如果异常，必须进行检查。

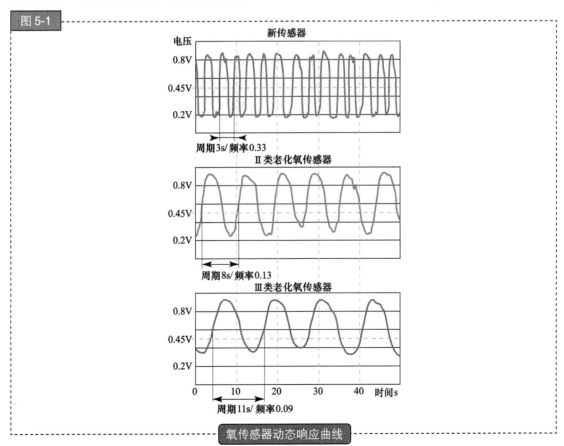

图 5-1 氧传感器动态响应曲线

6. 第036组 后氧传感器老化诊断-短行程

数据流如下。

036		停车急加油		B1S2、B2S2 准备就绪诊断		在功能 04 基本设定	
数据项	B1S2 电压	B1S2 诊断结果		B2S2 电压		B2S2 诊断结果	
规定值	0.1~0.9V	测试关闭 / 开启、系统正常 / 异常		0.1~0.9V		测试关闭 / 开启、系统正常 / 异常	
经验值	0.6~0.7V	B1-S2 OK		0.6~0.7V		B2-S2 OK	

主要数据流解释：

036_2：在功能 04（基本设置）；用'激活'按钮起动短行程；同时完全踩下制动踏板和加速踏板；发动机转速自动设置 -> '测试接通'约 1800r/min；等待'B1-S2 正常'出现在区域 2 中。如果异常，必须进行检查。

7. 第037、038组 空燃比漂移诊断-短行程

数据流如下。

037	前为 LSH/LSF	急速	B1 空燃比修正漂移	在功能 04 基本设定
数据项	发动机负荷	B1S2 电压	B1 循环漂移	B1S1 诊断结果
规定值	13.5%~150%	0.1~0.9V	<49ms	测试关闭 / 开启、系统正常 / 异常
经验值	13%~45%	0.6~0.7V	30ms	B1-S1 OK
	前为 LSU	急速	B1 空燃比修正漂移	在功能 04 基本设定
数据项	发动机负荷	B1S2 电压	B1 空燃比漂移	B1S1 诊断结果
规定值	13.5%~150%	0.1~0.9V	<5%	测试关闭 / 开启、系统正常 / 异常
经验值	13%~45%	0.6~0.7V	1%	B1-S1 OK
038	前为 LSH/LSF	急速	B2 空燃比修正漂移	在功能 04 基本设定
数据项	发动机负荷	B2S2 电压	B2 循环漂移	B2S1 诊断结果
规定值	13.5%~150%	0.1~0.9V	<49ms	测试关闭 / 开启、系统正常 / 异常
经验值	13%~45%	0.6~0.7V	30ms	B2-S1 OK
	前为 LSU	急速	B2 空燃比修正漂移	在功能 04 基本设定
数据项	发动机负荷	B2S2 电压	B2 空燃比漂移	B2S1 诊断结果
规定值	13.5%~150%	0.1~0.9V	<5%	测试关闭 / 开启、系统正常 / 异常
经验值	13%~45%	0.6~0.7V	1%	B2-S1 OK

037_4 和 038_4：在功能 04（基本设置）；用'激活'按钮起动短行程；同时完全踩下制动踏板和加速踏板，发动机转速自动设置 -> '测试接通'到约 1800r/min；等待'B1-S1 OK'出现在区域 4 中。如果异常，必须进行检查。

8. 第039组 后氧传感器互换诊断-短行程

数据流如下。

039	单列发动机	急速	S2 和 S3 互换控制	在功能 04 基本设定
数据项	进气量	B1S2 电压	B1S3 电压	B2S1 诊断结果
规定值	3~5g/s	0.1~0.9V	0.1~0.9V	测试关闭 / 开启、系统正常 / 异常
	双列发动机	急速	B1S2 和 B2S3 互换控制	在功能 04 基本设定
数据项	进气量	B1S2 电压	B2S2 电压	B2S1 诊断结果
规定值	3~5g/s	0.1~0.9V	0.1~0.9V	测试关闭 / 开启、系统正常 / 异常

039_4：在功能 04（基本设置）；用'激活'按钮起动短行程；同时完全踩下制动踏板和加

第五章 030~049、070~079、145~169组 空燃比和排放控制

速踏板，发动机转速自动设置 ->'测试接通'到约1800r/min；等待'B1-S1 OK'出现在区域4中。如果异常，必须进行检查。

9. 第040组 氧传感器加热器

数据流如下。

040	双列发动机	急速	氧传感器加热器电阻	
数据项	B1S1+B2S1 加热器电阻	状态	B1S2+B2S2 加热器电阻	状态
规定值	Ω	正在加热/停止加热	Ω	正在加热/停止加热

10. 第041、042组

数据流如下。

041		空燃比修正	氧传感器加热器	
数据项	B1S1 内阻	B1S1 加热器工作	B1S2 内阻	B1S2 加热器工作
规定值	0~3kΩ	ON/OFF	0~3kΩ	ON/OFF
经验值	<0.15kΩ	ON	<0.15kΩ	ON
042	单列发动机	空燃比修正	氧传感器加热器	
数据项	B2S1 内阻	B2S1 加热器工作		
规定值	0~3kΩ	ON/OFF		
经验值	<0.15kΩ	ON		
	双列发动机	空燃比修正	氧传感器加热器	
数据项	B2S1 内阻	B2S1 加热器工作	B2S2 内阻	B2S2 加热器工作
规定值	0~3kΩ	ON/OFF	0~3kΩ	ON/OFF
经验值	<0.15kΩ	ON	<0.15kΩ	ON

主要数据流解释：

041_1 和 041_3：氧传感器内阻。当排气温度=350℃时，内阻<0.5kΩ；当排气温度=800℃时，内阻<0.3kΩ。

11. 第043、044组

数据流如下。

043		停车急加油	B1S2 老化诊断	
数据项	发动机转速	B1 TWC 前排气温度	B1S2 电压	B1S2 诊断结果
规定值	2300~2800r/min	>450℃	0.1~0.9V	测试关闭/开启、系统正常/异常
经验值	2800r/min	>450℃	0.1~0.9V	B1-S2 OK
044	单列发动机，3个氧传感器	停车急加油	B1S3 老化诊断	
数据项	发动机转速	B1 TWC 前排气温度	B1S3 电压	B1S3 诊断结果
规定值	2300~2800r/min	>450℃	0.1~0.9V	测试关闭/开启、系统正常/异常
经验值	2800r/min	>450℃	0.1~0.9V	B1-S3 OK
	双列发动机	停车急加油	B1S3 老化诊断	
数据项	发动机转速	B2 TWC 前排气温度	B2S2 电压	B2S2 诊断结果
规定值	2300~2800r/min	>450℃	0.1~0.9V	测试关闭/开启、系统正常/异常
经验值	2800r/min	>450℃	0.1~0.9V	B2-S2 OK

主要数据流解释：

后氧传感器的作用是：监测前氧传感器和催化器、对前氧传感器的信号进行修正。对前氧传感器是通过脉谱图进行修正，最大达 ±2.5%。

043_4 和 044_4：在功能 04（基本设置）；用'激活'按钮起动短行程；同时完全踩下制动踏板和加速踏板，发动机转速自动设置 ->'测试接通'到约 1800r/min；等待'B1-S1 OK'出现在区域 4 中。如果异常，必须进行检查。

二 相关原理说明

氧传感器安装在催化器前后。陶瓷测量管的外表面暴露在排气中，内表面与外界空气接触。在博世系统中，常用的有阶跃式氧传感器和宽域氧传感器。

1. 氧传感器的类型

（1）阶跃式氧传感器

阶跃式氧传感器又称两态式氧传感器，它分管形氧传感器（LSH）和平板式氧传感器（LSF）。

1）管形氧传感器（LSH）。

① LSH 的结构。博世 LSH 氧传感器外观见图 5-2，结构见图 5-3 和图 5-4。

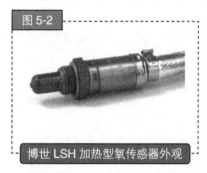

图 5-2 博世 LSH 加热型氧传感器外观

图 5-3 博世 LSH 加热型氧传感器内部结构图

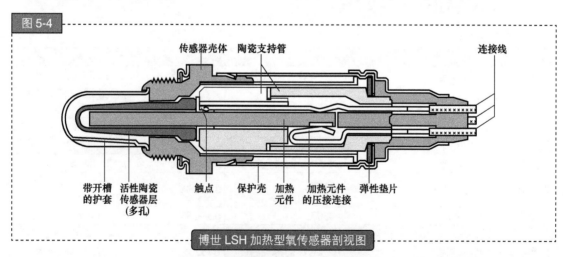

图 5-4 博世 LSH 加热型氧传感器剖视图

② LSH 的工作原理。LSH 属电压型氧传感器，采用能斯脱（英文名 Nernst）原理。其传感元件是一 ZrO_2 陶瓷管，外侧通排气，内侧通大气。当传感陶瓷管的温度达到 350℃时，即具有固态电解质的特性。LSH 传感器正是利用这一特性，将氧气的浓度差转化成电势差，从而形成电压信号输出。

第五章　030~049、070~079、145~169组 空燃比和排放控制

若混合气偏浓，则陶瓷管内外氧离子浓度差较高，电势差偏高，大量的氧离子从内侧移到外侧，输出电压较高（接近 900mV）；若混合气偏稀，则陶瓷管内外氧离子浓度差较低，电势差较低，仅有少量的氧离子从内侧移动到外侧，输出电压较低（接近 100mV），参见图 5-5。

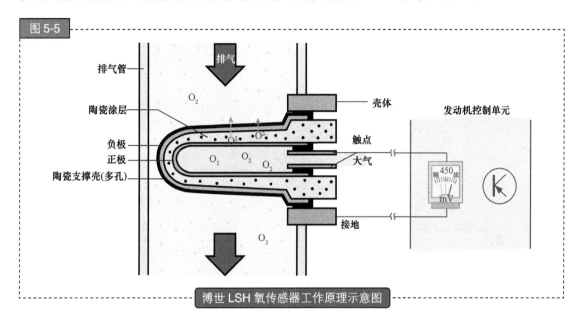

博世 LSH 氧传感器工作原理示意图

③ LSH 的工作温度。LSH 氧传感器工作的起始温度超 300℃，理想的工作温度是 600℃，参见图 5-6。为了在冷起动后达到快速达到工作、工作时的温度恒定，通常会使用氧传感器加热器控制其工作温度。

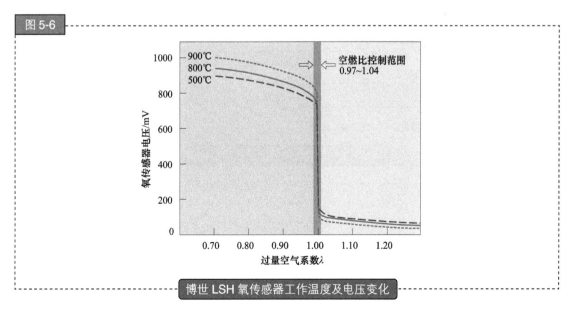

博世 LSH 氧传感器工作温度及电压变化

2）平板式氧传感器（LSF）。相对 LSH 氧传感器，LSF 氧传感器有以下优点：缩短进入 λ 闭环控制的时间、稳定的控制性能、降低了加热频率、尺寸小和质量轻等。LSF 外观参见图 5-7，剖视图和工作原理参见图 5-8。

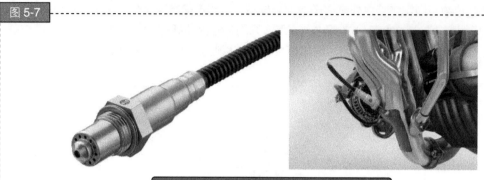

图5-7 博世LSF氧传感器的外形和安装位置示意图

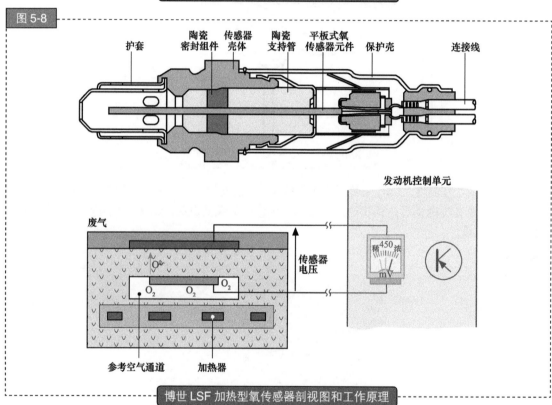

图5-8 博世LSF加热型氧传感器剖视图和工作原理

(2)宽域氧传感器(LSU)

宽域氧传感器具有以下优点:

- 能在=0.7~纯空气成分的宽范围内精确地给出连续的特征变化曲线,参见图5-9。
- <100ms的响应时间。
- 结构紧凑结实。
- 良好的抗老化、抗腐蚀、抗沉淀、抗中毒等能力。
- 对路面冲击不敏感。
- 双层保护套管。
- 使用寿命>160 000km。

第五章　030~049、070~079、145~169组 空燃比和排放控制

图 5-9

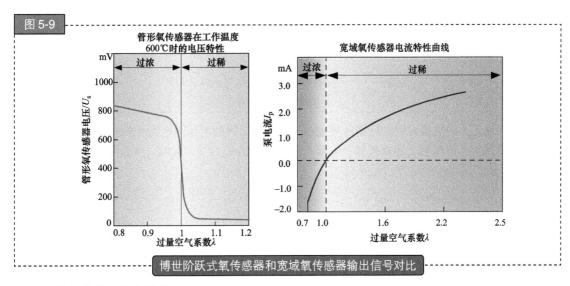

博世阶跃式氧传感器和宽域氧传感器输出信号对比

宽域氧传感器的安装位置见图 5-10。

图 5-10

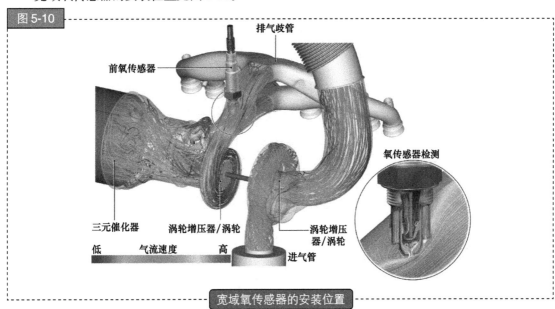

宽域氧传感器的安装位置

博世已生产多种型号的宽域氧传感器。常见的有 LSU4.2、LSU4.9 和 LSU ADV。现分别说明如下。

1）宽域氧传感器 LSU4.2。宽域氧传感器在能斯脱电池的基础上增加了一个电化学元——泵氧元。在泵氧元开有排气检测进入孔，排气从此孔进入测试腔（扩散腔），参见图 5-11。

接脚定义如表 5-1。

表5-1　LSU4.2接脚定义

接脚	简称	线色	说明
1	APE	红	泵电流（排气电极）
2	IPN	黄	虚拟接地（测量电极）
3	H−	白	加热器接地

接脚	简称	线色	说明
4	H+	灰	加热器电源
5	RT	绿	修正电流（补偿制造误差）
6	RE	黑	能斯脱电压（参考电极）

加在泵氧元上的电流可以保持能斯脱电池两个电极之间的电压恒定为450mV。

当测试腔内（排气侧）的氧多时，除氧；而当腔内的氧少时，供氧。从而使得提供给泵氧元的电流就反映了排气中的空气过量系数。

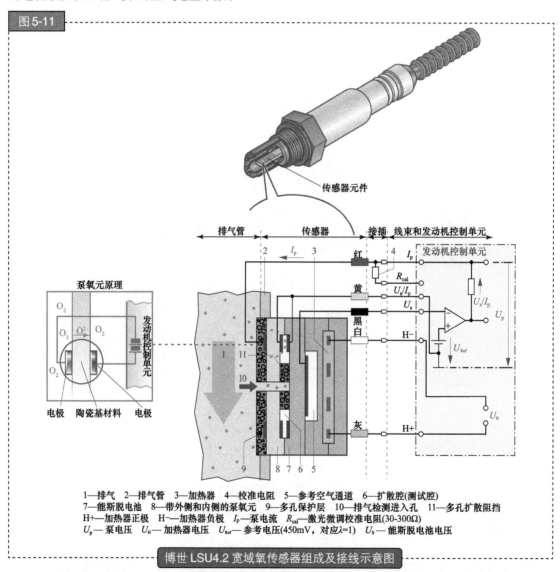

图5-11 博世LSU4.2宽域氧传感器组成及接线示意图

1—排气 2—排气管 3—加热器 4—校准电阻 5—参考空气通道 6—扩散腔(测试腔) 7—能斯脱电池 8—带外侧和内侧的泵氧元 9—多孔保护层 10—排气检测进入孔 11—多孔扩散阻挡 H+—加热器正极 H−—加热器负极 I_p—泵电流 R_{cal}—激光微调校准电阻(30-300Ω) U_p—泵电压 U_H—加热器电压 U_{Ref}—参考电压(450mV，对应λ=1) U_s—能斯脱电池电压

其工作原理如下。

① 当混合气过浓时，测试腔中废气的氧含量减少，此时能斯脱电池两个电极之间电压增加，见图5-12。

第五章 030~049、070~079、145~169组 空燃比和排放控制

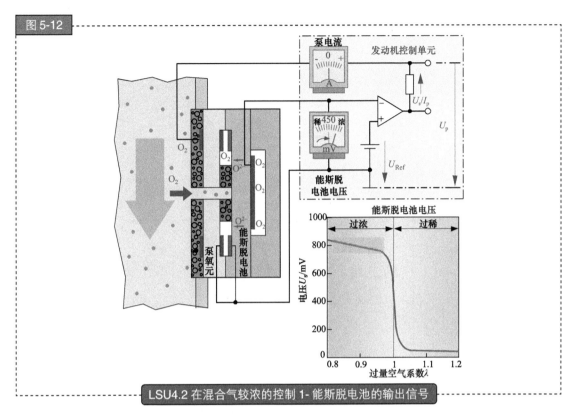

图5-12 LSU4.2 在混合气较浓的控制1- 能斯脱电池的输出信号

为保持能斯脱电池两个电极之间的电压恒定为450mV，此时发动机控制单元对泵氧元施加反向电流，参见图5-13。

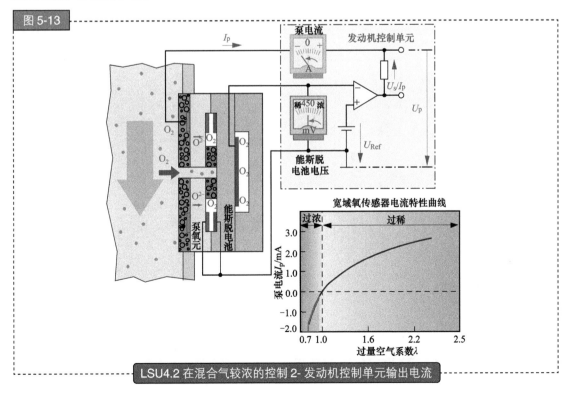

图5-13 LSU4.2 在混合气较浓的控制2- 发动机控制单元输出电流

② 混合气过稀时，测试腔中废气的氧含量增加，此时能斯脱电池两个电极之间电压减少，参见图 5-14。

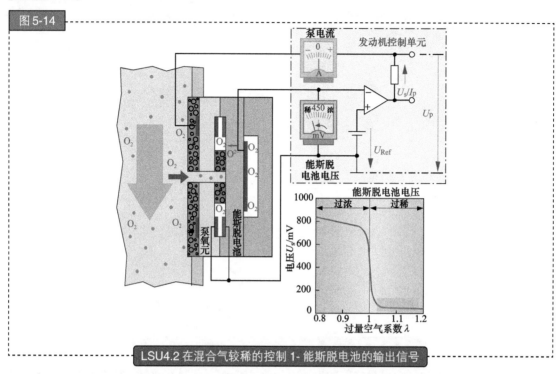

图 5-14

LSU4.2 在混合气较稀的控制 1- 能斯脱电池的输出信号

为保持能斯脱电池两个电极之间的电压恒定为 450mV，此时发动机控制单元对泵氧元施加正向电流，参见图 5-15。

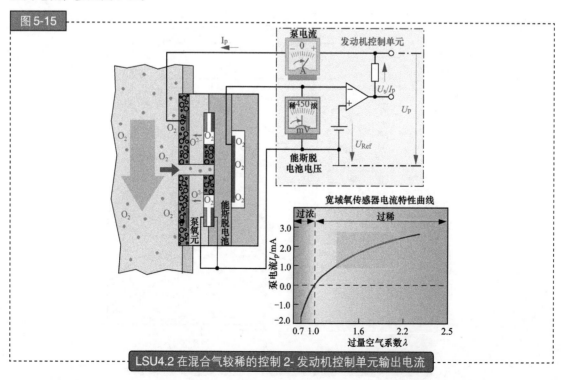

图 5-15

LSU4.2 在混合气较稀的控制 2- 发动机控制单元输出电流

第五章　030~049、070~079、145~169组 空燃比和排放控制

2）宽域氧传感器 LSU4.9。LSU4.9 与 LSU4.2 最大的不同是：LSU4.9 的参考源为参考泵电流，而 LSU4.2 使用的则是参考空气。

LSU4.2 中参考空气的好坏直接影响了氧传感器的测量精度。由于在实车中，氧传感器周围的工作环境空气质量很差，参考室中的参考气体很容易被废气或其他污染源污染。一旦参考气体被污染，氧传感器的特性曲线就会发生偏移（称"特性曲线下移"），这是 LSU4.2 在使用过程中遇到的最大问题。

为了解决 LUS4.2 中的特性曲线下移，博世对氧传感器的内部构造进行了重新设计，就是我们现在经常使用的 LSU4.9 系列氧传感器。它的参考源不再是参考空气，而是一个与固定空燃比等效的参考泵电流，在氧传感器内部不再有任何形式的自然气体。所以最终的设计就变成：实际的泵电流与参考泵电流比较以保持监测室中的氧平衡。而实际的泵电流依然能够代表空燃比信号，只不过参考源不再是参考气体，而是一个标定好的参考泵电流。这个参考泵电流在任意的环境和时间里，都不会发生变化，这就保证了氧传感器的测量精度。这就是 LSU4.2 与 LSU4.9 的最根本区别。具体参见图 5-16。

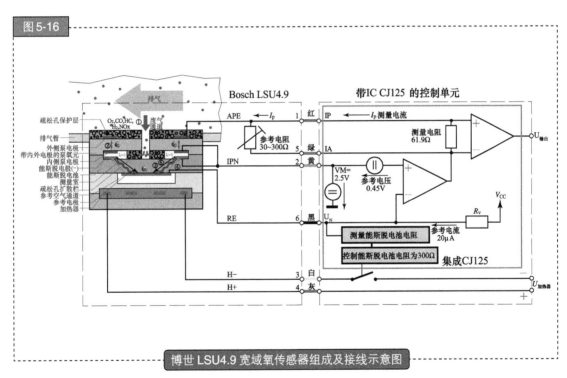

图 5-16　博世 LSU4.9 宽域氧传感器组成及接线示意图

LSU4.9 在汽油机领域已经得到了广泛的应用，因为它能测量更宽范围的空燃比，还有很好的可靠性和更高的测量精度，以及更快的响应时间。

3）宽域氧传感器 LSU ADV。LSU ADV 的优点是响应更快和开始工作的时间更短（可短至 5s），这样有利于在暖机过程中进一步降低排放。它的其他的优点包括：高温耐用性、寿命周期内高精确度、可选用不同的接插形状（因为不需要校准电阻）、减少车辆线束的复杂性和简化诊断。具体参见图 5-17。

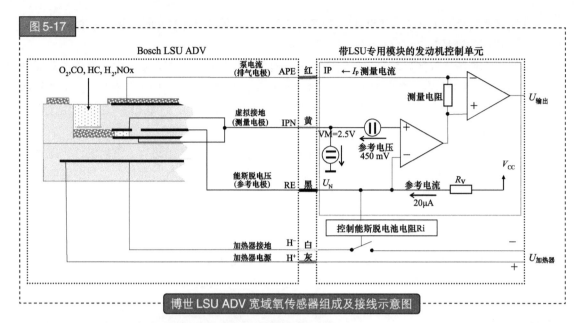

图 5-17 博世 LSU ADV 宽域氧传感器组成及接线示意图

（3）阶跃式氧传感器和宽域氧传感器的区别具体如下。

说明	阶跃式氧传感器	宽域氧传感器
信号作用	让发动机控制单元判断排气浓或稀	让发动机控制单元判断浓或稀的程度
安装位置	可安装于催化器前和后	仅安装于催化器前，后氧传感器用管形氧传感器
抗污染能力		极强
外观	与宽域氧传感器外观相似，区别于在它一般是 4 根接线，接头无校准电阻	与阶跃式氧传感器外观相似。区别在于它的侧接线为 5 根；LSU4.x 传感器带接头校准电阻
信号波形	传感器电压/V，纵轴 1.0 到 0，横轴 0.95、1.0、1.05 (λ)	传感器电流/A，横轴 0.95、1.0、1.05 (λ)

第五章　030~049、070~079、145~169组 空燃比和排放控制

（续）

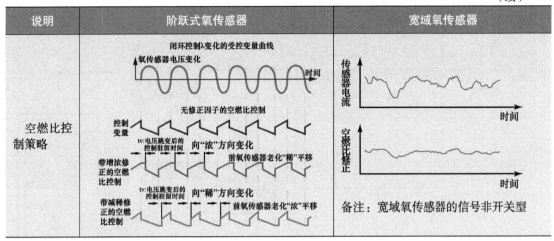

2. 空燃比闭环控制过程

如果混合气的组成偏离了预定值，氧传感器可从排气中残余的氧含量识别出这种工况。发动机控制单元接收到相应的电压值或电流值进行混合气修正，参见图5-18。

当前氧传感器检测到排气中的氧含量过低时，表示供给的可燃混合气过浓，发动机控制单元减少燃油喷射。过一段时间后，如果氧传感器检测排气中的氧含量较少，喷油量就会增加。这样，混合气就会从稍浓到稍稀变化。

根据排气从燃烧室到氧传感器的距离，其控制频率在怠速时约为0.5Hz（周期为2s）。排气的流速加快，控制频率上升，参见图5-18。

老化或中毒的氧传感器会降低其检测的精度。劣化的氧传感器会导致反应时间（变化周期）变长，或传感器的电压变化曲线的漂移。

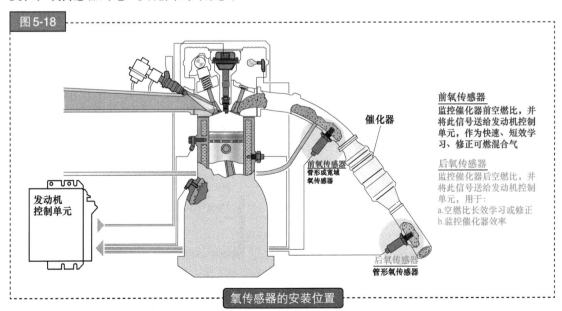

图5-18

3. 氧传感器监控

为满足排放要求，现在的车型基本上都采用前、后氧传感器的控制系统，参见图5-19。

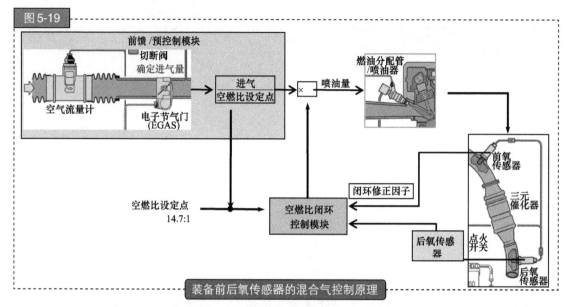

装备前后氧传感器的混合气控制原理

前氧传感器由后氧传感器辅助工作。后氧传感器检测的排气已经通过催化器转化,且达到化学平衡,所以可提供更准确的检测参数来适当修正前氧传感器提供的闭环控制数据。早期的控制理论认为,如果仅使用后氧传感器进行空燃比闭环控制,则由于后氧传感器离燃烧室距离过长所造成的时间滞后过多,而不可行。后氧传感器可修正前氧传感器变化、补偿前氧传感器的响应曲线。

(1)前、后氧传感器都采用阶跃式氧传感器。

1)氧传感器变化周期/老化监控。

① P0130 前氧传感器信号不合理。

故障条件:

→闭环控制时,当后氧传感器信号电路电压在 20s 内一直保持在 >0.5V 的"浓区域"内,但同时前氧传感器信号电路电压却被一直抑制在 <0.4V 的"稀区域"内(后浓前稀)。

→闭环控制时,当后氧传感器信号电路电压在 20s 内一直保持在 <0.1V 的"稀区域"内,但同时前氧传感器信号电路电压却被一直抑制在 >0.6V 的"稀区域"内(后稀前浓),参见图 5-20。

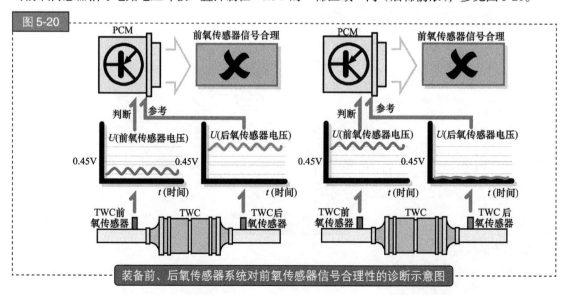

装备前、后氧传感器系统对前氧传感器信号合理性的诊断示意图

第五章　030~049、070~079、145~169组 空燃比和排放控制

② P0131 前氧传感器信号电路电压过低

故障条件：

→发动机经过充分冷却后进行重新起动时，系统发现前氧传感器信号电路电压 <0.1V

→闭环控制时，当后氧传感器信号电路电压在 20s 内一直保持 >0.5V 的"浓区域"内，但同时前氧传感器电路电压一直 <0.1V，参见图 5-21。

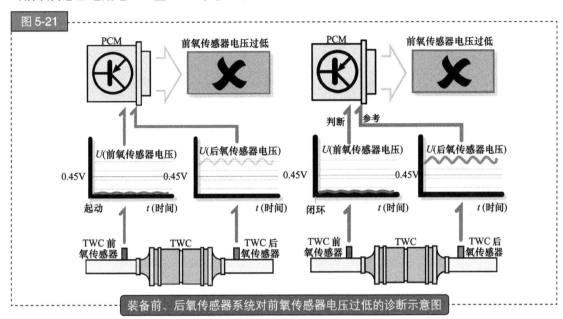

图 5-21　装备前、后氧传感器系统对前氧传感器电压过低的诊断示意图

③ P0132 前氧传感器信号电路电压过高

故障条件：前氧传感器信号电路电压 >1V，参见图 5-22。

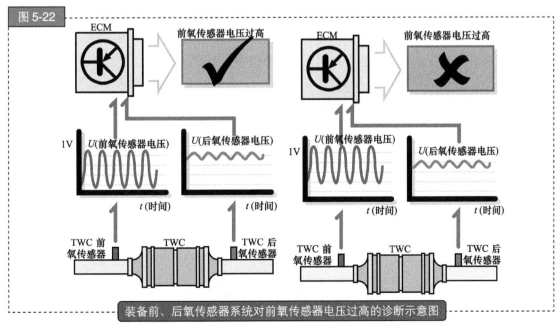

图 5-22　装备前、后氧传感器系统对前氧传感器电压过高的诊断示意图

④ P0134 前氧传感器信号电路故障

故障条件：前氧传感器信号电路电压一直限制在 0.4~0.6V 的"不工作区域"内，参见图 5-23。

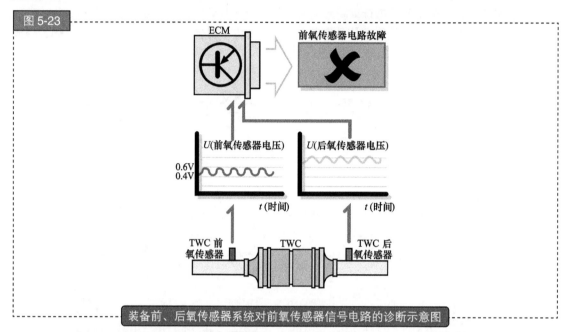

图 5-23 装备前、后氧传感器系统对前氧传感器信号电路的诊断示意图

2）氧传感器加热器的监控。为了使氧传感器冷起动后尽快工作，就必须对氧传感器元件进行加热。当加热器失效时，用于闭环控制的传感器信号就会延迟产生，这样就会影响排放。

① 氧传感器加热器监控原理。监控功能必须同时对氧传感器加热电流（通过分流的电压降）和加热器电压（加热器电源电压）进行检测，以计算氧传感器加热器的电阻。

这个监控功能一直进行，直到加热器稳定并且电流下降到一个稳态值，参见图 5-24。

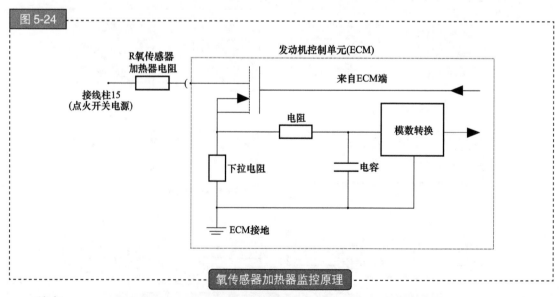

图 5-24 氧传感器加热器监控原理

特点：
→ ECM 控制氧传感器加热器的工作。
→前后氧传感器加热器分别有一个用于检测电流的下拉电阻。

第五章　030~049、070~079、145~169组 空燃比和排放控制

② 氧传感器加热器监控流程图见图 5-25。

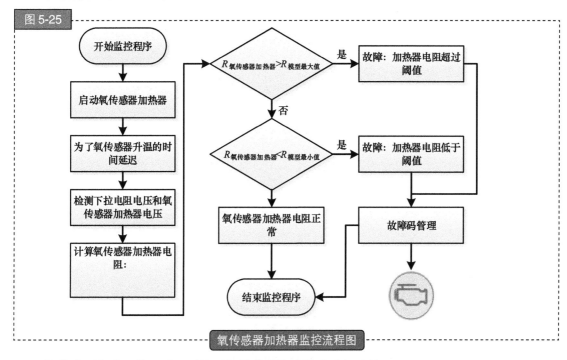

图 5-25　氧传感器加热器监控流程图

③ 传感器线路监控。需要对前后氧传感器线路故障进行监控。
→电压不可信
模数转换器电压值超过最大限值，可能是信号线短路到蓄电池正极。
模数转换器电压值低于最低限值，可能是信号线短路到接地线，短路到 ECM 地线。
→传感器电压不可信的原因
当氧传感器加热后，如果模数转换器电压保持在一个特定的范围内，就会判断为氧传感器断路。

（2）前宽域氧传感器后阶跃式氧传感器
缸内直喷氧传感器控制包括一个宽域氧传感器的前氧传感器和一个阶跃式氧传感器的后氧传感器。
1）氧传感器在以下前提条件下进行多个信号监控程序：
① 发动机工作在特定的转速 / 负荷特性曲线图范围内。
② 模型催化器温度在目标值以上。
2）前宽域氧传感器监控前必须进行以下检查：
① P0030：检查前氧传感器加热器连线。通过监控氧传感器信号来判断加热器与能斯脱电池线路间是否短路。如果发生短路，氧传感器的波形振幅会发生变化，并且其变化频率与加热器的占空比一样。
② P0133：检查氧传感器的响应。氧传感器可能由于老化、加热器故障或受污染导致其动态特性发生改变，ECM 是通过实际的波形振幅比与存储值进行对比做出判断的。
③ P0130：检查氧传感器工作和信号合理性。前氧传感器的电压值与后氧传感器进行对比。此外，还对氧传感器的电压范围进行监控。它是通过混合气过浓、空燃比 =1 和过稀三种工况进行检测，此时后氧传感器也应随之变化。

（3）单后阶跃式氧传感器

装备 EA888 Gen2 发动机的 Bosch MED17.5 迈腾和昊锐，使单后氧传感器可实现空燃比控制和判断 TWC 转换效率。催化器和氧传感器布置参见图 5-26。

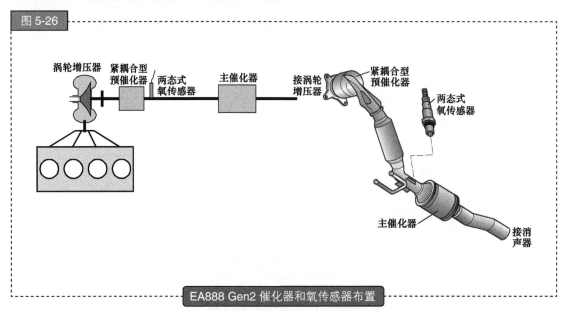

图 5-26　EA888 Gen2 催化器和氧传感器布置

1）氧传感器波形振幅诊断。此功能是监测预催化器后氧传感器的输出电压变化，是否一直在目标值范围内，参见图 5-27。

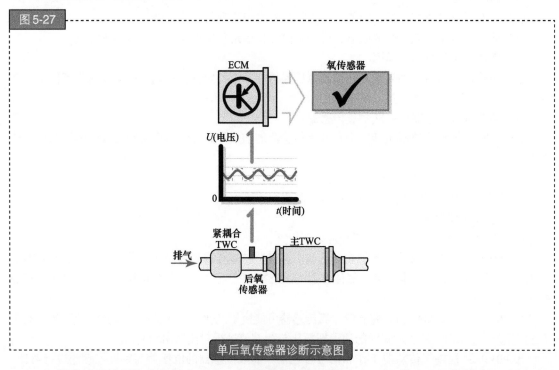

图 5-27　单后氧传感器诊断示意图

2）氧传感器检测含氧量能力诊断。如果经过设定时间（t_1）后，输出电压保持高于或低于目标值时，ECM 进入主动诊断功能，参见图 5-28。

第五章　030~049、070~079、145~169组 空燃比和排放控制

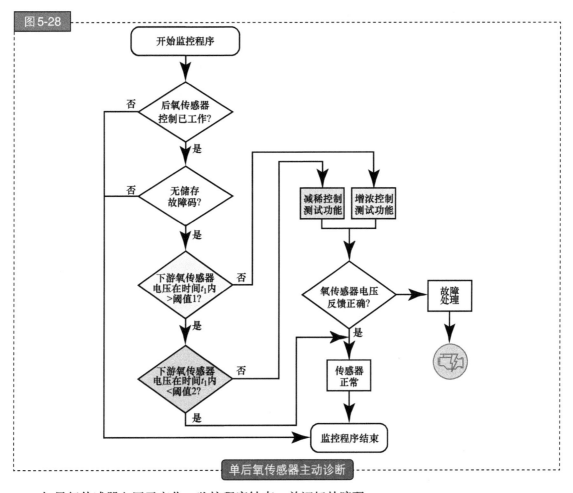

图5-28　单后氧传感器主动诊断

如果氧传感器电压无变化，监控程序结束，并记忆故障码。

通过增浓控制的变化对单后氧传感器进行电压过低—稀偏移的诊断方法，参见图5-29。

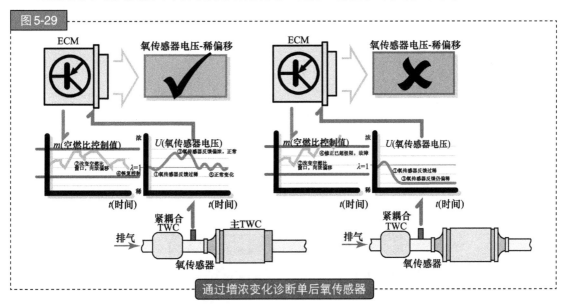

图5-29　通过增浓变化诊断单后氧传感器

通过减稀控制的变化对单后氧传感器进行电压过高—浓偏移的诊断方法，参见图5-30。

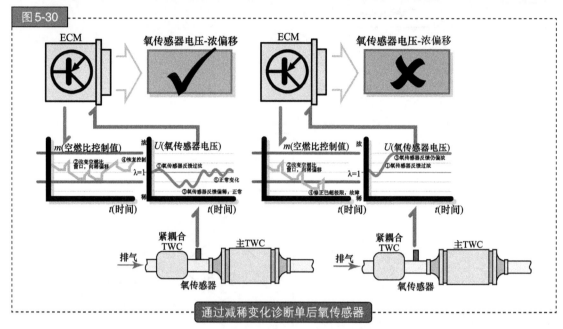

通过减稀变化诊断单后氧传感器

3）TWC诊断催化效率诊断。单后氧传感器可对预催化器（TWC）的催化效率进行诊断。其过程如下：

① PCM采用主动诊断：产生一个稀空燃比控制。
② 氧传感器检测到混合气过稀，并将信号发送到PCM。
③ PCM产生一个浓空燃比控制。
④ 此时氧传感器应检测浓混合气。
⑤ PCM记录这个稀/浓变化的周期，参见图5-31。

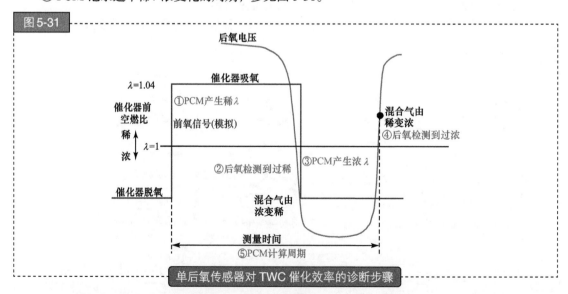

单后氧传感器对TWC催化效率的诊断步骤

诊断结果是：对于催化效率正常的TWC，ECM控制混合气变化时间较长；对于老化TWC，氧传感器变化周期较短，催化转化效率较低（可理解为排气直接通过TWC），参见图5-32。

第五章　030~049、070~079、145~169组 空燃比和排放控制

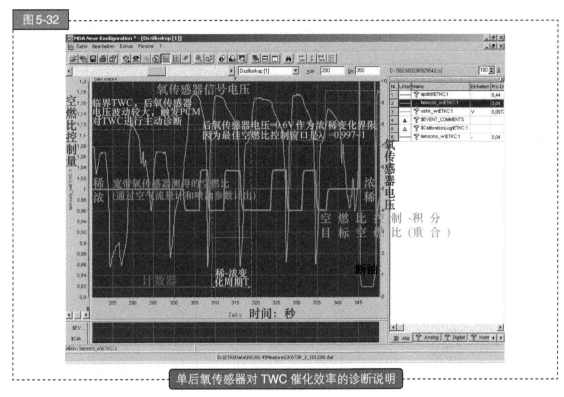

单后氧传感器对 TWC 催化效率的诊断说明

为实现对失效催化器的诊断,将上面实际测量结果(也就是浓/稀变化测量时间)与 OBD 限值转化器测量时间(此值在标定时以特性曲线的形式存入 ECM 中)进行比较。

如果测量时间小于 OBD 限值的转化器参考时间,将记录故障信息。

三　氧传感器相关故障码

1. 氧传感器使用过程中常见问题

氧传感器在使用过程中早期失效,主要是硅中毒或铅中毒,它会导致氧传感器的特性会发生漂移,参见图 5-33。

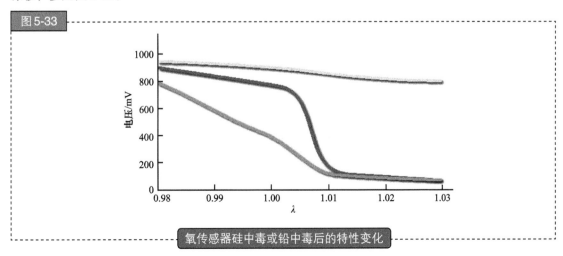

氧传感器硅中毒或铅中毒后的特性变化

氧传感器失效的现象与检查方案如下。

氧传感器头部形状	颜色	可能原因	检查方案
	白色	硅中毒	1. 燃油质量 2. 维修时是否涂了太多密封胶
	棕色	铅中毒	燃油质量
	深棕色	烧机油	发动机磨损、活塞环、气门导管、缸盖、PCV阀等
	黑色，有积炭	过浓	发动机工况。必要时进行诊断和维修
	浅绿色并有粉粒	冷却液进入燃烧室	1. 缸体是否有裂缝 2. 缸盖和进气歧管密封性
	陶瓷壳体炸裂	冷却液突然进入使氧传感器陶瓷急冷而炸裂	发动机冷却系。发动机动力可能出现不足的情况

第五章　030~049、070~079、145~169组 空燃比和排放控制

（续）

氧传感器头部形状	颜色	可能原因	检查方案
	外壳体受外力而变形	受外力冲击，如锤击等	
	接头接触不良	接头受润滑剂、机油、水等腐蚀	接头接触状态。可能接头未锁紧或密封软垫脱落 后果：氧传感器损坏或特征曲线漂移，从而影响空燃比

2. 机油尺没有正确安装导致怠速混合气过稀

车型：装备 CGM 发动机的 2010 款 CC 2.0TSI，VIN 为 LFV3A23C1A38xxxxx，行驶里程 250km。

故障现象：排放灯点亮。车辆感觉不到异常情况。

故障诊断：

① 通过诊断仪读取故障码。发动机有 P2187（怠速混合气过稀）的故障码，参见图 5-34。

② 读取数据流。从数据流可以看到，此车实际转速与经验值一致，进气量和节气门开度都小于经验值，初步判断是节气门后方漏气。

总监这样分析汽车数据流

003		装备 HFM	怠速		
数据项	发动机转速	进气量	节气门开度（G187）	点火提前角	
实际值	720r/min	1.8g/s	1.6%	1.5°BTDC	
经验值	720r/min	3.14g/s	2.70%	0.8°BTDC	

图 5-34

```
车辆车载诊断                01 - 发动机电子装置
004.01 - 检查故障代码存储器   06J906026EQ    06J906026DA
成功执行该功能              MED17.5        H17 5201
1 是否检测到故障代码?        编码 长
                          经销编号 00079
08583      P2187      000
系统过浓退出怠速,气缸列1
怠速下系统过稀
静态
```

怠速混合气过稀的故障码

③ 对节气门体后方的进气管及进气歧管、真空助力器、曲轴箱通风阀进行检查，没有发现有漏气现象。再仔细检查相关管路时，发现机油尺没有安装到位，参见图 5-35。

④ 将机油尺正确安装后，故障排除，数据流也正常。

故障排除：将机油尺安装到正确位置。

其他说明：曲轴箱的压力一般是在 −4kPa 到 3kPa，怠速时为负压。当空气从没有正确安装的机油尺管进入后，会通过曲轴箱通风阀进入节气门后方。根据曲轴箱通风阀膜片的特性、发动机进气的情况，如果进气时较大的脉动导致曲轴箱通风阀膜片也产生振动时，此时怠速会抖动；如果进气较平衡、通风阀膜片保持一定的开度，怠速也较平稳。

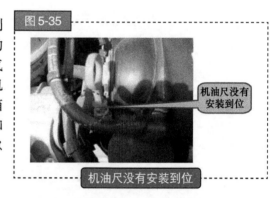

图 5-35 机油尺没有安装到位

3. 错用燃油滤清器导致混合气过浓

车型：装备 CPJ 发动机的 2013 款朗逸 1.6L，VIN 为 LSVAN218xxxxxxxx，使用时间 2 年，行驶里程 3 万 km。

故障现象：保养后排灯点亮。清除故障码，行驶几千米或十多千米后排放灯再次点亮。车主驾驶感觉正常，只是油耗偏大。

故障诊断：

① 通过诊断仪读取故障码。发动机记忆 "P2178 部分负荷混合气过浓" 的故障码，参见图 5-36。

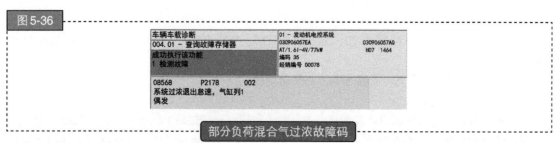

部分负荷混合气过浓故障码

② 读取相关数据流，发现 002_3 比正常的喷油脉宽小，按理此时发动机应处于偏稀；但

第五章　030~049、070~079、145~169组 空燃比和排放控制

032_2 说明发动机在部分负荷时过浓，并且减稀超过极限，这两个数据流刚好相反，初步判断存在使用混合气过浓的机械故障。

002	装备 MAP/MPI	急速		
数据项	发动机转速	发动机负荷	喷油脉宽	进气压力
实际值	760r/min	17.3%	1.8ms	280mbar
经验值	760r/min	18%	3ms	290~320mbar
004		急速		
数据项	发动机转速	供给 ECU 电压	水温	进气温度
实际值	760r/min	14.0V	96℃	41℃
经验值	760r/min	>13.5V	84~94.5℃	>外界温度
032		急速/行车	λ学习值/长效修正-最大值	
数据项	B1 急速λ学习值 +	B1 部分负荷λ学习值 x		
实际值	+0.7%	-17.2%		
经验值	-3%~3%	-5%~5%		

③ 经检查，喷油器没有滴油、机油没有汽油味、排气管畅通不堵塞，并清洗了节气门，故障仍未解决。

④ 检查供油压力，达 6.2bar，正常值应为 4bar。查看燃油滤清器，出口写着"4bar"。车主反映，在外面保养时更燃油滤清器后就出现此故障。再检查燃油滤清器的配件号，正常应为 180 201 511，但此车错误安装了 6Q0 201 051C。

故障排除：更换正确的燃油滤清器型号。清除故障码，供油压力为 4bar。行驶很长一段时间后，排放灯不再点亮故障排除，032_1 和 032_2 也在 ±3% 以内。

案例说明：

① 大众采用燃油滤清器型号及其特性如下。

燃油滤清器型号	12.5V/30s 流量/mL	滤清器上标注	油压调节器安装位置
180 201 511	580/540	4bar	汽油泵
6Q0 201 051B	540	3bar	燃油滤清器
6Q0 201 051C	200	4bar	燃油滤清器

② 两款无回油系统的工作原理图，参见图 5-37。

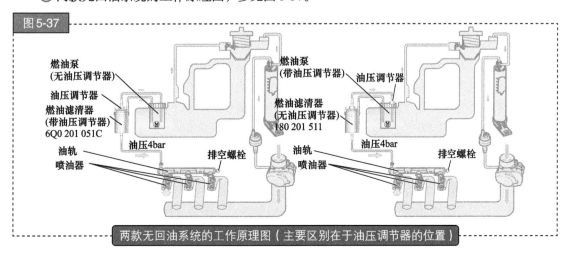

图 5-37　两款无回油系统的工作原理图（主要区别在于油压调节器的位置）

如果燃油滤清器不带油压调节器的车型，安装了带油压调节器的燃油滤清器，由于滤清器的回油在燃油泵上有油压调节器的阻力，将导致油轨压力上升。

第二节　046~049组 催化器效率组

一　数据流说明

046~049组，催化器效率诊断—短行程数据流，具体如下。

046		停车踩加速/制动	B1 TWC 效率诊断	在功能 04 基本设定
数据项	发动机转速	B1 TWC 排气温度	TWC 振幅比/老化因子	B1 TWC 诊断结果
规定值	1800~2500r/min	550~750℃	>2.5	测试关闭/开启、系统正常/异常
经验值	1800/2500r/min	550~750℃	>2.5	TWC B1 OK
047		停车踩加速/制动	B2 TWC 效率诊断	在功能 04 基本设定
数据项	发动机转速	B2 TWC 排气温度	TWC 振幅比/老化因子	B2 TWC 诊断结果
规定值	1800~2500r/min	550~750℃	>2.5	测试关闭/开启、系统正常/异常
经验值	1800/2500r/min	550~750℃	>2.5	TWC B2 OK
048		停车踩加速/制动	B1 加热型催化器效率诊断	在功能 04 基本设定
数据项	MED 模式	检测步骤	加热温度提高	B1 TWC 诊断结果
规定值	00000001		K	测试关闭/开启、系统正常/异常
049		停车踩加速/制动	B2 加热型催化器效率诊断	在功能 04 基本设定
数据项	MED 模式	检测步骤	加热温度提高	B2 TWC 诊断结果
规定值	00000001		K	测试关闭/开启、系统正常/异常

主要数据流解释：

046_2 和 047_2：ECM 通过各种参数计算出催化器（简称 TWC）温度。在正常行驶时，不能超过 750℃，否则可能会导致 TWC 过热而烧结、损坏。

046_3：ECM 通过安装在 TWC 前、后氧传感器监视其效率。前氧传感器向 ECM 发送催化器处理之前的信息，后氧传感器向 ECM 发送催化器处理之后的信息。ECM 通过比较这两个传感器发送的信息，来确认 TWC 的工作效率和储氧能力。排气通过正常的 TWC 后，氧浓度变化很小，后氧传感器的电压在浓和稀信号电压之间缓慢变化；当 TWC 劣化后，其储氧和催化能力降低，废气中的氧浓度变化就会增大，导致后氧传感器的电压输出就会频繁波动。系统将前/后氧传感器信号振幅均值对时间进行平均，得到 TWC 的老化因子。当老化因子 > 目标值时，系统即会判定 TWC 催转效率已过低，可能导致排放超限，参见图5-38。

046_4 和 047_4：数值块 034/035/036/037/038/039/043/044 中的短行程必须 '正常' 完成；功能 04（基本设置）；用 '激活' 按钮启动短行程；同时完全踩下制动踏板和加速踏板，发动机转速自动设置 -> '测试接通' 到约 1800r/min；等待 '气缸列 1 催化转化器正常' 出现在区域 4 中。

第五章　030~049、070~079、145~169组 空燃比和排放控制

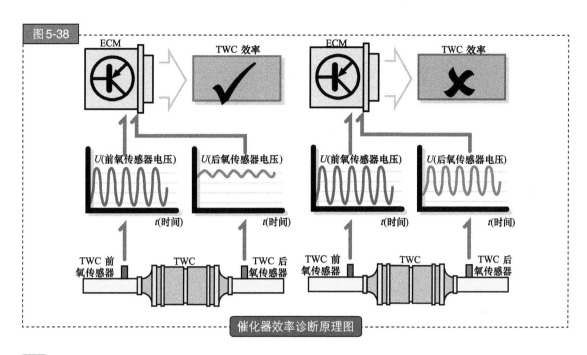

图5-38

催化器效率诊断原理图

二 相关原理说明-TWC

1. TWC原理

汽油发动机是将汽油的能量转化为动能来驱动汽车的。图5-39说明了汽油发动机工作时的进气和排气组成。

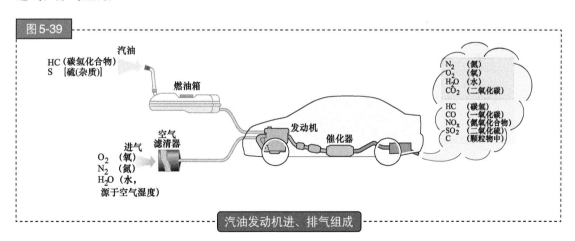

图5-39

汽油发动机进、排气组成

TWC是排放控制的核心部件。现在所有的车辆都采用由氧传感器来调节的可调节式TWC。

在TWC内进行着两种相反的化学反应：一氧化碳和碳氢化合物氧化成二氧化碳和水；氮氧化物还原成氮和氧。在氧含量很少时有利于还原反应、在氧含量很高时有利于氧化反应，具体如图5-40所示。

通过改变废气中氧的含量，就可以将系统调节到使得这两种化学反应都达到最佳状态（也就是$\lambda=0.99~1$）。这个最佳状态范围就称为"空燃比控制窗口"，参见图5-41。现在的车型通过氧传感器将正确调节值反馈给ECM。

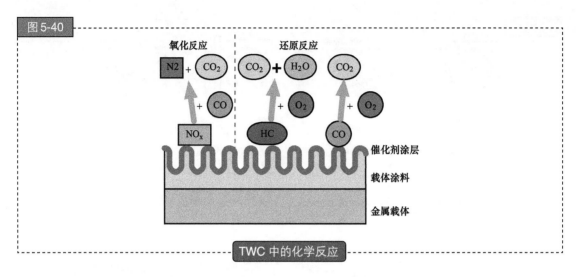

图 5-40　TWC 中的化学反应

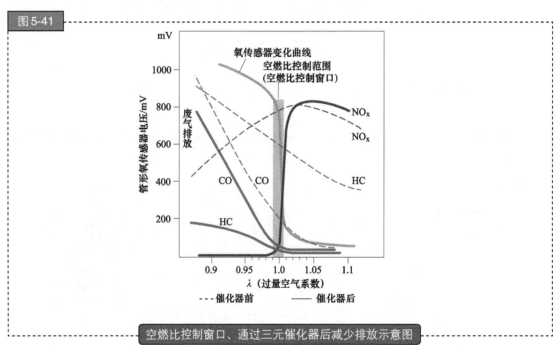

图 5-41　空燃比控制窗口、通过三元催化器后减少排放示意图

　　TWC 中的催化剂包含多种贵金属，如铂、铑和/或钯，贵金属本身并不参与化学反应，所以正常的化学反应时催化剂并不会有消耗，参见图 5-42。

　　为了使 TWC 更有效地工作，必须使废气接触的表面积尽可能的大。经过合理设计后，才能实现高效率废气净化。

　　现在的车辆使用主动诊断和被动诊断两种方案监控 TWC 的转化效率，它们的判断方法都是基于测量至少两个氧传感器的信号变化。每种方案都可能采用 O/HC 和 O/NO 之间的比例进行判断。

2. TWC催化效率诊断

　　为确保 TWC 正常工作，必须对 TWC 进行效率诊断。

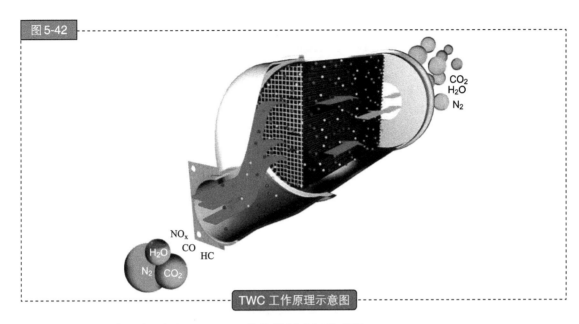

图5-42　TWC工作原理示意图

（1）被动判断 - 检测振幅比，TWC前装阶跃式氧传感器

1）原理说明。这个诊断策略，ECM通过比较TWC前、后氧传感器的电压振幅值。如果超出规定范围，ECM判断TWC有故障（见图5-43），就会储存相应的故障码，并点亮排放故障灯。TWC的监控，是基于监控TWC的储氧能力。

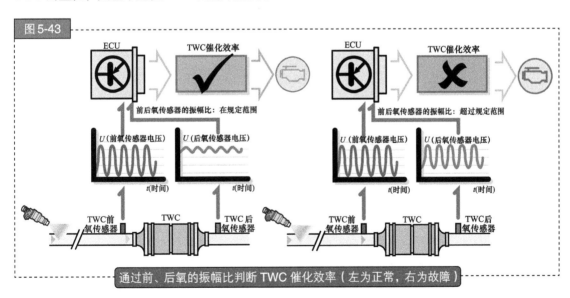

图5-43　通过前、后氧的振幅比判断TWC催化效率（左为正常，右为故障）

由于发动机的反馈控制作用，致使排气中的空燃比定期产生波动。这个波动，会由于TWC的储氧功能而产生缓冲作用。通过检测后氧传感器的振幅，就可能判断TWC的储氧能力，参见图5-44、图5-45和图5-46。

这个诊断策略，是使用前后氧传感器的振幅变化比作为原始信息。这个振幅变化比，按发动机负荷和转速关系分为多段进行评估。如果在预设的多个发动机工作范围都检测到储氧能力不足，ECM就会判断为TWC失效。

图 5-44

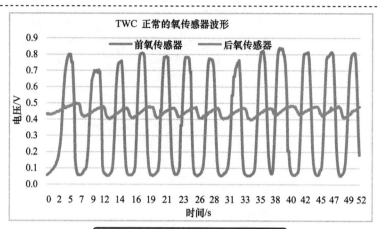

TWC 正常时的前氧传感器电压波形

图 5-45

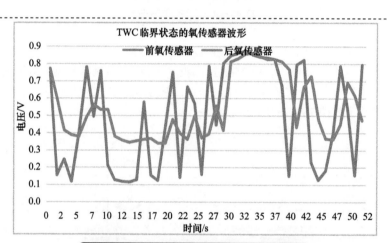

TWC 处于临界状态的前氧传感器电压波形

图 5-46

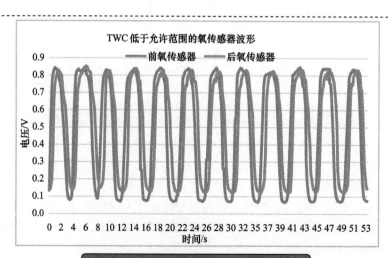

TWC 催化效率过低的前氧传感器电压波形

第五章 030~049、070~079、145~169组 空燃比和排放控制

2）监控条件。通过模型计算出 TWC 温度。只有当 TWC 温度超过预定值，才进行监控。

当 EVAP（燃油箱蒸气通风系统）工作时会导致空燃比发生偏离，在 EVAP 工作时会关闭 TWC 监控。只有在闭环工况、满足发动机转速/负荷的窗口才会进行监控。

3）诊断流程图。TWC 诊断流程图见图 5-47。

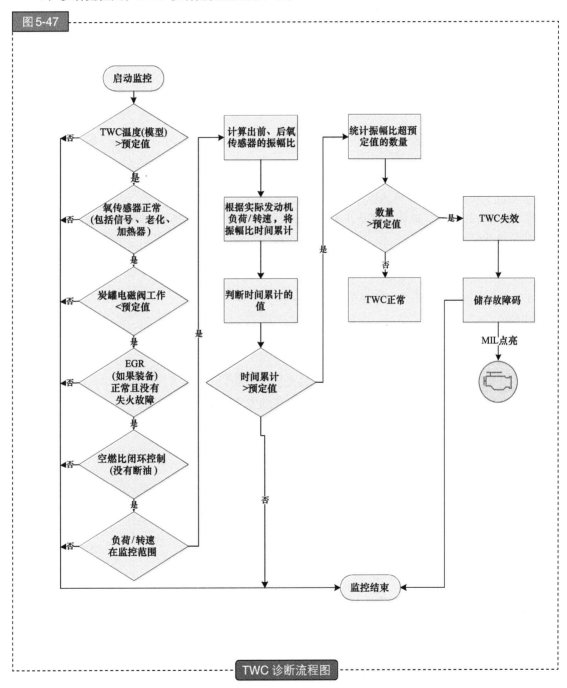

图 5-47 TWC 诊断流程图

4）计算振幅比。首先计算出前、后氧传感器输出信号的振幅比。发动机控制单元（ECM）接收前、后氧传感器的输入波形信号，计算出随时间推移的输入信号绝对值和平均值。

$$振幅比 = \frac{前氧传感器振幅}{后氧传感器振幅}$$

这个振幅比是 TWC 监控的必要原始信息。它时在发动机负荷/转速范围内连续计算的。由于对前、后氧传感器同时进行监测，因此各种变化（例如控制频率加快）同时作用在前、后氧传感器上，它们的修正量也是一样的。

5）后处理过程。根据相应的发动机负荷/转速范围，ECM 把实际振幅比与预定值进行对比。然后将对比结果累加在相应范围段的结果中。这样，即使短距离行车过程也能获得相应的信息。

将不同的发动机负荷/转速范围段组合，就可以得到连续的运转循环（FTP）所需要的监控工况。

6）故障评价。将运转循环分按负荷/转速分为不同的段，随着时间的推移，累计数据增多，发动机控制单元的评价就越准。

如果振幅比超过预定值，发动机控制单元就会判断有故障，然后内部故障位进行置位。

如果在下次运转循环仍检测到故障，故障指示器就会点亮。

7）检查监控条件。监控原理是在氧传感器反馈控制过程中，基于检测前、后氧传感器的振幅，然后进行对比。

因此，如果行驶条件在开环控制工况（例如断油工况），就需要停止监控。并且，在这些工况后的一段时间内也需要暂停监控，防止误判。

8）系统工作框图。系统工作框图参见图 5-48。

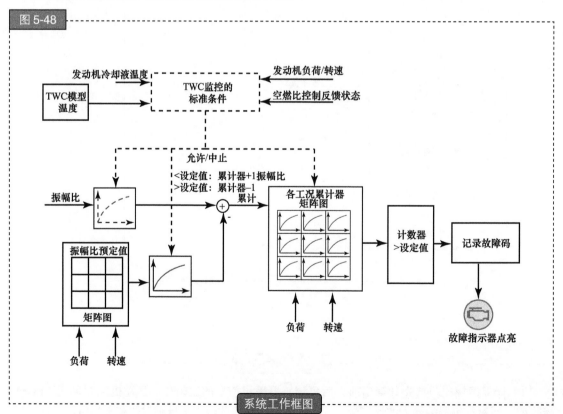

图 5-48 系统工作框图

第五章　030~049、070~079、145~169组 空燃比和排放控制

（2）被动判断 - 检测振幅比，TWC 前装宽域氧传感器

1）原理说明。这个诊断模式，就是将后氧传感器的信号变化振幅，与模型信号振幅进行对比。这个"模型信号振幅"值是由一个临界 TWC 取得。临界 TWC 的数据，是从一个实际已达到使用寿命的 TWC 进行实车检测后获取的。如果被检测的 TWC 振幅超过这个模型，发动机控制单元（ECM）就会判断此 TWC 已损坏。这个振幅值，是根据发动机转速和负荷的不同有所不同的值，并且在整个发动机转速范围都会进行监控。

根据上述工作原理说明，系统必须判断以下几种情况。

① 计算出后氧传感器的振幅。发动机控制单元接收后氧传感器输出的电压信号，计算出绝对值和平均周期。

② 通过一个临界 TWC 建立后氧传感器信号变化模型。通过安装一个临界 TWC，采集后氧传感器数据并建立模型。这个模型数据，是将临界 TWC 安装在实际发动机中，并按照各种空燃比和发动机负荷工况采集到的。这样就可以计算模型数据波形的振幅。

③ 信号和故障评估。发动机控制单元接收后氧传感器的信号，并与以前采集的临界后氧传感器信号对比。如果此车的后氧传感器振幅信号超过模型信号，就说明此 TWC 的储氧能力比临界 TWC 还差。

④ 判断监控条件。必须要将处于空燃比开环控制的行驶工况排除，例如断油工况。在此工况并且此后的一段时间内，发动机控制单元不采集后氧传感器信号。这样可防止误判。

2）检查监控条件。通过模型计算出 TWC 的温度。如果此时的 TWC 温度超过预定值，就开始进行 TWC 监控，参见图 5-49。

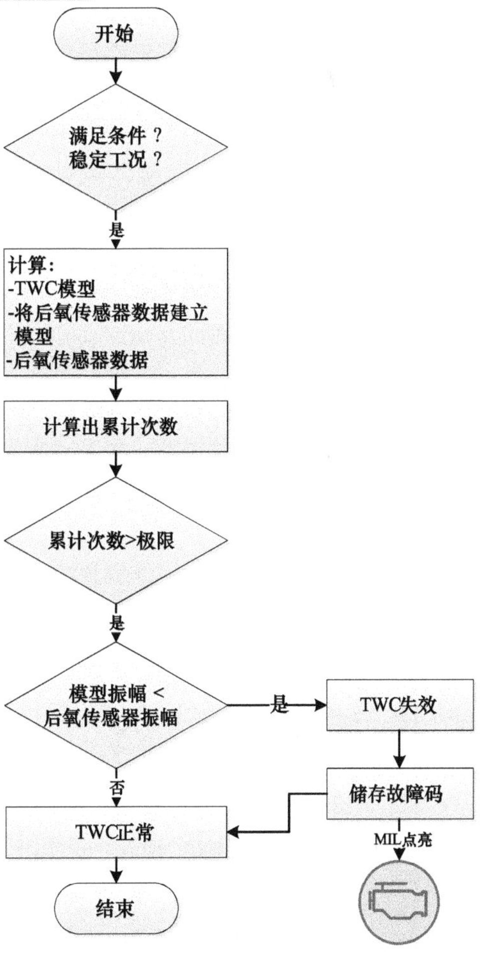

（3）主动判断 - 检测储氧能力

1）原理说明。TWC 主动监控的基本原理，是判断 TWC 的储氧能力（OSC）。TWC 的催化效率和储氧能力相互之间的关系，已根据废气排放（HC/NO$_x$）中 TWC 不同老化阶段修正后，在匹配过程中测得了不同的特性曲线。这样，TWC 的诊断可能通过与临界状态 TWC 的储氧能力做对比来完成，参见图 5-50。

TWC 的储氧能力可通过以下三个方法之一进行诊断。

① 断油后氧减少（快速监测）。TWC 在行驶过程断油时进行储氧。断油后，TWC 在浓混合气工况工作，并判断储氧的数量。如果这个主动测试显示 TWC 的储氧能力高于临界 TWC，此次 TWC 催化效率诊断为没有故障。这个监测方法只能产生一个"通过"的结果。

图 5-49　TWC 监控

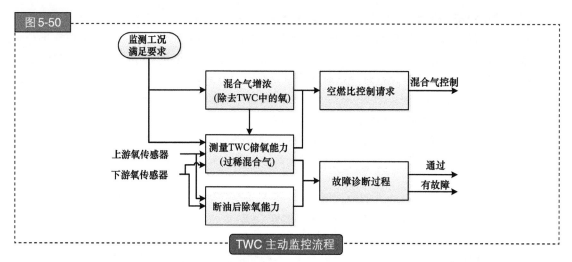

图 5-50 TWC 主动监控流程

② 通过过稀方法判断储氧能力（主动测试）。为了进行相关监测，ECM 通过以下方法周期性地控制空燃比过浓和过稀的混合气。

第一步：ECM 控制过浓混合气直到除去最少的氧（计算出浓混合气 > 阈值）

第二步：ECM 控制过稀混合气，通过储存在 TWC 中的含氧量计算出储氧能力：

$$储氧能力 = \int 空气流量 \times 稀混合气(\lambda-1) \times dt$$

第三步：TWC 一直在此工况下工作，直到 TWC 的储氧量超过标定极限或后氧传感器显示 TWC 中的氧已完全饱和。

第四步：通过与标定的临界 TWC 储氧能力进行比较，诊断 TWC 的效率。

③ 通过稀 - 浓切换时间判断储氧能力（主动测试）。

第一步：正常控制。

第二步：控制过稀混合气，直到 TWC 中的氧处于饱和状态。

第三步：控制过浓混合气，直到后氧传感器检测到高电压（浓状态）。计算前、后氧传感器从稀到浓的变化的时间差，然后与标定的时间差对比，如果低于标定时间差，可判断 TWC 储氧能力不足。

第四步：正常控制，其工作示意图参见图 5-51。

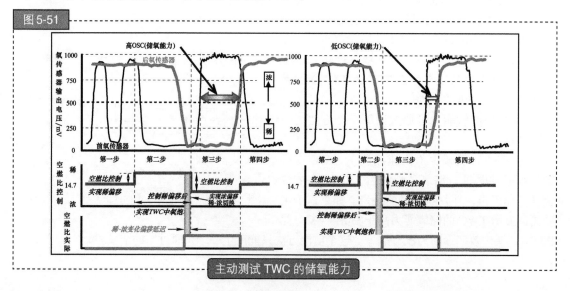

图 5-51 主动测试 TWC 的储氧能力

2）监控条件。根据上述工作原理，主要的监控部件可区分如下：
① 监控断油后的氧传感器。
② 检查主动测试的监控条件。
③ 空燃比控制请求（空燃比控制器的接口）。
④ 为除去储氧进行混合气增浓。
⑤ 通过稀混合气的工作检测储氧能力。
⑥ 处理数据。
⑦ 故障诊断。

3. TWC加热

现在基本上采用催化器转化排气系统中的几乎所有污染物。但只有催化器达到其工作温度才能实现高效转化。催化器最优的催化效率温度在400~800℃间，参见图5-52。

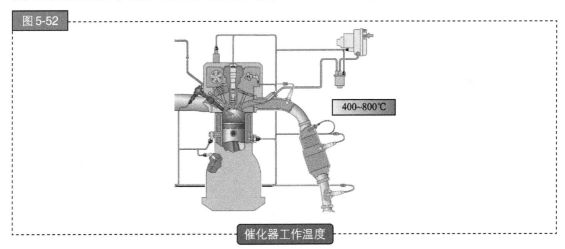

图5-52 催化器工作温度

排放标准的型式试验用运转循环的检测中，在开始1~2min内排放了全循环超过80%的有害物质，参见图5-53。

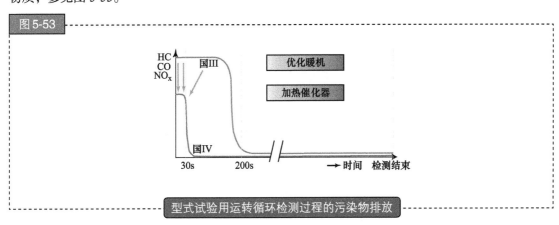

图5-53 型式试验用运转循环检测过程的污染物排放

这意味着，要达到国Ⅳ、国Ⅴ、国Ⅵ的排放标准，在起动和暖机过程所产生的废气必须明显降低。有三种方法可以达到此目标：

① 带快速起动和起动过程自适应的优化起动阶段。快速完成混合气形成并控制点火角度，可达到没有未燃烧的混合气残留在燃烧室内目的。

② 优化暖机阶段可限制未处理的排放。
③ 内部加热催化器以快速达到"起燃"温度。

催化器工作温度只有超过"起燃"温度250℃后，才能有效催化HC、CO和NO_x这三种有害物质。采用催化器内部加热的方法，可以快速到达"起燃"温度。

一般采用以下方法：稀燃、二次空气喷射、加热反应、外部供能的电加热（极少采用）、HC吸收器（极少采用）。

（1）稀燃暖机

在暖机阶段，由于延迟点火角使得发动机效率降低很多，这样可以提高排气温度。由于发动机效率较低，可通过增大节气门开度进行补偿，同样排出的废气也会增多。发动机在空气过量的工况下工作，空燃比可达1.1，这样未处理的排气不会增加，参见图5-54。

此时，较高的排气温度可加快加热催化器，催化器的安装也应尽可能接近发动机缸体。为了加快加热效果，需要降低热量的散发，例如可通过一个绝热的收集器使排气与空气隔离。

为实现此功能，必须满足所需的前提条件：可进行稀燃的发动机；紧耦合型催化器；用于补偿由于点火延迟带来动力下降的电子节气门。

（2）二次空气喷射

如果稀燃暖机阶段产生的热量太低，或发动机不能进行稀燃，就需要二次空气喷射，参见图5-55。

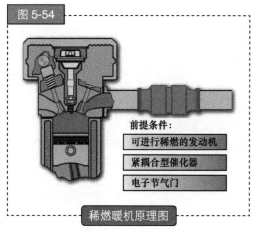

图 5-54

稀燃暖机原理图

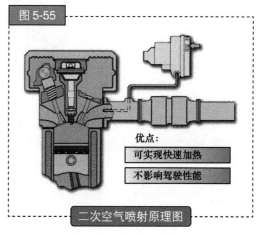

图 5-55

二次空气喷射原理图

二次空气喷射的优点是能可靠地产生足够多的热量进行加热、不影响驾驶性能。缺点是成本增加。

（3）稀燃和二次空气喷射的组合

如果是可以进行稀燃的发动机，但催化器远离发动机缸体，就可采用将稀燃和二次空气喷射组合的形式。

一旦催化器开始工作，发动机控制单元将混合气从过稀转化为增浓。较浓的混合气在催化器中与二次空气进行部分的氧化反应，参见图5-56。

（4）加热反应

加热反应是另一种快速加热催化器的方法。它一般用于催化器不能靠近发动机缸体，且只能安装在车底的情况。排气必须通过较长的排气管才能达到催化器。在暖机阶段供给空燃比达0.5~0.6的极浓混合气。二次空气喷射将将空气喷射入排气管，使得空燃比达1.1，排气就可能在排气歧管中自燃，到达催化器入口前排气温度快速升高。但由于催化器远离发动机缸体，仍不能满足国 IV 和国 V 的排放要求，参见图 5-57。

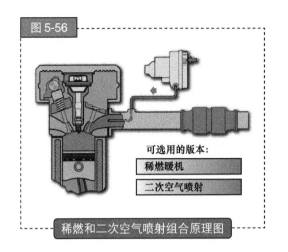

稀燃和二次空气喷射组合原理图

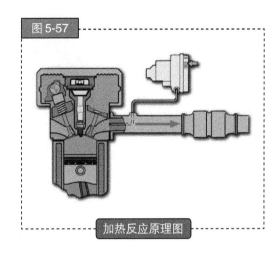

加热反应原理图

（5）带外部供能的电加热催化器

电加热催化器的工作原理与加热反应类似。所不同的是在催化器上增加了一段用于提供热量的加热装置。这个外置的加热装置非常耐用。为了满足加热装置所需的高达 1.5kW 的能量，这种设计需要第二个蓄电池和一个非常大功率的发电机，参见图 5-58。

（6）外置燃烧室

使用外部燃烧器产生热能是另一个传统的加热方法。它的原理是通过外部供给燃油，并与二次空气混合，在催化器前的燃烧室中燃烧。热量直接在催化器前产生，从而达到非常快速加热催化器的作用。外置燃烧室的方法完全与起动工况无关，不会影响驾驶性能，其缺点是复杂和昂贵，参见图 5-59。

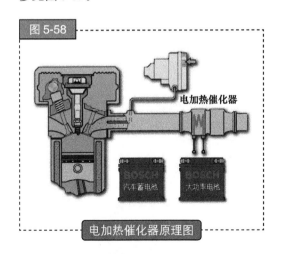

电加热催化器原理图

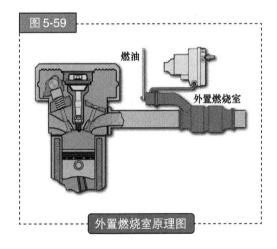

外置燃烧室原理图

（7）HC 吸收器

它的原理是在低于催化器能进行转化工作的起动和暖机阶段，HC 吸收器临时储存未经处理的含 HC 的排气。当催化器温度超过其工作温度后，HC 吸收器释放出 HC 进行后续的转化，参见图 5-60。

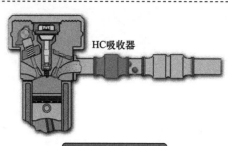

图 5-60　HC 吸收器原理图

三、TWC相关故障码

TWC 相关故障码如下。

故障码	故障码含义	诊断程序	监控策略	故障判据和阈值
P0420	B1 催化器效率过低	检查 B1 前后氧传感器检查 B1 催化器	与临界催化器储氧能力（OSC）进行对比	低于临界催化器储氧能力的 40%
P0430	B2 催化器效率过低	检查 B2 前后氧传感器检查 B2 催化器	与临界催化器储氧能力（OSC）进行对比	低于临界催化器储氧能力的 40%

四、故障案例

1. TWC主要失效原因

正常情况下，TWC 的使用寿命与车辆相同。TWC 发生故障后，更换新的 TWC 前没有判断故障原因，可能导致新的 TWC 很快失效。

（1）高温失活

TWC 长期在高温条件下，会造成高温失活。催化器产生高温的可能原因包括：

① 发动机失火使未燃混合气在催化器中燃烧发生剧烈氧化放热反应。

② 汽车连续高速大负荷运行。

③ 汽车突然制动、减速。

发动机排气温度的变化范围很大，怠速时一般为 300~400℃，低速、中速常用工况行驶为 400~600℃，高速全负荷行驶时为 900℃。如果 TWC 长期暴露在 800℃ 以上的高温环境下，催化剂的活性组分铂、钯和铑贵金属等组分易挥发，其涂层易剥落，其晶粒及助催化剂氧化铈的晶粒会明显增大，而且载体氧化铝也会发生相变，会从比表面积较大的 γ 型转变为比表面积较小的 ∂ 型，从而加剧了贵金属活性组分和助剂氧化铈晶粒的长大烧结和聚集，使该催化剂的比表面积急剧下降，从而使催化剂失活。高温还会引起氧化铈等的储氧能力降低，在 800℃时催化剂吸氧能力迅速降低，从而使催化剂的活性大大下降。

判断方法：如果 TWC 壳体呈现明显的深灰色、黑色和深紫色，说明催化器温度过高，参见图 5-61 和图 5-62。

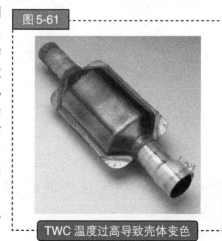

图 5-61　TWC 温度过高导致壳体变色

第五章　030~049、070~079、145~169组 空燃比和排放控制

（2）化学中毒

燃油和润滑油中的硫、磷，抗爆剂中的锰、铅，燃油不完全燃烧产生的一氧化碳都会造成三元催化剂中毒失效，毒物主要是吸附在催化剂活性表面上，并形成一种化学吸附络合物，其中铅中毒往往是不可逆的，催化剂在含铅气氛中工作几十小时就会完全丧失活性，而对硫、磷、一氧化碳中毒，催化剂的活性则在一定条件下可以得到恢复。

（3）积炭失活

因积炭覆盖在三元催化剂和涂层表面而造成催化器失效为积炭失活。覆盖在涂层表面的积炭往往是一种含有碳、氢、硫、氮、氧、重金属等多种元素的混合物，积炭失活是目前导致催化器失效的主要原因之一，参见图5-63。

发动机过热导致TWC烧结

TWC积炭失活

（4）化学中毒堵塞失效

TWC因堵塞失效造成发动机工作不正常是目前环保发动机很普遍的问题，TWC堵塞的常见形式有：

① 使用乙醇汽油，胶质积炭烧结堵塞。

② 硫磷化学络合物烧结堵塞。

③ 铅锰金属沉积物烧结堵塞。特别是现在较多的汽油添加了MMT，易导致TWC堵塞。MMT中文名为甲基环戊二烯基三羰基锰，是一种有机金属液态化合物。图5-64是过量使用MMT后，在TWC进气口处产生Mn_3O_4沉积导致TWC失效。

④ 发动机失火造成陶瓷载体烧结堵塞。

⑤ 发动机失火造成催化器陶瓷载体和金属外壳之间的密封层部分高温老化，成为粉末堵塞后半部陶瓷载体。

（5）机械结构损坏

主要包括支撑部件毁坏，颠簸、磕碰等物理因素造成的损坏。

判断方法：外观是否变形；摇动TWC，是否听到有内部松动的异响。TWC在高温时较脆弱，不严重的碰撞都可能导致其断裂，参见图5-65。

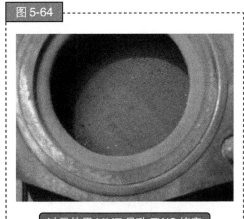

过量使用MMT导致TWC堵塞

TWC 受碰撞损坏

图 5-65

2. 通过数据判断新催化器是否正常

车型：装备 BHK 发动机的 2007 款途锐 3.6，VIN 为 WVGZE77L57D0xxxxx，行驶里程 10 万 km，使用时间 7 年。

故障现象：行驶时排放灯点亮，驾驶感觉不到有异常。在外面已更换两个催化器。

诊断过程：

① 通过诊断仪读取系统故障码，系统记忆了 B1 和 B2 催化器效率低的故障码，参见图 5-66。

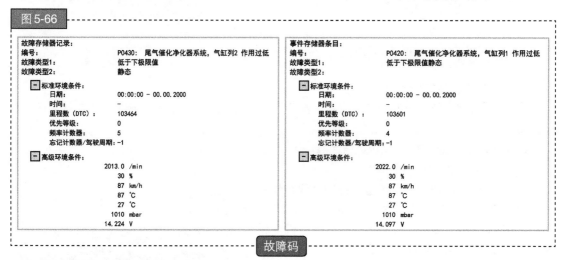

图 5-66 故障码

② 读取相关数据流如下。

046		急速	B1 三元催化效率	
数据项	发动机转速	B1 TWC 排气温度	TWC 振幅比 / 老化因子	B1 TWC 诊断结果
实际值	640r/min	438.0℃	1.09375	测试关闭
经验值	1800/2500r/min	>550℃	>2.5	TWC B1 OK
047		急速	B2 三元催化效率	
数据项	发动机转速	B2 TWC 排气温度	TWC 振幅比 / 老化因子	B2 TWC 诊断结果
实际值	640r/min	438.0℃	0.875	测试关闭
经验值	1800/2500r/min	>550℃	>2.5	TWC B2 OK

第五章 030~049、070~079、145~169组 空燃比和排放控制

尝试进行基本设置,结果 046_4 和 047_4 均显示"系统异常"。通过数据流 046_3 和 047_3 振幅比低于下限,会导致排放灯点亮,并记忆"三元催化器效率低"的故障码。

故障排除:从正规渠道订购左右催化器,更换后行驶超过半年,排放灯不再点亮,故障解决。

案例说明:对美规车,必须按 VIN 订购原厂的催化器才能正常工作。

3. 新领驭报催化效率低

车型:装备 BFF 发动机的 2010 款帕萨特新领驭,行驶里程 7 万 km。

故障现象:排放灯点亮。

故障诊断:

① 通过诊断仪读取故障码,有"P0420- 三元催化器效率低"的故障码。

② 清除故障码后,对催化器进行基本设置。系统显示正常,参见图 5-67。

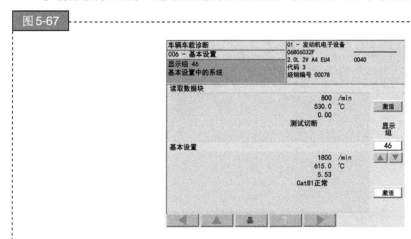

图 5-67 通过诊断仪对催化器进行基本设置

③ 由于基本设置/短行程测试的结果不是十分准确。交车后,让车主行驶一段时间,看看情况如何。

④ 行驶半个月后,车主反映排放灯再次点亮。回站后读取数据,046_3 为 1.5,说明催化器已失效。

故障排除:更换原厂的催化器,故障排除。

4. 更换催化器时必须注意车况的检查

车型:装备 BPJ 发动机的 2009 款奥迪 2.0TSI,行驶 6.6 万 km。

故障现象:排放灯点亮;发动机轻微抖动、加速不良。

故障诊断:

① 通过诊断仪,读得发动机有"P0420- 三元催化器效率低"的故障码。

② 拆下三元催化器,发现其已烧结,更换。同时发现火花塞的积炭、各缸缸压正常,因此更换火花塞、清洗燃油道、添加燃油添加剂。试车后,感觉怠速平稳、加速较好。

③ 使用 2 个月后,排放灯再次点亮,故障码仍是"P0420- 三元催化器效率低"。拆下催化器,发现其再次烧结。为了判断故障原因,再次对车辆进行详细诊断。

④ 以车速 60km/h 行驶 10min 后读取数据流,发现 046_2 的排气温度为 850℃,超过允许范围,这应是导致催化器烧结的原因。

046		车速 60km/h 行驶 10min	B1 催化效率	
数据项	发动机转速	B1 TWC 排气温度	TWC 振幅比/老化因子	B1 TWC 诊断结果
实际值	640r/min	810℃	0.6	测试关闭
经验值	1800/2500r/min	>550℃	>2.5	TWC B1 OK

⑤ 停车，踩下加速踏板使转速达 2500r/min 2min 后，读取数据流。发现实际增压压力低于目标增压压力。

115		停车，踩下加速踏板	增压控制	
数据项	发动机转速	发动机负荷	目标增压压力	实际增压压力
规定值	2500r/min	45%	1350mbar	1100mbar
经验值	680r/min	18%	300~390mbar	990mbar

⑥ 检查涡轮增压器，发现排气旁通阀卡在打开位置。

故障排除：更换涡轮增压器和催化器。

案例说明：当排气旁通阀不能关闭时，导致增压不足。为达到满足驾驶人的转矩需要，驾驶人于是增加节气门开度以使发动机长期处于大负荷工况，较多未能完全燃烧的可燃混合气进入催化器，导致其早期烧蚀。

◆ 第三节 070~073组 排放控制组-燃油箱蒸气通风系统 ◆

一 数据流说明

1. 第070组燃油箱蒸气通风系统（EVAP）及炭罐电磁阀诊断-短行程

数据流如下。

070		怠速，水温 >60℃	炭罐电磁阀 N80 检测	在功能 04 基本设定
数据项	N80 工作占空比	N80 工作时 λ 控制	主动诊断时怠速修正	诊断结果
规定值	0%~100%	−7%~7%	−30%~100%（g/s）	TEV OK
经验值	0%~100%	−7%~7%	−30%~100%	TEV Test OFF

主要数据流解释：

炭罐电磁阀 N80，简称为 TEV（德）或 TBV（英）。

070_2 为 TEV 调节时 λ 偏差，负数表示炭罐含有较多的燃油蒸气，工作时导致混合气偏浓；正数表示炭罐含有较少的燃油蒸气，工作时导致混合气偏稀。

070_4 燃油箱蒸气通风系统的诊断，每次发动机起动后只能诊断一次。

2. 第071~073组 油箱泄漏诊断-短行程

数据流如下。

071		怠速	LDP 诊断，仅美款 LEV	在功能 04 基本设定
数据项	簧片式开关状态	故障信息	测试状态	诊断结果
规定值	开启/关闭	−/轻微泄漏/严重泄漏/中断	−/系统测试/测量/测量结束	Syst. OK
072		怠速	AAV 诊断，仅美款 LEV	在功能 04 基本设定
数据项	簧片式开关状态	故障信息	测试状态	诊断结果
规定值	开启/关闭	−/中断	−/系统测试/测量/测量结束	Syst. OK

第五章 030~049、070~079、145~169组 空燃比和排放控制

(续)

073		怠速	炭罐	
数据项	N80工作占空比	炭罐通风率	炭罐装载率	相对空燃比
规定值	0%~100%		0%~100%	%

071组对LDP（泄漏检测泵）、072组对AAV（真空法检查），仅用在美国车型的LEV排放标准中。

二 相关原理说明

1. 燃油箱蒸气通风EVAP

EVAP称蒸发污染物。为减少排放污染，法规规定，必须降低从汽车的燃料（汽油）系统损失的碳氢化合物蒸气，包括：

① 热浸损失：在汽车行驶一段时间以后，静置汽车的燃料系统排放的碳氢化合物。

② 燃油箱呼吸损失（换气损失）：由于燃油箱内温度变化排放的碳氢化合物。

因此，奥迪/大众采用燃油箱蒸发系统，为了避免燃油箱中形成的燃油蒸气扩散到环境中，它用炭罐存储燃油箱蒸气，然后与进气混合，一同燃烧。它的原理见图5-68。

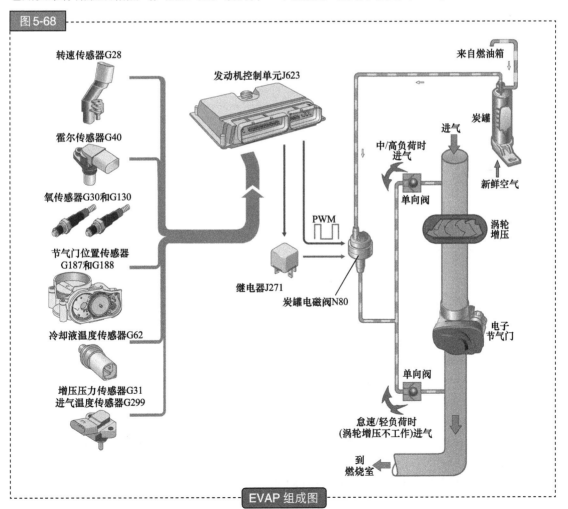

图5-68 EVAP组成图

当冷却液温度 >40℃，且进气温度 >-10℃时，会开始引入燃油蒸气。发动机控制单元根据接收到的氧传感器的信号来计算炭罐的饱和度。

当怠速或轻负荷时，进气歧管有真空，燃油蒸气进入节气门后方；在中高负荷，涡轮增压工作或进气歧管真空度低甚至有压力时，蒸发系统利用涡轮增压器前产生的真空而进入进气歧管。

2. 炭罐燃油蒸气饱和度检测

当炭罐含有较多的燃油蒸气时，炭罐电磁阀 N80 需尽快工作以清空炭罐；当炭罐已接近空的时候，N80 必须停止工作。为判断炭罐的饱和度，必须结合氧传感器和节气门开度两个信号进行检测。具体方法见图 5-69。

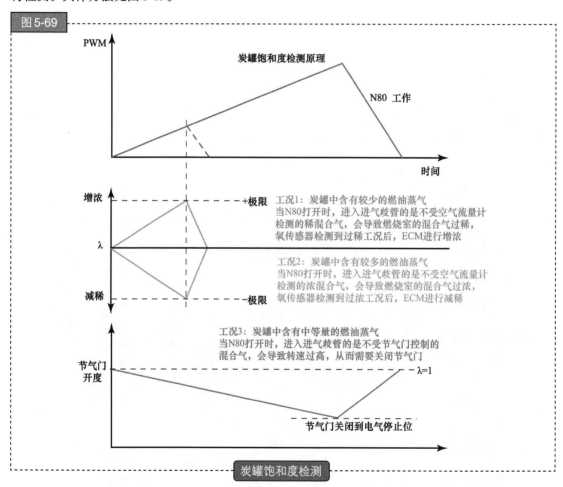

图 5-69 炭罐饱和度检测

3. EVAP 泄漏检测

美国法规规定，必须对 EVAP 泄漏进行检测。常见采用泄漏检测泵和真空法进行检测。

1）EVAP 泄漏检测——泄漏检测泵 LDP/DMTL。为识别在燃油箱和油箱蒸气通风系统中的泄漏，在美规车辆安装了燃油箱泄漏诊断模块（LDP/DMTL），参见图 5-70。

该模块具有停机运转功能。即接线柱 15 断开后，并同时满足判断条件时，由通过发动机控制单元自动起动。

LDP 可检测出整个燃油系统大于 $\phi 0.5mm$ 的泄漏。如果确认发生泄漏，则点亮 MIL。

第五章　030~049、070~079、145~169组 空燃比和排放控制

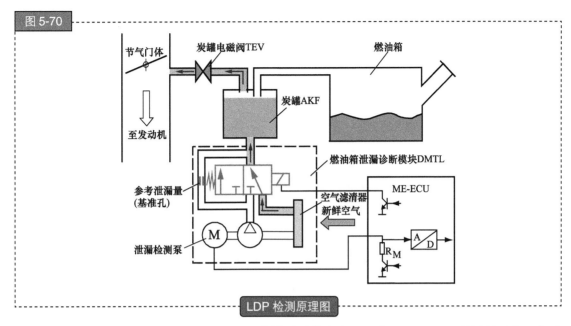

图 5-70　LDP 检测原理图

LDP 通过一个电动空气泵（叶片泵），在燃油系统中产生一个 20~30 mbar 的计量压力。发动机控制单元测量 LDP 所需的电流，并作为燃油箱压力的间接值。

每一次测量前，LDP 会进行一次比较测量。在比较测量过程中，将建立起一个相当于参考泄漏量为 0.5mm 的计量压力，并维持 10~15s，同时测量为此所需要的泵电流（20~30mA）。

在随后进行的压力建立过程中，如果与先前测得的泵参考电流相比识别到电流下降，这就是在燃油系统中存在泄漏的信号。当超过参考电流时，表明系统中没有泄漏，参见图 5-71。

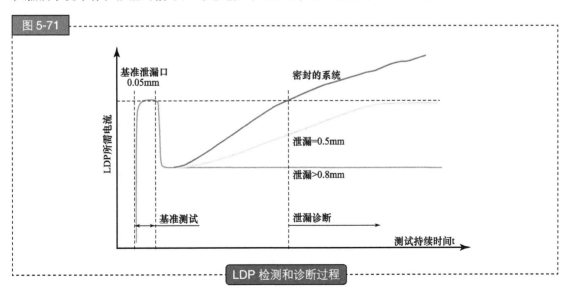

图 5-71　LDP 检测和诊断过程

2）EVAP 泄漏检测——大众的 LDP。大众的 EVAP 泄漏检测，是在 LDP 泵中加装了一个簧片式开关作为判断。它的原理图参见图 5-72。

① 如果 EVAP 不泄漏，压力下降较慢，簧片式开关保持较长时间接通。

② 如果存在泄漏，过一段时间后 EVAP 压力降低、簧片式开关断开，LDP 工作直到簧片式

开关接通。小泄漏,簧片式开关通断时间间隔较长;如果簧片式开关通断时间间隔较长、甚至不接通,说明存在大泄漏。

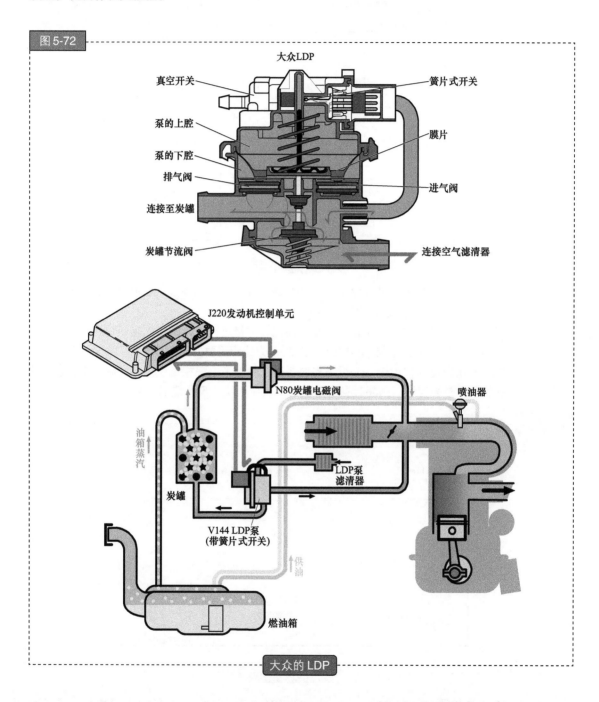

图 5-72 大众的 LDP

检测时 N80 关闭、LDP 工作,在 EVAP 中建立压力。检测流程参见图 5-73。

3) EVAP 泄漏检测——真空法 AAV。真空法检测燃油箱蒸气系统泄漏,需要在炭罐的通大气管增加切断阀,并在油箱增加压差阀。参见图 5-74。

第五章　030~049、070~079、145~169组 空燃比和排放控制

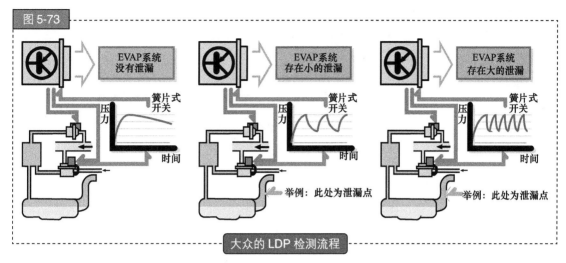

图 5-73　大众的 LDP 检测流程

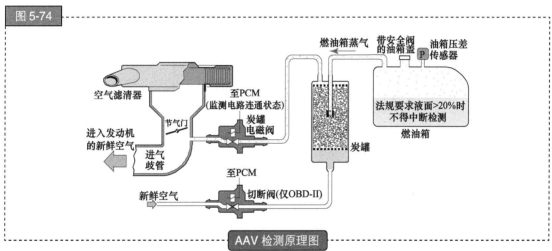

图 5-74　AAV 检测原理图

检测过程参见图 5-75。一般是需要发动机处于正常的稳态工况（怠速）下才进行主动检测。

大泄漏检测阶段：切断阀工作，将炭罐与外界空气连接切断。炭罐电磁阀工作，电流或 PWM 不断增大，在燃油箱中产生真空。通过燃油箱压差传感器检测真空度下降的速度，如果低于标定的目标值，则判断 EVAP 存在大泄漏。

小泄漏检测阶段：切断阀保持工作（切断起作用），炭罐电磁阀关闭。如果 EVAP 不存在泄漏，燃油箱压力上升较慢；如果通过燃油箱压差传感器检测到燃油箱压力上升超过目标值，判断为 EVAP 存在小泄漏。

4. EVAP 流量检测原理

诊断程序周期性地执行检测。发动机控制单元以定义的时间间隔，打开和

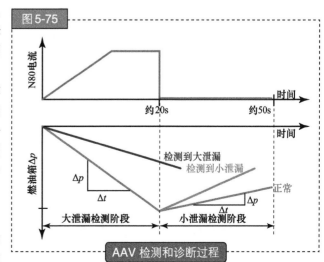

图 5-75　AAV 检测和诊断过程

关闭活性 N80。进气歧管压力传感器记录采用该方法"调节的"进气歧管压力,并把该压力值传送至发动机控制单元,由发动机控制单元对该压力值进行比较和评价,参见图 5-76。

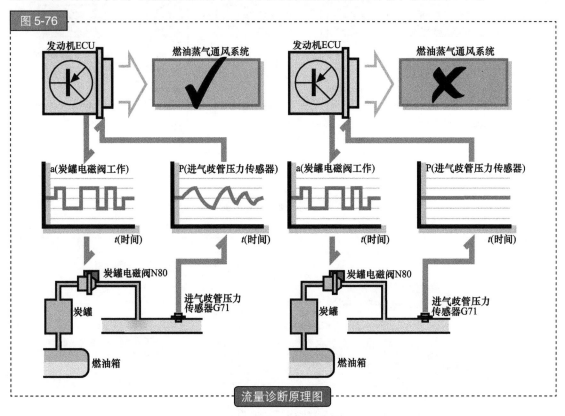

图 5-76

三 EVAP相关故障码

相关故障码如下。

故障码	故障码含义	诊断程序	监控策略	故障判据和阈值	启用条件的辅助参数	监测时间长度	监测频率
P0441	燃油箱通风系统流量低	检查EVAP电磁阀N80 检查油箱通风系统是否泄漏	功能检查	λ控制差值 >7% 怠速控制差值 >35%	发动机怠速 怠速转速实际值与目标值差 <100r/min 发动机起动时间 >425s 进气温度 >4.5℃ 冷却液温度 >70℃ 海拔 <2700m 闭环控制	30s	2次驾驶循环

四 故障案例

1. EVAP流量过低维修方案

此故障码涉及的可能性较多,必须仔细检查,参见图 5-77。

① 节气门积炭。当节气门积炭严重时,产生的真空度较低,可能导 EVAP 流量低。

第五章　030~049、070~079、145~169组 空燃比和排放控制

② 炭罐电磁阀 N80 卡滞。
③ 炭罐堵塞。
④ 通风管堵塞。
⑤ 燃油箱盖是否紧闭且功能正常。
⑥ 燃油箱必须清洗甚至更换。

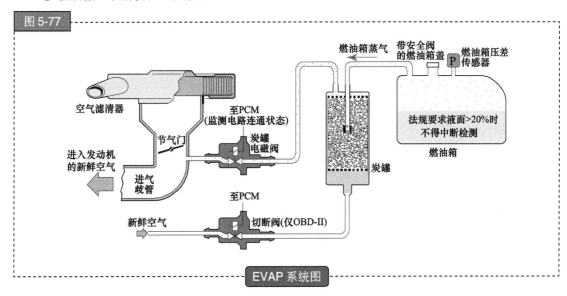

图 5-77　EVAP 系统图

2. CC由于N80关闭不严导致混合气过稀

车型：装备 CGM 发动机的 2014 款 CC 2.0TSI，VIN 为 LFV3A23C8D34xxxxx，行驶里程 700km，使用时间 2 个月。

故障现象：怠速偶尔抖动，仪表上排放灯点亮。

故障诊断：读取故障码和主要数据流。系统记忆有 P0441-EVAP 流量过低的故障码，见图 5-78。

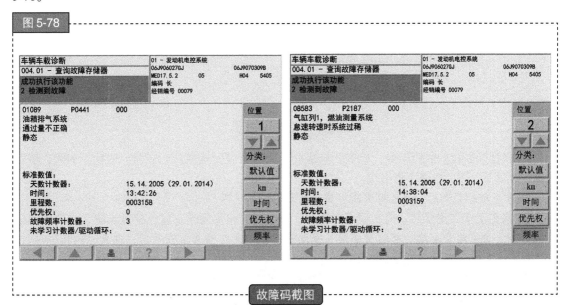

图 5-78　故障码截图

002	装备 HFM	急速	TSI	
数据项	发动机转速	发动机负荷	喷油脉宽	进气量
实际值	768r/min	12.8%	1.02ms	2.3g/s
经验值	680r/min	17%	0.51~0.75ms	2.9g/s

根据故障码和数据流可以看到：实际转速与经验差不多，但空气流量计检测到的进气量较小、发动机负荷偏低，并且有 P2187 急速时混合气偏稀的故障码，初步判断有部分未经空气流量计检测的进气进入。通过故障码 P0441，判断有可能是燃油箱蒸气通风系统导致过稀。

根据以上分析，将燃油箱蒸气的通风管堵住，002 组的数据立即正常。再进一步检查，发现 N80 炭罐阀电磁阀关闭不严导致。

故障解决：更换 N80 炭罐电磁阀。

3. 炭罐与N80连接管节流导致排放灯点亮

车型：装备 CDZ 发动机的 2011 款奥迪 A4L B8 2.0TFSI，行驶里程 33966km。

故障现象：仪表上的排放故障灯点亮。

故障诊断：

① 通过诊断仪读取故障码，见图 5-79。

图 5-79

```
004.01 - 检查事件存储器
1 是否检测到故障码？
SAE代码      P044100
症状编号：    [$00107B]
症状编号：    [4219]
文本：        EVAP排放控制系统错误
文本：        清污气流
状态：        主动/静态

环境条件：
优先权：           2              发动机转速      792.50 rpm
故障频率计数器     1              标准负荷值      13.3%
未学习计数器       255            车辆速度        0 km/h
里程表读数         33966 公里     冷却液温度      97 ℃
年                 2010           进气温度        60 ℃
月                 4              环境空气压力    980 mbar
日                 29             电压端子30       13.758 V
小时               10             动态环境数据    20 90 28
分                 47
秒                 44
```

P0441 故障码截图

② 根据诊断仪的故障引导，检查了炭罐电磁阀 N80 及其连接线，正常。更换了 N80，清除故障码，试车，当时故障不再出现。

③ 车主使用几天后，排放灯再次点亮，故障码仍是一样。

④ 检查了空气流量计、前、后氧传感器、催化器，初步判断正常。检查炭罐，没有发现较多的汽油，尝试将它更换。然后又更换了发动机控制单元。但清除故障码，急速运转几小时后，排放灯仍会点亮，故障码仍是 P0441。

⑤ 根据 P0441 故障码出现的原理，仔细检查 EVAP 管路，发现车身右下叶子板里面的炭罐到 N80 的连接管有被压瘪的现象，参见图 5-80。

第五章　030~049、070~079、145~169组 空燃比和排放控制

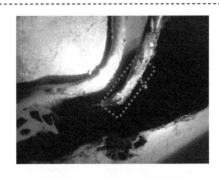

图 5-80　炭罐到 N80 的连接管被压瘪

故障排除：更换炭罐到 N80 的连接管。车主使用多天，排放灯没有点亮，故障解决。

◆ 第四节　074~076组排放控制组-废气再循环(外部EGR) ◆

一　数据流说明

第 074~076 组 EGR（废气再循环）如下。

075	带 EGR 温度传感器 G98	怠速	EGR 控制匹配	在功能 04 基本设定
数据项	发动机转速	G98 温度	EGR 温度差值	诊断结果
规定值	1400r/min	℃	℃	Syst. OK
075	带进气压力传感器 G71	怠速	EGR 控制匹配	在功能 04 基本设定
数据项	发动机转速	进气歧管压力	进气歧管压力差值	诊断结果
规定值	1400r/min	mbar	mbar	Syst. OK
075	带进气压力传感器 G71	怠速	EGR 特性匹配	在功能 04 基本设定
数据项	EGR 相位 1 和 2 差压诊断	EGR 相位 2 和 3 差压诊断	EGR 相位 1 和 3 差压诊断	诊断结果
规定值	bar	bar	bar	Syst. OK
076	带进气压力传感器 G71	怠速	EGR 控制	在功能 04 基本设定
数据项	发动机转速	进气歧管压力	开度 U/Uref	EGR 占空比
规定值	r/min	mbar	%	%
076	带进气流量计 G70	怠速	EGR 控制	在功能 04 基本设定
数据项	发动机转速	负荷	开度 U/Uref	EGR 占空比
规定值	r/min	%	%	%

现在单独装备外部 EGR 的系统较少，一般是采用 VVT 的内部 ERG 功能来实现 NO_x 排放降低。

二　相关原理说明-EGR

EGR 的作用是将一定量的废气引入到可燃混合气中，可以降低气缸内的燃烧温度、降低废气中的 NO_x 排放。ECM 根据发动机负荷和转速控制 EGR 量。

EGR控制分真空控制和电子控制，EGR诊断分EGR温度传感器、进气歧管压力传感器+EGR位置传感器两种。

1. 真空控制EGR系统

带EGR温度传感器的EGR系统（参见图5-81）可通过EGR温度传感器检测EGR电磁阀和EGR阀的工作是否正常。

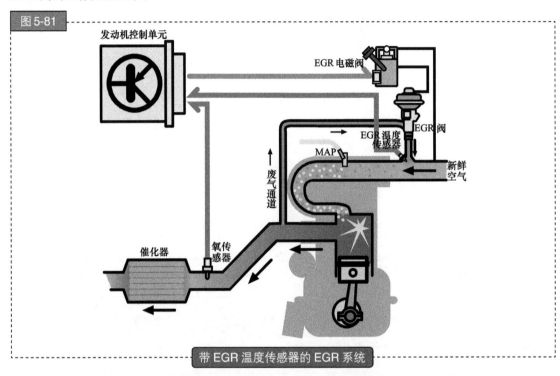

图5-81 带EGR温度传感器的EGR系统

工作过程：根据EGR电磁阀停止工作和激活时的EGR温度传感器检测到的温度差，作为判断EGR是否正常工作的依据，参见图5-82。

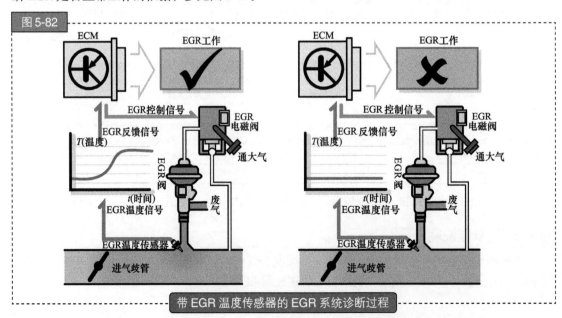

图5-82 带EGR温度传感器的EGR系统诊断过程

第五章 030~049、070~079、145~169组 空燃比和排放控制

2. 电子控制EGR

它是用EGR电磁阀N18代替EGR真空电磁阀和EGR机械阀，并增加EGR电位计检测EGR电磁阀的开度，参见图5-83。

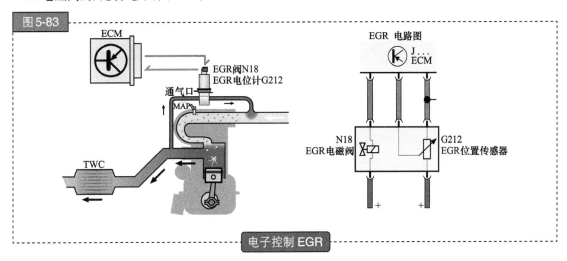

图5-83 电子控制EGR

诊断过程：在倒拖时，ECM控制EGR阀打开。由于进气歧管真空度较高，将会有较大量的废气引入进气歧管，此时MAP应检测到真空度下降（压力上升），并将此数值与目标值进行对比，判断EGR是否工作正常，参见图5-84。

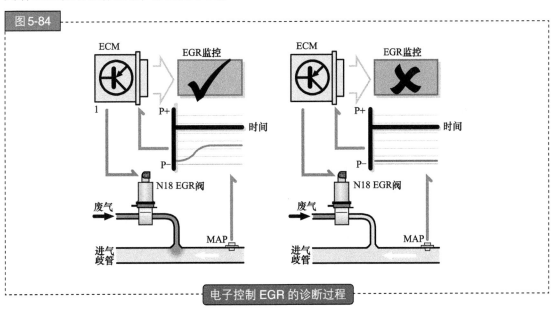

图5-84 电子控制EGR的诊断过程

◆ 第五节 077~078组 排放控制组-二次空气 ◆

一 数据流说明

第077~078组二次空气诊断-短行程数据流如下。

总监这样分析汽车数据流

077	装备阶跃式氧传感器	停车踩加速/制动	B1 二次空气诊断	在功能 04 基本设定
数据项	发动机转速	进气量	二次空气进气量	诊断结果
规定值	1400r/min	2.0~4.5g/s	%	Syst. OK
077	装备宽域式氧传感器	停车踩加速/制动	B1 二次空气诊断	在功能 04 基本设定
数据项	发动机转速	进气量	B1 相对二次空气进气量	诊断结果
规定值	1400r/min	2.0~4.5g/s	%	Syst. OK
078	装备阶跃式氧传感器	停车踩加速/制动	B2 二次空气诊断	在功能 04 基本设定
数据项	发动机转速	进气量	二次空气进气量	诊断结果
规定值	1400r/min	2.0~4.5g/s	%	Syst. OK
078	装备宽域式氧传感器	停车踩加速/制动	B2 二次空气诊断	在功能 04 基本设定
数据项	发动机转速	进气量	B2 相对二次空气进气量	诊断结果
规定值	1400r/min	2.0~4.5g/s	%	Syst. OK

主要数据流解释：

077_4 和 078_4：基本设定，可对二次空气进行诊断。

- 数值块 034/035 中的短行程必须'正常'完成
- 功能 04（基本设置）
- 用'激活'按钮启动短行程
- 同时完全踩下制动踏板和加速踏板：自动设置转速 ->'测试接通'到转速约 1400r/min - 等待直至区域 4 显示"系统正常"。
- 每次发动机起动，短行程只能运行 1 次

二 相关原理说明-二次空气喷射

发动机在低温起动后，为补偿发动机更大的转矩需求，必须对气缸充量、喷油量和点火时间进行调整，直到达到一个合适的温度限值。此阶段的主要目标是促进催化器升温到工作温度进行催化转化，以极大降低排放物。早期曾采用向催化器额外加注燃油、在催化器中增加电加热装置，但由于增加成本，现基本上已不采用。

现在基本上有两种方法：

① 延迟点火正时、采用过浓混合气，排气增加二次空气喷射。
② 更大的延迟点火正时、采用稀混合气。

以上两种方法都是延迟点火正时，用部分废气给"催化器加热"的策略，但同时也牺牲了发动机的效率。采用电子节气门的车型，通过增加进气量补偿这一损失。

奥迪在 1988 年的 AQG 和 ARS 发动机上采用的二次空气喷射系统，组合阀控制是带 N112 二次空气电磁阀的，参见图 5-85。

在 1.6L 大众速腾 BWH 发动机上的二次空气系统，取消了 N112 二次空气电磁阀，参见图 5-86。

第五章　030~049、070~079、145~169组 空燃比和排放控制

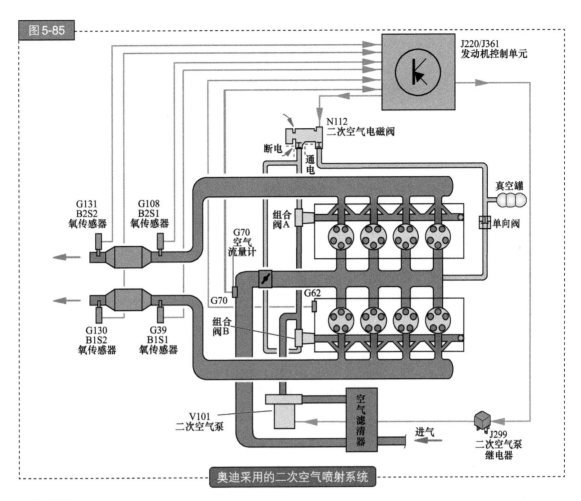

图5-85　奥迪采用的二次空气喷射系统

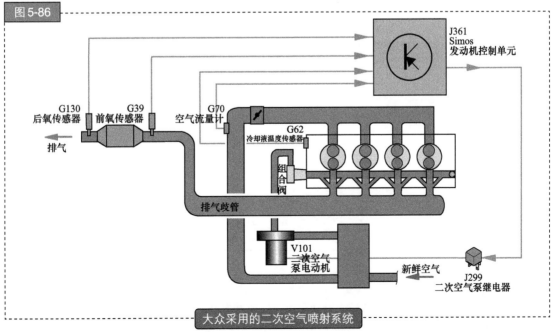

图5-86　大众采用的二次空气喷射系统

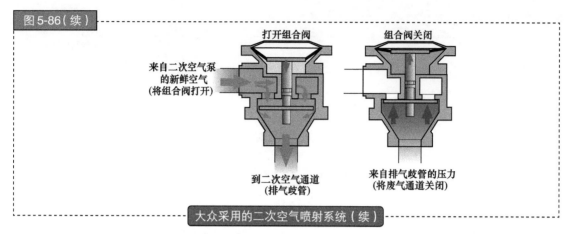

图 5-86（续） 大众采用的二次空气喷射系统（续）

二次空气泵的工作，可通过氧传感器进行精确控制。带二次空气系统的车，在冷车起动后的阶段，废气排放明显减少，参见图 5-87。

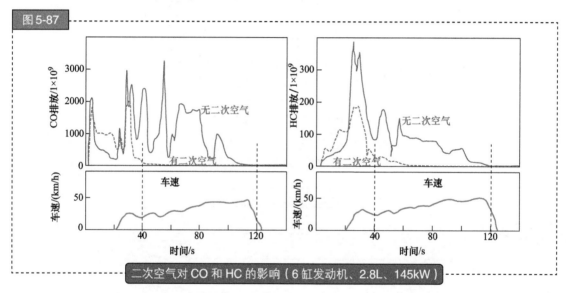

图 5-87 二次空气对 CO 和 HC 的影响（6 缸发动机、2.8L、145kW）

第六节　079组排放控制组-排气翻板

一　数据流说明

第 079 组：排气翻板控制数据流如下。

079			排气翻板	
数据项	发动机转速	发动机负荷	B1 翻板	B2 翻板
规定值	1400r/min	>13.5%	ON/OFF	ON/OFF

二　相关原理说明-排气翻板

排气翻板的打开或关闭，是 ECM 根据车速、转速和发动机负荷等参数进行控制的。

排气翻板关闭：急速、节气门开度较小时，它的作用是降低排气噪声、提高驾驶舒适性。

第五章　030~049、070~079、145~169组 空燃比和排放控制

排气翻板打开：当车速 >5km/h、发动机负荷 >50%、转速 >2500r/min，以上任一条件满足时打开。它的作用是减少排气背压、提高动力和降低油耗。

当排气翻板相关部件或控制有故障时，排气翻板控制电磁阀断电，排气翻板执行器中的弹簧将排气翻板打开，防止动力下降，参见图 5-88。

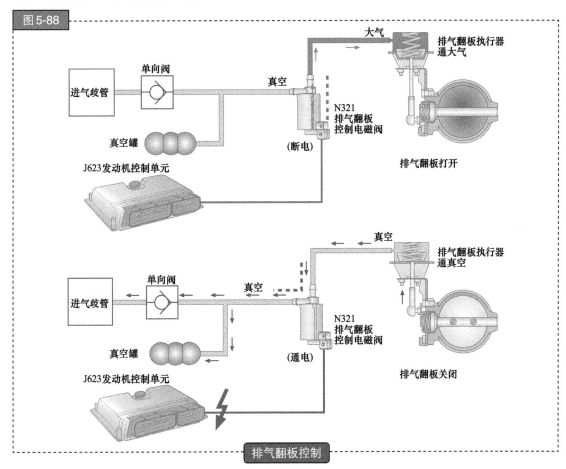

第七节　145~159组 增强型排放控制组

数据流说明

1.第145组 排气温度

数据流如下。

145		怠速	排气温度传感器	在功能 04 基本设定
数据项	B1 排气温度模型（计算值）	B1 排气温度实际值	B2 排气温度实际值	诊断结果
规定值	℃	℃	℃	正在测试 / 测试关闭 / 系统正常 / 系统错误

主要数据流解释：

当发动机采用稀薄分层充气模式或均质稀薄充气模式运行时，排气后处理必须采取必要的措施降低 NO_x 排放，参见图 5-89。

图 5-89

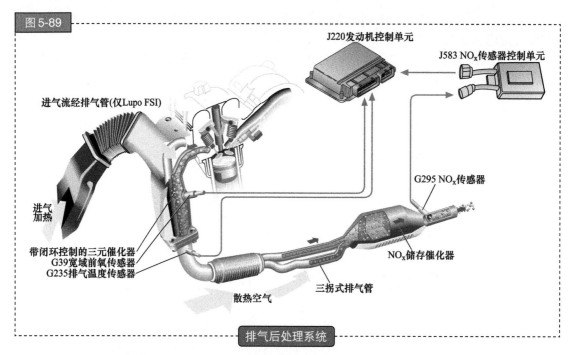

排气后处理系统

废气温度传感器被拧紧在前部催化器的下端的排气管上。它测量废气温度并它此信息传送给 ECM。它的作用是以废气温度传感器的信号为基础，ECM 计算出 NO_x 存储催化器内的温度。ECM 需要检测排气温度的原因如下：

① NO_x 存储催化器只能在 250~500℃时存储 NO_x。因此，在此温度范围内才有可能切换至分层充气模式或均质稀薄充气模式。

② 硫也被暂时地存储在 NO_x 存储催化器内。为了释放存储器凹腔中的硫，NO_x 存储催化器中的温度必须高于 650℃。

排气温度传感器的安装位置及特性参见图 5-90。

图 5-90

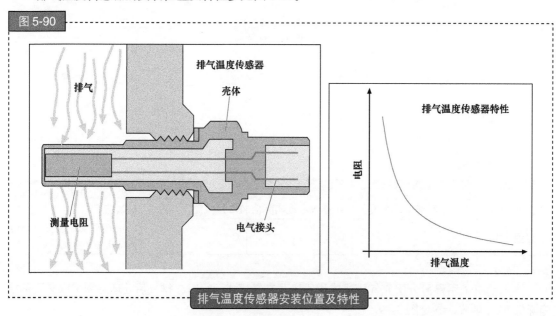

排气温度传感器安装位置及特性

第五章　030~049、070~079、145~169组 空燃比和排放控制

2. NO_x储存催化器

数据流如下。

146		怠速	B1 NO_x 储存催化器		在功能 04 基本设定
数据项	排气流量	催化器温度	储存催化系数		诊断结果
规定值	g/s	℃	%		正在测试 / 测试关闭 / 系统正常 / 系统错误
147		怠速	B2 NO_x 储存催化器		在功能 04 基本设定
数据项	排气流量	催化器温度	储存催化系数		诊断结果
规定值	g/s	℃	%		正在测试 / 测试关闭 / 系统正常 / 系统错误
148		怠速	B1 NO_x 储存催化器脱硫		在功能 04 基本设定
数据项	车速	催化器温度	硫含量		诊断结果
规定值	km/h	℃	g		正在测试 / 测试关闭 / 系统正常 / 系统错误
149		怠速	B2 NO_x 储存催化器脱硫		在功能 04 基本设定
数据项	车速	催化器温度	硫含量		诊断结果
规定值	km/h	℃	g		正在测试 / 测试关闭 / 系统正常 / 系统错误

主要数据流解释：

NOx 催化器的作用：在 $\lambda = 1$ 的均质操作模式中，NO_x 存储催化器的功能与普通 TWC 基本相同。在分层充气模式中和 $\lambda > 1$ 的均质稀薄充气模式中，TWC 不再能够转换 NO_x，必须将 NO_x 储存在 NO_x 催化器中。当 NO_x 存储催化器的空间用完后就会起动再生周期。由于硫的化学特性与 NO_x 相近也被存储在其中。NO_x 存储催化器有铂、铑和钯的涂层，和第四层钡氧化物形式的涂层，这就使得它能在稀薄充气模式中存储 NO_x。

存储过程：NO_x 被铂涂层氧化后生成 NO_2，之后 NO_2 与 BaO 反应生成 Ba。

再生过程：废气中大量存在的 CO 将 NO_x 催化器中的氮氧化物释放出去。首先，CO 使得钡硝酸盐变成钡氧化物。在此反应中，CO_2 和 N_2O 被释放。铑和钯把氮氧化物分解成氮，并使得 CO 氧化成 CO_2，参见图 5-91。

图 5-91

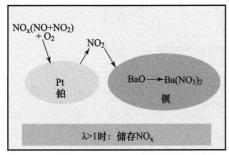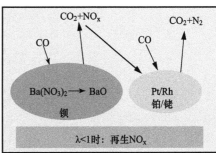

NO_x 存储催化器的储存（左图）和再生（右图）过程

3. NO_x 传感器

数据流如下。

150			怠速	NO_x 传感器	
数据项	MED 模式		催化器温度	NO_x 传感器电压	NO_x 传感器中空燃比
规定值	00000001		℃	V	V
151			怠速	NO_x 传感器加热器	
数据项	供给电压		加热器电阻功率	占空比	
规定值	V		W	%	
152			怠速	NO_x 传感器漂移	在功能 04 基本设定
数据项	空燃比实际值	NO_x 实际值		NO_x 漂移	诊断结果
规定值					正在测试 / 测试关闭 / 系统正常 / 系统错误

NO_x 传感器安装在 NO_x 存储催化器后面，用于检测废气中 NO_x 和 O_2 的残留量，并把此信号传送给 NO_x 控制单元 J583。它的结构图见图 5-92。

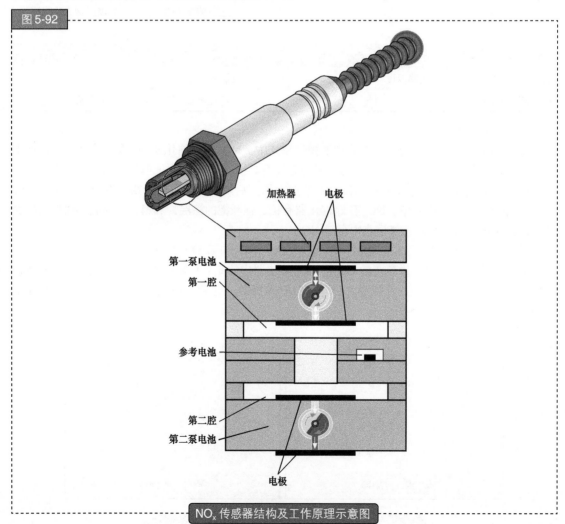

图 5-92 NO_x 传感器结构及工作原理示意图

第五章　030~049、070~079、145~169组　空燃比和排放控制

主要数据流解释：

其中，145_4、146_4、147_4、148_4、149_4、152_4：基本设置。怠速；连接诊断仪，进入功能04基本设定；激活；等待第4区显示"系统正常"。

◆ 第八节　160~169组 ULEV-SULEV排放控制组 ◆

160~169组数据流如下，它仅适用于美规达到ULEV（超低排放）、SULEV（特超低排放）的车型。

160		怠速	单缸检测/单缸控制	
数据项	1缸空燃比控制偏差	2缸空燃比控制偏差	3缸空燃比控制偏差	4缸空燃比控制偏差
规定值	%	%	%	%
161		怠速	单缸检测/单缸控制	
数据项	5缸空燃比控制偏差	6缸空燃比控制偏差	7缸空燃比控制偏差	8缸空燃比控制偏差
规定值	%	%	%	%
162		怠速	B1单缸空燃比控制	在功能04基本设定
数据项	测试缸的空燃比控制偏差	空燃比偏差目标值	空燃比偏差实际值	诊断结果
规定值	%	%	%	正在测试/测试关闭/系统正常/系统错误
163		怠速	B2单缸空燃比控制	在功能04基本设定
数据项	测试缸的空燃比控制偏差	空燃比偏差目标值	空燃比偏差实际值	诊断结果
规定值	%	%	%	正在测试/测试关闭/系统正常/系统错误
164		怠速	B1预催化器后频率控制特性	（暂未启用）
数据项				
规定值				
165		怠速	B1主催化器后连续控制特性	（暂未启用）
数据项				
规定值				
166		怠速	B1氧传感器合理性判断	在功能04基本设定
数据项	空燃比实际值	催化器后氧传感器电压	所有进气量	诊断结果
规定值		V	g/s	正在测试/测试关闭/系统正常/系统错误
167		怠速	空燃比倒拖补偿诊断	在功能04基本设定
数据项	含氧量	诊断倒拖工况计数器	稳定氧传感器校正特性值	诊断结果
规定值	%		%	正在测试/测试关闭/系统正常/系统错误

(续)

168		急速	涡轮增压排气旁通阀	在功能 04 基本设定
数据项	排气旁通阀位置传感器 1	排气旁通阀位置传感器 2		诊断结果
规定值	V	V		正在测试 / 测试关闭 / 系统正常 / 系统错误
169		急速	涡轮增压排气旁通阀	
数据项	发动机转速	发动机负荷	排气旁通阀开度	MED 模式
规定值	r/min	%	%	00000001

数据流解释：

162_4、163_4、166_4、167_4、168_4：基本设置。急速；连接诊断仪，进入功能 04 基本设定；激活；等待第 4 区显示"系统正常"。

第六章

050~069、137 组 转速控制

第一节 050、057、137组 空调压缩机控制组

一 数据流说明

1. 第050组转速提高

数据流如下。

050	怠速转速提高	怠速	空调压缩机提速	
数据项	发动机转速	目标转速	压缩机吸合请求	压缩机吸合允许
规定值	640~6800r/min	670~760r/min	A/C-High/Low	Compr.ON/OFF/Low
经验值	680r/min	700r/min	A/C-High	Compr.ON

主要数据流解释：

050_2：发动机控制单元根据各工况计算出当前最合适的发动机转速，即目标值，参见图6-1。如果发动机控制单元判断发动机能满足转矩变化，向空调控制单元发出"压缩机吸合允许"的信号，空调控制单元就可吸合压缩机。

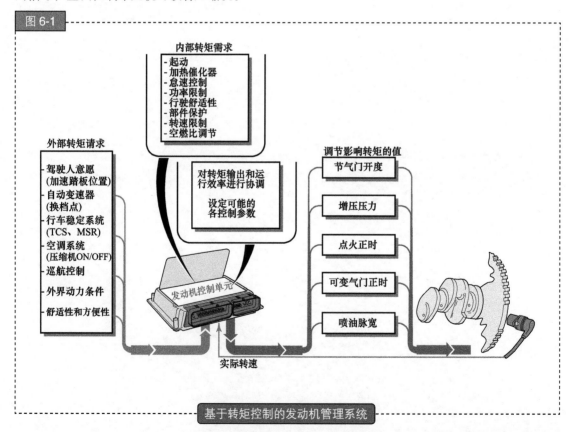

图6-1

050_3和050_4：空调控制单元在吸合压缩机前，为防止转矩波动，必须先向发动机控制单元发出"压缩机吸合请求"的信号。发动机控制单元接到此外部转矩变化的信号，增大转矩，参见图6-2。

第六章 050~069、137组 转速控制

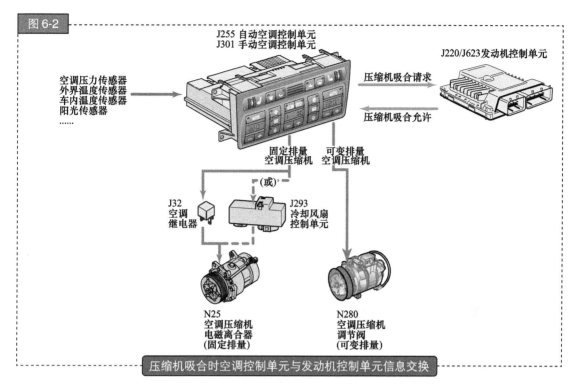

图6-2

压缩机吸合时空调控制单元与发动机控制单元信息交换

2. 第057组怠速转速控制组-空调压缩机信号

数据流如下。

057		怠速		怠速转速 - 空调压缩机	
数据项	怠速实际转速	目标转速	压缩机状态	压缩机负荷信号/空调压力	
规定值	640~2550r/min	560~1440r/min	Compr.ON/OFF/降低	0~8 N·m（%/bar）	
经验值	680r/min	680r/min	Compr.OFF Compr.ON	0 N·m 6~8N·m	

主要数据流解释：

057_4：表示空调压缩机运转时所需要的转矩需求。正常情况下，压缩机不工作时所需的转矩为0N·m，压缩机吸合时需要6~8N·m。

3. 第137组空调压缩机吸合请求

数据流如下。

137	行车		空调请求	
数据项	空调压缩机吸合请求	空调压缩机吸合	空调压力/空调开关	来自AC冷却风扇请求
规定值	AC ON/OFF	Compr.ON/OFF	4~15bar/ON-OFF	10%~90%
经验值	AC ON	Compr.ON	15bar	60%

数据流说明：

137_1：当空调控制单元需要压缩机吸合时，向发动机控制单元发出"压缩机吸合请求（AC ON）"的信号。

137_2：当发动机控制单元根据发动机现在的工况，判断不存在压缩机吸合后影响发动机工作的故障后，提高转矩，向空调控制单元发出"允许压缩机吸合（Compr. ON）"的信号。

137_3：通过空调压力传感器输出的空调高压压力，参见图6-3。

图 6-3

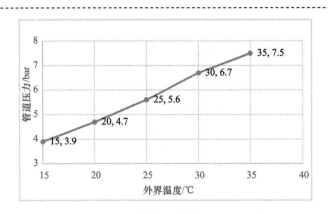

压缩机停止工作时，外界温度和管道压力的关系图

二 相关原理说明

1. 空调数据流中的"空调关闭代码"定义

如果压缩机不吸合，可以通过 08(空调)-08(数据流)-001_1 读取"空调关闭代码"进行判断。08-08-001_1 的代码含义如下：

0：空调系统正常/压缩机能正常吸合，或发动机未工作。

1：管路压力高于 32bar，关闭压缩机；空调管路压力曾经过高或现在过高。

2：鼓风机故障和供电电压小于 3V；基本设置未执行，或执行过程中出现故障。

3：管路无压力或管路压力小于 2bar，压缩机停止吸合。

4：发动机不运转或运转时间小于 2s。

5：发动机运行时间小于 4s 或未运行发动机起动检测；发动机转速低于 300r/min。

6：未按下 AC 键或已按下 ECON（经济）模式。

7：空调关闭（鼓风机开关处于 0 档）。有可能是发动机编码不正确。

EA111 和 EA113 发动机编码规则如下：

0	0	×	0	×	×	×
		配置 1		传动系	CAN 总线	变速器
		0= 标准（可变维修周期，2 个电子扇）		0= 前驱	+1=ABS	1=5MT
		3= 装备 1 个冷却风扇		1= 四驱	+2= 气囊	2=6MT
		5= 关闭可变维修周期			+4= 全自动空调	5=6AT
						7=DSG/0AM
						8=DSG/02E

例如：如果是装备两个冷却风扇、前驱、全自动空调和 7 档 DSG 的车，其编码为 77。

故障案例：一辆 2004 款 1.4L Polo，更换发动机控制单元后压缩机不吸合。发现此发动机控制单元编码为 31，将其更正为 71 后故障解决。

8：外部温度小于 3℃；外部温度曾低于 2℃，并且目前低于 5℃且处于外循环。

其他可能：如果是检修空调后压缩机不工作，出现关闭代码 8，并且数据流中的外部温度一直显示为 0℃，此时需要断电对空调控制单元进行初始化。

9：(暂时未定义)。
10：车辆电源电压低于 9.5V。
11：发动机冷却液温度高于 118℃。
12：来自其他控制单元发出的请求压缩机切断信号。
可能原因一：发动机控制单元向空调控制单元发出压缩机断开的信号。需要检查：发动机控制单元编码错误；发动机存在影响转矩的故障，需要先对发动机进行维修；发动机控制单元程序有瑕疵，需要升级；如果是对空调进行维修或更换发动机部件后出现的故障，断电后行驶一段时间；如果轻踩加速踏板压缩机断开，原因有可能是发动机动力不足，需要对发动机进行维修。
可能原因二：J217 自动变速器强制降档信号 kick-down。当 J217 根据行驶工况需要进行强制降档时，会向空调控制单元输出一个强制降档信号，让压缩机切断约 10s。
13：车内电压 KL.15 大于 17.0V；空调压力/温度传感器 G395 信号故障。
14：蒸发器温度太低，结冰；数据总线故障。
15：车辆编码错误或无编码；在此次驾驶循环中，制动剂管路压力至少有 30 次过高。
16：空调控制电磁阀 N280 断路或短路；蒸发器出口温度低于 0℃至少 1min。
故障案例：迈腾的 N280 空调控制电磁阀与 V50 冷却液循环泵插接件接反，导致压缩机不吸合。
17：压力传感器信号不稳或无信号；蒸发器出口温度低于 5℃。
18：外界温度信号不合理，可能是 G17 外界温度传感器和/或 G89 新鲜空气进气温度传感器有故障。
19：辅助加热功能打开。
20：(暂时未定义)。
21：外界温度曾低于 –8℃并且目前仍低于 –5℃，没有自动空气循环模式；或者外部温度曾低于 2℃，并且目前低于 5℃。
22：驾驶舱内温度低于 8℃、外界温度曾低于 –8℃目前仍低于 –5℃，并处于内循环模式。
23：冷却风扇故障。

2. 电控可变排量压缩机原理简介

随着技术的发展，空调制冷压缩机由纯机械压缩机外部控制发展到机械可变排量内部控制，经过进一步发展成为电控可变排量压缩机。其优点是适应性更广，只要更改控制程序便可适应多种车型，并可实现排量从无到有的无级调节，更节油且无冲击。

电控可变排量压缩机工作原理与机械变排量压缩机是相似的，不同之处在于电控式的控制阀具有一个电磁单元，把操纵和显示单元从蒸发器出风温度传感器获得的信号作为输入信息，从而对压缩机的功率进行无级调节。控制阀由机械元件和电磁单元组成，参见图 6-4。

机械元件按照低压侧的压力关系借助一个位于控制阀低压区的压力敏感元件来影响调节。电磁单元由操纵和显示单元通过 500Hz 的通断频率进行控制，见图 6-5。电控式在无电流的状态下，阀门开启，高压腔和压缩机曲轴箱相通，高压腔的压力和曲轴箱的压力达到平衡。全负荷时，阀门关闭，曲轴箱和高压腔之间的通道被隔断，曲轴箱的压力下降，斜盘的倾斜角度加大直至达到 100% 的排量；关掉空调或所需的制冷量较低时，阀门开启，曲轴箱和高压腔之间的通道被打开，斜盘的倾斜角度减小直至低于 2% 的排量。当系统的低压较高时，真空膜盒被压缩，阀门挺杆被松开，继续向下移动，使得高压腔和曲轴箱进一步被隔离，从而使压缩机达到 100% 的排量；当系统的吸气压力特别低时，压力元件被释放，使挺杆的调节行程受到限制，这就意味着高压腔和曲轴箱不再能完全被隔断，从而使压缩机的排量变小，参见图6-6。

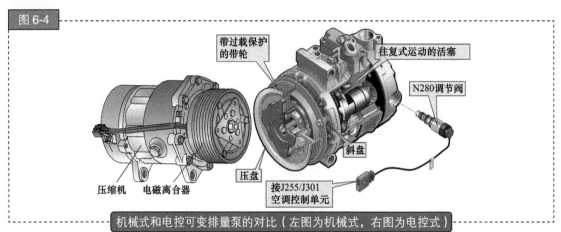

图6-4 机械式和电控可变排量泵的对比（左图为机械式，右图为电控式）

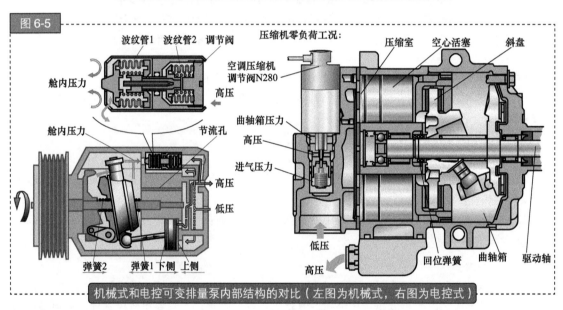

图6-5 机械式和电控可变排量泵内部结构的对比（左图为机械式，右图为电控式）

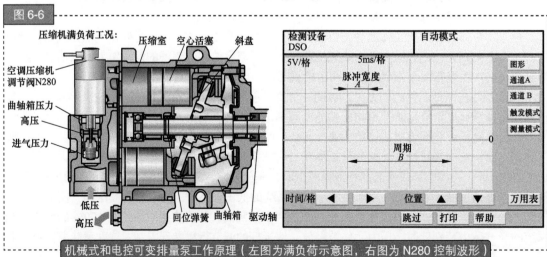

图6-6 机械式和电控可变排量泵工作原理（左图为满负荷示意图，右图为N280控制波形）

三、故障案例

1. 空调继电器故障导致压缩机不吸合

车型：装备 CDE 1.6 发动机、手动变速器、手动空调的 2009 款上汽大众朗逸，行驶里程 1169km。

故障现象：室外温度 30℃，空调不制冷。

初步诊断：按下 A/C 开关后，A/C 指示灯点亮，但压缩机不吸合，出风口为自然风。由于此车装备手动空调，不能通过空调控制单元的 001_1 "空调压缩机关闭代码"进行诊断。用诊断仪对全车控制单元进行扫描，没有任何故障码。读取发动机控制单元的 137_3 空调压力为 7bar，与用空调压力表检测的数据一致，说明制冷剂正常。

数据流分析：读取发动机控制单元的 050 组数据，见图 6-7。

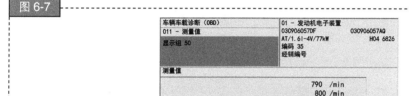

图 6-7 故障车的发动机控制单元 050 组数据

050_3 "空调高档"表示空调控制单元接收到各传感器信号，判断此时需要压缩机吸合，向发动机控制单元发出"压缩机吸合请求"的信号，可以判断与空调控制单元连接的传感器信号正常。050_4 "压缩机开"表示发动机控制单元判断压缩机吸合不会导致功率严重下降而熄火，因此已增大转矩，并向压缩机控制单元发出"允许压缩机吸合"的信号。

根据图 6-2 可知，故障点应在空调控制单元、空调控制单元与压缩机连接的线路或继电器。

图 6-8 朗逸空调继电器位置图

1. J32 空调器继电器(126 继电器)
2. J19 起动继电器(643 继电器)
3. J271 发动机供电继电器(643 继电器)
4. J17 燃油泵继电器(449 继电器)
5. J59 X 触点卸载继电器

故障排除：找到空调压缩机继电器后（参见图 6-8），手摸非常热。更换继电器后压缩机正常吸合，恢复制冷。判断为空调继电器故障。

2. 空调压缩机不吸合的数据流分析方法

车型：装备电控可变排量压缩机的 2010 款速腾。

故障现象：客户抱怨车子在天热的时候空调不够冷，有时冷起动 10min 钟后仍无冷风吹出。

初步诊断：用诊断仪对全车控制单元进行扫描，没有任何故障码。

数据流分析：通过诊断仪采集发动机和空调的相关数据。

发动机相关数据流：

050		急速	急速转速调节 - 空调提速	
数据项	发动机转速	目标转速	压缩机吸合请求	压缩机吸合允许
实际值	700r/min	700r/min	A/C-High	Compr.ON
经验值	680r/min	680r/min	A/C-High	Compr.ON
057		急速	AC 压力/扭矩，急速稳定/提速	
数据项	发动机转速	目标转速	压缩机状态	压缩机负荷信号
实际值	700r/min	700r/min	Compr.ON	2~3N·m
经验值	680r/min	680r/min	Compr.ON	6~8N·m
137		行车	空调请求	
数据项	空调压缩机吸合请求	空调压缩机吸合	空调压力	来自 AC 冷却风扇请求
实际值	AC ON	Compr.ON	12bar	60%
经验值	AC ON	Compr.ON	15bar	60%

空调相关数据流：

002		压缩机控制		
数据项	N280 实际电流	N280 目标电流	发动机转速	压缩机负荷信号
实际值	0.790 A	0.790 A	700r/min	2~3N·m
经验值	0.790 A	0.790 A	680r/min	6~8N·m
006		车内温度控制		
数据项	蒸发器后的温度	车内温度	左侧光照强度	右侧光照强度
实际值	12℃	30℃	—	—
经验值	2℃	24℃	—	—

数据流分析：

① 数据流中主要不合理的问题：蒸发器温度偏高，并且压缩机需要转矩偏低。

② 发动机的 050 组说明空调控制单元已向压缩机发出制冷的指令。

③ 压缩机最大制冷时需要 0.8A 左右的工作电流，并且随着室内温度逐渐下降，空调控制单元会逐渐减小压缩机电流，从而降低输出功率。

④ 此时蒸发器温度为 12℃，而压缩机电流已调节到最大值。此时可分析出，空调控制单元判断制冷功率不足（蒸发器温度过高），因此加大功率输出制冷；但压缩机所需发动机转矩仅为 2~3 N·m，比经验值低。也就是说，空调控制单元要压缩机 100% 满负荷工作，但压缩机实际只需 50% 转矩就已达到满负荷（运转压缩机）。

综合上述：压缩机电磁阀 N280 或压缩机内活塞等机构有故障，导致压缩机输出功率不足，空调不够冷。

第六章　050~069、137组 转速控制

解决方案：因为无单独的 N280 供货，所以更换压缩机总成。

更换压缩机后主要的数据如下：

	发动机 137_3	空调 002_1	空调 002_4	空调 006_1
数据项	空调压力	N280 实际电流	压缩机负荷信号	蒸发器后的温度
实际值	15bar	0.8A	6~7N·m	3℃

对比维修前后数值可以发现，压缩机工作电流基本一样，但压缩机转矩提升了 2~3 倍，而蒸发器温度降低至 3℃，系统压力提升了 3bar。故障排除。

3. 行车1h左右后空调出风口没有风吹出

车型：装备电控可变排量压缩机的 2010 款速腾。

故障现象：速腾车行驶约 1h 后开空调出风口不出风，关闭空调十几分钟后又可恢复。

初步诊断：用诊断仪对全车控制单元进行扫描，没有任何故障码。

数据流分析：发生故障时读取相关数据流。

发动机相关数据流：

050		怠速	怠速转速调节 - 空调提速	
数据项	发动机转速	目标转速	压缩机吸合请求	压缩机吸合允许
实际值	700r/min	700r/min	A/C-High	Compr.ON
经验值	680r/min	680r/min	A/C-High	Compr.ON

空调相关数据流：

002		压缩机控制		
数据项	N280 实际电流	N280 目标电流	发动机转速	压缩机负荷信号
实际值	0.80 A	0.80 A	700r/min	8Nm
经验值	0.80 A	0.80 A	680r/min	6~8Nm

006		车内温度控制		
数据项	蒸发器后的温度	车内温度	左侧光照强度	右侧光照强度
实际值	10℃	16℃	—	—
经验值	2℃	24℃	—	—

从发动机的 050 组可看到，空调控制单元接收到正常的信号，并向压缩机发出吸合的指令。此时出风口的风量变小，但根据鼓风机的声音可以判断此鼓风机正常，应该是发生冰堵。通过数据流可以发现，蒸发器温度一直在 10℃左右。蒸发器或出风口温度高，空调控制单元会增加制冷功率来降低温度。而大多数车辆正常的工作温度都会在 5℃左右，此车偏高，说明此车识别到制冷功率长期不足，所以加大了制冷功率，导致长时间行驶中蒸发器结冰不出风。

解决方案：更换蒸发器温度传感器测试，系统正常。故障排除。

其他说明：大众车出现蒸发器结冰的可能原因分析。

1）蒸发器温度传感器。

① 传感器检测有误，可能出现蒸发器已结冰，但传感器发给空调控制单元的信号是 2℃或以上。检测方案：将传感器放置在冰水混合物中，通过数据流读取其温度，正常应是 0℃。

② 通过配件电子目录查其零件号是否有更新。例如 1K0 907 543 A 应改为 1K0 907 543 F。

2）蒸发器温度传感器与蒸发器接触不良。

解决方案:

① 将蒸发器温度传感器胶皮剥下,直接与蒸发器表面接触。

② 用铁丝缠绕蒸发器温度传感器的感温部分,使其充分与蒸发器接触。

3) 建议客户,为省油和提高动力,将空调温度调到最冷后回调一点。按《车主手册》中的说明"如选择的温度值低于 +16℃,显示屏将显示字母 LO,这种情况下系统将以最大制冷功率运转,而不能自动调节车内温度。"

4) 适当减少制冷剂加注量。例如原厂要求是(525±25)g,改为 450g。缺点:有可能车主反映制冷不足。

5) 原车设计不合理。有可能进风流经蒸发器温度传感器尾部,导致其检测不准确。

4. 踩下加速踏板时空调不制冷

车型:装备电控可变排量压缩机的 2008 款开迪,手动空调,已行驶接近 20 万 km。

故障现象:车主反映只要加速踏板踩得急些,出风口就出热风。

初步诊断:急速和匀速行驶时,空调制冷正常;故障现象如车主所说。用诊断仪对全车控制单元进行扫描,没有任何故障码。由于是手动空调,不能通过空调控制单元读取"空调压缩机关闭代码"进行诊断。

数据流分析:采集发动机相关数据流,参见图 6-9。

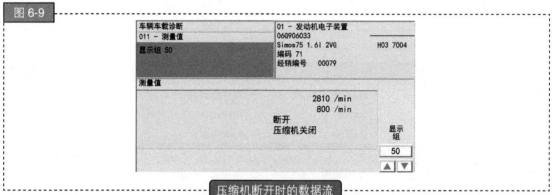

图 6-9 压缩机断开时的数据流

002	带 MAP,歧管喷射		急速	
数据项	发动机转速	发动机负荷	喷油脉宽	进气压力
实际值	990r/min	26.3%	5.2ms	459mbar
经验值	740r/min	18%	3ms	350mbar
050		急速	急速转速调节 - 空调提速	
数据项	发动机转速	目标转速	压缩机吸合请求	压缩机吸合允许
实际值	830r/min	800r/min	A/C-High	459mbar
经验值	740r/min	740r/min	A/C-High	350mbar

从 002_2 可以看到,急速时发动机负荷已很大。此车已做常规保养和检查、更换汽油泵等,可以判定为发动机内部磨损过大,导致发动机动力不足。在轻踩下加速踏板时,如果压缩机仍吸合会阻碍发动机快速提速,因此此时发动机控制单元切断压缩机,让转速上升后再吸合。

解决方案:大修发动机。

第六章　050~069、137组 转速控制

5. 空调压力传感器故障导致电子风扇长转

故障现象：发动机起动后电子风扇一直高速转动。
车型：装备 CIF 发动机的 2006 款捷达。
故障诊断：
① 读取发动机故障码，正常。
② 读取相关数据。

001	L 型发动机		怠速	
数据项	发动机转速	冷却液温度	TWC 前氧修正值	基本设定所需的工况
实际值	760r/min	96.0℃	3.1%	10111111
经验值	740r/min	84~94.5℃	-10.0%~10.0%	11111111
137		行车	空调请求	
数据项	空调压缩机吸合请求	空调压缩机吸合	空调压力/空调开关	来自 AC 冷却风扇请求
实际值	断开	断开	40bar	0%
经验值	AC ON	Compr.ON	3bar	0.0%

可以看到，冷却液温度正常。但在没有开空调的情况下，空调压力达 40bar 最大值。
解决方案：更换空调压力传感器 G65。故障排除。
原因分析：

捷达电子风扇的控制方法较复杂，参见图 6-10。低速时由 F18 双温开关直接控制，并将低速信号发送给 J293 电子风扇控制单元。当 J361 发动机控制单元接收到 F18 的高温信号，或 G65 的空调管道高压信号后，控制 J293 的 T10W/6 脚接地，并通过 T10W/8 向 J293 发送电子风扇高转速的信号，J293 根据此信号控制 V7 高速运转。

因此，当 G65 发生故障而产生错误的高压信号时，电子风扇会长转，实行故障保护。

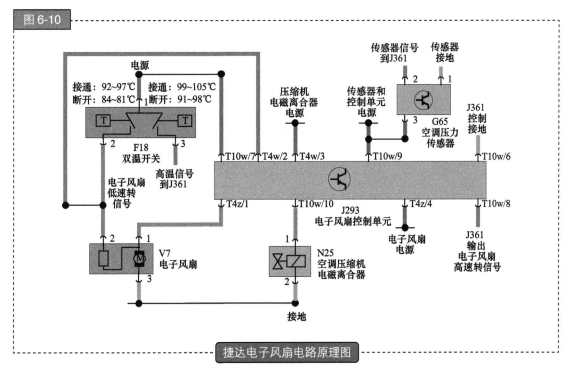

图 6-10　捷达电子风扇电路原理图

第二节　050~059组 急速转速控制

一　数据流说明

1. 第050组 转速提高

数据流如下。

050	急速转速提高	急速	空调压缩机提速	
数据项	发动机转速	目标转速	压缩机吸合请求	压缩机吸合允许
规定值	640~6800r/min	670~760r/min	A/C-High/Low	Compr.ON/OFF/Low
经验值	680r/min	700r/min	A/C-High	Compr.ON

急速控制组的 050~059_1：数据流显示最高转速为 2550r/min，实际转速超过 2550r/min 也只显示 2550r/min。

050_2、051_2、052_2、053_2、056_2、057_2：急速目标转速最高显示为 1440r/min。

2. 第051组 档位

数据流如下。

051	急速转速调节	急速	档位和电压	
数据项	发动机转速	目标转速	档位	实际电压
规定值	640~6800r/min	670~760r/min	P/N=0, 档 1~6,R=7	12~15V
经验值	680r/min	700r/min	0	>13.5V

051_3：档位信息。

对装备自动变速器/DSG的车型：0为P位或N位，7为R（倒档），1~6表示所挂的档位。如果档位大于6档，显示为"6"。

对装备手动变速器的车型，通过车速与转速的对应关系，计算出档位。

3. 第052~054组 转速提高

数据流如下。

052		急速	急速转速 - 压缩机和车窗加热	
数据项	急速实际转速	目标转速	空调请求	前后挡风玻璃加热
规定值	640~2550r/min	560~1440r/min	A/C-High/Low	ON/OFF
经验值	680r/min	700r/min	A/C Low	OFF
053		急速	急速转速 - 发电机负荷	
数据项	急速实际转速	目标转速	蓄电池电压	发电机负荷
规定值	640~2550r/min	560~1440r/min	11.5~15.0 V	0%~100%（或 N·m）
经验值	680r/min	700r/min	>13.5V	35%~40%
054		急速	急速阀和电子节气门	
数据项	急速实际转速	行车工况	加速踏板 1-G79	节气门开度（G187）
规定值	640~2550r/min	LL/TL/VL/SA/BA	12%~97%	0.2%~4.0%
经验值	680r/min	LL	14.5%	2.8%

第六章 050~069、137组 转速控制

052_4：大用电器状态，包括前、后窗玻璃加热，鼓风机，座椅加热等。

054_2：行车工况。LL-怠速、TL-部分负荷、VL-全负荷、SA-倒拖/断油滑行、BA-加速加浓。

4. 第055、056组 怠速进气控制

数据流如下。

055		怠速	怠速学习值/长期修正	
数据项	怠速实际转速	怠速瞬时修正值	怠速转矩损失自学习值	工况
规定值	640~2550r/min	-4‰~12.2‰	AC OFF：-3‰~3‰ AC ON：-6‰~6‰	xxxxx
经验值	680r/min	-1‰~1‰	-1‰~1‰	0
056		怠速		怠速修正值/瞬时修正
数据项	怠速实际转速	目标转速	怠速转矩变化	工况
规定值	640~2550r/min	560~1440r/min	-4‰~12.2‰	xxxxx
经验值	680r/min	680r/min	-1‰~1‰	0

						第 055、056、061组 第 4 区
1	2	3	4	5	6	含义
					1	空调压缩机接合允许
				1		已入行驶档
			1			空调压缩机接合请求
		1				后窗玻璃加热/除霜开启
	1					动力转向在止点（最大转向）位置、正在转向状态
1						风窗玻璃加热开启

1=开 0=关

主要数据流解释：

055_3：根据当前发动机工况进行的长期修正。新的发动机，由于内阻较大，可能为正值；使用时间较长的发动机，可能为负值。

055_4 第2位：转向助力开关状态位，其控制方式参见图6-11。

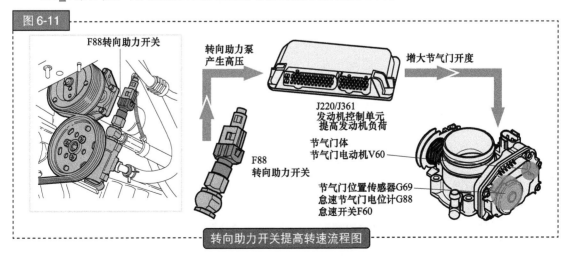

图6-11

转向助力开关提高转速流程图

5. 第057组 怠速进气控制-压缩机压力信号

数据流如下。

057		怠速		AC 压力/扭矩，怠速稳定/提速	
数据项	发动机转速	目标转速	压缩机状态	压缩机负荷信号
规定值	640~6800r/min	670~760r/min	Compr.ON/OFF	0~8 N·m
经验值	680r/min	700r/min	Compr.OFF Compr.ON	0 N·m 6~8N·m

057_4：空调压缩机吸合时的转矩需求信号。部分发动机管理系统显示可变排量压缩机电磁阀 N280 的占空比信号。

6. 第058组 怠速进气控制-电液控制发动机和变速器

数据流如下。

058	电控液压发动机悬置			空调 006_1
数据项	发动机转速	发动机负荷	发动机右悬置	发动机左悬置
规定值	600~6600r/min	>13.5%	ON/OFF	ON/OFF
	电控液压发动机和变速器悬置			
数据项	发动机转速	发动机负荷	发动机悬置 1/2	变速器悬置 1/2
规定值	600~6600r/min	>13.5%	ON/OFF	ON/OFF

主要数据流解释：

为了将发动机的振动传递到车身，部分车型装备了电控液压发动机悬置。

二 相关原理说明

1. 怠速工况

在怠速时，发动机不需要转矩输出，燃烧过程产生的能量被用来维持发动机本身的运转和驱动附属设备。在这种工况下，维持运转所需要的转矩和怠速转速一起决定了油耗。闭环怠速控制能保证在设定的怠速状态下稳定、可靠地工作。这些变化则可能是由于多种因素，诸如电气系统、空调压缩机、自动变速器齿轮啮合、助力转向等引起的电流波动等而导致的，参见图 6-12。

2. 电控液压发动机悬置和变速器

为了减少发动机的振动传递到车身，部分车型装备了电控液压发动机悬置，参见图 6-13。

低转速时，发动机产生高频微振，压力作用到悬置上腔的液压油上，压力的大小与发动机的摆动成比例。电磁阀打开，发动机的微振并不能将液压油通过液压油通道压出，因此压力就作用到橡胶膜片上，橡胶膜片变形后将空气从打开的气道中挤出，参见图 6-14 左。

在行驶工况转速较高时，发动机产生的摆动时大时小，且都是低频摆动，这两种运动相互叠加。电磁阀关闭，于是橡胶膜片下的空气无法逸出，就会形成一个气垫。该气垫在悬置内对液压油形成了巨大的阻力。这时液压油就可以通过液压油通道压入下腔内。于是橡胶套产生变形，从而可吸收发动机产生的较大的摆动，发动机产生的较小的摆动仍由橡胶膜片来吸收，参见图 6-14 右。

第六章 050~069、137组 转速控制

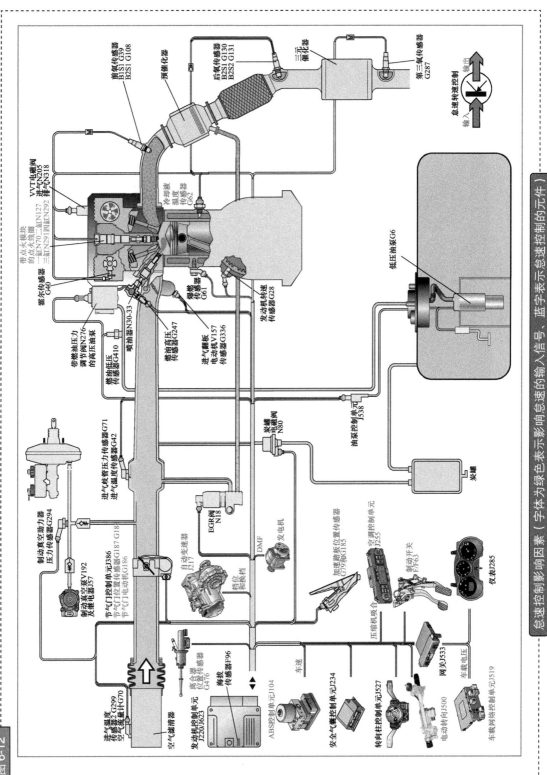

图 6-12 怠速控制影响因素（字体为绿色表示影响怠速的输入信号、蓝字表示怠速控制的元件）

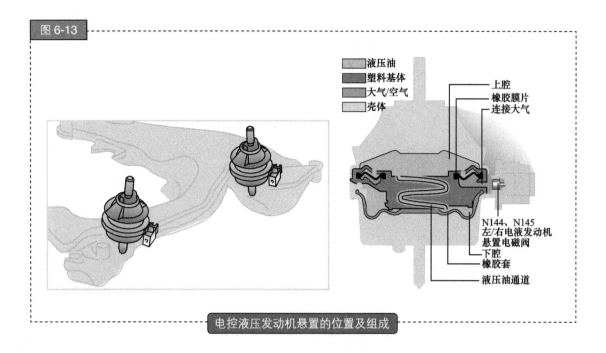

图6-13 电控液压发动机悬置的位置及组成

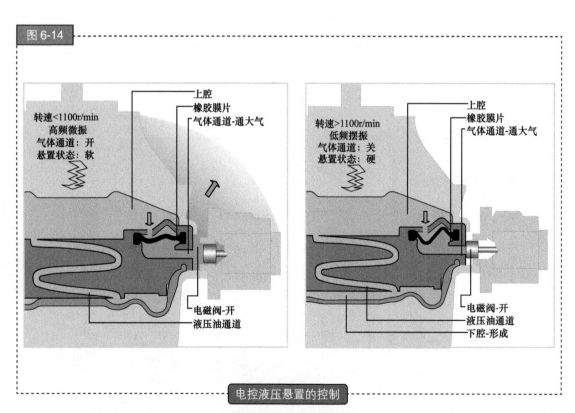

图6-14 电控液压悬置的控制

发动机和变速器控制单元,主要是根据车速和发动机转速控制悬置的软硬,参见图6-15。

第六章 050~069、137组 转速控制

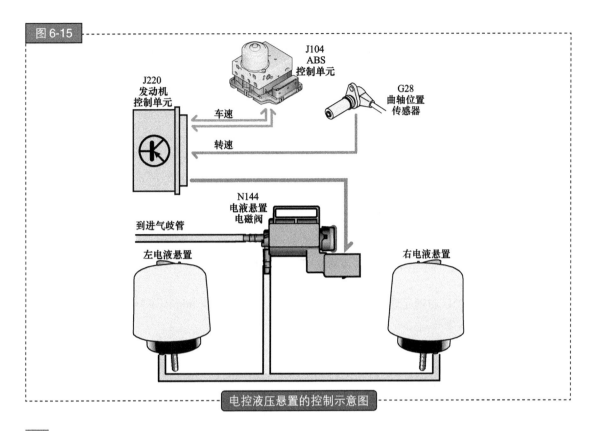

图 6-15 电控液压悬置的控制示意图

三、故障案例

1. 新宝来由于动力转向开关故障导致熄火

车型：装备 BWH 发动机的 2003 款新宝来 1.6，VIN 为 LFV2A21J4630xxxxx，行驶里程 12 万 km，使用时间 10 年。

故障现象：急速偶尔抖动。行驶一段时间后 EPC 灯点亮，此时加速不良，并且容易熄火。

故障诊断：

① 读取故障码，参见图 6-16。故障码 17796/P1388 的确切含义是：发动机控制单元对 DBW（节气门体）监控出现不合理的故障。

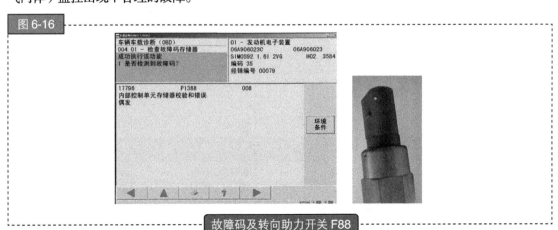

图 6-16 故障码及转向助力开关 F88

② 读取相关故障数据流如下。

055	怠速转速调节	怠速，快速转向	怠速瞬时修正和自学习	SIMOS92
数据项	发动机转速	怠速瞬时修正值	怠速长期自学习值	工况
实际值	730r/min	−2N·m	0N·m	000000
经验值	750r/min	−10~10N·m	−10~10N·m	010000

正常情况下，快速转动转向盘或将转向盘转到极限位置时，005_4 第 2 位会显示 1，但此车在多次快速转向时，有时显示 1，有时显示 0，并且怠速波动较大、EPC 灯点亮。判断为 F88 转向助力开关信号不稳定导致。

故障排除：更换 F88 转向助力开关。

2. DFM 线断路导致发动机转速偏高

车型：装备 BYJ 发动机的 2009 款迈腾 1.8TSI，VIN 为 LFV3A23C993xxxxx，行驶里程 6 万 km，使用时间 3 年。

故障现象：起动后怠速正常，但几分钟后转速上升到约 960r/min 不下降。重新起动后，怠速转速仍是先正常后偏高。

故障诊断：

① 读取故障码，所有系统没有故障记忆。

② 读取相关数据流如下。

001	L 型发动机	怠速		
数据项	发动机转速	冷却液温度	TWC 前氧修正值	基本设定所需的工况
实际值	960r/min	97.0℃	−2.7%	10111111
经验值	740r/min	84~94.5℃	−10.0%~10.0%	11111111
002	装备 HFM	怠速	TSI	
数据项	发动机转速	发动机负荷	喷油脉宽	进气量
实际值	960r/min	19.8%	1.4ms	3.3g/s
经验值	740r/min	17%	1.0~1.5ms	2.9g/s
003	装备 HFM	怠速		
数据项	发动机转速	进气量	节气门开度（G187）	点火提前角
实际值	960r/min	3.3g/s	4.10%	1.5° ATDC
经验值	740r/min	2.9g/s	0.2%~4.0%	3°~6° BTDC
004		怠速		
数据项	发动机转速	供给 ECU 电压	冷却液温度	进气温度
实际值	960r/min	13.9V	97.0℃	64.0℃
经验值	740r/min	>13.5V	>80℃	>外界温度
053	怠速转速调节	怠速	发电机负荷	
数据项	发动机转速	目标转速	蓄电池电压	发电机负荷
实际值	960r/min	960r/min	13.9V	82.40%
经验值	740r/min	700r/min	14V	35%~40%

第六章　050~069、137组 转速控制

③ 发现负荷、进气量、节气门开度都偏大。根据053_1实际转速与053_2目标转速一致，说明发动机控制单元判断需要提高转速。053_4发电机负荷高于正常值，初步判断故障点在DFM信号线。

④ 测量发电机与发动机控制单元J623的DMF连接线，其电阻为无穷大，说明DFM线断路，参见图6-17。

故障解决：修复DFM线束。

3. 发电机电压调节器故障导致仪表停止工作

车型：装备CEA发动机的2012款迈腾B7L 1.8TSI，VIN为LFV3A23CXB30xxxxx，行驶里程100km，新车。

故障现象：急速时工作正常，转速超过3000r/min后仪表不工作—仪表黑屏、所有指针回零位。

故障诊断：

① 读取车辆故障码列表，包括发动机和仪表在内的所有系统正常。

② 检查仪表电源线和接地线（参见图6-18），正常；更换仪表后，故障未能解决。

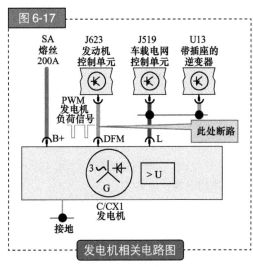

图6-17　发电机相关电路图

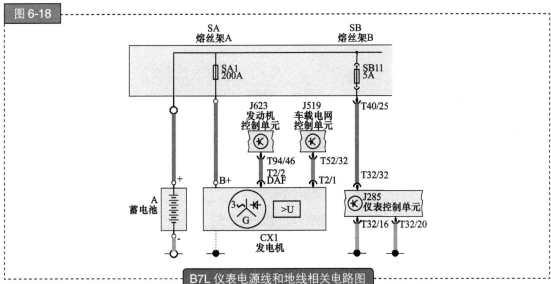

图6-18　B7L仪表电源线和地线相关电路图

③ 考虑到此车是转速超过3000r/min才出现故障，连接诊断仪，踩下加速踏板直到发动机转速达到3000r/min，读取各控制单元状态及数据流，暂时未发现故障。但读取发动机控制单元数据流时，发现随着转速的提高，发电机电压也提高，甚至超过16V。初步判断是发电机输出电压过高导致。

数据流如下。

053		急速	急速转速-发电机负荷	
数据项	实际转速	目标转速	蓄电池电压	发电机负荷
实际值	760r/min	760r/min	14.194 V	47.5%
经验值	760r/min	760r/min	13~15V	35%~40%

（续）

数据项	实际转速	停车踩下加速踏板	实际转速 2600r/min	
		目标转速	蓄电池电压	发电机负荷
实际值	2550r/min	1410r/min	15.510V	19.6%
经验值	2550r/min	1410r/min	13~15V	35%~40%
数据项	实际转速	停车，踩下加速踏板	实际转速 >3000r/min	
		目标转速	蓄电池电压	发电机负荷
实际值	2550r/min	1410r/min	16.638V	23.1%
经验值	2550r/min	1410r/min	13~15V	35%~40%

故障排除：更换发电机。试车，发电机最高电压为 16V，说明故障与蓄电池无关。

4. 全新帕萨特/途观怠速转速过高

车型：2015 款全新帕萨特和途观。

故障现象：车辆怠速高，达到 1200~1600r/min。ECM 可能记忆故障码"01287 P0507 怠速控制转速超出规定值偶发"。

解决方案：更换新状态的电子节气门，零件号仍为 06F 133 062 AB，新状态零件在壳体位置有蓝色打点标识，见图 6-19。

受影响的车型：全新帕萨特 1.8T 底盘号 LSVCT6A41EN088394 之前、全新帕萨特 2.0T 底盘号 LSVCU6A40EN088979 之前、途观底盘号 LSVXU25N4E2079041 之前。

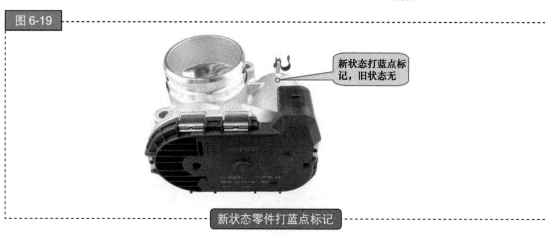

图 6-19　新状态零件打蓝点标记

第三节　060~069组　电子节气门控制

一　数据流说明

1. 第060组　节气门匹配

数据流如下。

060	装备 ESB	停机 / 打开点火开关	电子节气门匹配	在功能 04 基本设定
数据项	节气门开度 1-G69	节气门开度 2-G88	行车工况	匹配状态
规定值	3%~97%	97%~3%	LL/TL/VL/SA/BA	ADP 运行中 / 正常 / 错误
经验值	13%	87%	LL	ADP 正常

第六章 050~069、137组 转速控制

（续）

060	装备 EPC	停机/打开点火开关	电子节气门匹配	在功能04 基本设定
数据项	节气门开度1-G187	节气门开度2-G188	节气门匹配过程	匹配状态
规定值	3%~97%	97%~3%	3~8	ADP运行中/正常/错误
经验值	13%	87%	4	ADP正常

主要数据流解释：

ESB 表示装备怠速节气门控制的发动机，它仅是怠速范围内节气门由 ECM 控制，参见图 6-20。一般装备在早期的车型中。本书如无特殊说明，一般是指装备 EPC（电子节气门）的发动机。

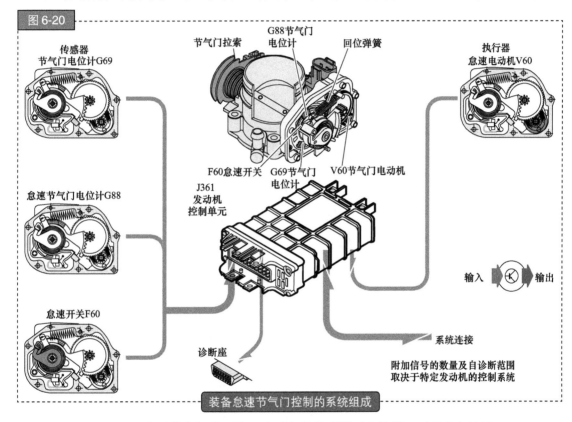

图 6-20 装备怠速节气门控制的系统组成

060_1 和 060_2：电子节气门中两个互为反相的传感器开度信号，两者之和接近 100%。

060_3：节气门匹配状态。4 表示匹配后怠速转速提升。

060_4：节气门匹配。在清洗或更换电子节气门、更换发动机控制单元后，必须令电子节气门进行自适应（或称为学习）。

节气门匹配过程：连接诊断仪，打开点火开关；选择功能 04（基本设置）；用'激活'按钮启动短行程；等待'匹配正常'出现在区域 4 中。如果匹配不成功，必须多匹配几次，或找出故障原因。

2. 第061组 电子节气门

数据流如下。

061		怠速	电子节气门系统	
数据项	发动机转速	电子节气门电压	节气门电动机控制	节气门控制工况
规定值	700~860r/min	11.5~15.0V	−30%~60%	111111
经验值	680r/min	13.5~14.3V	3.5%	0

1	2	3	4	5	6	第 055、056、061 组 第 4 区
						含义
					1	空调压缩机接合允许
				1		已挂入行驶档
			1			空调压缩机接合请求
		1				后窗玻璃加热开启
	1					（转向助力压力）
1						风窗玻璃加热开启

1= 开 0= 关

主要数据流解释：

061_3：节气门电动机控制。来自 PCM 的指令使直流电动机动作，通过传动机构实现对节气门开度的控制，参见图 6-21。

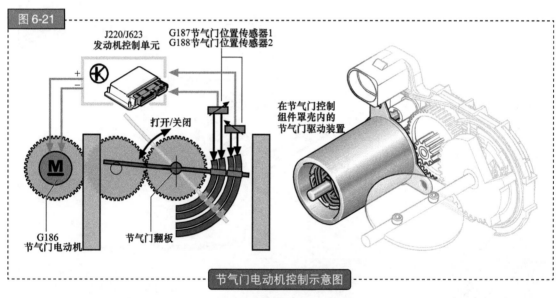

图 6-21　节气门电动机控制示意图

节气门开度，急速时为 2%~3%；EPC 有故障时约 7%~10%，这一开度的作用是保证车辆跛行回家；大负荷时可达 100%。因此节气门翻板需要正反两个方向转动。奥迪/大众多采用 CCS 中央处理单元产生两个 PWM 信号，然后通过功率 MOS 管实现对直流电动机的高频打开、关闭，并采用 H 桥电路满足直流电动机双向控制的需求，参见图 6-22。

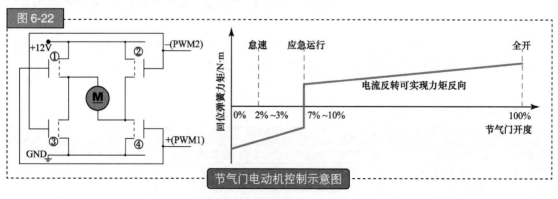

图 6-22　节气门电动机控制示意图

第六章 050~069、137组 转速控制

MOS管状态与电动机运行的关系如下。

MOS管				输出到电动机		电动机
①	②	③	④	PWM1	PWM2	转向
闭合	断开	断开	闭合	高	低	正转
断开	闭合	闭合	断开	低	高	反转
断开	断开	断开	断开	低	低	自由状态
闭合	闭合	闭合	闭合			短路

节气门电动机信号波形见图6-23。

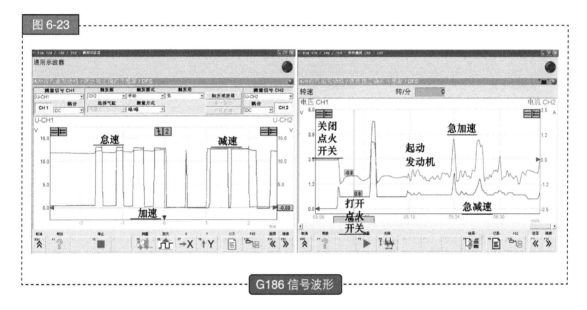

图6-23　G186信号波形

3. 第062组电子节气门，信号电压与基准电压的相关性——实际电压/基准电压数据流如下。

062	急速		电子节气门电位计电压比基准	
数据项	节气门开度1-G187	节气门开度2-G188	加速踏板1-G79	加速踏板2-G185
规定值	13%	87%	14.5%	7%
经验值	3%~93%	97%~3%	12%~97%	6%~50%

主要数据流解释：

在电子节气门系统中，采用两个加速踏板位置传感器G79/G185和两个节气门位置传感器G187/G188，构成整个电子节气门控制系统安全监控功能的一部分，能提供系统所期望的冗余度，参见图6-24。

节气门开度数据特点是：G79约是G185的两倍、G187与G188的和约为100%。

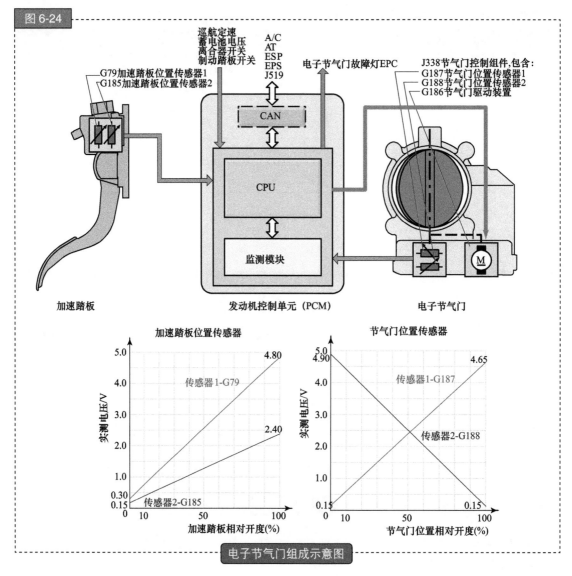

电子节气门组成示意图

4. 第063组 强制降档匹配

数据流如下。

063	停机	打开点火开关	AT 强制降档开关匹配	在功能 04 基本设定
数据项	加速踏板 1-G79	已匹配强制降档点 G79	强制降档开关	匹配状态
规定值	79%~94%	79%~94%	- / Kick Down	ADP 运行中 / 正常 / 错误
经验值	95%	5%	Kick Down	ADP 正常

主要数据流解释：

自动变速器强制降档的匹配过程：连接诊断仪，打开点火开关；进行发动机中的"基本设置"功能，再进行 063 组；将加速踏板踩到底并保持 2s；063_4 开始显示"ADP 运行中"，然后显示"ADP 正常"，匹配完成。如果不成功，再试试，必须要进行故障诊断。

第六章 050~069、137组 转速控制

5. 第064组电子节气门位置传感器匹配值

数据流如下。

064	停机	打开点火开关	节气门电位计匹配值	
数据项	G187 下电气停止位	G188 下电气停止位	G187 紧急运行停止位	G188 紧急运行停止位
规定值	0.24~0.81V	4.195~4.761V	0.235~1.367V	3.653~4.785V
经验值	0.56V	4.54V	0.82V	4.28V

主要数据流解释：

064_1 和 064_2：下电子停止位。在电子节气门匹配过程中，通过电气能控制的节气门最大限度关闭位置。在工作中，节气门的关闭位置不会超过下电子停止位。这样可以防止节气门伸入壳体中，参见图 6-25 左图。

064_3 和 064_4：紧急运行模式位置。当节气门驱动装置上没有电压时，弹簧回位系统把节气门设置在紧急运行模式上。在该位置上，车辆只能在高怠速状态下行驶并且功能受到限制。一般用于故障工况，参见图 6-25 右图。

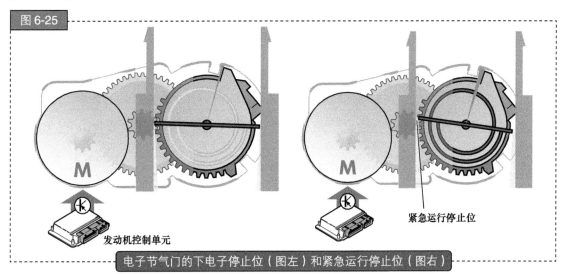

图 6-25 电子节气门的下电子停止位（图左）和紧急运行停止位（图右）

6. 第065组电子节气门匹配值复位

数据流如下。

065	仅适用于带 EGR/AT	停机 / 打开点火开关	节气门匹配值复位	在功能 04 基本设定
数据项	节气门开度 1-G187	节气门开度 2-G188	节气门匹配过程	匹配状态
规定值	3%~93%	97%~3%	3~8	ADP 运行中 / 正常 / 错误

主要数据流解释：仅适用于装备 EGR、自动变速器的车型，并且需要登录码。

7. 第066组巡航定速开关

数据流如下。

066		怠速	CCS 定速控制系统	
数据项	车速（实际值）	制动离合定速开关	目标车速（上次记忆值）	定速控制开关位置
规定值	0~255 km/h	xxxx1xxx	0~255 km/h	xxxxxxxx
经验值	0	0	0	0

主要数据流解释:

066_2:制动离合定速开关状态。巡航激活 01-11-11463、取消 01-11-16167。

第 066 组 第 2 区:制动、离合器和定速开关(4 位状态位)。

1	2	3	4	含义
			1	踩下制动踏板(制动灯开关 F 接通)
		1		踩下制动踏板(制动踏板 F47 接通)
	1			(MT)踩下离合器 /(AT)踩下制动踏板
1				接通定速开关

1= 满足条件 0= 未满足条件

066_2、067_2:制动、离合器和定速开关(8 位状态位)。

1	2	3	4	5	6	7	8	含义
							1	踩下制动踏板(制动灯开关 F 接通)
						1		踩下制动踏板(制动踏板 F47 接通)。部分车型来自 ABS 控制单元信号
					1			(MT)踩下离合器 /AT 恒定为 1
				1				接通定速开关 / 允许定速工作
			1					ACC 功能激活 / 装备空调控制单元(也可能未使用,恒为 0)
		1						已按下定速主开关按键 / 未使用,恒为 0
0	0							未激活自动车距控制 / 定速巡航装置(也可能未安装)
0	1							自动车距控制 / 定速巡航装置处于调节运行模式
1	0							操作过度状态,驾驶人比定速巡航装置调节器的加速快
1	1							未启用自动车距控制,定速巡航装置已启用

部分数据流解释:

066_2 和 067_2 第 6 位:离合器的信号。将驾驶人踩下离合器的信息传递给发动机控制单元,参见图 6-26 和图 6-27。

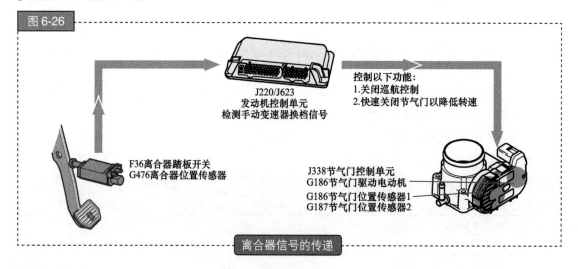

图 6-26 离合器信号的传递

第六章 050~069、137组 转速控制

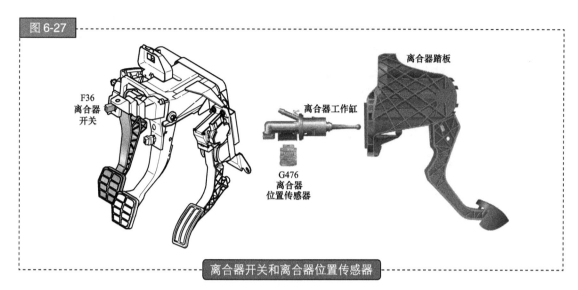

图6-27 离合器开关和离合器位置传感器

066_4：定速控制开关位置。

第066组第4区：定速控制开关（4位状态位）。

1	2	3	4	含义
			1	定速开关在OFF（停止）位置，固定在卡住位置
		1		定速开关在OFF（停止）位置。卡住或未卡住都可能
	1			按下SET（设置）按键
1				定速开关在RES（恢复）位置

1=满足条件 0=未满足条件

第066组 第4区：定速控制开关（4位状态位，4向定速开关）。

1	2	3	4	5	6	7	8	含义
						1		定速开关开/关（1/0）：CAN
					1			定速巡航装置开启/关闭
				1				设置/减速 [按住RES（−）]
			1					启动/恢复/加速 [按住SET（+）]
			0					—
		0						—
	0							—
1								定速巡航装置开启（主开关）

1=满足条件 0=未满足条件

第066组第4区：定速控制开关（4位状态位，6向定速开关）。

1	2	3	4	5	6	7	8	含义
							1	定速开关开/关（1/0）：CAN
						1		定速巡航装置开启
					1			减速 [按住 RES（−）]
				1				加速 [按住 SET（+）]
			1					启用/设置
		1						重新开始/恢复
	0							—
1								定速巡航装置开启（主开关）

1= 满足条件 0= 未满足条件

巡航控制开关控制原理见图 6-28。

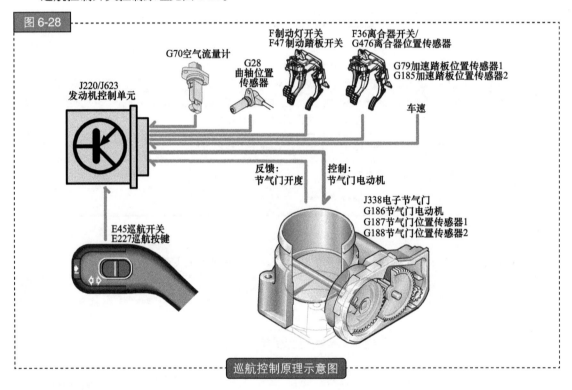

巡航控制原理示意图

8. 第067组 巡航定速停用

数据流如下。

067		怠速	CCS 定速停用原因	
数据项	CCS 停用原因（可恢复）	制动离合定速开关	CCS 停用原因（不可恢复）	
规定值	255	xxxx1xxx	255	
经验值	255	0	255	

主要数据流解释：

067_1 和 067_3 的数据，是将 067_2 的二进制数据转化为十进制。

067_2 的状态位，请参看 066_2。

9. 第068组 变速器工况

数据流如下。

068		怠速		变速器档位	
数据项	发动机转速	发动机负荷	档位	变速器/离合器状态
规定值	700~860r/min	13%~45%	P/N=0，1~6档，R=7	TC断开/接通/控制/错误
经验值	680r/min	18%	0	TC断开

主要数据流解释：

068_3：对装备 MT 车型，采用车速/转速比来判断档位；对装备 AT/DSG 车型，通过接收变速器控制单元的档位信号。

10. 第069组 车速限制

数据流如下。

069	最高车速限制
数据项	状态
规定值	第7位（拖车0不带/带1），第8位（减振器弹簧0钢制/1气压式）
经验值	

二 相关原理说明

1. EPC的优点

① 容易实现多种降低油耗的功能和概念。例如，通过控制发动机进气优化喷油量；可在缸内直喷中实现较大范围的稀燃；较容易实现混合动力的控制等。

② 改善驾驶性能。表 6-1 表示机械式节气门与电子节气门在多种工况下的控制策略对比，示意图参见图 6-29。

表6-1 机械式节气门与电子节气门在多种工况下的控制策略对比

工况	系统设计	机械式节气门	电子节气门
冷起动后行驶	为尽快加热催化器，必须将点火角延迟，可能导致动力不足	较难满足要求	容易实现按驾驶人要求输出转矩
急减速时	节气门可能突然关闭，导致发生喘振	必须增加急减速缓冲装置	节气门可自适应缓慢关闭
巡航定速		增加节气门拉索控制器	节气门根据要求开至合适的开度
变速器换档	升档时，希望先降低转矩。降档时反之	较难满足要求	节气门先减少开度，换档完成后再增加
压缩机吸合	希望先提高转矩，压缩机才吸合	增加压缩机工作电磁阀	节气门按需打开
ASR/ESP	驱动轮出现打滑时必须立即降低转矩	增加副节气门	节气门根据要求关闭

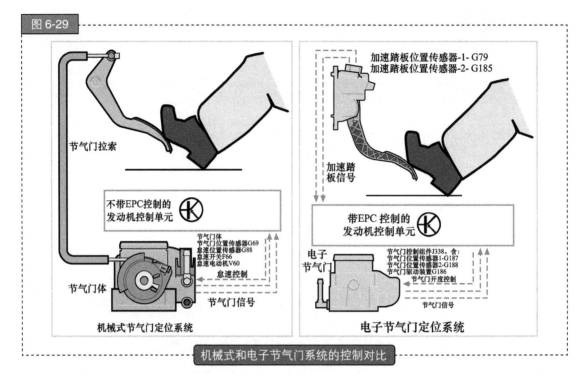

机械式和电子节气门系统的控制对比

2. 非接触式加速踏板位置传感器

奥迪从 2004 款 A3 开始，装备了非接触式加速踏板，并集成了强制降档开关，参见图 6-30。

非接触式加速踏板的组成及信号

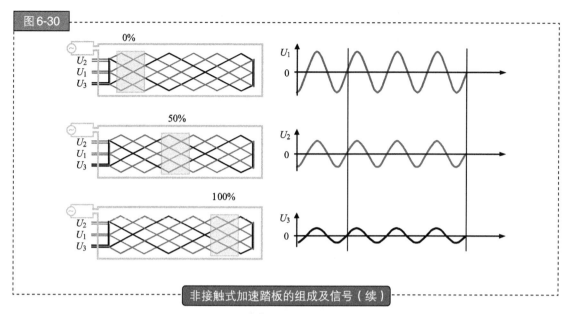

图 6-30 非接触式加速踏板的组成及信号（续）

这种传感器的优点是不需做强制降档开关设定；由于采用非接触式测量，没有磨损、信号不会衰减和产生偏差；输出信号按比例等。

其原理是：该励磁线圈中为交流电。这将产生一个电磁交变场，其感应范围将穿透金属薄片。在金属薄片中所感生的电流将产生第二个电磁交变场，并位于金属薄片周围。励磁线圈和金属薄片的两个交变场作用于接收线圈，并感生出相应的交流电压。金属薄片的感应与其位置无关，而接收线圈的感应取决于与金属薄片的位置以及其自身位置。因为金属薄片根据位置的不同与某个接收线圈重合，因此其感生电压强度根据位置而不同。电子评估系统将接收线圈的交变电压校正到相同，并将其增强，然后将三个接收线圈的输出电压相互调整成比例关系（成比例的测量）。根据对电压值的评估，结果被相应转换成线性电压信号并在传感器输出端供使用。

3. 磁阻式节气门位置传感器G187和G188

从 EA888 Gen3 开始，奥迪装备了磁阻式节气门位置传感器 J388，参见图 6-31。

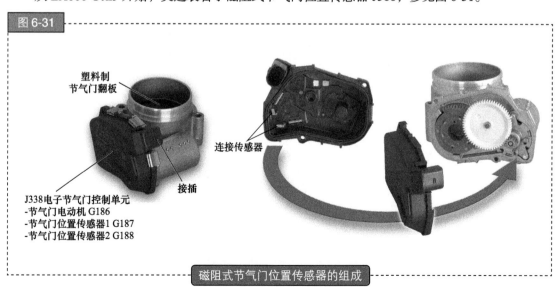

图 6-31 磁阻式节气门位置传感器的组成

这种传感器为非接触式传感器,优点是受温度波动影响少、耐老化、机械误差小。它把相位差45°的正弦曲线信号转化为互为反相的两个模拟数据,输送给发动机控制单元,它的原理图参见图6-32。

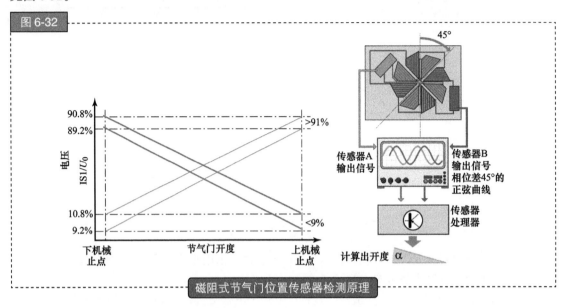

4. 制动灯开关F和制动踏板开关F47

奥迪/大众有三种制动开关。

① 安装在制动踏板上,两个输出信号。制动灯开关F和制动踏板开关F47集成一体,安装在制动踏板上。两个开关都向发动机控制单元发送"制动"信号,对节气门开度进行控制(制动优先)。制动踏板信号一旦检测到故障,系统默认车辆一直处于踩下制动踏板的状态,从而影响到车辆的驾驶性,特别是会出现转矩限制的情况,参见图6-33。

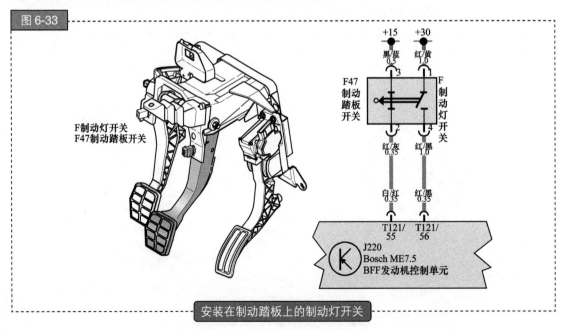

② 安装在制动主缸上，两个输出信号。制动踏板位置传感器 G100 安装在制动主缸中。两个制动信号一个输入到 J623，另一个输入到 J519 用于控制制动灯。它们的安装位置和原理图参见图 6-34。

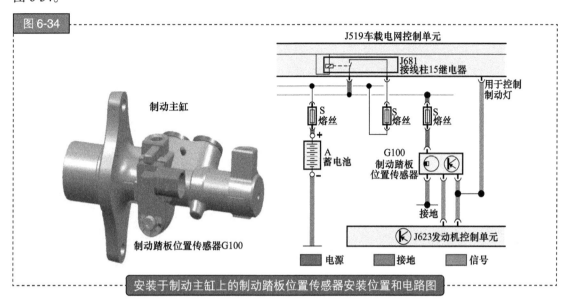

图 6-34　安装于制动主缸上的制动踏板位置传感器安装位置和电路图

当踩下制动踏板时霍尔元件 1 从 0V 到 12V 跳变，霍尔元件 2 从 12V 到 0V 跳变，参见图 6-35。

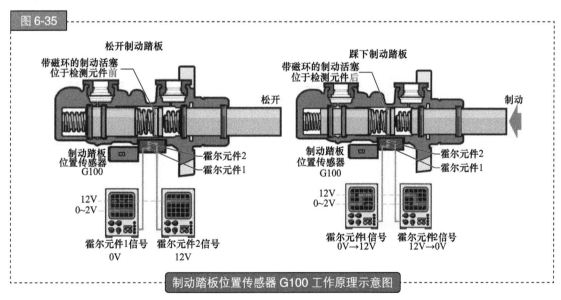

图 6-35　制动踏板位置传感器 G100 工作原理示意图

③ 安装在制动主缸上，一个输出信号。当松开制动踏板时，活塞和磁环处于自由状态。制动灯开关 F 的电子计量元件把 0~2V 的电压信号传递到发动机控制单元 J623 和车辆电气系统控制单元 J519。

当踩下制动踏板时，活塞移动经过霍尔传感器。当活塞磁环经过霍尔传感器时，电子计量元件把高于 2V，但低于车辆电气系统电压（12V）的电压信号传递到 J623 和 J519，据此判断驾驶人踩下制动踏板，参见图 6-36。

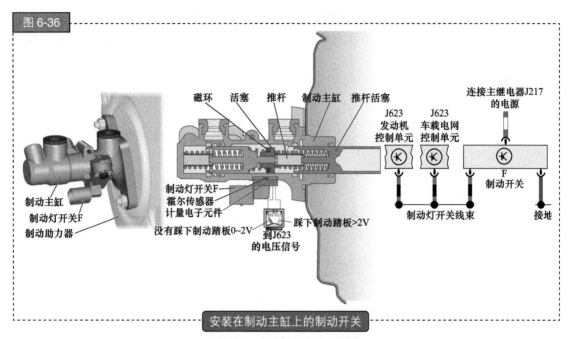

图 6-36

这种制动灯开关的状态关系见表 6-2。

表6-2　F和F47状态关系表

状态	制动灯开关两个信号		制动灯开关一个信号	
	未踩制动	踩下制动	未踩制动	踩下制动
F	0	12V	0	12
F47	12V	0	（ABS）<10bar	（ABS）>10bar
066_2 后两状态位	00	11	00	11

三 相关故障码

1. 加速踏板相关故障码

故障码如下。

故障码	故障码含义	诊断程序	监控策略	故障判据和阈值	启用条件的辅助参数	失效模式
P1630 P2122	加速踏板位置传感器 1-G79/D 开关电路电压过低	检查加速踏板位置传感器 G79 及强制降档开关	电压低于允许范围	<0.63V	起动后 2s	采用 G185X2 的电压信号进行替代计算
P1631 P2123	加速踏板位置传感器 1-G79/D 开关电路电压过高	检查加速踏板位置传感器 G79 及强制降档开关	电压超出允许范围	>4.82V	起动后 2s	采用 G185X2 的电压信号进行替代计算
P1633 P2127	加速踏板位置传感器 2-G185/E 开关电路电压过低	检查加速踏板位置传感器 G185 及强制降档开关	电压低于允许范围	<0.29V	起动后 2s	采用 G79 的电压信号进行替代计算

第六章　050~069、137组 转速控制

（续）

故障码	故障码含义	诊断程序	监控策略	故障判据和阈值	启用条件的辅助参数	失效模式
P1634 P2128	加速踏板位置传感器2-G185/E开关电路电压过高	检查加速踏板位置传感器G185及强制降档开关	电压超出允许范围	>2.5V	起动后2s	采用G79的电压信号进行替代计算
P1639 P2138	加速踏板位置传感器G79和G185/D与E开关电路电压不合理	检查加速踏板位置传感器G79和G185	合理性检查	G79与2×G185电压差值>0.12~0.7V	G79>0.43V，打开点火开关后出现9次	采用G79与2×G185中较小值

2. 节气门相关故障码

系统须对G187和G188两路电压信号进行同步检查，并引入通过进气量/转速换算得到的节气门开度（W3）对两路信号进行验算，并用在以下三个故障码诊断中。

（1）P0121/P1542 节气门位置传感器1-G187信号不合理

运行条件：发动机运转，车辆行驶过程中。

故障条件：发生以下任一种情况，就判定G187信号不合理。

① 系统仅在位置信号G187和G188同步检查时，发现偏差超限，且G187与W3差值>G188与W3差值。

② 系统引入参考位置W3进行运算时，发现位置信号W1与W3间差异>设定值（≈10%）。

修复条件：G187电压在合理范围内。

失效保护模式：使用G188电压进行替代计算，引入W3进行冗余校验。

（2）P0221/P1171 节气门位置传感器2-G188信号不合理

运行条件：发动机运转，车辆行驶过程中。

故障条件：发生以下任一种情况，就判定G188信号不合理。

① 系统仅在位置信号G187和G188同步检查时，发现偏差超限，且G188与W3差值>G187与W3差值。

② 系统引入参考位置W3进行运算时，发现位置信号W2与W3间差异>设定值（≈10%）。

修复条件：G188电压在合理范围内。

失效保护模式：使用G187电压进行计算，引入W3进行冗余校验。

（3）P1545 节气门实际位置与目标位置偏差超限

运行条件：打开点火开关。

故障条件：节气门实际位置与目标位置偏差>设定值。

修复条件：其偏差在合理范围内。

失效保护模式：电子节气门电动机断电，"跛行回家（limp-home）"模式。

信号（✓正常，✗-异常）		处理策略		
W1	W2	W1	W2	W3
✓	✓	主	校验	有时进行修正
✗	✓	—	主	冗余校验
✓	✗	主	—	

(续)

信号（✓ 正常，✕- 异常）		处理策略		
不同步	(小)✓			校验
|W1-W3| 与 |W2-W3| 最小值	—	(小)✓		
✕	✕	"紧急运行开度"，开度 6°~8°		

（4）其他故障码

故障码	故障码含义	诊断程序	监控策略	故障判据和阈值	失效模式
P0122 P1543	节气门位置传感器 1-G187/传感器 A 电路电压过低	检查电子节气门体 J338	电压低于允许范围	<0.25V	G188 进行替代计算，引入 W3 进行冗余校验
P0123 P1544	节气门位置传感器 1-G187/传感器 A 电路电压过高	检查电子节气门体 J338	电压高于允许范围	>4.75V	G188 进行替代计算，引入 W3 进行冗余校验
P0222 P1172	节气门位置传感器 2-G188/传感器 B 电路电压过低	检查电子节气门体 J338	电压低于允许范围	<0.2V	G187 进行替代计算，引入 W3 进行冗余校验；或 J338 进入紧急运行工况
P0223 P1173	节气门位置传感器 2-G188/传感器 B 电路电压过高	检查电子节气门体 J338	电压高于允许范围	<4.76V	G187 进行替代计算，引入 W3 进行冗余校验

说明：早期奥迪和大众对节气门位置和加速踏板位置传感器的称呼如下。

传感器 A：节气门位置传感器 1-G187。

传感器 B：节气门位置传感器 2-G188。

D 开关：加速踏板位置传感器 1-G79。

E 开关：加速踏板位置传感器 2-G185。

3. 节气门电动机相关故障码

故障码如下。

故障码	故障码含义	诊断程序	监控策略	故障判据和阈值	启用条件的辅助参数	监测时间长度	失效模式
P0638	电子节气门电动机控制范围/性能	检查电子节气门体 J338 及传感器	节气门关闭过程合理性检查；节气门在机械停止位时的信号范围检查	● 从参考点打开 12% 的时间 >0.14s ● 从参考点关闭 3% 的时间 >0.56s	打开点火开关，车速和发动机转速为 0、进气温度和冷却液温度 >5℃		P0638
P2106	电子节气门体驱动级故障	检查电子节气门体 J338	检查控制信号	PWM>80% 和 ECM 的驱动级故障		J338 进入紧急运行工况	P2106

4. EPC常见故障码案例

（1）EA888 Gen3 冷车时出现 P063800——节气门控制单元不可信信号

问题描述：EPC 故障灯亮，发动机抖动或起动困难，故障码 P063800 节气门控制单元不可信信号，并带有 DFCC 码 15345，见图 6-36。

第六章　050~069、137组 转速控制

图 6-36

故障存储器记录
编号：P063800：节气门控制单元 不可信信号
故障类型 2：被动/偶发
症状：15345
状态：00100000

高级环境条件：
发动机转速　　0.0 rpm
标准负荷值　　0.0 %
车速　　　　　0 km/h
冷却液温度　　96 ℃
进气温度　　　23 ℃
环境气压　　1020 mbar

故障码 P063800

涉及车型：EA888 Gen3 2.0L 纵置发动机。
节气门零件号：06K 133 062H。
问题原因：因为 EA888 Gen.3 结构变化，进气歧管集成了 MPI 喷油器，相比 EVO2，更容易在进气管节气门区域产生积炭。由于积炭的影响，节气门在发动机熄火后的复位过程中出现蝶阀偶发性卡滞，参见图 6-37。

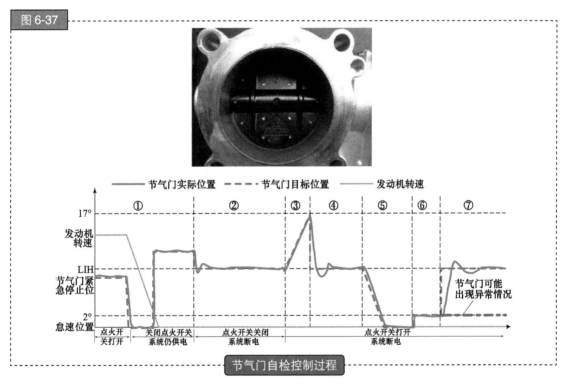

图 6-37　节气门自检控制过程

图 6-37 中说明了节气门在关闭点火开关然后重新打开时，节气门的自检控制过程。

① 关闭点火开关，发动机转速降为 0。关闭点火开关时，节气门完全关闭，迅速切断空气供给，迅速停止发动机运转；当发动机转速接近 0 时，重新打开节气门，防止燃烧室内形成较强的真空而产生抖动。

② 点火开关处于关闭阶段，节气门断电，处于紧急停止位。

③ 打开点火开关，节气门也打开，进行位置学习。

④ 节气门不供电，学习紧急停止位。

⑤ 节气门关闭，学习下电子停止位。

⑥ 节气门稍打开，学习怠速位置。

⑦ 节气门重新打开，进行位置学习。在此阶段，节气门温度较低，如果此时节气门有积炭，

积炭的黏度较高，会阻止节气门重新打开而出现卡滞故障。J623 检测到此故障，就会记忆 P0638 的故障码。

（2）装备 EA113 的速腾或新宝来出现节气门位置传感器不可信信号

问题描述：行驶过程中突然加速无力，仪表 EPC 灯点亮。转速降到怠速时发动机抖动，易熄火。

涉及车型：装备 EA113 发动机的速腾和新宝来。

技术说明：不同的车型，可能出现不同的故障码号，但其含义类似，参见图 6-38。

可能出现的故障码

并且，故障码无法清除、节气门基本设定无法执行。

问题原因：节气门线束接插件密封不良，导致进水而接触不良。严重时，水会顺着线束流入节气门体内损坏节气门，参见图 6-39。

图 6-39

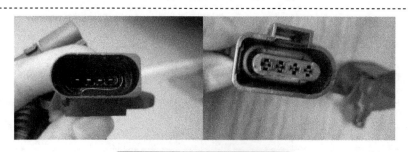

节气门接插件进水并有生锈痕迹

解决方案：先尝试清理接插件，然后清除发动机故障码，行驶一段时间，看故障是否解决。如果仍不能解决，需更换电子节气门。

（3）新宝来或全新宝来 1.6 出现"00289 节气门不可靠信号"的故障码

问题描述：仪表 EPC 灯点亮，加速不良。

涉及车型：新宝来 1.6、全新宝来 1.6。

技术说明：发动机故障码是"00289 节气门不可靠信号（偶发）"，参见图 6-40。

技术说明：此问题大部分由于发动机线束接插件接触不良，造成偶发的节气门信号不可靠导致 EPC 灯报警。

故障码 P00289

第六章　050~069、137组 转速控制

解决方案：先尝试更换线束，而不是电子节气门。

（4）节气门清洗不当导致产生故障码

技术说明：节气门未清洗或清洗不当，可能导致发动机控制单元对节气门的故障误判。清洗节气门时，必须确保腔孔内端面、蝶阀端面和侧端面清洗干净，参见图6-41。

图6-41　必须确保腔孔内端面、蝶阀端面和侧端面清洗干净

清洗节气门时，蝶阀必须水平放置，防止清洗液流入节气门体中导致腐蚀，参见图6-42。

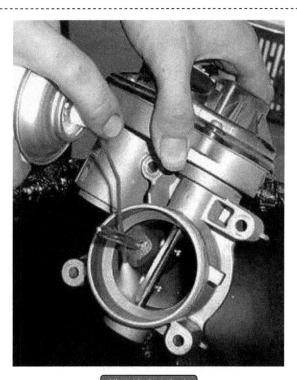

图6-42　错误的清洗方法

四　故障案例

1. 高尔夫1.4TSI偶尔加速不良

车型：装备CFB发动机的2014款高尔夫1.4TSI，VIN为LFV2B21K3D35xxxxx，行驶里程7600km，使用时间8个月。

故障现象：车主反映EPC和排放灯偶尔点亮，并伴随加速不良。

故障诊断：读取故障码（参见图6-43）和相关数据流。

图 6-43 故障码

062		急速	电子节气门电位计电压比 U/U 基准	
数据项	节气门开度 1-G187	节气门开度 2-G188	加速踏板 1-G79	加速踏板 2-G185
实际值	13%	86%	0%	7%
经验值	13%	87%	14.5%	7%

根据故障码和数据流显示，初步判断是加速踏板位置传感器 1-G79 或线路故障。

对加速踏板线束进行检测，发现线路断路，参见图 6-44。

故障排除：修复相关线束。

2. 全新捷达1.6L节气门太脏导致怠速抖动

故障现象：怠速抖动，行驶和急加速正常。

车型：装备 BJG 发动机 2012 款捷达。

故障诊断：读取故障码（参见图 6-45）和相关数据流。

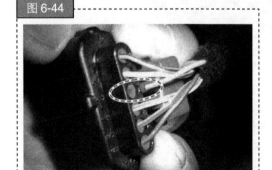

图 6-44 加速踏板连接线断路

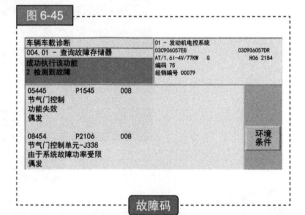

图 6-45 故障码

003	装备 MAP	急速		
数据项	发动机转速	进气压力	节气门开度（G187）	点火提前角
实际值	800r/min	270mbar	6.3%	6° v.OT
经验值	800r/min	290~320mbar	3.1%~4.0%	0~6° BTDC

第六章 050~069、137组 转速控制

（续）

062		踩下加速踏板时		电子节气门电位计电压比 U/U 基准	
数据项	节气门开度 1-G187	节气门开度 2-G188	加速踏板 1-G79		加速踏板 2-G185
实际值	86%	12%	86%		43%
经验值	G187+G188=100%		G79=2×G185		

根据 062 组数据，初步判断加速踏板和节气门传感器正常。

根据 003_3 节气门开度较大，但进气压力和转速与经验值接近，判断可能是节气门脏导致。

故障排除：清洗节气门后，急速稳定。

案例说明：

① 产生故障码 P1545 的原因，是由于节气门很脏，当发动机控制单元按标定值打开节气门时，进气量仍低于"转速/进气压力计算的节气门开度模型"，从而产生节气门开度不合理的故障码。

② 产生故障码 P2106 的原因，是由于节气门很脏，导致蝶阀不能正常打开，发动机控制单元从而产生 J338 不受控制的故障码。

③ 节气门较脏时，只要节气门蝶阀开度受控（节气门轴干净、不会产生卡滞），一般只会导致节气门开度增大、急速较平顺。对于此例，由于节气门蝶阀轴较脏，导致节气门开度不受控，从而导致急速时发动机控制单元不断修正节气门开度而产生抖动现象。

3. 制动灯开关故障导致EPC灯点亮

车型：2011 款 CC 新车，VIN 为 LFV3A23C6A38xxxxx。

故障现象：仪表上 EPC 灯点亮，车辆行驶感觉不到异常。

故障诊断：

① 通过诊断仪读取故障码，参见图 6-46。

图 6-46

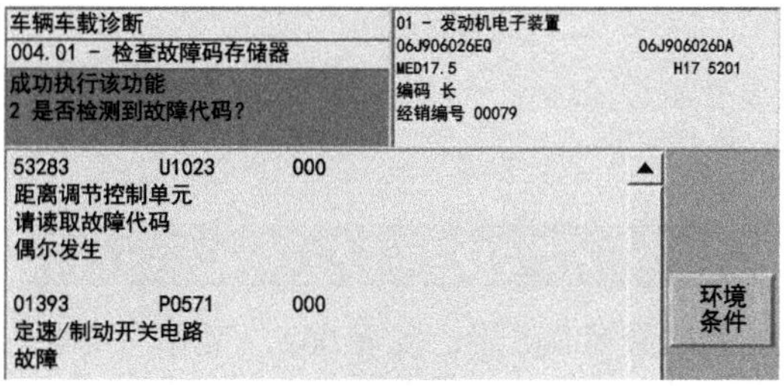

故障码

② 读取制动踏板相关的数据流如下。

066	未踩制动踏板	急速	CCS 定速控制系统	
数据项	车速（实际值）	制动离合定速开关	目标车速（上次记忆值）	定速控制开关位置
实际值	0 km/h	11010000		00000000
经验值	0 km/h	00010000		00000000
	踩下制动踏板	急速	CCS 定速控制系统	
数据项	车速（实际值）	制动离合定速开关	目标车速（上次记忆值）	定速控制开关位置
实际值	0 km/h	11010010		00000000
经验值	0 km/h	00010011		00000000

066_2 倒数第 2 位（按系统数据流的状态位，应是最右侧为第 1 位，以此类推。但为了与习惯对应，所以本书以最左侧为第 1 位）是来自 J104 ABS 控制单元传递的制动压力信号，实际值与倒数第 1 位来自制动开关 F 相反，说明制动踏板开关有故障，参见图 6-47。

解决方案：更换制动踏板开关。故障解决。

4. 节气门体故障导致EPC灯点亮

车型：装备 CGM 发动机的 2011 款 CC 2.0TSI，VIN 为 LFV3A23C3A38xxxxx，行驶里程 3800km，使用时间半个月。

故障现象：仪表中 EPC 灯点亮，发动机加速不良。

故障诊断：

① 通过诊断仪读取故障码。系统有与节气门体相关的故障码。

② 尝试对节气门进行基本设置，但不成功，参见图 6-48。

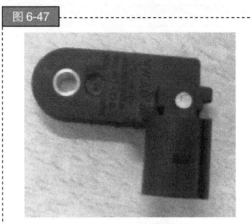

图 6-47 制动踏板开关

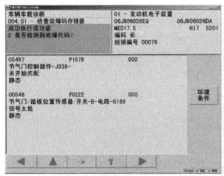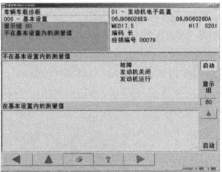

图 6-48 发动机故障码（左）和节气门匹配提示（右）

③ 读取与节气门相关的数据流第 062 组，发现 062_2 数据有问题。

062		打开点火开关	电子节气门电位计电压比 U/U 基准	
数据项	节气门开度 1-G187	节气门开度 2-G188	加速踏板 1-G79	加速踏板 2-G185
实际值	16%	0%	14%	7%
经验值	16%	83%	14%	7%

④ 经认真检查节气门线束及接插件，正常。

故障解决：更换气门体，重新做基本设定。

5. 发动机线束抗干扰不良导致EPC灯点亮

车型：装备 CDF 发动机的 2012 款新宝来 1.6。

故障现象：EPC 灯点亮，加速不良。

故障诊断：ECM 记忆了 00289 的故障码，如图 6-49。经外观检查，没有发现其他故障。

第六章 050~069、137组 转速控制

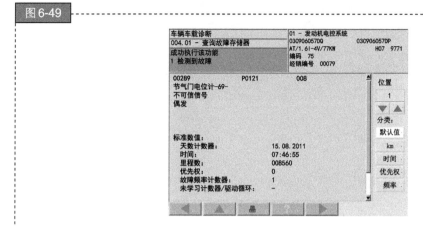

图6-49 00289 的故障码

解决方案：此故障多数是发动机线束故障，节气门体故障的可能性较少。

6. 离合器开关故障

车型：装备0A4手动变速器的2008款迈腾2.0。

故障现象：行驶一段时间，显示屏显示信息（车速巡航控制系统故障），如图6-50所示。关闭点火开关后重新打开，仪表显示恢复正常。

故障诊断：

① 通过诊断仪读取故障码，发动机有"01796 P0704 000 离合器开关输入电路"的故障码。

② 更换离合器开关、离合器工作缸、ECM、网关控制单元、ABS控制单元、巡航定速开关、转向柱控制单元、制动灯开关、EPS电动机、转向控制单元、车载电网控制单元、全车线束，故障仍未排除。

③ 通过诊断仪对产生此故障的相关元件进行功能测试，包括离合器、发动机控制单元、CAN等，均正常。

④ 与驾驶人共同试车进行故障确认，发现此驾驶人换档从不踩离合器。

故障排除：向驾驶人解释，踩离合器后才换档，是为了保护变速器。如果多次换档而没有检测到离合器踩下的信息，就会提示故障。

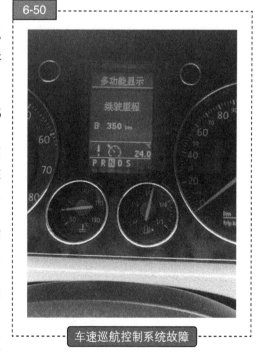

图6-50 车速巡航控制系统故障

案例说明：ECM对离合器信号的合理性进行诊断。当发动机转速>800r/min、车速>35km/h、换档20次，但没有检测到离合器信号或检测到离合器完全踩到底的信号，就会记忆P0704（离合器开关输入电路）的故障码。ECM检测到离合器分离的信号后，喷油量会短时减少以防止换档时发动机抖动。

第七章

090~098、110~119、142~144 组
动力提升

第七章　090~098、110~119、142~144组 动力提升

◆ 第一节　090~098组 可变正时机构（VVT）组 ◆

一　数据流说明

1. 第090组 VVT

数据流如下。

090	第1代 VVT	怠速	进气凸轮轴 B1 VVT	
数据项	发动机转速	N205 状态	B1 调整规定值	
规定值	500~860r/min	ON/OFF	-3~25°KW	
经验值	680r/min	OFF	-1~+1°KW	
	第2代 进VVT 单列	怠速	进气凸轮轴 B1 VVT	
数据项	发动机转速	N205 状态	B1 调整规定值	
规定值	500~860r/min	ON/OFF	-5~57°KW	
经验值	680r/min	ON	19.5°KW	
	第2代 进排VVT 单列	怠速	排气凸轮轴 B1 VVT	
数据项	发动机转速	N318 调整	凸轮轴调整目标值	凸轮轴调整规定值
规定值	500~860r/min	0%~100%	-5~57°KW	-5~57°KW
经验值	680r/min			
	第2代 VVT 双列	怠速	排气凸轮轴 B1 VVT	
数据项	发动机转速	N318 调整	B1 排气调整目标值	B2 排气调整规定值
规定值	500~860r/min	ON/OFF	-5~57°KW	-5~57°KW
经验值	680r/min			

主要数据流解释：

调整目标值：ECM 根据各传感器计算出此工况最合适的凸轮轴角度，指令可变气门正时调整电磁阀进行调整。

调整实际值：ECM 根据曲轴位置传感器和凸轮轴位置传感器输出的信号，计算出此时凸轮轴的实际角度，参见图 7-1。

N205 状态、N318 状态：表示 ECM 是否进行 VVT 调整。

N318 调整：表示 ECM 指令 VVT 调整的通电时间占空比值。

2. 第091组 B1进气VVT

数据流如下。

091	第1代 VVT	行车/有负荷		进气凸轮轴 B1 VVT
数据项	发动机转速	发动机负荷	N205 状态	B1 调整实际值
规定值	640~6800r/min	0%~150%	ON/OFF	-3~25°KW
经验值	800r/min	18%	OFF	-1~+1°KW
	第2代 VVT	行车/有负荷		进气凸轮轴 B1 VVT
数据项	发动机转速	N205 调整	B1 进气调整目标值	B1 进气调整实际值
规定值	640~6800r/min	0%~100%	-5~57°KW	-5~57°KW
经验值 *1	680r/min	5.90%	19.5°KW	19.5°KW
经验值 *2	760r/min	43%~46%	34°KW	34°KW

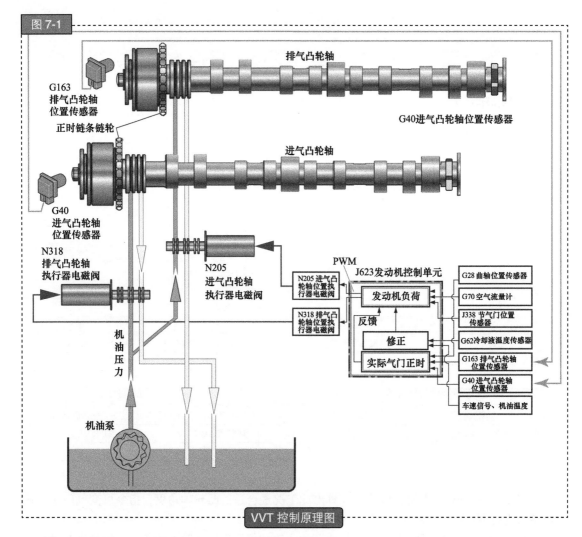

VVT 控制原理图

(1) 第 1 代 VVT 的说明

① 第 1 代 VVT，正常工况怠速时 VVT 不进行调整，所以此时第 3 区为 OFF，正常位置。第 4 区应为 (-1~+1)°KW。如果不在此范围，有可能是 VVT 调整机构卡滞、配气正时不正确等原因。

② 行车工况检测 VVT 的方法：挂入 1 档加速行驶至最高转速，第 3 区应为 ON，调整位置。此时第 4 区显示可调凸轮轴实际位置，应能达到最大调整角度（具体数据与车型有关）。如果不能达到最大角度，说明 VVT 调整机构油压控制调整到开度最大的位置，希望将机油压力直接传至机械式凸轮轴调整器上，但未达到终点位置（例如 VVT 运动困难、机油压力过低、油道堵塞等）。需要做进一步检查。

(2) 第 2 代 VVT 的说明

① "经验值 *1" 适用于装备 Bosch MED17.5.20 的发动机上，"经验值 *2" 适用于装备 Bosch MED17.5 的发动机上。

② 第 2 代 VVT，为了稳定怠速，怠速时也进行提前小角度调整，092_2 表示 ECM 在怠速工况对 VVT 调整的值。

③ 行车工况检测 VVT 的方法：VVT 的调整与负荷和转速相关，因此挂档在各负荷和转速下

第七章　090~098、110~119、142~144组 动力提升

行驶，此时 N205 调整应从 0%~100% 变化，调整实际值也从最小到最大变化，调整目标值与实际值的差异应符合数据第 093 组的相关要求。

3. 第092组 B2进气VVT

数据流如下。

092	第 1 代 VVT	行车/有负荷		进气凸轮轴 B2 VVT	
数据项	发动机转速	发动机负荷		N208 状态	B2 调整实际值
规定值	640~6800r/min	0%~150%		ON/OFF	−3~25°KW
经验值	800r/min	18%		OFF	−1~+1°KW
	第 2 代 VVT	行车/有负荷		进气凸轮轴 B2 VVT	
数据项	发动机转速	N208 调整		B2 进气调整目标值	B2 进气调整实际值
规定值	640~6800r/min	0%~100%		−5~57°KW	−5~57°KW
经验值 1	680r/min	5.90%		19.5°KW	19.5°KW
经验值 2	760r/min	43%~46%		34°KW	34°KW

数据流解释参看 091 组。

4. 第093组 VVT匹配值

数据流如下。

093	第 1 代 VVT 双列	行车/有负荷	进气 VVT 匹配	
数据项	发动机转速	发动机负荷	B1 相位差值	B2 相位差值
规定值	640~6800r/min	0%~150%	0°KW	0°KW
经验值	800r/min	18%	0°KW	0°KW
	第 2 代进 VVT 单列 *1	行车/有负荷	VVT 匹配	
数据项	发动机转速	发动机负荷	B1 相位差值	
规定值	640~6800r/min	0%~150%	0°KW	
经验值	800r/min	18%	−1~+1°KW	
	第 2 代进 VVT 单列 *2	行车/有负荷	VVT 匹配值	
数据项	B1 进气相位			
规定值	110°KW			
经验值	110°KW			
	第 2 代 VVT 双列	行车/有负荷	VVT 匹配值	
数据项	B1 进气相位	B2 进气相位	B1 排气相位	B2 排气相位
规定值				
经验值				

主要数据流解释：

进气相位/排气相位：以曲轴转角的度数为单位，显示时实际进气凸轮轴/排气凸轮轴相对曲轴的位置。

相位差值：凸轮轴调整目标值与实际值之间的差值，以曲轴转角的度数为单位。

（1）ECM 对 VVT 系统的监控策略

为了满足排放要求，发动机控制单元对 VVT 系统进行监控，根据相应的故障产生以下故障码：

① 16396——B1 凸轮轴提前调整响应慢：如果 VVT 响应慢导致排放有可能超过标准限值 1.5 倍时。

② 16394——B1 凸轮轴调整目标调整错误：VVT 系统没有响应发动机控制单元的指令，有可能是卡滞故障。

新的监测逻辑计算实际凸轮位置瞬间变化（实际凸轮位置和指令凸轮位置间的方差），然后使用一个移动平均过滤器（指数加权移动平均）计算长时方差。继续下去，来自 VVT 系统的慢的相应将最终累积为大的方差。

该相同的逻辑也用于发现目标错误，若 VVT 系统卡滞在某个位置，该监测器将发现快速积累的方差，参见图 7-2。

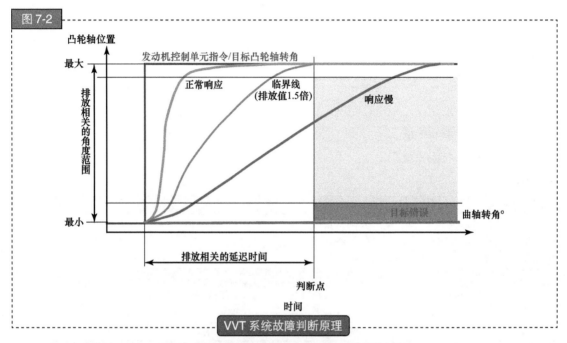

图 7-2 VVT 系统故障判断原理

（2）第 2 代进 VVT 单列 *1，适用于采用 Bosch MED17.5 的车型

数据流解释：093_3 进气凸轮轴调整差值 093_4 排气凸轮轴调整差值。

1）原理说明。发动机正在运行时，ECM 通过控制向 VVT 电磁阀发出的 PWM 信号的时刻和脉宽，控制 VVT 机构以改变凸轮轴正时。ECM 通过曲轴位置传感器和凸轮轴位置传感器的信号确认凸轮轴实际的位置。

2）经验值。在稳定工况 <2°，在突变工况 <6°~10°。

3）此数据相关的故障原因分析

① 在稳定工况时 093_3 在 1°~2°

可能原因：正时链或正时带拉长。

可能导致的故障：急速不稳，油耗增大。

② 如果 093_3>5° 并且超过 10s，有可能产生 P0011（进气凸轮轴位置系统性能）或 P0014（排气凸轮轴位置系统性能）的故障码。

可能原因：机油（包括：黏度不对、太脏、机油油位或压力不足）、VVT 电磁阀（质量问题、油泥过多导致卡滞）。

③ 如果 093_3>+9°（实际值比目标值提前）或 093_3>-12°（实际值比目标值延迟），有可能产生 P0016（曲轴位置—进气凸轮轴位置不合理）或 P0017（曲轴位置—排气凸轮轴位置不合理）故障码，参见图 7-3。

第七章 090~098、110~119、142~144组 动力提升

图 7-3

故障码 P0016

可能原因：凸轮轴/曲轴位置传感器的是否正确安装；正时链条张紧器故障、安装不正确、间隙过大、跳齿；机械凸轮执行器卡在最大提前位置或最大延迟位置。

（3）第2代进 VVT 单列 *2，适用于采用 Bosch MED17.5.20 的车型

数据流解释：093_1 B1 侧进气凸轮轴位置传感器相对曲轴位置传感器的角度

1）原理说明。ECM 得到凸轮轴位置传感器的信号，并结合曲轴上止点齿缺信号，可以判别一缸处于压缩上止点还是排气上止点，并确认凸轮轴的变化实际位置，参见图 7-4。

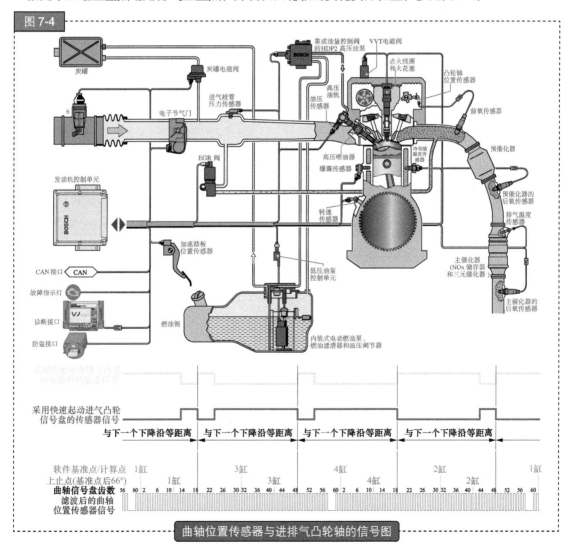

曲轴位置传感器与进排气凸轮轴的信号图

快速起动凸轮轴的信号盘上有两个宽隔板和两个窄隔板,也称为两个小窗和两个大窗。如果霍尔式的凸轮轴位置传感器中出现一个隔板,那么传感器信号输出电平就为高。根据不同的隔板宽度,凸轮轴位置传感器与曲轴位置传感器可快速判定出凸轮轴相对于曲轴的位置。

在发动机起动时,发动机控制单元也可借此快速识别出下一个气缸的点火上止点,于是发动机就可快速起动了,而不必一定要与1缸同步。这种情况叫快速同步或快速起动功能。

软件基准标记是一个时刻点,控制单元从这一时刻开始计算,以便确定点火时刻。

软件基准标记比硬件件基准标记错后一个齿,约相当于1缸点火上止点前66°~67°。

2)正常值。装备VVT的EA111发动机,在正常状态怠速工况110°(一缸上止点到下一个凸轮轮下降沿的距离)。

3)此数据相关的故障原因分析。如果>113°,有可能是正时链拉长或配气相位不正确。

5. 第094组 VVT调节测试-短行程

数据流如下。

094	第1代VVT双列	行车/有负荷	B1/B2进气诊断	在功能04基本设定
数据项	发动机转速	VVT状态	B1诊断结果	B2诊断结果
规定值	2200r/min	ON/OFF	正在测试/测试关闭/系统正常/系统错误	
经验值	800r/min	ON	系统正常	系统正常
	第2代VVT双列	行车/有负荷	B1/B2进气诊断	在功能04基本设定
数据项	发动机转速	B1进气相位	B1诊断结果	B2诊断结果
规定值	2200r/min		正在测试/测试关闭/系统正常/系统错误	
经验值	800r/min		系统正常	系统正常
	第2代VVT双列	行车/有负荷	B1/B2进气诊断	在功能04基本设定
数据项	发动机转速	B1进气相位	B1诊断结果	B2诊断结果
规定值	2200r/min		正在测试/测试关闭/系统正常/系统错误	
经验值	800r/min		系统正常	系统正常

(1)基本设定过程

前提条件:冷却液温度>80℃

- 功能04(基本设置)–094。
- 用'激活'按钮启动短行程测试。
- 同时完全踩下制动踏板和加速踏板:发动机转速自动调整至2200r/min(根据发动机型号的不同,部分发动机会控制在2000r/min),094_3和094_4显示>'测试接通'。
- 等待'系统正常'出现在诊断结果区域中。

(2)故障分析

如果诊断结果是"系统错误":

- 读取故障码。如果故障码是16395(B1凸轮轴滞后调节)或16396(B1凸轮轴提前调节),表示凸轮轴调整电磁阀已将机油压力传至机械式凸轮轴调整器,但调整器未达到终点位置(如因运动困难);如果存在其他故障码,则按故障码提示进行检修。
- 检查机油质量及机油压力及机械。
- 如果仍未达到规定要求,尝试更换发动机控制单元。

第七章 090~098、110~119、142~144组 动力提升

6. 第095组 可变进气管长度

参见本章第二节

7. 第096组 排气VVT诊断-短行程

数据流如下。

096	第1代 VVT V型	行车/有负荷	B1/B2 排气诊断	在功能04 基本设定
数据项	发动机转速	VVT 状态	B1 诊断结果	B2 诊断结果
规定值	2200r/min	ON/OFF	正在测试/测试关闭/系统正常/系统错误	正在测试/测试关闭/系统正常/系统错误
经验值	800r/min	ON	系统正常	系统正常
	第2代 VVT V型	行车/有负荷	B1/B2 排气诊断	在功能04 基本设定
数据项	发动机转速	排气相位	B1 诊断结果	B2 诊断结果
规定值	2200r/min		正在测试/测试关闭/系统正常/系统错误	正在测试/测试关闭/系统正常/系统错误
经验值	800r/min		系统正常	系统正常

基本设定过程请参看第094组。

8. 第097组 进气口切换/雪地翻板

数据流如下。

097		急速	进气转换	
数据项	发动机转速	发动机负荷	水温/进气压力	进气转换
规定值	640~6800r/min	18%~23%	℃/bar	ON/OFF

进气口切换，主要是用于正常进风口和与排气管相连的进风口间切换，参见图 7-5。

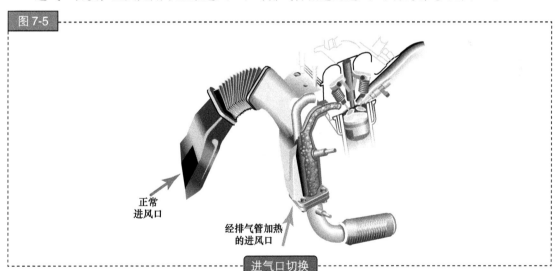

图 7-5

正常进风口

经排气管加热的进风口

进气口切换

9. 第098组 B2排气侧VVT

数据流如下。

098	第2代 VVT V型	行车/有负荷	排气凸轮轴 B2 VVT	
数据项	发动机转速	N319 调整	B2 排气调整目标值	B2 排气调整实际值
规定值	640~6800r/min	0%~100%	-5~57°KW	-5~57°KW
经验值	760r/min	43%~46%	34°KW	34°KW

二 相关原理说明-可变气门正时和可变气门升程

为了优化发动机转矩、提高发动机功率和降低排放,现在大部分奥迪/大众汽车都装备了气门控制机构。

气门控制机构分为可变气门升程和可变气门正时两大类。

1. 可变气门正时VVT

奥迪/大众采用两代可变气门正时,第一代是凸轮轴正时链驱动式VVT,第二代是叶片式VVT。

(1)第一代凸轮轴正时链驱动式VVT机构

由于第一代VVT结构特性,它仅能对进气凸轮轴正时进行调整,一般只有正常位置和提前位置两个状态。

工作过程:曲轴通过正时带驱动排气凸轮轴,排气凸轮轴通过正时链驱动进气凸轮轴。当需要调节进气门正时,VVT调节器作动,驱动正时链使得进气凸轮轴按目标值提前或延迟,参见图7-6。

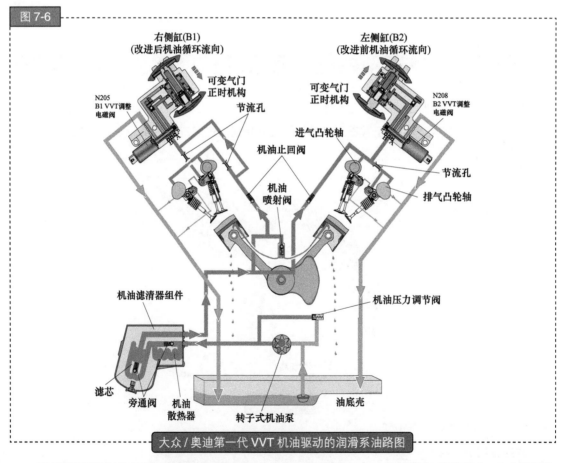

大众/奥迪第一代VVT机油驱动的润滑系油路图

当需要将进气凸轮轴调整到提前状态时,VVT调节器工作。由于排气凸轮轴与正时带固定而不能转动,因此进气凸轮轴向提前方向转动一定的角度。

发动机控制单元控制VVT电磁阀中通向执行缸的油路,使得VVT调节器上升或下降,从而调节进气凸轮轴提前或延迟,其工作过程见图7-7。

第七章 090~098、110~119、142~144组 动力提升

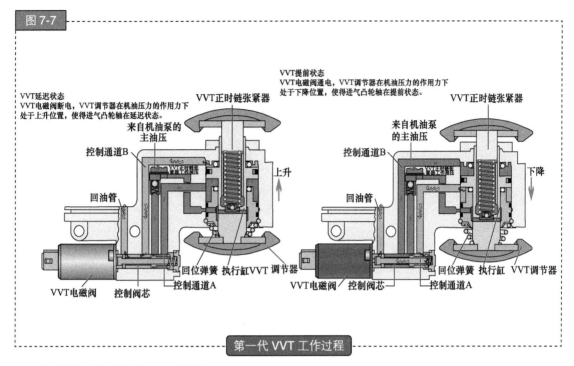

第一代 VVT 工作过程

（2）第二代叶片式 VVT 机构

由于叶片式 VVT 结构简单紧凑、容易控制且容易实现位置连续调整，现在大部分的汽车生产厂均采用此结构，参见图 7-8 和图 7-9。

它分仅进气凸轮轴调整和进排气凸经轴同时调节。

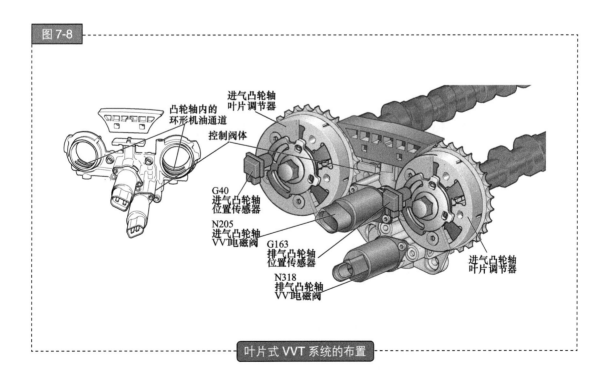

叶片式 VVT 系统的布置

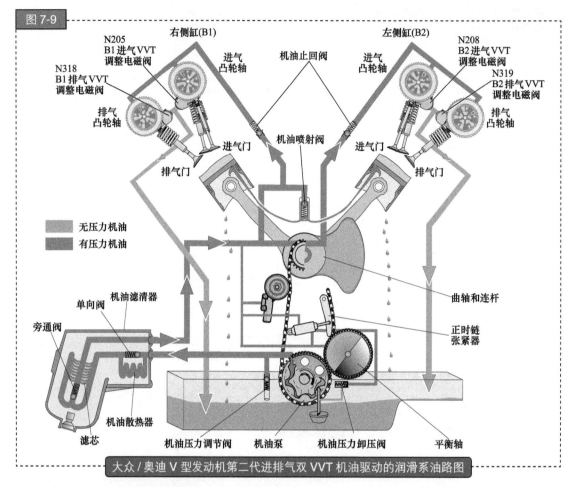

图 7-9 大众/奥迪 V 型发动机第二代进排气双 VVT 机油驱动的润滑系油路图

1) 叶片式 VVT 机构的组成。它包括以下部件：

① 进、排气凸轮轴叶片调节器。调节器安装在对应的凸轮轴上，根据发动机控制单元的信号进行调节。两个叶片调节器都是由液压操控的，并且通过控制阀体与发动机的机油油道连接。部分新型的调节器采用电磁阀控制。

在发动机起动后一小段时间内，机油油压并未立即传到 VVT 调节器时，锁销便锁定 VVT 调节器的叶片，防止其作动时产生撞击噪声。排气凸轮轴叶片调节器的组成类似，但多了回位弹簧。

② 控制阀体。控制阀体安装在缸盖上，内有分别通向两个调节器的机油通道。

③ 进、排气凸轮轴 VVT 电磁阀。安装在控制阀体中。发动机控制单元控制 VVT 电磁阀以改变压力机油的通道，从而控制对应的凸轮轴提前或延迟。

④ 排气凸轮轴调节器回位。起动发动机时，希望最小的气门重叠，确保无残余气体流回燃烧室。因此，当发动机停机时，排气凸轮轴调节器要锁入"提前位置"，进气凸轮轴调节器要锁入"延迟位置"。排气凸轮轴调节器被设定在与发动机旋转方向相反的方向。如果调节角度已达到最延迟状态时停机，仅仅靠机油压力可能无法提前。因此排气凸轮轴调节器上增加回位弹簧，与机油压力一起参与调节过程。

⑤ 锁止。当发动机停机时，排气凸轮轴调节器锁入提前位置，进气凸轮轴调节器锁入延迟位置。这样可防止在发动机起动过程中对凸轮轴进行调节，并且可快速起动发动机。此外，还可在发动机起动时防止产生噪声，参见图 7-10。

第七章　090~098、110~119、142~144组 动力提升

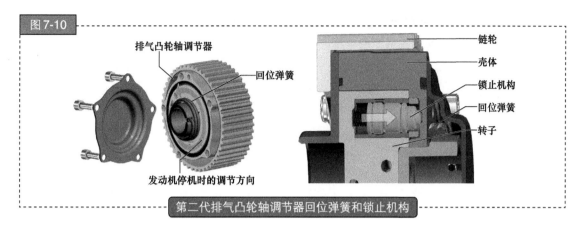

图7-10　第二代排气凸轮轴调节器回位弹簧和锁止机构

2) 叶片式 VVT 的控制方式。发动机控制单元根据各传感器的数据计算出最优的目标气门正时，然后通过 PWM 信号控制 VVT 电磁阀，使得压力机油进入相应的油道，然后调节叶片调节器的位置，达到控制气门正时的目的，参见图7-1。

3) 叶片式 VVT 的工作过程。现在以调节进气凸轮轴为例，说明叶片式 VVT 的工作过程。

① 延迟。VVT 电磁阀断电，电磁阀内的回位弹簧阀芯退回，压力机油作用在叶片室的延迟侧，进气凸轮轴向气门正时的延迟方向旋转，参见图7-11。

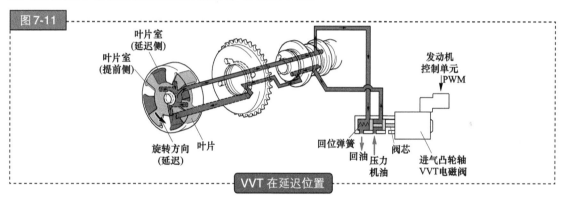

图7-11　VVT 在延迟位置

② 保持。当实际气门正时与目标气门正时相等时，发动机控制单元控制 VVT 电磁阀至两个回油道处于关闭状态，叶片处于相对静止状态，参见图7-12。

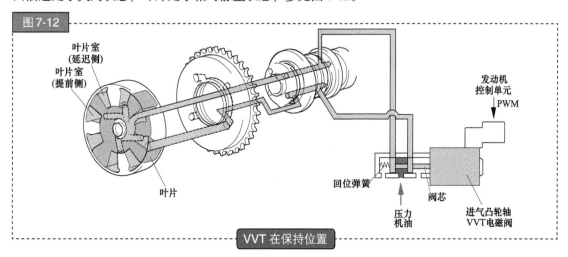

图7-12　VVT 在保持位置

③ 提前。发动机控制单元通电控制 VVT 电磁阀的阀芯，使得压力机油作用于叶片室的提前侧，进气凸轮轴向气门正时提前方向旋转，参见图 7-13。

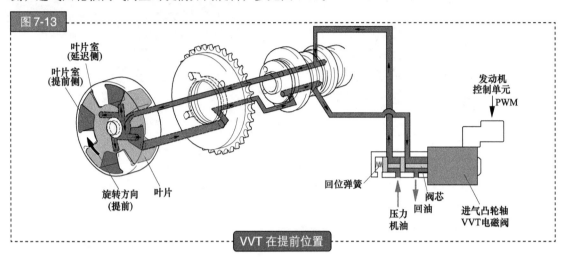

图 7-13

VVT 在提前位置

排气凸轮轴的变化与进气凸轮轴类似。

2. 可变气门升程 AVS

为了提高驾驶舒适性、降低油耗，奥迪在 2006 年开始装备可变气门升程系统，奥迪称为 AVS。

（1）进气 AVS

在 2006 年 11 月，奥迪第一次在 A6 装备 AVS 的 V6 2.8L 发动机，其发动机代码为 BDX，自然进气，AVS 安装在进气侧。

AVS 可实现气门升程的二级控制。凸轮轴直接操纵 AVS，这在设计气门升程曲线时具有明显的优势。

AVS 采用凸轮块结构，它装在进气凸轮轴上，可以轴向移动。紧密相邻的是两个凸圆形状不同的凸轮，一个升程小，一个升程大。根据发动机负荷大小控制凸轮块位置，从而改变气门升程，参见图 7-14。

图 7-14

进气侧装备 AVS 的 BDX 发动机

第七章　090~098、110~119、142~144组 动力提升

在部分负荷时（采用较小的凸轮外形），气门开启是不对称的。一方面是因为凸轮的形状使得一个进气门比另一个进气门升程更大（2mm 和 5.7mm），另一方面是因为较小凸轮外形的气门开启时间也是不同的。

另外，气门小升程的凸轮形状是按照让两个进气门同时打开这一原则来设计的，但第二个进气门的关闭却稍晚，再加上缸盖中进气门特殊的遮蔽形状，就可使得吸入燃烧室的气体呈高流速和旋转运动状态，参见图 7-15。

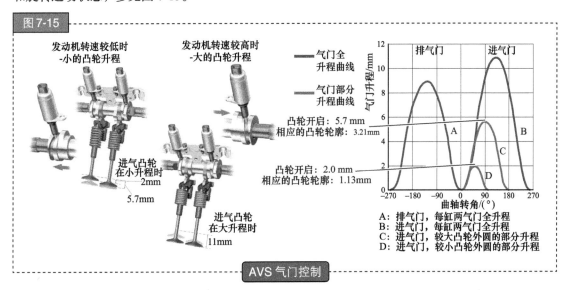

图 7-15　AVS 气门控制

另外，这些新吸入的气体通过 FSI——专门设计的活塞顶面形状，就生成了圆筒状涡流进气。这种特殊的组合可使喷射出的燃油获得极佳的混合效果。正是由于这个原因，就不再使用进气歧管翻板了。

涡流与旋流的区别见图 7-16。

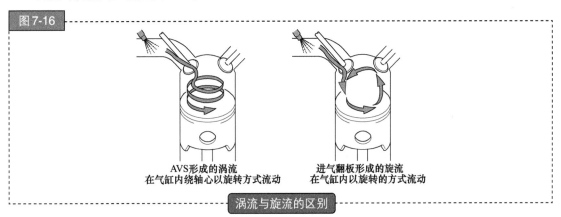

图 7-16　涡流与旋流的区别

（2）排气 AVS

在 2008 年 6 月，奥迪在链条驱动的 4 缸 TFSI 形式的 EA888 发动机系列中，装备了 AVS。由于此系列发动机装备涡轮增压系统，所以 AVS 装备在排气侧。

在此情况下，点火顺序是独立的，例如，废气涡轮增压器是脉冲增压。"点火顺序独立"表明在一个气缸排气行程中产生的气体脉冲，由于"交错"缘故不会影响前一气缸的排气行程。通过进气道的合理设计可以形成所谓的"脉冲增压"。

4缸 TFSI 发动机奥迪可变气门升程系统的结构和功能，与6缸自然吸气发动机上的该系统相似。但是，应用的热力学效应不同。

在发动机低转速情况下，使用一个较窄的凸轮导向叶片。而在发动机高转速的情况下，系统切换到宽的，基本型凸轮导向叶片。

窄型凸轮导向叶片可延迟打开排气门。由于曲轴转角偏差 180° 的气缸预排气脉冲（在排气门打开时），该效应在气门交错阶段可阻止废气回流。这样可提前进气配气正时。

正压力坡度可有效提高燃烧室的吸气效率，这样就大大增强了雾化作用。首先，通过降低气缸里的残留气体，其次通过调整进气配气提前角（因为在下止点后只能吸进少量空气）就可以生成正压力坡度。

这些改进使得发动机在低转速情况下具有良好的性能和更大的转矩。因此，可以快速建立起增压压力。转矩曲线越陡峭，驾驶人在加速时越注意不到涡轮迟滞，参见图 7-17。

凸轮节上每个气门有两个凸轮导向叶片。凸轮正时根据发动机的特性要求而配置。

小凸轮转动获得气门升程为 6.35 mm。打开角度为 180° 曲轴转角。排气门在上止点后 2° 关闭。大凸轮转动获得最大升程为 10 mm，打开角度为 215° 曲轴转角。排气门在上止点前 8° 关闭。

图 7-17 排气侧 AVS 结构示意图

3. VVT的配置

随车 VVT 技术的不断发展，并且不同的生产厂对发动机性能、油耗、排放和成本有不同的要求，现在有几种 VVT，具体如下。

VVT 配置	说明	相位调节示意图 ——固定相位 ……可变正时 排气 进气	对发动机性能的影响			
			怠速	扭矩/功率	燃油经济性	排放
单排气 连续可调	1997-现在 以达到降低排放的美国车为代表		👍	👍	👍👍	👍👍
单进气 连续可调	1995-现在 奥迪、大众车多采用此形式		👍	👍	👍	👍
进排气 等相位 连续可调	较少车采用，例如日产 200X				👍👍	👍
进排气 独立 连续可调	1996-现在 旧款的奥迪已采用，大众刚开始采用	👍👍	👍👍	👍👍	👍👍

第七章　090~098、110~119、142~144组 动力提升

① 单排气连续可调：在部分负荷（部分节气门开度），推迟排气凸轮轴，延迟排气门的关闭，以增加残余废气的稀释，同时也延迟了排气门的打开以增加膨胀功。

② 单进气连续可调：在部分节气门开度和在发动机低速至中等转速范围内 WOT（节气门全开）时，进气凸轮轴提前使进气门较早打开，增加残余废气的稀释，同时使进气门在压缩行程较早关闭以提高功率。当发动机冷态时，较早打开进气门加热进气冲量，以改善燃油的蒸发从而减少 HC 排放；当发动机暖机后，残余的已燃烧气体限制了最高燃烧温度从而降低 NO_x 的形成。

③ 进排气等相位连续可调：将进气和排气凸轮轴从缺省的最提前位置推迟，以增加 ERG 残余量，同时利用降低进气真空减少泵气损失提高燃油经济性。当活塞处于进气行程时，通过晚关排气门利用回流以得到用于控制 NO_x 的残余废气量。

④ 进排气独立连续可调：综合单排气连续可调和单进气连续可调的优点。

4. VVT 控制策略

不带 VVT 的发动机，其配气正时是固定的，为了依靠惯性增加进气和排气效率，所以按照曲轴转角或活塞位置设定进气门正好在上止点前开启，下止点后关闭；排配气则在下止点前开启，上止点后关闭，参见图 7-18。

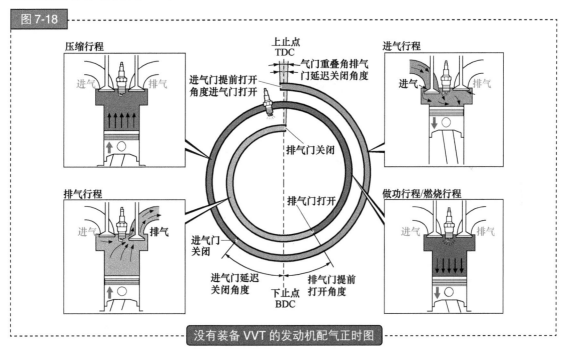

图 7-18　没有装备 VVT 的发动机配气正时图

VVT 系统优化气门正时从而提高功率输出、改善燃料消耗率和减少废气排放。

本文以进排气独立连续可调的配置，说明 VVT 的控制策略。

下面参见图 7-19 说明各工况下 VVT 的变化及其目的。

（1）在轻负荷工况时 VVT 的控制策略

工况：起动、低温、急速、轻负荷

目的：减少气门重叠、减少内部 EGR

效果：稳定燃烧、提高燃油经济性，保证发动机运转平稳

急速时，发动机不需要产生驱动车辆的动力，要求急速平稳。急速时，发动机转速低，活塞移动速度较慢，导致进气延迟较小，进气门不需要早开。此时由于节气门接近关闭，进气歧管真

空强。进气门和排气门同时打开的状态称为气门重叠,在此状态下高压的废气会大量进入真空状态的进气口,当混合气被废气稀释后会导致燃烧不稳定,造成发动机不稳。不带 VVT 的发动机,气门正时是固定的,怠速时不可避免气门重叠,因此为了稳定怠速,只能将怠速转速调高至某一转速。在 VVT 发动机中,怠速时可将调整进排气门正时至没有气门重叠,因此混合气不会受到废气的稀释,燃烧稳定,怠速转速也变得稳定。这样即使发动机转速较低,也能获得稳定的转速。并且由于发动机怠速转速下降,油耗会降低,参见图 7-20。

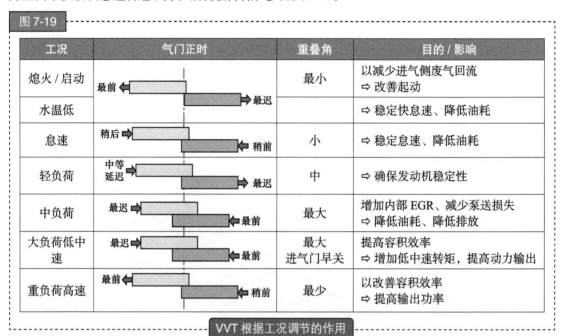

图 7-19　VVT 根据工况调节的作用

工况	气门正时	重叠角	目的 / 影响
熄火 / 启动	最前 → ← 最迟	最小	以减少进气侧废气回流 ⇨ 改善起动
水温低			⇨ 稳定快怠速、降低油耗
怠速	稍后 → ← 稍前	小	⇨ 稳定怠速、降低油耗
轻负荷	中等延迟 → ← 最迟	中	⇨ 确保发动机稳定性
中负荷	最迟 → ← 最前	最大	增加内部 EGR、减少泵送损失 ⇨ 降低油耗、降低排放
大负荷低中速	最迟 → ← 最前	最大 进气门早关	提高容积效率 ⇨ 增加低中速转矩,提高动力输出
重负荷高速	最前 → ← 稍前	最少	以改善容积效率 ⇨ 提高输出功率

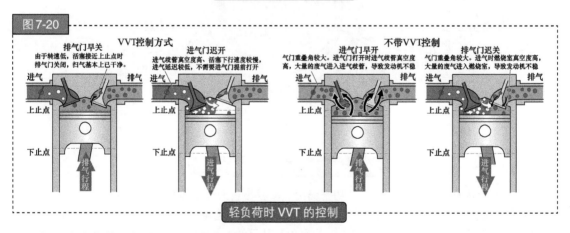

图 7-20　轻负荷时 VVT 的控制

（2）在中负荷工况时 VVT 的控制策略

在中负荷工况,是指轻踩加速踏板。在发动机负荷不大的情况下,如巡航、轻加速、爬缓坡。在此工况,VVT 会提前进气门、延迟排气门,以增加气门重叠。此时有效地利用气门重叠。气门重叠对怠速有不良影响,但对一般行驶工况如何作用的？怠速时气门重叠会造成高压废气回流进口,而对混合气产生不良的影响。然而,在一般行驶工况发动机转速较高,并不会造成运转不稳定。而且,在一般行驶工况不需要产生大转矩输出,发动机动力尚有很多余预。进气门早开,增加气门重叠度数,利用废气回流减弱进气的真空,这样在进气行程中活塞下行时吸入混合气的

第七章　090~098、110~119、142~144组 动力提升

阻力就会减少泵气损失。换句话说，在活塞下行时真空吸力对活塞的反拉力量会减少，进而可提升燃油经济性，此时为满足发动机的需求，节气门开度会增大，减少节流损失。

将废气导回进气口尚有其他重要的意义：可降低排放。首先，在废气中未完全燃烧的汽油 HC 会被导回进气口，然后进入气缸再燃烧，以此方法即可降低 HC 排放。同时，无法燃烧的废气再导回混合气中，可降低燃烧温度，进而将 NO_x 的产生量减至最低。

因此，在一般行驶工况下，VVT 将进气门提前排气门延迟，可提供行驶的动力，并降低油耗和排放，参见图 7-21。

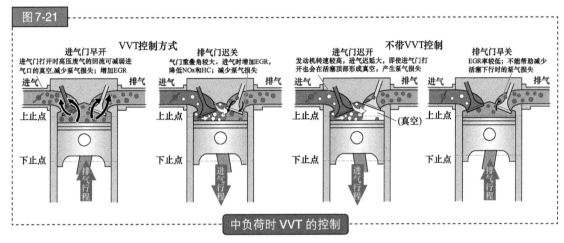

图 7-21　中负荷时 VVT 的控制

（3）在低中转速大负荷工况时 VVT 的控制策略

进气门提前关闭：提高充气效率（减少废气进入进气侧）
排气门延迟打开：充分利用燃烧压力

加速踏板全程踩的重负荷时，例如超速或爬陡坡时，此时发动机必须输出最大的转矩。此时 VVT 会提前进气门、延迟排气门，其变化与一般行驶工况相同，但最终目的是不一样的。

当驾驶人将加速踏板全程踩下之初，发动机转速尚低、活塞运动速度较慢，混合气进气延时较短。在此状况下，如果进气门延后关闭，则气缸内的混合气会被推回进气口。如此一来，气缸内的混合气数量就会减少。因此，为了使气缸内的混合气不会推回，将进气凸轮轴提前，以提早关闭进气门。基于此因素，进气门打开的角度也会提前，气门重叠角增加。因为节气门开度大，进气歧管的压力接近大气压力，真空最小，因此被吸回进气口的量会小于一般行驶工况的量，参见图 7-22。

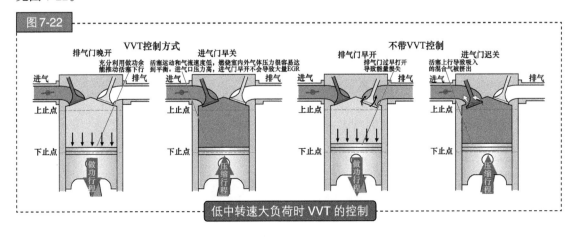

图 7-22　低中转速大负荷时 VVT 的控制

（4）在高转速大负荷工况时 VVT 的控制策略

当驾驶人持续踩下加速踏板而发动机转速提高时，进气延迟会变大。VVT 会逐渐延迟进气门正时，以补偿进气延迟。使进气量保持在较大的状况。当加速踏板全程踩下时，VVT 会尽可能增加混合气吸入量，以提升发动机功率至最大，参见图 7-23。

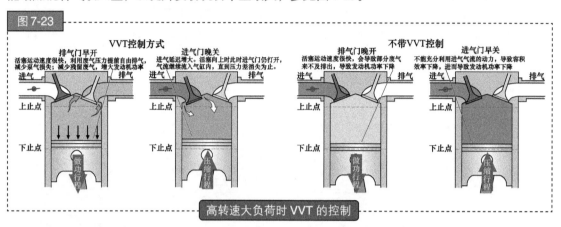

图 7-23

三、常见故障码

奥迪 / 大众有几个与 G28（曲轴位置传感器）和 G40（凸轮轴位置传感器）相关的故障。应该弄清它们的关系，这对维修有很大帮助。

G40 凸轮轴位置传感器和 G28 曲轴位置传感器之间的安装关系，是相邻采样的两个相位信号应该在高电平和低电平之间规律地交替变化，即"低高 低高 低高 低高"或"高低 高低 高低 高低"，参见图 7-24。

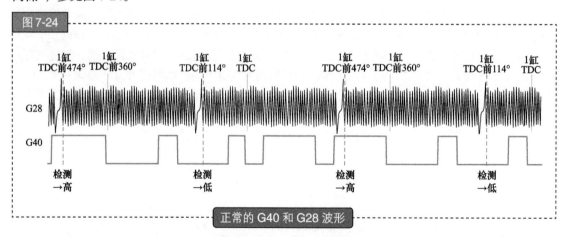

图 7-24

（1）P0016——G40 与 G28 位置不合理

说明：发动机正在起动或运行，G28 与 G40 信号已同步。VVT 调整时，G40 提前量比目标值 >9°、或延迟量 >12°。故障原因可能是 G28 和 G40 传感器及信号盘安装不正确、正时链条张紧器故障 / 安装不正确 / 间隙过大 / 跳齿、VVT 执行器卡在最大提前位置或最大延迟位置，参见图 7-25。

维修建议：先通过 091_3、091_4、093_3 这三组数据进行分析，并且需要拆检配气正时。

例 1. EA888 正时链跳齿后，会出现 P0016 的故障码，参见图 7-26。

第七章　090~098、110~119、142~144组 动力提升

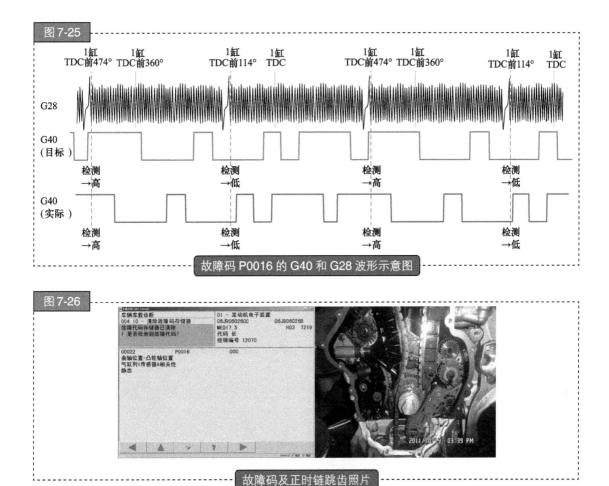

故障码 P0016 的 G40 和 G28 波形示意图

故障码及正时链跳齿照片

例2. N205 VVT 电磁阀内部由于有杂质导致发卡后，也会出现 P0016 的故障码，参见图 7-27。

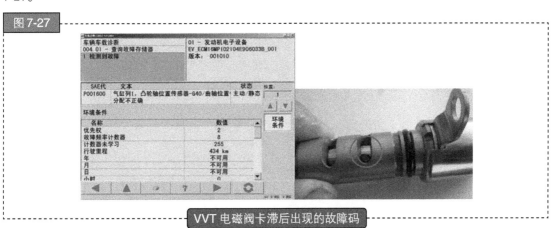

VVT 电磁阀卡滞后出现的故障码

例3. 一辆全新捷达商品车，到维修站后起动机转动正常，但不能起动。经检查，点火和喷油正常，并存在以下故障码。经检查，机械的配气正时正确。此车的标准气缸压力是 10~15bar，但此车 4 个缸都是 18bar，参见图 7-28。

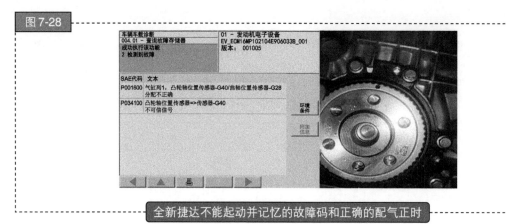

图 7-28 全新捷达不能起动并记忆的故障码和正确的配气正时

初步判断是机械原因导致。更换缸盖和不带 N205 的 VVT 机构后，故障码和缸压仍一样，只是可以起动但没有怠速。由于故障码指向是配气相位不正确、气缸压力过高，判断仍是配气相位问题，影响配气相位的还有 VVT。于是检查 N205 VVT 电磁阀，发现在卡在最提前位置。更换后故障解决。

（2）P0341——G40 传感器信号不合理

说明：系统检测到 G40 的有效边沿，但在 G40 两个相邻信号采样窗口处理不稳定的变化中，即 00/01/10/11，参见图 7-29。

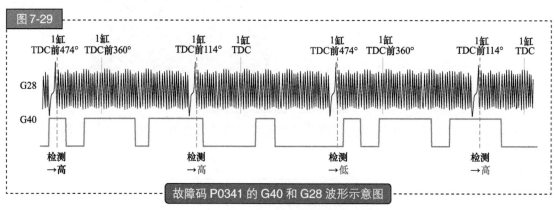

图 7-29 故障码 P0341 的 G40 和 G28 波形示意图

此故障在奥迪/大众车较多出现，故障码及数据流参见图 7-30。此故障的常见原因有以下几种。

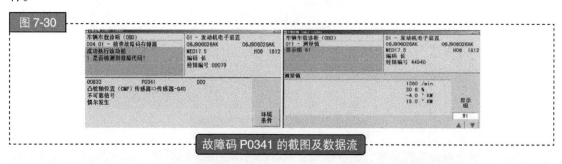

图 7-30 故障码 P0341 的截图及数据流

① 锁销不能锁止。当发动机停机前，进气 VVT 通过发动机曲轴的拉力使 VVT 叶片调节器回到最延迟状态、排气 VVT 通过回位弹簧的张力回到最提前状态，此时锁销弹出，固定叶片调

第七章　090~098、110~119、142~144组 动力提升

节器。发动机起动过程，由于转速不稳定，同时导致机油压力不稳定，此时的机油压力不足以顶开锁销，叶片调节器固定在外壳中。如果锁销不能锁止，不稳定的机油压力会导致叶片调节器不受控制的动作，与外壳产生撞击声音；并且会导致凸轮轴不受控制地转动，使得 G40 与 G28 的相对位置不断变化，从而产生 P0341 故障码。

可能产生故障的现象：偶尔热车难起动、起动后正常。

检测方案：热车关闭点火开关后，凸轮轴如果能自由转动没有锁止，就是此故障

② 机油压力不足，机油质量差并可能导致 VVT 机构发卡/磨损。此时 VVT 叶片调节器不受控制，也会产生 P0341 故障码。

可能产生故障的现象：急加速、高速或急转弯时出现故障码。

检测方案：模拟故障工况，通过发动机数据流中的实际凸轮轴角度与目标值对比，如果存在较大差异，就需要认真检测润滑系。例如，油底壳被撞扁的位置刚好在机油泵的吸入口，能满足发动机正常运转的机油流量；在急转弯并加速时，机油流量不足，从而导致 VVT 不受控制，产生 P0341 故障码。

③ VVT 电磁阀及线路故障。排除以上两种原因后，需要对 VVT 电磁阀及线路进行检测，必要时还须更换 ECM 试试。

可能产生故障的现象：没有一定的规律。

（3）P0342——G40 信号电路电压过低

系统检测 G40 不存在有效的边沿，且其一直处于低电平状态。而 P0340 是检测到 G40 有高、低电位变化。故障原因可能是 G40 电路对地短路等，参见图 7-31。

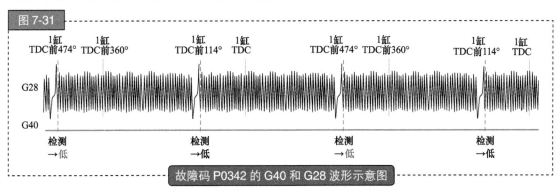

故障码 P0342 的 G40 和 G28 波形示意图

（4）P0343——G40 信号电路电压过高

系统检测 G40 不存在有效的边沿，且其一直处于高电平状态。而 P0340 是检测到 G40 有高、低电位变化。故障原因可能是 G40 电路对电源短路或断路等，参见图 7-32。

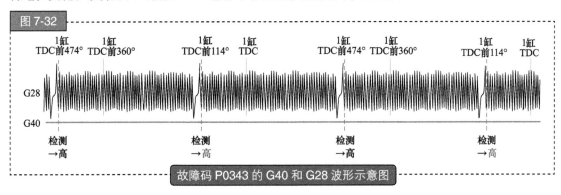

故障码 P0343 的 G40 和 G28 波形示意图

总监这样分析汽车数据流

例如,一辆 CC 2.0TSI,出现热车难起动的故障。已更换 G40,仍出现 P0343 的故障码,参见图 7-33。

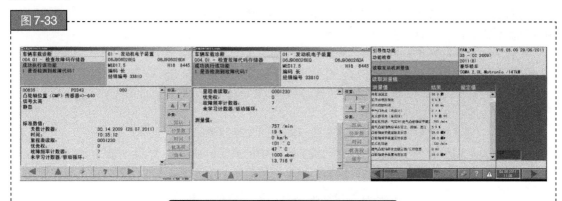

图 7-33 故障码及部分数据流(正常起动后的数据)

由于 P0343 故障码说明 G40 一直处于高电位,线路故障的可能性最大。最后发现是 ECM 接插中的 G40 接脚接触不良。

(5)配气相关故障码建议维修方案

故障码	含义	故障码标准和阀值	更换零件优先级		
			1	2	3
P0341	G40 线路范围/性能	没有检测到缺齿信号超过 12 次	进气侧凸轮轴位置传感器	进气侧四位三通阀	进气侧凸轮轴
P0016	G40 与 G28 位置不合理	G40 提前量比目标值 >9°、或延迟量 >12°	进气侧四位三通阀	进气侧凸轮轴	轴承桥
P0011	B1 进气侧凸轮提前过度	G40 提前量比目标值 >8°	进气侧四位三通阀	进气侧凸轮轴	
P000A	B1 凸轮调节过慢	G40 提前量比目标值慢 >1.9~4.2°/s	进气侧四位三通阀	进气侧凸轮轴	
P0366	G163 线路范围/性能	没有检测到缺齿信号超过 12 次	排气侧凸轮轴位置传感器	排气侧四位三通阀	排气侧凸轮轴
P0017	G163 与 G28 位置不合理	G163 提前量比目标值 >9°、或延迟量 >12°	排气侧四位三通阀	排气侧凸轮轴	
P0014	B1 进气侧凸轮提前过度	G163 提前量比目标值 >8°	排气侧四位三通阀	排气侧凸轮轴	
P000B	B1 凸轮调节过慢	G163 提前量比目标值慢 >1.9~4.2°/s	排气侧四位三通阀	排气侧凸轮轴	

四 故障案例

1. 奥迪2.4怠速抖动、加速喘振

车型:装备 APS V6 发动机的 2004 款奥迪 2.4,单进气可变第 1 代 VVT。

故障现象:在其他维修站大修发动机后,出现怠速抖动、加速喘振现象。正常行驶感觉动力稍有不足。

第七章 090~098、110~119、142~144组 动力提升

初步诊断:进行断缸试验,各缸均工作;火花塞正常,无漏气,已清洗节气门;配气相位正确。故障码为凸轮轴故障。

采集主要数据流如下:

093	第1代VVT V型	行车/有负荷	进气VVT 匹配	
数据项	发动机转速	发动机负荷	B1相位差值	B2相位差值
实际值	760r/min	23%	0°KW	25°KW
经验值	800r/min	18%	0°KW	0°KW

数据流分析:在怠速工况时,控制B2 VT的N208应是正常状态,不进行调整。但从093_4可看到,已将VVT调整至最提前的极限。由于配气相位正确,有可能是N208的油道调整错误。

故障检查:拆下N208,发现其零件编号正常为087C,但此车被维修人员误装为088C(N205零件编号)。

维修方案:更换正确的N08,故障解决。

技术原理说明:对于V6发动机的调节方式,从上向下看,排气凸轮轴安装在外侧、进气凸轮轴安装在内侧(见图7-34和图7-35),左侧和右侧的VVT的调节向相反的方向进行。因此,如果将调整电磁阀零件安装错误,将会导致调节错误。

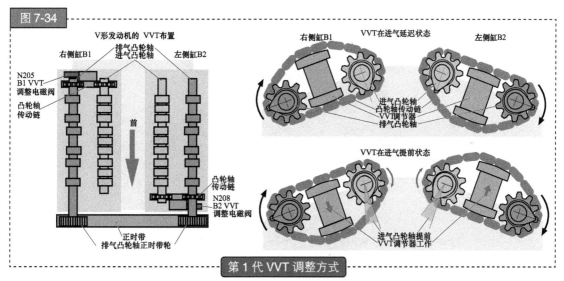

图7-34 第1代VVT调整方式

2. 奥迪A6 2.4怠速抖动

车型:装备APS发动机的2004款奥迪2.4,单进气可变第1代VVT。

故障现象:由于VVT机构异响到其他维修站更换后,出现怠速抖动的故障,急加速和高速行驶感觉正常。

初步诊断:发动机起动后,发动机排放指示灯点亮,通过VAS读得其故障码为00515——凸轮轴位置传感器。清除故障码,起动数次后故障码再次出现。气缸压力正常;已更换喷油器,故障仍未能解决。

采集的主要数据流:

图7-35 第1代VVT V型发动机的布置形式

总监这样分析汽车数据流

003		带 HFM		急速			
数据项	发动机转速		进气量		节气门开度（G187）		点火提前角
实际值	820r/min		3.7g/s		2.8%		3°BTDC
经验值	700~860r/min		2.0~4.5g/s		0.2%~4.0%		3~6°BTDC
093		第1代 VVT V 型		行车/有负荷		进气 VVT 匹配	进气 VVT 匹配
数据项	发动机转速		发动机负荷		B1 相位差值		B2 相位差值
规定值	640~6800r/min		0%~150%		−6°KW		1°KW
经验值	800r/min		18%		0°KW		0°KW

数据流分析：根据 093_3 的数据，初步判断配气正时不正确。

故障检查：拆检发动机，发现右侧排气凸轮轴带轮上的标记与气缸罩盖上的标记对齐，曲轴正时标记正确。拆下右侧发动机气缸罩盖检查排气凸轮轴与进气凸轮轴的正时，将进排气凸轮轴上的花键槽与轴承盖上的标记对齐，此时进排气凸轮轴上的花键槽之间应该有 16 个传动链辊（见图 7-36），但此车进排气凸轮轴上的花键槽之间却是 15 个传动链辊。

解决方案：按维修手册要求，将进排气凸轮轴上的花键槽之间的传动链节调整为 16 个。装复后 093_3 为 −1°KW，00515 故障码删除后不再出现，急速正常。故障解决。

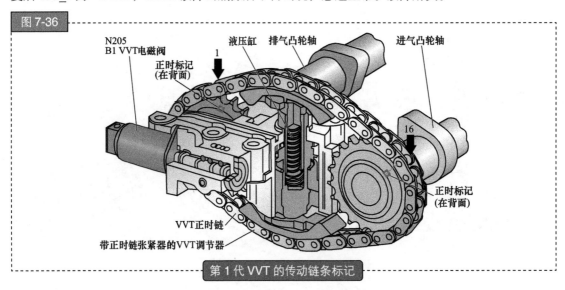

图 7-36 第1代 VVT 的传动链条标记

进排气凸轮轴传动链辊安装错齿后的数据说明：进排凸轮轴链轮均为 21 齿，每个齿相对曲轴转角为 360°X 2 / 21=34.3°。排气凸轮轴由曲轴的正时链直接驱动，凸轮轴位置传感器安装在进气侧，因此：

- 如果安装为 15 个链辊，相当于进气凸轮轴延迟 34.3°，但 093_3 和 093_4 默认最小值为 −6°，所以显示为 −6°。

- 如果安装为 17 个链辊，相当于进气凸轮轴提前 34.3°，但 093_3 和 093_4 默认最小值为 25°，所以显示为 25°。此时还可能出现故障码 17748（凸轮轴位置传感器或曲轴位置传感器位置排列不正确），并伴有起动困难，特别是冷车时。

3. 高尔夫6 GTi 转速到约 2000rpm 时高压油泵有响声

车型：装备 EA888 发动机的 2011 款高尔夫 A6，单进气可变第 2 代 VVT，发动机管理系统为 MED17.5。VIN：LFV3B21K8A3……。

第七章 090~098、110~119、142~144组 动力提升

故障现象：发动机大修后，发现有一个气门的响声过大，因此重新拆卸凸轮轴、更换了3个气门液压挺柱、重新对正时。在刚起动时，有点不好起动，起动后急速有点抖动，加油到2000左右时，高压油泵会有响声。

初步诊断：发动机起动后，发动机排放指示灯点亮，通过VAS读得其故障码为00022，参见图7-37。

图7-37

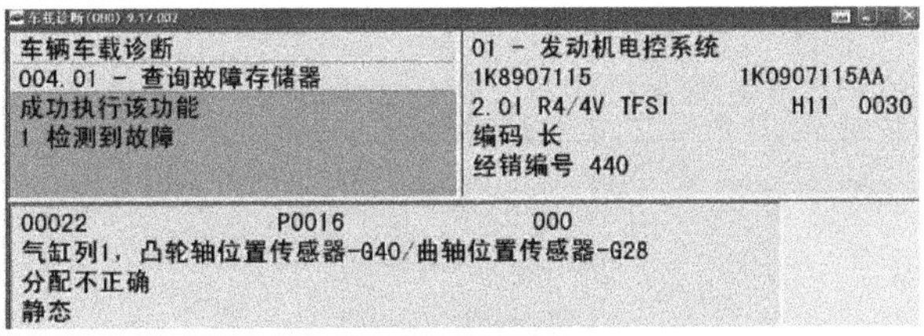

```
车辆车载诊断
004.01 - 查询故障存储器          01 - 发动机电控系统
成功执行该功能                    1K8907115      1K0907115AA
1 检测到故障                      2.0l R4/4V TFSI   H11  0030
                                  编码 长
                                  经销编号 440

00022          P0016              000
气缸列1，凸轮轴位置传感器-G40/曲轴位置传感器-G28
分配不正确
静态
```

故障码截图

采集的主要数据流如下：

001	单列	急速		
数据项	发动机转速	冷却液温度	TWC前氧修正值	基本设定所需的工况
实际值	800r/min	47.0℃	25.0%	00111110
经验值	680r/min	84~94.5℃	−10.0%~10.0%	11111111
002	装备HFM/TSI	急速		
数据项	发动机转速	发动机负荷	喷油脉宽	进气量
实际值	760r/min	23.31%	1.78ms	3.86g/s
经验值	680r/min	17%	0.51~0.75ms	2.9g/s
091	第2代VVT	急速	进气凸轮轴B1 VVT	
数据项	发动机转速	N205调整	B1进气调整目标值	B1进气调整实际值
实际值	720r/min	5.88%	28.0°KW	28.0°KW
经验值 *1	680r/min	5.90%	19.5°KW	19.5°KW
093	第2代进VVT 单列 *1	急速	VVT匹配	
数据项	发动机转速	发动机负荷	B1相位差值	
实际值	720r/min	22.55%	19.075°KW	
经验值	680r/min	18%	−1~+1°KW	
094	第2代VVT 单列	急速	B1进气诊断	在功能04基本设定
数据项	发动机转速	B1进气调整实际值	B1诊断结果	
实际值	720r/min	28.0°KW	测试关闭	
经验值	680r/min	19.5°KW	系统正常	

数据流分析：093_3已超出正常范围，根据其数据判断已跳了3个齿。

解决方案：重新拆检发动机并调节配气正时。

本案例的其他故障分析：由于跳齿，配气相位不正确，导致起动困难；在转速较高时，由于电磁阀的开启和关闭角度不对，导致高压泵异响。

4. 迈腾1.4TSI发动机汽油消耗高

车型：装备CFB/EA111发动机的2015款迈腾1.4TSI，单进气可变第二代VVT，发动机管

理系统为 MED17.5.20。

故障现象：车辆行驶了 11 万 km，车主反映汽油消耗大。

故障诊断：采集的主要数据流如下。

001	单列	急速		
数据项	发动机转速	冷却液温度	TWC 前氧修正值	基本设定所需的工况
实际值	680r/min	84.0℃	00.0%	00110111
经验值	680r/min	84~94.5℃	-10.0%~10.0%	11111111
002	装备 MAP/TSI	急速		
数据项	发动机转速	发动机负荷	喷油脉宽	进气压力
实际值	680r/min	26.30%	0.77ms	410.0mbar
经验值	680r/min	17%	0.51~0.75ms	290~320mbar
032		急速 / 行车	λ 学习值 / 长效修正 - 最大值	
数据项	B1 急速 λ 学习值 +	B1 部分负荷 λ 学习值 x		
实际值	-2.9%	5.1%		
经验值	-3%~3%	-5%~5%		
093	第 2 代 进 VVT 单列 *2	急速	VVT 匹配值	
数据项	B1 进气相位			
实际值	117.95°KW			
经验值	110°KW			
106	EA111/MED17.5.20	急速	燃油压力	高压泵
数据项	燃油分配管目标压力	低压油泵状态		停止工作时间
实际值	134.92 bar	ON		613.00 s
经验值	50bar	开		

数据流分析：093_1 已超出正常范围，导致高压油泵控制的起动位置不准，使得 106_1 中的油压过高。油压过高，导致 002_3 的喷油脉宽缩短，但发动机负荷增大，油耗增加。

解决方案：更换正时链后，093_1 为 108.94°（参见图 7-38），高压压力 106_1 为 50bar，正常。

图 7-38 更换正时链后的数据

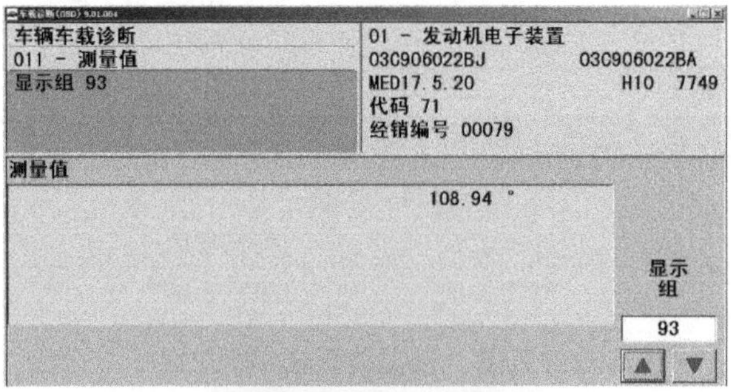

5. 迈腾1.8TSI发动机暖车难起动

车型：装备 BYJ/EA888 发动机 2010 款迈腾 1.8TSI，单进气可变第二代 VVT，发动机管理系统为 MED17.5。VIN：LFV3A23C4A3…。

第七章　090~098、110~119、142~144组 动力提升

故障现象：车辆行驶 8000km，使用半年。冷车和热车都容易起动。如果冷车行驶几公里后停车熄火，很多情况下很难起动，需要很长时间转动起动机才能勉强起动。怠速、急加速、高速一切正常。

已进行的维修：通过 VAS 读取的故障码为 16725（凸轮轴位置传感器 => 传感器 -G40 信号错误，间歇性），故障码可以清除，在多次起动失败后故障码会再次出现。经检查，机油正常、机油压力 3.0bar 左右；已更换 G40（凸轮轴位置传感器）、G28（曲轴位置传感器）、N205、ECM、发动机线束、低压油泵、低压油泵控制单元、高压油泵；喷油器采用免拆清洗，故障仍未解决。此故障已出现半年并多次维修。

故障诊断：采集相关数据流如下。

001	单列	怠速		
数据项	发动机转速	冷却液温度	TWC 前氧修正值	基本设定所需的工况
实际值	720r/min	97.0℃	-3.50%	10111111
经验值	680r/min	84~94.5℃	-10.0%~10.0%	11111111
002	装备 HFM/TSI	怠速		
数据项	发动机转速	发动机负荷	喷油脉宽	进气量
实际值	720r/min	17.30%	1.02ms	2.44g/s
经验值	680r/min	17%	0.51~0.75ms	2.9g/s
032		怠速/行车	λ 学习值/长效修正-最大值	
数据项	B1 怠速 λ 学习值 +	B1 部分负荷 λ 学习值 x		
实际值	0.2%	-9.4%		
经验值	-3%~3%	-5%~5%		
091	第 2 代 VVT	怠速	进气凸轮轴 B1 VVT	
数据项	发动机转速	N205 调整	B1 进气调整目标值	B1 进气调整实际值
规定值	720r/min	48.6%	34°KW	33.5°KW
经验值 *2	760r/min	43%~46%	34°KW	34°KW
093	第 2 代 进 VVT 单列 *2	怠速	VVT 匹配值	
数据项	发动机转速	发动机负荷	B1 相位差值	
实际值	720r/min	17.3%	0.61°KW	
经验值	680r/min	18%	-1~+1°KW	
094	第 2 代 VVT 单列	怠速	B1 进气诊断	在功能 04 基本设定
数据项	发动机转速	B1 进气调整实际值	B1 诊断结果	
实际值	720r/min	34.0°KW	测试关闭	
经验值	680r/min	34°KW	系统正常	

数据流分析：从以上数据流可以看到，发动机在怠速工况时系统正常。根据故障码出现的条件，判断故障点与起动工况、凸轮轴位置相关，初步判断有可能是 VVT 锁销不能锁定 VVT 叶片。

解决方案：由于大众不允许拆检 VVT 机构，将新的 VVT 机构装车后，故障解决。

故障原因：经对 VVT 机构拆检，发现锁销和锁销孔有少量胶质，导致锁销不能顺利进入锁销孔。有可能是车主使用劣质机油导致的。

故障现象说明：在冷起动时，尽管此时锁销没有锁定 VVT 叶片，导致进气门开启时间不受控制，但较浓的混合气可使发动机顺利起动；在热车时，胶质软化，锁销容易进入锁销孔；但在

暖车时起动时，混合气不是很浓，VVT叶片不断变化导致进气门开启时间也随着变化，产生起动困难的故障，并生成16725故障码，参见图7-39。

6. B7迈腾CGM发动机可变气门处异响

车型：装备第二代EA888发动机的2012款迈腾B7 2.0TSI。VIN为LFV3A23C6B30xxxxx，CGM093xxx。行驶里程1.2万km，使用时间6.5年。

故障现象：踩下加速踏板后，发动机正时链条部位"哒哒"异响，转速越高响声越大。仪表显示屏提示"发动机故障"，EPC和排放指示灯点亮。

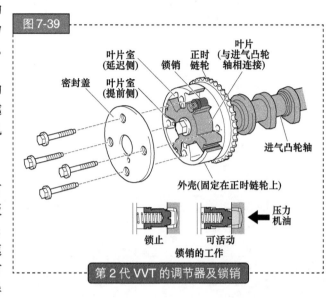

图7-39 第2代VVT的调节器及锁销

故障诊断：

1）故障确认。异响不是一直都有的。有时急速正常，但急踩下加速踏板到1500r/min时，"哒哒"异响就出现；有时急速就出现，踩下加速踏板后转速越高异响越大。拔下进气相位电磁调节阀N205接插后异响消除。初步判断异响来自可变气门正时机构。

2）读取发动机故障码，参见图7-40。

```
图7-40
地址：0001 系统名：01-发动机电子装置（KWP）协议改版：KWP2000/TP20 (Ereignisse: 5)
-识别:-
硬件零件号：    06J907309B              制造日期：      22.06.2011
零件号：        06J906027BN             编码：          040400031C070160
硬件版本号：    H04                     可擦写性：      可刷新
软件版本号：    0625                    系统名称：      MED17.5.2 03
-故障存储器记录-                        -故障存储器记录-
故障存储器记录                          故障存储器记录
编码：     P0010: 气缸列1，进气凸轮轴调节 断路    编码：   P0341: 凸轮轴位置传感器=>传感器 不可信信号
故障类型2：间歇性问题                   故障类型2：间歇性问题
-标准环境条件-                          -标准环境条件-
日期：          2016-12-8               日期：          2016-12-8
时间：          0:37:43                 时间：          0:38:39
里程(DTC)：    56825                   里程(DTC)：    56825
优先等级：      0                       优先等级：      0
频率计数器：    3                       频率计数器：    6
遗忘计数器/驾驶周期：-1                 遗忘计数器/驾驶周期：-1
-高级环境条件-                          -高级环境条件-
1368.0          /min                    1118.0          /min
16              %                       10              %
0               km/h                    0               km/h
45              ℃                       51              ℃
24              ℃                       21              ℃
1010            mbar                    1010            mbar
14.224          V                       14.097          V
                            故障码截图
```

3）根据故障码进行诊断。

① P0010：气缸列1，进气凸轮轴调节断路。检查相关连接线束、测量进气相位电磁调节阀N205的电阻，结果正常。暂时排除电路问题。

② P0341: 凸轮轴位置传感器相对曲轴传感器出现不可信信号，表示发动机控制单元得到相位信号的有效边沿，但在两个相邻信号采样窗口一直处于不稳定的变化中，即00/01/10/11均有可能出现对可变气门正时机构做元件测试。

第七章 090~098、110~119、142~144组 动力提升

- 功能04（基本设置）。
- 用'激活'按钮启动短行程。
- 同时完全踩下制动踏板和加速踏板：发动机转速自动调整至2200r/min -> '测试接通'。
- 等待'系统正常'出现在区域3中。

结果是，有时显示"正常"，有时显示"失败"。初步判断是可变气门正时机构或机油原因导致。

放出机油并检查，机油较干净。更换原厂机油后，故障仍未解决。

4）根据数据流进行诊断。与VVT相关的数据流如下。

091	第2代VVT	急速	进气凸轮轴B2 VVT	
数据项	发动机转速	N205调整	B1进气调整目标值	B1进气调整实际值
实际值	840r/min	65.88%	8°KW	12.5°KW
经验值	680r/min	5.90%	19.5°KW	19.5°KW
093	第2代进VVT L型	急速	VVT匹配	
数据项	发动机转速	发动机负荷	B1相位差值	
规定值	800r/min	22.56%	−0.35°KW	
经验值	680r/min	18%	−1~+1°KW	
094	第2代VVT L型	急速	B1进气诊断	在功能04基本设定
数据项	发动机转速	B1进气调整实际值	B1诊断结果	
规定值	800r/min	12.5°KW	测试关闭	
经验值	680r/min	19.5°KW	系统正常	

从093_1和093_2可看到，发动机负荷比正常值大，通过提高发动机转速提高负荷。

通过093_3可看到，凸轮轴位置传感器的相位差在正常范围，初步排除配气正时跳齿、正时链拉长、曲轴和凸轮轮位置传感器及信号盘错位的可能。

通过091_3和091_4可看到，VVT目标值与实际值相差较大；并且091_2占空比较大，说明发动机控制单元已增大占比空，期望VVT达到目标值。通过以上分析，初步判断是VVT不受发动机控制单元控制而出现差异，可能原因是N205 VVT电磁阀故障、VVT机械故障、机油压力不足导致不受控制。

机械检查和故障排除：

① 与正常车对换N205 VVT电磁阀，故障未排除。
② 检查机油压力，结果如下，正常。

	维修手册要求/bar	实测值/bar	判断
急速	1.2-2.1	1.3	
2000r/min	1.6-2.1	2.0	符合要求
3700r/min	3.0-4.0	3.5	

③ 尝试更换VVT阀，故障仍未解决。并且，VVT机构较干净，没有发现积炭现象，参见图7-41。

图 7-41

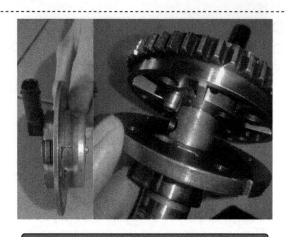

已尝试更换 VVT 电磁阀（左图）和 VVT 机构

④ 再认真听一下异响，仍判断是 VVT 机构发出。

⑤ 通过 EA888 润滑系油路图分析，测量机油压力是机油滤清器副支架的主油道上，但不能说明到 VVT 机构的油压是足够的，参见图 7-42 和图 7-43。

图 7-42

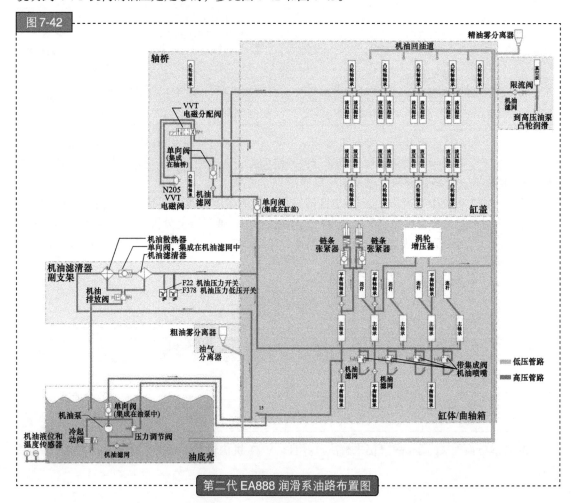

第二代 EA888 润滑系油路布置图

第七章　090~098、110~119、142~144组 动力提升

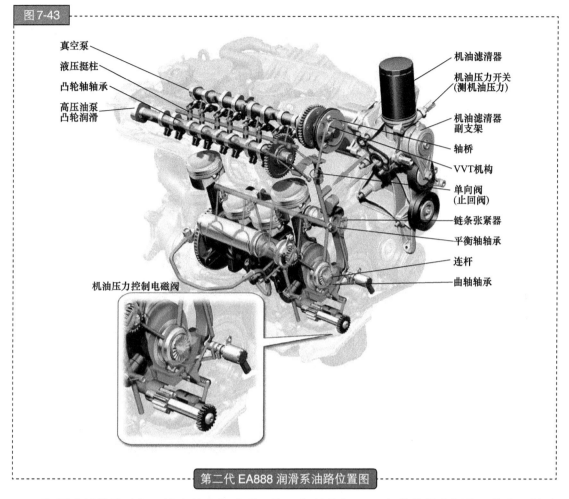

第二代 EA888 润滑系油路位置图

⑥ 再次拆检发动机，认真检查机油道。终于发现通向 VVT 机构的单向阀位置偏移，导致 VVT 机构的压力不足，产生异响，见图 7-44。

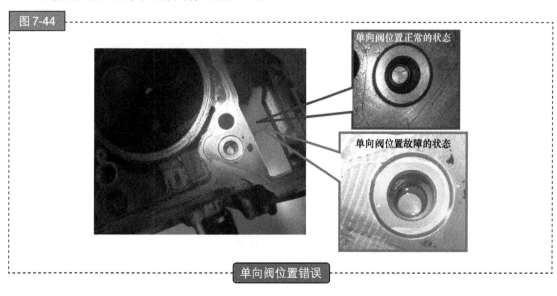

单向阀位置错误

⑦ 更换单向阀后，异响消失，故障排除。数据流也正常了。

091	第2代VVT	急速	进气凸轮轴B2 VVT	
数据项	发动机转速	N205调整	B1进气调整目标值	B1进气调整实际值
故障时	840r/min	65.88%	8°KW	12.5°KW
维修后	840r/min	42.0%	19.5°KW	19.0°KW
093	第2代进VVT L型	急速	VVT匹配	
数据项	发动机转速	发动机负荷	B1相位差值	
故障时	800r/min	22.56%	−0.35°KW	
维修后	840r/min	16.5%	0.52°KW	
094	第2代VVT L型	急速	B1进气诊断	在功能04基本设定
数据项	发动机转速	B1进气调整实际值	B1诊断结果	
规定值	800r/min	12.5°KW	测试关闭	
经验值	840r/min	19.00°KW	系统正常	

案例点评：

可变气门的调整。发动机控制单元根据各种信号计算出目标值，然后控制 N205 凸轮轴调节阀。当 VVT 中的机油压力不足时，会导致锁销不能有效锁定、叶片与外壳撞击而产生异响，参见图 7-45。

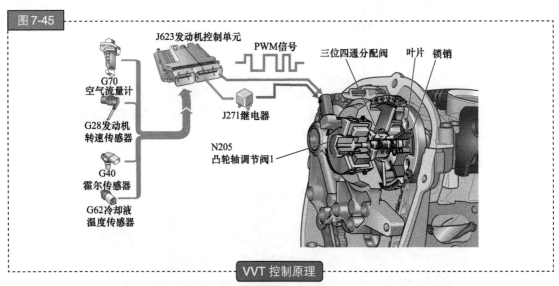

图 7-45　VVT 控制原理

7. 高尔夫7由于G40信号盘偏移导致起动困难

车型： 装备 EA211/CSTA 发动机的 2014 款高尔夫 7 1.4TSI，行驶里程 2.5 万 km，使用时间 4 年。

故障现象： 起动困难，起动后发动机抖动。

故障诊断：

① 读取发动机故障码，有 P0016（G40 与 G28 位置不合理）的故障码，初步判断是配气正时不对导致，参见图 7-46。

第七章　090~098、110~119、142~144组 动力提升

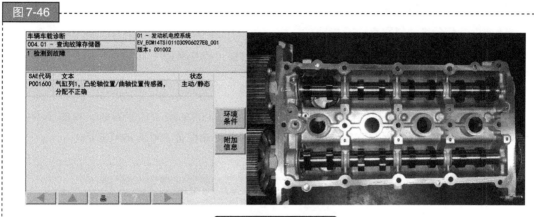

图 7-46　故障码和 G40 信号盘

② 根据故障内容和经验，做了相应的检查：机油压力正常，从正常车对换 G28/G40/VVT 电磁阀，故障一样；根据维修手册检查了配气正时，正常。

③ 根据故障码进行分析，认为故障点仍是配气正时。第②步对机械的配气正时进行检查，如果电气的配气正时不正确，也会导致此故障现象。于是，拆下故障车的凸轮轴罩盖，按手册要求转到上止点位置，与正时车对比，发现 G40 信号盘轴向移动并旋转了一定的角度，参见图7-47。

④ 根据相关资料可以看到，G40 信号盘与凸轮轴是通过过盈配合连接，并且没有记号，位置错乱后只能更换凸轮轴盖，参见图 7-48。

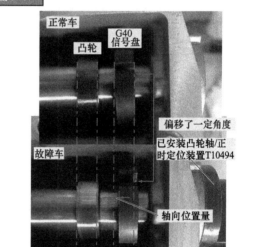

图 7-47　故障车 G40 信号盘已旋转了一定的角度

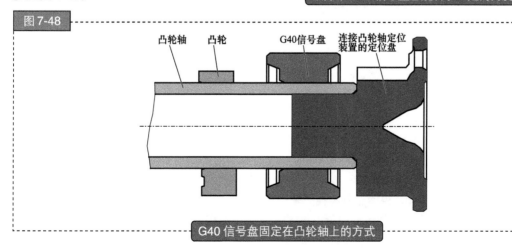

图 7-48　G40 信号盘固定在凸轮轴上的方式

故障排除：更换凸轮轴盖。

8. VVT故障导致排放灯点亮、难起动

车型：装备CDNB发动机的2013款奥迪A4L 2.0TSI，行驶里程2万。

故障现象：排放灯点亮，起动困难、加速无力。

故障诊断：

① 通过诊断仪读取故障码，发现P001600、P008800、P050600三个故障码，见图7-49。由于P008800和P050600影响因素较多、诊断较复杂，因此首先检查P0016的故障码。

图7-49 故障码

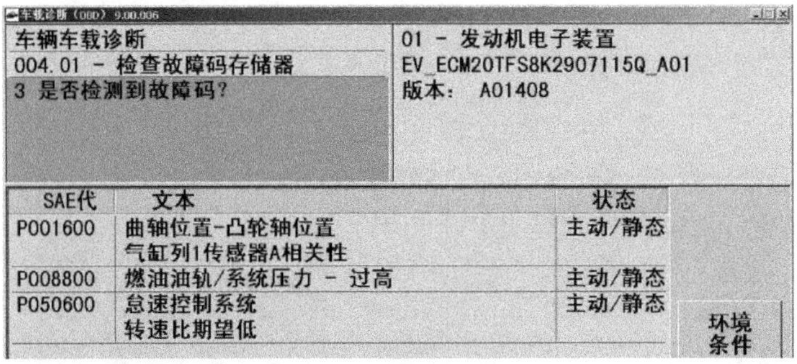

② 清除故障码后，能正常起动，怠速时排放灯不会点亮。但只要踩下加速踏板，排放灯就点亮，再次出现图7-49中的故障码，并且起动困难。

③ 此车为发生前部碰撞的事故车，修复后排放灯就点亮。对轴桥进行检查，发现有裂纹，更换轴桥和VVT调节器，故障不能解决。

④ 检查配气正时，并将曲轴信号盘/活塞上止点/进排气凸轮轴/凸轮轴信号盘的实际位置认真检查，正常。

⑤ 读取相关数据流。可以看到，怠速工况时，093_3检测到相位差较大，N205已进行调节，使怠速的目标值和实际值基本一致。说明故障点在VVT控制部分。

091	第2代VVT	怠速	进气凸轮轴B1 VVT	
数据项	发动机转速	N205调整	B1进气调整目标值	B1进气调整实际值
实际值	626r/min	92%	28°KW	28°KW
经验值 *2	760r/min	43%~46%	28°KW	28°KW
093	第2代进VVT 单列 *1	怠速	VVT匹配	
数据项	发动机转速	发动机负荷	B1相位差值	
实际值	626r/min	17.3%	42.65°KW	
经验值	680r/min	18%	-1~+1°KW	

⑥ 再次检查新更换的VVT机构，发现三位四通阀卡滞，必须用较大的力才能将阀压入，压入后不会复位，参见图7-50。说明新件存在故障。

故障排除：由于已安装的件不能退货，拆下三位四通阀用细砂纸仔细打磨，让其自由滑动。重新安装后，故障解决。

第七章　090~098、110~119、142~144组 动力提升

9. 可变凸轮轴升程AVS的技术说明

涉及车型：装备 AVS 的 2011 款奥迪 C6 2.8 CCE /C7 2.5 CLX、2.8CNY/Q5 FBU 3.2CAL。
故障现象：发动机 EPC 灯报警，发动机转速限速 4000r/min。重新起动发动机后故障灯熄灭。
故障说明：

① 读取发动机控制单元故障码，记录了 P11Bx 的故障码，见图 7-51。

图 7-50　VVT 的三位四通阀卡滞

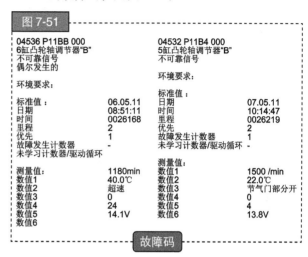

图 7-51　故障码

② AVS 元件通过 J271 供电、J623 控制接地进行触发。金属销伸出时电流约 3A、时间 18~22ms、加速度约 100G，参见图 7-52。

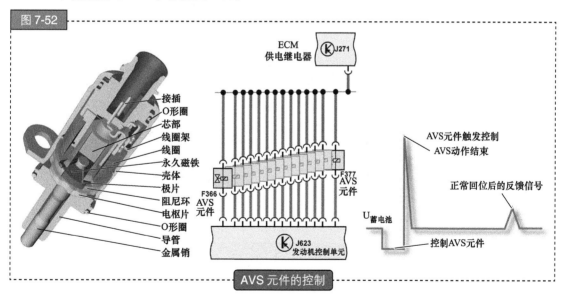

图 7-52　AVS 元件的控制

③ 如果有 1 个气缸不能切换到大升程，那么所有气缸就保持在小升程，有故障现象并存储故障码；如果有 1 个气缸不能切换到小升程，那么所有气缸都切换到大升程，无故障现象但是有故障码。

④ 产生此故障的原因是梯形框架出现较大偏差。金属销和凸轮块基圆之间的距离应 <0.9mm。实测情况是，气缸列 1 基本正常；列 2 位置倾斜，并且超过 80% 的故障发生在 5 缸和 6 缸，参见图 7-53。

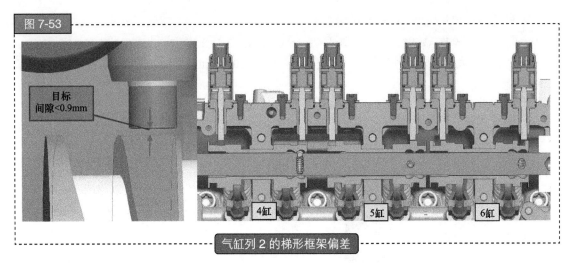

气缸列 2 的梯形框架偏差

⑤ 实测情况见图 7-54。

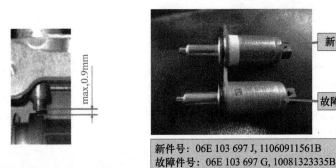

故障件间隙测量值：1.00mm

新件间隙测量值：0.85mm

气缸列 2 的梯形框架偏差

解决方案：根据奥迪配件电子目录 ETKA 订购最新状态的 AVS 元件。

◆ 第二节　095组 可变进气管长度组 ◆

一　数据流说明

095 组：可变进气管长度

第七章 090~098、110~119、142~144组 动力提升

095	单级可变长度	急速		
数据项	发动机转速	发动机负荷	水温	N156 电磁阀
规定值	640~6800r/min	18%~23%	80~115℃	ON/OFF
经验值	680r/min	18%	84~94.5℃	OFF

主要数据流解释：

095_4：可分根据转速和根据负荷为控制点，具体数据与车型／发动机不同而有所差异。

根据转速为控制点：存在与可变进气歧管长度相关的故障、发动机停机、急速转速～1100r/min、转速>4200r/min 时，N156 可变进气歧管长度电磁阀 OFF（不工作），处于短进气歧管、功率调节位置；转速在 1100~4200r/min 时，N156 通电 ON，处于长进气歧管，转矩调节位置。

根据负荷为控制点：在转速低于 4000r/min 时，急踩下加速踏板至全负荷时，N156 通电 ON，处于长进气歧管，转矩调节位置，参见图 7-55。

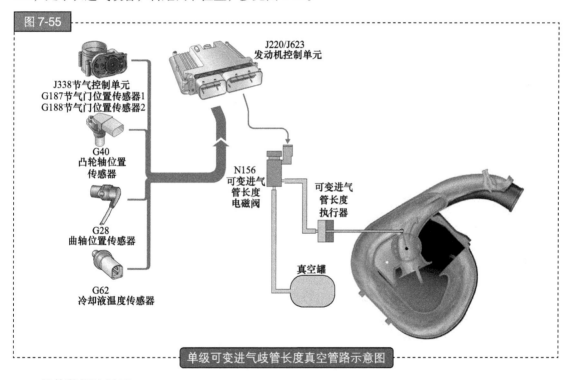

图 7-55 单级可变进气歧管长度真空管路示意图

具体数据流见下。

095	多级可变长度	急速		
数据项	发动机转速	发动机负荷	冷却液温度	状态
规定值	640~6800r/min	18%~23%	80~115℃	OFF/1 级 ON/2 级 ON
经验值	680r/min	18%	84~94.5℃	OFF
095	带传感器	急速		
数据项	实际位置	目标位置	传感器偏差	状态
规定值	5%~95%	5%~95%	-5%~+5%	ON/OFF
经验值	95%	95%	0	OFF

主要数据流解释:

可变进气歧管长度控制有两个位置:用于功率工况的短进气道,用于转矩工况的长进气道。对于V形发动机,进气管长度的切换是通过两根控制轴来实现的,这两个轴是通过一对齿轮副连接在一起的,参见图7-56。

可变进气歧管翻板位置通过G336可变进气歧管长度翻板位置传感器进行持续监测,确保其实际位置与目标位置的偏差(数据流中095_3)在±5%内。

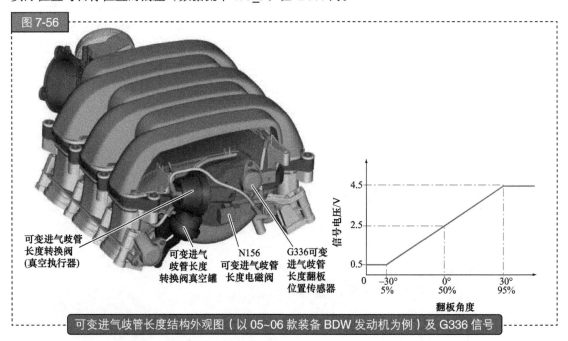

图7-56 可变进气歧管长度结构外观图(以05~06款装备BDW发动机为例)及G336信号

二 相关原理说明-可变进气管长度

可变进气歧管长度,英文名为The variable intake manifold,简称IMC,又名"谐振进气系统——ACIS"。它是在非涡轮或机械增压的发动机上,通过改变进气歧管的有效长度,利用谐振增压方法,提高了发动机从低速到高速的所有转速范围内的动力性。它是根据发动机转速和负荷为主信号,结合冷却液温度信号,通过控制一个或多个进气控制阀(IMC-V),来改变进气歧管的有效长度。

1. 可变进气歧管长度工作原理

(1)动态增压简介

进气增压包括三种方式:动态增压、机械增压和废气涡轮增压。本文讲述动态增压原理。

进气系统的功能是供给发动机燃烧时所需要的空气,并确保各气缸均匀进气。由于现在发动机已全部采用燃油喷射,因此可设计出充分利用空气动力学中谐振增压效果的进气歧管结构,参见图7-57。

(2)动态增压工作原理

谐振增压的原理,就是利用压力波和真空波向气缸充气,提高气缸容积效率,其工作过程如下。

1)进气门打开,产生真空波。在进气行程,活塞下行,在进气门附近产生真空波,参见图7-58。

第七章 090~098、110~119、142~144组 动力提升

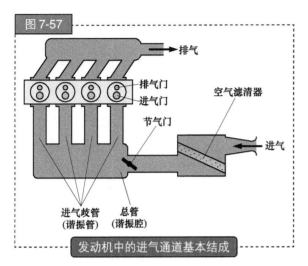

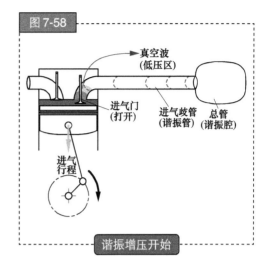

2）真空波传递。随着时间的推移，真空波从进气歧管（谐振管）的进气门一端，传递到与总管（谐振腔）连接的另一端，并到达总管，作用在总管的空气上，参见图7-59。

3）压力波的产生。根据节气门开度、发动机转速等因素的不同，总管的压力也有所不同。如果节气门接近全开时，总管压力接近大气压力。总管的压力比处于进气行程的进气歧管进气口的压力高，此时就会在进气歧管进气口产生吸力。这个吸力就会推动空气挤入进气歧管中，这样在进气歧管中的真空波转换为同样大小但方向相反的压力波，向进气门传递，参见图7-60。

这个谐振增压的特点是：真空波在总管连接处反射。

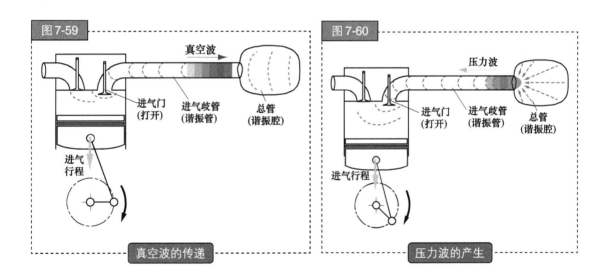

4）谐振增压。这个压力波通过进气歧管向燃烧室方向推进到达进气门上方，如果进气门仍打开，就会进入燃烧室。这个过程会持续到进气门上方与燃烧室的压力相近为止，参见图7-61。

总结：通过一次谐振增压的发动机，其容积效率可达100%甚至更高。为此，必须适当设计或控制进气门的关闭时刻，防止谐振增压后的进气在燃烧室流回进气歧管。

真空波流经进气门到总管的进气歧管长度 s，及其压力波反向流动所需要的长度是一样的。

因为这两个波的传递速度 v 都是音速,所以两个波传播的时间也是一样的。参见图7-62。

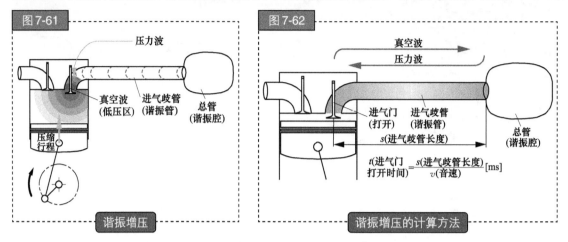

| 谐振增压 | 谐振增压的计算方法 |

但进气门打开的时间长度与发动机转速有关:转速越高,进气门打开时间和进入燃烧室的空气越少。

进气歧管长度 s 较长:发动机转速较低时,进气门打开时间 t 较长,可在压力波进入燃烧室后关闭进气门,实现谐振增压;发动机转速较高时,压力波未到达燃烧室时进气门已关闭,不能实现谐振增压。

进气歧管长度 s 较短:发动机转速较低时,进气门打开时间 t 较长,压力波进入燃烧室后再反射回进气歧管,容积效率没有增加;发动机转速较高时,压力波进入燃烧室后关闭进气门,实现谐振增压。

因此,最优的进气是进气歧管长度 s 随发动机转速(相对应的进气门打开时间 t)变化而改变:转速越高,进气歧管长度越短。

2. 可变进气歧管长度类型

如果进气歧管长度能依据发动机工况(主要是发动机转速)而改变,就能提供几乎是理想的发动机转矩。奥迪/大众公司有多款发动机采用了可变进气歧管长度,现说明它们的实现方式。

(1)在长短进气谐振管间转换

代表车型:采用单级可变进气歧管长度的VR6发动机,参见图7-63。

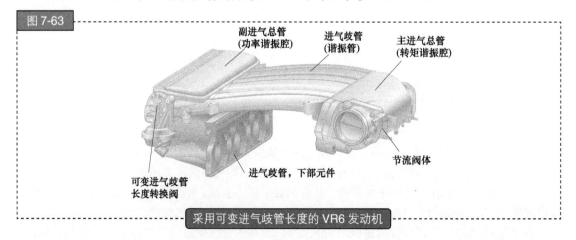

采用可变进气歧管长度的VR6发动机

第七章　090~098、110~119、142~144组 动力提升

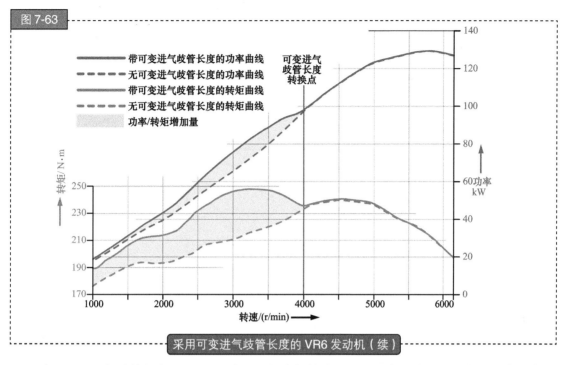

图7-63　采用可变进气歧管长度的 VR6 发动机（续）

采用可变进气歧管长度的 VR6 发动机，在中低转速区时的功率和转矩有显著的提高，参见图 7-64。

它的工作原理如下。

发动机转速	N156	可变进气歧管长度转换阀	进气总管	进气歧管长度	作用
中低转速	ON	关闭	转矩谐振腔	770mm	提高容积效率
怠速和高速	OFF	打开	转矩谐振腔 + 功率谐振腔	450mm	基本无变化

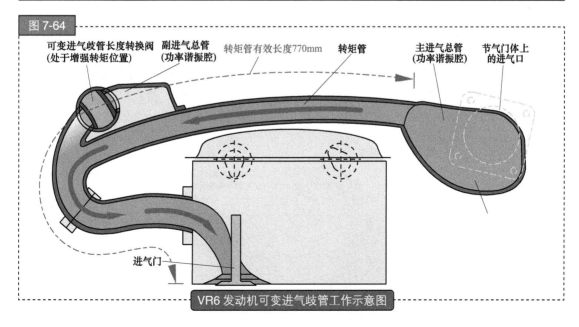

图7-64　VR6 发动机可变进气歧管工作示意图

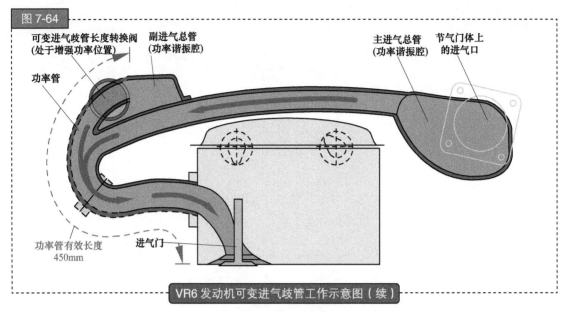

VR6发动机可变进气歧管工作示意图（续）

（2）调整进气谐振管长度

代表车型：采用三级可变进气歧管长度的奥迪 AQF（A8）和 ARS（A6）发动机，通过两个翻板实现下面三种不同的进气歧管（谐振管长度），参见图 7-65。

发动机转速	N156	二级翻板	N261	三级翻板	进气歧管长度
急速到低转速	ON	关闭	ON	关闭	最长
中等转速	OFF	打开	ON	关闭	中等长度
停机、高转速	OFF	打开	OFF	打开	最短

N156：可变进气歧管长度二级转换电磁阀。N261：可变进气歧管长度三级转换电磁阀。

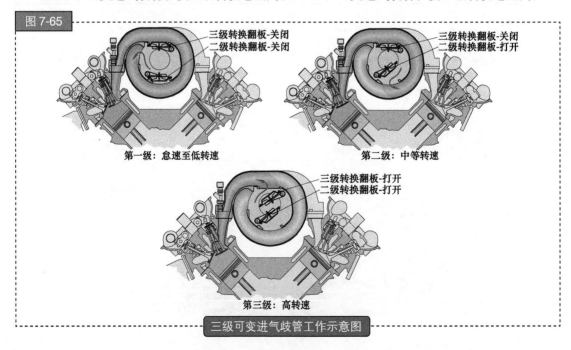

三级可变进气歧管工作示意图

第七章 090~098、110~119、142~144组 动力提升

AQF 和 ARS 发动机由于可根据发动机转速和负荷的不同，而采用相应长度的进气歧管（谐振管），因此可在整个转速范围内获得接近最佳的转矩特性曲线，参见图 7-66。

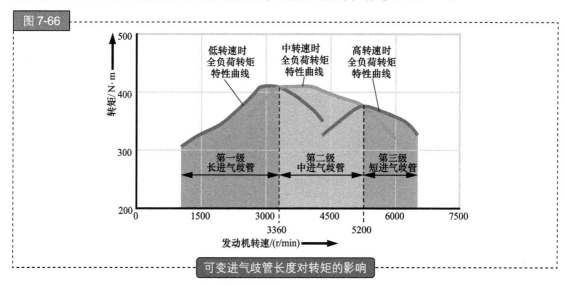

图 7-66　可变进气歧管长度对转矩的影响

（3）带谐振管转换和谐振腔组合系统

当转换阀处于打开状态时，副进气总管的左右相通并作为谐振腔。由于长度较短，适用于频率较高—转速高的工况。

在低到中发动机转速时，转换阀关闭，主进气总管作为谐振腔，满足发动机转矩需求，参见图 7-67。

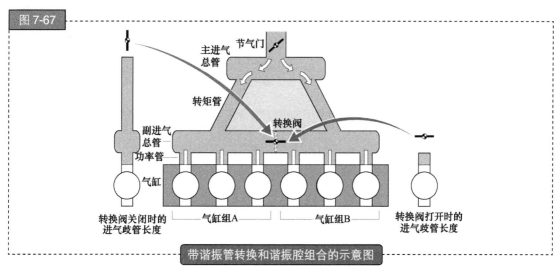

图 7-67　带谐振管转换和谐振腔组合的示意图

三　故障案例

车型：装备 BDW V6 发动机、01J 变速器的 2006 款奥迪 A6L，行驶里程约 17 万 km。

故障现象：冷车和热车起动时间都要在 10s 以上，熄火后立即再起动就正常；急加速无力；车速超 80km/h 后就很难再提速。

维修过程：通过诊断仪读取发动机控制单元，共有 3 个故障码，18502——可变进气管始终

打开、18507——可变进气管位置传感器电气故障、16725——凸轮轴位置传感器 G40 信号错误。经对 G336、G40、N156、N205 的电源线和接地线进行检测,正常;以上部件更换新件,故障码仍存在,起动困难的故障仍未排除。最后检查线束,发现 G336 与 G40 线束长度差不多,插接件可以互插,现在问题是这两个插接件接反,参见图 7-68。

故障排除:按要求将 G336 和 G40 插好。

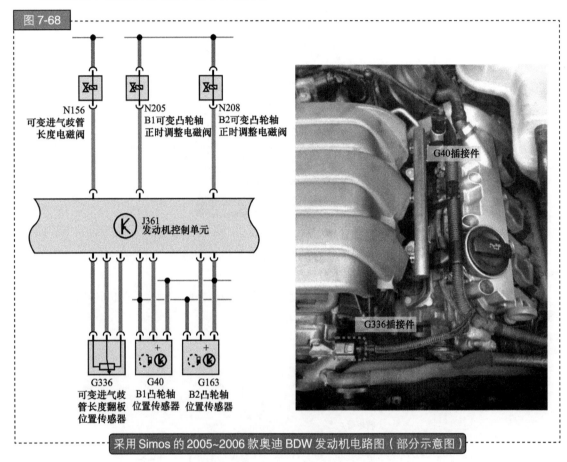

图 7-68

采用 Simos 的 2005~2006 款奥迪 BDW 发动机电路图(部分示意图)

故障现象说明:由于 G40 得不到正确的信号,导致起动困难。

第三节　110~119组 涡轮增压组

一　数据流说明

1. 第110组 全负荷增浓

数据流如下。

110	负荷 / 全负荷增浓		行驶	
数据项	发动机转速	冷却液温度	喷射时间	节气门开度(G187)
规定值	640~6800r/min	80~115℃	MPI 2~4;TSI 0.51~1.78	2.80%
经验值	760r/min	84~94.5℃	MPI 2~4;TSI 0.51~1.78	0.2%~4.0%

第七章 090~098、110~119、142~144组 动力提升

主要数据流解释：

110_3：当处于倒拖工况时，喷射时间为0。

2. 第111组 增压控制

数据流如下。

111	负荷/全负荷增浓		行驶	
数据项	转速范围1 N75修正	转速范围2 N75修正	转速范围3 N75修正	转速范围4 N75修正
规定值				

3. 第112组 排气温度

数据流如下。

112	B1排气温度/排温保护		单列，行驶	
数据项	B1排气温度	B1氧传感器增浓系数	预设的排气温度	特性曲线排气温度
规定值	0~1000℃	0%~100%	0~1000℃	0~1000℃
经验值	550~700℃	0%	550~700℃	550~700℃
	B1排气温度/排温保护		双列，行驶	
数据项	B1排气温度	B1氧传感器增浓系数	B2排气温度	B2氧传感器增浓系数
规定值	0~1000℃	0%~100%	0~1000℃	0%~100%
经验值	550~700℃	0%	550~700℃	0%

主要数据流解释：

排气温度过高可能会损坏排放控制元件——催化器。因此，发动机管理系统增加一个软件模块，或在前催化器前增加一个排气温度传感器，监测排气温度。如果超过最高的目标排气温度，可触发混合气加浓程序，这样可通过燃油在排气中蒸发，吸收热量，使废气冷却。也可采用限制进气和限制转矩的常规方法降低排气温度。

4. 第113组 排气温度

数据流如下。

113		怠速	排气温度	
数据项	发动机转速	发动机负荷	节气门开度（G187）	大气压力
规定值	640~6800r/min	18%~23%	2.80%	500~1200mbar
经验值	680r/min	18%	0.2%~4.0%	1010mbar

主要数据流解释：

113_4：根据气候状况，实际值可能与检测值有偏差。下面给出海拔与大气压力关系对照表，其作用参看第006组。

海拔/m	0	500	1000	1500	2000	2500	3000	3500	4000
大气压力/mbar	998	954	902	853	805	756	704	655	607

5. 第114组 增压控制

数据流如下。

114		怠速	增压控制	
数据项	修正前的目标负荷	修正后的目标负荷	发动机负荷	进气旁通阀N249
规定值	18%~150%（或175%）	18%~150%（或175%）	18%~150%（或175%）	0%~100%
经验值	18%	18%	18%	0%或2%

主要数据流解释：

114_1：修正前的发动机负荷目标值。由加速踏板位置传感器确定的特性曲线值。根据车型的不同，其发动机负荷最大值达150%（例如AUM发动机）或175%（例如ARZ发动机）。

114_2：修正后的发动机负荷目标值。涡轮增压器到节气门这段的进气压力受发动机转速、节气门开度、涡轮增压器增压压力、进气温度、大气压力和增压空气冷却器效率的影响。为了准确计算出发动机负荷，其目标值除对以上参数进行修正外，加上爆燃控制、海拔自适应及冷却液温度等因素进行修正。

114_3：发动机实际负荷。通过进气旁通阀N249和排气旁通阀N75调整到发动机的目标负荷值。

114_4：对EA111，此值为0%；对EA888，此值为2%，N249都处于断电关闭状态。在发动机转速高时节气门从打开较大角度到突然关闭时，为防止进气振动产生冲击和损坏涡轮增压器，N249打开（100%），允许空气在涡轮增压器内进行循环并保持涡轮增压器的转速。在其他工况，此阀处于关闭工况，优化涡轮增压器的响应。

6. 第115组 增压控制

数据流如下。

115		怠速	增压控制	
数据项	发动机转速	发动机负荷	目标增压压力	实际增压压力
规定值	640~6800r/min	18%~150%(或175%)	300~2000(或2200)mbar	990~2000(或2200)mbar
经验值	680r/min	18%	300~390mbar	990mbar

主要数据流解释：

115_3：由G31增压压力传感器检测的数据。发动机控制单元根据各参数计算目标涡轮增压器增压压力。根据车型的不同，其目标增压压力最大值达2200mbar（例如AUM发动机）或2000mbar（例如ARZ发动机）。在怠速工况，发动机控制单元不希望增压，但由于G31在节气门前方，所以此时的目标增压压力低于实际增压压力。

115_4：增压压力传感器G31测量涡轮增压器和节气门之间的压力。可通过以下办法判断G31信号是否正确。

① 打开点火开关时，进气歧管压力002_4（如果装备进气歧管压力传感器G71）、大气压力113_4和实际增压压力115_4的差值小于40mbar。

② 怠速工况，由于涡轮转速慢，实际增压压力约与大气压力应相差不大。

③ 在一档或二档行车时节气门全开，进气歧管压力002_4与实际增压压力115_4的差值小于200mbar。

增压不足或目标增压压力>实际增压压力的可能原因如下：

① 排气管堵塞。

② 涡轮增压器故障，包括卡滞、漏气、叶片变形等。

③ 进气旁通阀N249卡在打开位置（可能是N249或真空控制管道故障）、增压电磁阀N75发卡。

④ 进气歧管或排气歧管漏气、空气滤清器堵塞。较多的情况是进入中冷器的进气管连接不良导致漏气。

⑤ 增压压力传感器故障。

⑥ 发动机动力不足。

第七章　090~098、110~119、142~144组 动力提升

有两种增压压力调节的检查方法，下面加以简述，具体请参看原厂维修手册。

① 装备博格华纳 BorgWarner 的涡轮增压器：行车检测。按图 7-69 连接真空管和压力测试仪；在发动机机油温度超 60℃时，从 2000r/min 以第 3 档加速至节气门全开；在转速 3000r/min 时记录压力测试仪和 115_4 的数据，此时应在 1.6~1.7bar（绝对压力，就是增压 0.6~0.7bar），参见图 7-69。

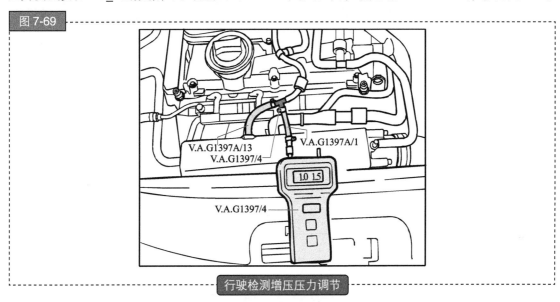

图 7-69　行驶检测增压压力调节

② 采用石川岛 IHI 的涡轮增压器：检测涡轮增压器操纵杆的行程。按图 7-70 连接手动真空泵、涡轮增压器检测仪（或类似的真空/压力表）和百分表。当压力为 375mbar 时，增压器操纵杆行程为 1mm；压力为 475mm 时行程为 5mm，参见图 7-70。

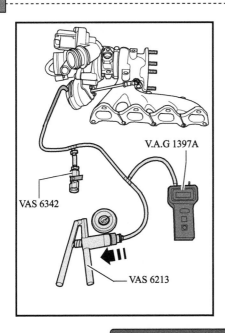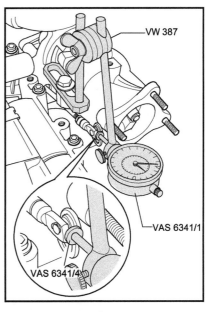

图 7-70　检测涡轮增压器操纵杆的行程的连接方法

7. 第116组 增压控制

数据流如下。

116		怠速	增压控制	
数据项	发动机转速	修正系统-燃油	修正系统-水温	修正系统-进气温度
规定值	640~6800r/min	0%~20%（MT） 0%~27%（AT）	0%~20%	0%~20%（MT） 0%~25%（AT）
经验值	680r/min	0%	0%	0%

主要数据流解释：

正常情况下，这三个修正值应为0%。如果不在此范围，根据相关数据流进行检查。

8. 第117组增压控制

数据流如下。

117		怠速	增压控制	
数据项	发动机转速	加速踏板位置	节气门开度（G187）	目标增压压力
规定值	640~6800r/min	0%	0.2%~4.0%	300~2000（或2200）mbar
经验值	680r/min	0%	2.80%	300~390mbar

9. 第118组增压控制

数据流如下。

118		怠速	增压控制	
数据项	发动机转速	进气温度	排气旁通阀N75	实际增压压力
规定值	640~6800r/min	−48~105℃	0%~100%	990~2000（或2200）mbar
经验值	680r/min	−48~105℃	0%或2%	990mbar

主要数据流解释：

118_3：对EA111，此值为0%；对EA888，此值为2%，N75都处于断电关闭状态。涡轮增压器带有一个由压力差控制、发动机控制单元通过脉宽调制（PWM）排气旁通阀N75确定的废气门，用于调节涡轮增压的压力比。

下面说明进气旁通阀和排气旁通阀的工作过程。

工况	进气旁通		排气旁通		作用
	数据流	状态	数据流	状态	
怠速到中高速/无负荷	0%或2%	关闭	0%或2%	关闭	增加涡轮增压器转速
中速/有负荷	0%或2%	关闭	5%⇔95%	关闭⇔打开	转矩到峰值后控制增压
急加速/无负荷	0%或2%	关闭			增加进气量
急减速	100%	打开			防止喘振，保护进气管路和涡轮增压器 使涡轮保持较高转速，减少增压滞后
换档					降低发动机转矩，增加换档平顺性
高速	0%或2%	关闭	95%	打开	防止增压过多

怠速时，发动机控制单元将排气旁通阀N75指令至0%；在节气门全开状态下发动机负荷或转速首次提高时，指令N75可能高达90%~100%，达到最大增压；当增压压力达到适当水平时，将减少N75的PWM至65%~85%之间；节气门突然关闭，发动机控制模块就应指令涡轮增压器排气泄压阀电磁阀参数退回至0%，以允许涡轮排气泄压阀以空气压力差率打开，以此降低涡轮转速。

第七章 090~098、110~119、142~144组 动力提升

10. 第119组 增压控制

数据流如下。

119		怠速		
数据项	发动机转速	排气旁通修正系数	排气旁通阀N75	实际增压压力
规定值	640~6800r/min	0 mbar	0%~100%	990~2000（或2200）mbar
经验值	680r/min	0 mbar	0%或2%	990mbar

主要数据流解释：

119_2：正常此值应为0。如果不在此范围，检查是否漏气、涡轮增压器损坏等。

二 相关原理说明-涡轮增压器

一般情况下，增加发动机功率的方法有以下三种：

1）增加发动机排量。这方法最有效，但会增加发动机重量，重量/功率比改善不多。

2）提高发动机最高转速。它会导致运动零件的摩擦损失加大，同时振动和噪声等因素也限制了发动机转速的提高，且高速下进气效率会降低。

3）供给发动机密度较大的空气——采用增压方法。通过增加进气量，可提高输出功率，并使发动机轻量化、紧凑化。

现在的涡轮增压系统主要由以下组件构成：

① 涡轮增压器。
② 增压空气冷却器（简称中冷器）。
③ 增压压力调节装置，本文称为排气旁通。
④ 滑行断油循环空气控制装置，本文称为进气旁通。

发动机排气的能量用来驱动涡轮增压器，由于曲柄连杆机构的工作原理，这些可利用的能量在自然吸气发动机中被浪费了。可利用排气能量将燃烧所需的空气压缩，于是每个工作行程中流入气缸内的空气量变大了。

因压缩而升高的空气温度在中冷器中冷却。冷却后的空气密度较高，发动机的进气量也较大。结果是在相同排量和转速的情况下发动机功率提高。

在涡轮增压发动机上，涡轮增压可从低转速到高转速增大转矩。

进气增压压力会随着涡轮增压器转速的增加而增加，为了防止发动机增压过大，采用排气旁通装置进行增压压力调节。

进气旁通控制功能用于防止在突然关闭节气门时，对涡轮增压器进行不必要的制动。

下面说明涡轮增压系统的演变过程。

1. 增加排气旁通阀N75

作用：为解决高转速增压过度、低转速增压不足问题，在排气管路中增加了排气旁通阀，参见图7-71。

（1）排气旁通阀的控制策略

发动机控制单元根据各种参数计算出进气压力目标增压压力，再将该目标增压压力转化为对应于所期望的最大气缸充气量。

而基于转矩控制的发动机控制单元又将此期望值转换为对应的设置节气门开度和N75排气旁通阀的PWM信号。这个信号用于调节排气旁通阀的开度。

根据当前的运行工况由程序MAP得到的调节点和实际监测得到的增压压力值可能存在不同，

系统控制电路将对此差别进行计算和补偿。

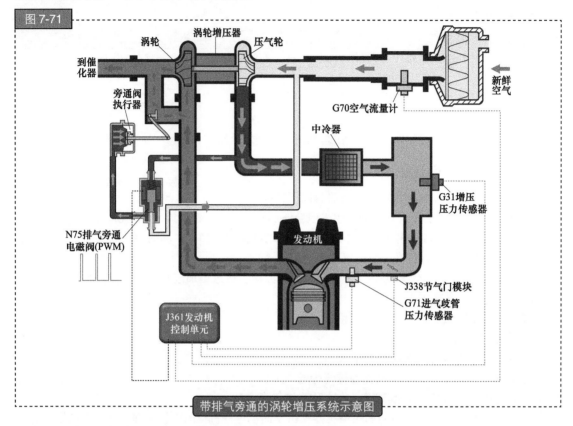

图 7-71 带排气旁通的涡轮增压系统示意图

控制单元的计算结果还用于确定最大气缸充气量的计算。

（2）排气旁通阀的控制原理

发动机控制单元根据转矩请求值，计算出目标增压压力。

发动机控制单元通过 PWM 控制增压压力限制电磁阀 N75 的打开时间，调节增压压力，具体原理是在旁通阀执行器的膜片前后方形成受控的压力，与大气压力互相作用。

这个受控的压力克服旁通阀执行器中的弹簧力，并通过杠杆控制涡轮增压器中的泄压阀开度。

N75 在断电状态下是常闭的，增压压力直接作用到旁通阀执行器中。在增压压力较低时，N75 打开。

如果增压控制发生故障时（N75 处于常闭状态），最大增压压力只能达到基本增压压力（机械增压压力）。

当泄压阀关闭时，则增压压力提高。这样，在发动机低转速时，涡轮增压器就能增加进气压力，以提高转矩或增压所需要的空气量。

如果实际增压压力达到计算出的目标增压压力时，泄压阀打开，部分废气绕过涡轮。涡轮增压器转速降低，增压压力随之降低。

2. 可调式涡轮增压器（简称VGT）

为优化从低转速至高转速时的增压压力，并加快响应速度，大众/奥迪设计了可调式涡轮增压器。但由于其制造成本和材料原因，大众/奥迪车系中暂时仅用在柴油机上，参见图 7-72。

第七章　090~098、110~119、142~144组 动力提升

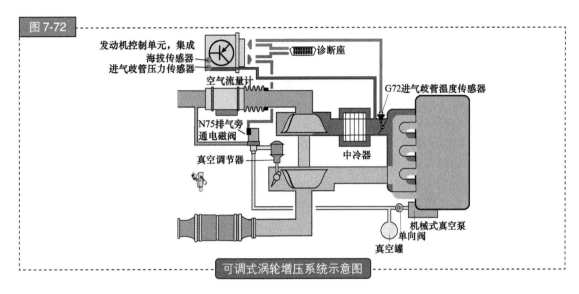

可调式涡轮增压系统示意图

3. 增加电子控制的进气旁通阀N249

倒拖是指发动机转速高、节气门的开度迅速减少的工况，此时发动机提供给飞轮的能量会变为负值。在行驶时发动机转速较高，如果突然松开加速踏板，此时节气门相应会减少开度至接近关闭，但此时进气管路仍有较高的增压压力存在，并且涡轮仍高速运转，因此会在压气机管路中产生一个较高的速滞压力。过高的管路压力会带来三个问题：参见图 7-73。

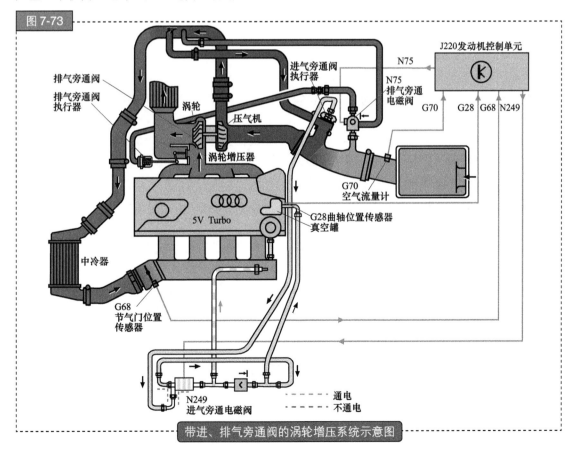

带进、排气旁通阀的涡轮增压系统示意图

1）管路压力过高，可能导致进气管损坏漏气。

2）压气机叶轮被强力制动，而使得涡轮增压减少。当重新打开节气门时，涡轮增压从低速到高速运转有一定的延迟，产生涡轮迟滞现象。进气旁通阀打开，将进气管的压缩空气短路，可使压气机保持高速运转；在重新打开节气门时，进气旁通阀关闭，涡轮增压器可迅速达到原来的转速。

3）进气管压力高但节气门开度小，会对节气门产生波动的冲击，导致转速抖动和产生噪声。为应对上述问题，增加了进气旁通阀，可降低进气系统的噪声并能节省油耗。

急速时排气旁通阀关闭，涡轮增压器可产生较小的增压，由于急速需要进气量较少，需要节气门减少打开角度。对于大众/奥迪车型，急速时N249断电，此时进气歧管的真空作用在进气旁通电磁阀上，使得急速工况进气旁通打开，节气门控制精度更高。部分负荷时，进气歧管真空度降低，不足以克服进气旁通阀执行器的弹簧力，进气旁通关闭。

一般情况下急速时不会通过打开排气旁通阀来控制降低增压。因为排气旁通阀打开，涡轮增压器转速减慢，不利于起步急加速的工况。

（1）进气旁通阀的作用

① 在倒拖工况时防止产生压力波动、增压过度和涡轮转速下降的现象。

② 部分车型换档时，打开进气旁通阀以快速降低发动机转矩。

（2）进气旁通阀的控制原理

进气旁通阀执行器是一个真空控制弹簧膜片的机械操纵装置，所需真空来自真空罐。当N249通电打开时，真空作用在进气旁通阀执行器中的膜片上，膜片克服弹簧，阀门打开，进气道就将压气机旁通了。

系统的设计已考虑了N249失效或真空管理失效工况，此时进气管路压力可顶开进气旁通阀执行器中的膜片，也能起到进气管路泄压的作用。

4. 采用电磁阀式的进气旁通N249直接控制

为了快速精确地控制进气旁通，从EA888开始，进气旁通阀采用电磁阀式控制（参见图7-74），控制示意图参见图7-75。

检测和安装时必须注意：进气旁通阀安装在车上时需要有6N·m的预压紧力矩。因此，将此阀拆下后通电检测，它不会吸合，需要施加少许力才会吸合。

5. 采用电动机V465控制的排气旁通

大众/奥迪在第三代EA888上采用了电动机控制的排气旁通，参见图7-76。它的优点如下：

① 响应速度更快、精度更高。

② 采用直流电动机直接驱动排气泄压阀，不依赖当前的增压压力来实施控制。

③ 较大锁止力，在发动机低至1500r/min时也能输出320N·m最大转矩。

④ 在部分负荷时主动打开泄压阀，可以降低基本增压压力。在MVEG（Motor Vehicle Emissions Group，欧委会发动机车辆排放小组）检测中，可降低1.2g CO_2/km的排放，减少油耗。

⑤ 在催化器预热过程中主动打开泄压阀，可增加催化器前的废气温度10℃，降低冷起动排放。

⑥ 由于电动机控制的排气旁通调节器的调节速度快，在大负荷突然降低到小负荷工况（例如突然松开加速踏板到急速滑行），可以立即降低增压压力，这对改善涡轮增压器的声响特性尤其有利（排气的呼啸声），参见图7-77。

第七章 090~098、110~119、142~144组 动力提升

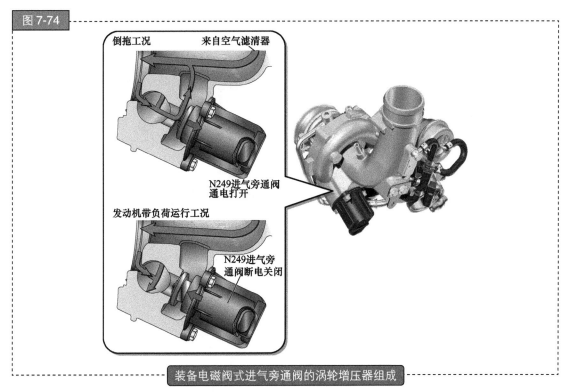

装备电磁阀式进气旁通阀的涡轮增压器组成

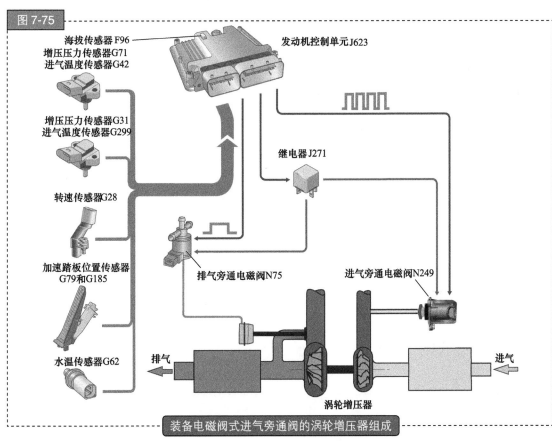

装备电磁阀式进气旁通阀的涡轮增压器组成

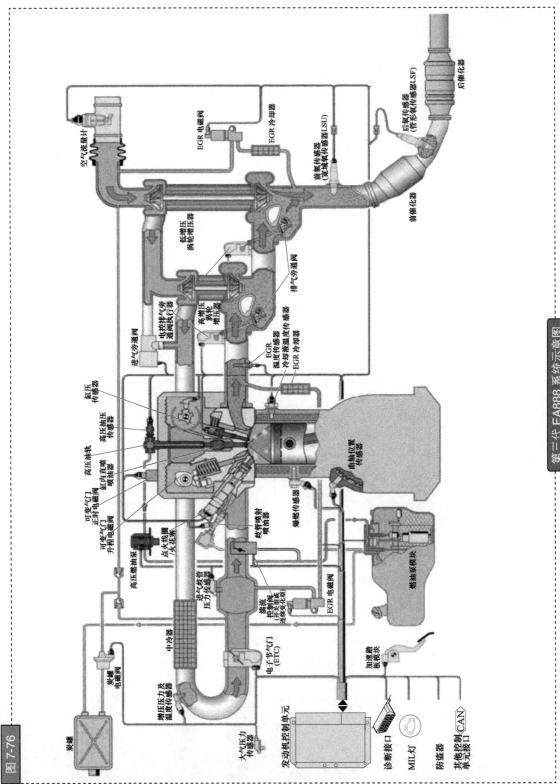

图 7-76　第三代 EA888 系统示意图

第七章　090~098、110~119、142~144组 动力提升

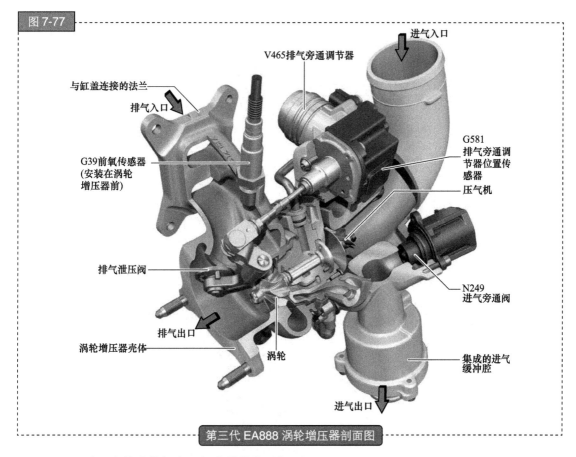

第三代 EA888 涡轮增压器剖面图

EA211 采用电控式排气旁通调节器的类型如下：

发动机类型	功率 kw	最大增压 bar	诊断功能
1.2TSI	63	1.7	故障码
	77	1.9	故障码
1.4TSI	90	1.8	调节位置数据流、故障码
	103	2.0	故障码

三　涡轮增压器相关故障码

故障码如下。

故障码	含义	故障码标准和阀值
P0033	进气旁通电磁阀 N249 故障	N249 控制线断路或电阻过大
P0045	排气旁通电磁阀 N75 断路	PCM 输出的控制线断路
P00AF	排气旁通执行器模块性能不良	排气旁通执行器卡滞 控制工况 <17% 或非控制工况 >17%
P0234	增压压力控制超出控制极限	实际增压大于目标增压的 0.3~0.8bar，允许范围与转速变化和喷油量的相关
P0299	增压压力控制不足	实际增压低于目标增压的 0.4~0.8bar，允许范围与转速变化和喷油量的相关

（续）

故障码	含义	故障码标准和阀值
P2563	排气旁通执行器位置传感器不可信信号	位置传感器电压 <0.3V 或 >4.5V
P2564	排气旁通执行器位置传感器信号太小	位置传感器电压 <0.15V
P2565	排气旁通执行器位置传感器信号太高	位置传感器电压 >4.85V
P334A	增压压力促动器电气故障	

四 故障案例

1. 涡轮增压器维修注意事项

1）安装新的涡轮增压器前，必须认真分析上个涡轮增压器的故障原因，并彻底清理润滑系，否则新的涡轮增压器很快又会损坏。图 7-78 就是上个涡轮增压器损坏后，没有彻底清理润滑系，导致行驶 2.5 万 km 后涡轮增压器再次损坏。

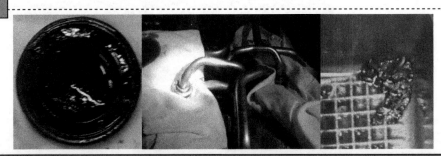

图 7-78 故障的涡轮增压器（上左为堵塞的滤网、上中为起动发动机后进油管无油出、上右为回油腔有大量金属屑）

2）安装新的涡轮增压器前，必须通过进油管路的接头向涡轮增压器中加注发动机机油。安装涡轮增压器后必须让发动机怠速运行约 1min，以便保证涡轮增压器的供油。

3）当怀疑涡轮增压器漏机油时，需检查 PCV 系统的真空度。怠速工况应是 -4~0kPa。

4）如果涡轮增压器由于过热而早期损坏，要检查一下 V51 冷却液继续循环泵是否工作正常。V51 的作用是在发动机停机后，继续冷却涡轮增压器。

2. 装备AWL发动机的奥迪1.8T中速行驶窜动

车型：装备 AWL 1.8T 发动机的 2001 奥迪 A6。行驶里程20 万 km，VIN 为 LFVBA24B5130xxxxx。

故障现象：车辆在中速加速或匀速行驶过程中，感觉前后窜动，与点动加速踏板一样。经实车验证，此故障在超 2500r/min 后才出现。

故障诊断：通过诊断仪读取此车发动机系统故障码，系统正常。在行驶过程中读取加速踏板和节气门开度，发生窜动时这两个数据基本上没有变化。

数据流分析：根据故障现象，判断故障可能来自涡轮增压器。于采集 118 组数据流。

118		行驶	增压控制	
数据项	发动机转速	进气温度	排气旁通阀 N75	实际增压压力
实际值	2800r/min	42℃	95%	1200~2100mbar 变化
经验值	2800r/min	50℃	95%	1800mbar

第七章　090~098、110~119、142~144组 动力提升

在 N75 不变的情况，增压压力不断变化，故障部位应与涡轮增压系统有关。经检查，进气旁通阀正常；发现从 N75 到排气旁通阀执行器的软管有弯折故障。当增压较大时，增压的进气可通过弯管；增压较小时，弯管将增压空气节流，导致加在排气旁通阀执行器膜片上的压力不断变化，产生窜动现象。

解决方案：整理软管。

3. 09款奥迪C6 2.0T车速很难超120km/h

车型：装备 BPJ 2.0T 发动机、01J 变速器的 2009 款奥迪 C6。行驶里程 9 万 km。

故障现象：车速到 120km/h 后就很难再提速。

故障诊断：用诊断仪对发动机系统进行诊断，发现故障码为 00665 P0299——增压控制压力没有达到控制极限。初步诊断，故障在涡轮增压系统。读取涡轮增压数据流。

115		行驶	增压控制	
数据项	发动机转速	发动机负荷	目标增压压力	实际增压压力
实际值	4100r/min	131%	1750mbar	1250mbar
经验值	4100r/min	150%	1750mbar	1750mbar

从上述数据可看到，由于增压不足导致发动机动力不足。根据"增压不足"的故障进行检查，发现 N249 的密封圈已损坏，如图 7-79 所示。

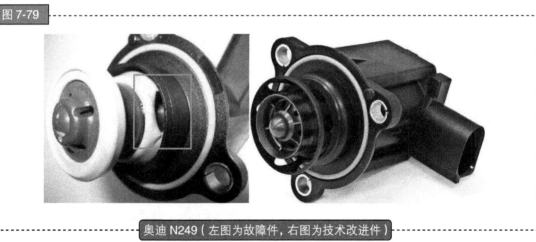

图 7-79　奥迪 N249（左图为故障件，右图为技术改进件）

解决方案：更换技术改进件后，故障正常。

技术说明：

1）早期的 N249 由于设计原因，导致密封圈容易早期损坏。密封圈损坏后，导致进气旁通了压气机，相当于涡轮增压不工作，使得发动机动力不足，车速很难超 120km/h。

2）对早期装备 EA888 的迈腾、昊锐、全新帕萨特、奥迪等车型，维修时如果发现有类似的故障现象，最好首先检测一下 N249。

3）如果还有其他故障，就需要综合分析。例如，装备 EA888 的全新帕萨特加速不良，发动机控制单元有以下故障码：故障码 00665、故障码 00104，数据流中目标增压压力远高于实际压力且实际压力接近大气压力，可判断故障点是进气漏气或排气堵塞。最后确认故障点为催化器堵塞，参见图 7-80。

图7-80

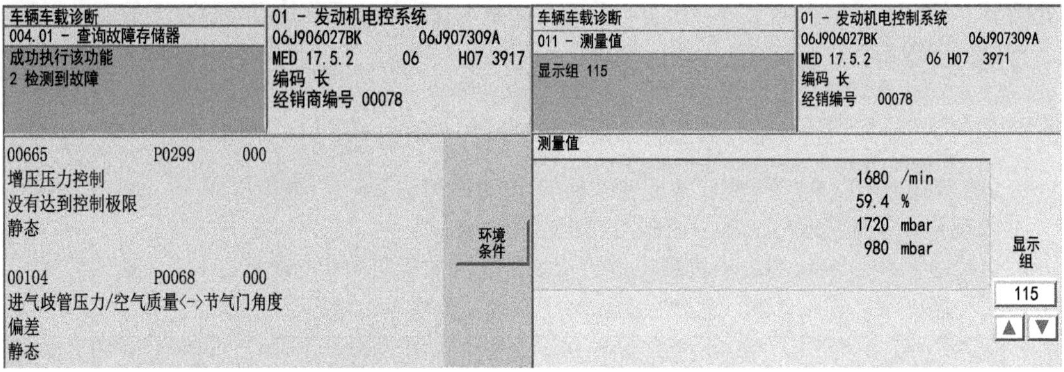

车辆车载诊断	01 - 发动机电控系统	车辆车载诊断	01 - 发动机电控系统
004.01 - 查询故障存储器	06J906027BK 06J907309A	011 - 测量值	06J906027BK 06J907309A
成功执行该功能	MED 17.5.2 06 H07 3971	显示组 115	MED 17.5.2 06 H07 3971
2 检测到故障	编码 长		编码 长
	经销商编号 00078		经销商编号 00078

测量值：
- 1680 /min
- 59.4 %
- 1720 mbar
- 980 mbar

显示组 115 ▲▼

00665 P0299 000
增压压力控制
没有达到控制极限
静态

00104 P0068 000
进气歧管压力/空气质量<-)节气门角度
偏差
静态

环境条件

全新帕萨特加速不良故障码及数据流

4. 宝来R加速无力

车型：装备 BTH 1.8T 发动机的 2006 宝来 R。行驶里程 3000km，使用时间 3 个月，VIN 为 LFV3A11J9630xxxxx。

故障现象：加速不良。

故障诊断：通过诊断仪读取此车发动机系统故障码，系统正常。初步检查空气流量计、点火线圈、氧传感器正常。

数据流分析：根据故障现象，故障点有可能在涡轮增压系统。在行驶过程中读取 115 组数据流。

115	行驶		增压控制	
数据项	发动机转速	发动机负荷	目标增压压力	实际增压压力
实际值	2750r/min	110%	1750mbar	1000~1300mbar
经验值	2750r/min	150%	1750mbar	1750mbar

从数据流可看到，涡轮增压效果不良。外观检查进气无漏气。按涡轮增压器行驶检测方案进行测试，在 3 档从 2000r/min 全负荷急加速到 3000r/min，进气管的绝对压力为 1.11~1.20bar。对 N75 和 N249 进行检查，均正常。

解决方案：更换涡轮增压器。

5. 装备EA111发动机的迈腾/速腾/高尔夫/新宝来行驶中突然加速无力

车型：装备 EA111 发动机的 2010 款迈腾 / 速腾 / 高尔夫 / 新宝来 1.4TSI。

故障现象：在行驶过程中可能会出现抖动、加速无力、突然减速等故障现象，有可能出现故障码 00564（涡轮增压压力超极限）。

原因：由于排气旁通电磁阀的泄压孔流量过小，导致排气旁通阀压力不足，不能有效打开旁通阀进行泄压，导致增压过高。发动机控制单元检测到压力过高，为保护发动机，停止涡轮增压工作、降低发动机功率，导致发动机加速无力、给驾驶人的感觉是突然减速的故障现象，参见图 7-81。

第七章 090~098、110~119、142~144组 动力提升

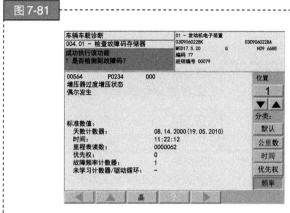
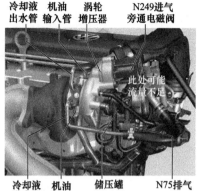

图7-81 P0234 故障码及原因

◆ 第四节 142~144组进气翻板控制 ◆

一 数据流说明

1. 第142组进气翻板匹配-短行程

数据流如下。

142	开关式	急速	进气翻板匹配	在功能 04 基本设定
数据项	实际位置	目标位置	翻板电压值补偿	诊断结果
规定值	0%~100%	0%~100%	0~5V	正在测试 / 测试关闭 / 系统正常 / 系统错误
经验值	0%	0%	3.74V	系统正常
	连续调整式	急速	进气翻板匹配	在功能 04 基本设定
数据项	电压上限	电压下限	匹配状态（步数）	诊断结果
规定值	5V	0V		正在测试 / 测试关闭 / 系统正常 / 系统错误
经验值				系统正常

对进气翻板采用开关式的主要数据流解释：

142_1：进气翻板的实际位置。

142_2：进气翻板的目标位置。

142_4：急速时做基本设置，正常情况下测量后应显示"系统正常"。

2. 第143组 进气翻板开度

数据流如下。

143	开关式	急速	进气歧管翻板	
数据项	发动机负荷	B1 翻板开度	B2 翻板开度	MED 模式
规定值	16%~23%	%	%	00000001
	连续调整式	急速	进气歧管翻板	
数据项	发动机转速	发动机负荷	翻板开度	MED 模式
规定值	640~6800r/min	16%~23%	%	00000001

3. 第144组 进气翻板诊断-短行程

数据流如下。

144	开关式 - 真空控制	怠速	进气歧管翻板诊断	在功能 04 基本设定
数据项	实际位置	目标位置	翻板电压偏差	诊断结果
规定值	0%~100%	0%~100%	0~5V	正在测试 / 测试关闭 / 系统正常 / 系统错误
经验值	0%	0%	3.74V	系统正常
	连续调整式 - 真空控制	怠速	进气歧管翻板诊断	在功能 04 基本设定
数据项	电压上限	电压下限	匹配状态（步数）	诊断结果
规定值	5V	0V		正在测试 / 测试关闭 / 系统正常 / 系统错误
经验值				系统正常

144_4：怠速时做基本设置，正常情况下测量后应显示"系统正常"。

二 相关原理说明-进气翻板

为了在燃油准备阶段，特别是在低负荷工况提高燃烧的稳定性，可以增加电动机驱动或真空驱动的开关式进气翻板系统，参见图7-82。

1. 带分层和均质喷射的MED7.x系统

（1）进气翻板机构的组成

进气翻板位于进气歧管内上、下进气道的截面上，用来在不同进气模式下控制进入气缸的空气流动，参见图7-83。

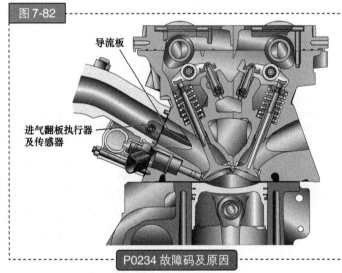

图7-82

P0234 故障码及原因

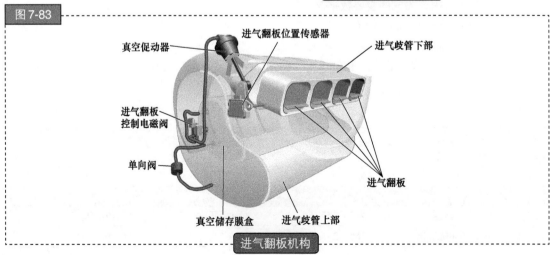

图7-83

进气翻板机构

第七章 090~098、110~119、142~144组 动力提升

进气翻板控制原理见图7-84。

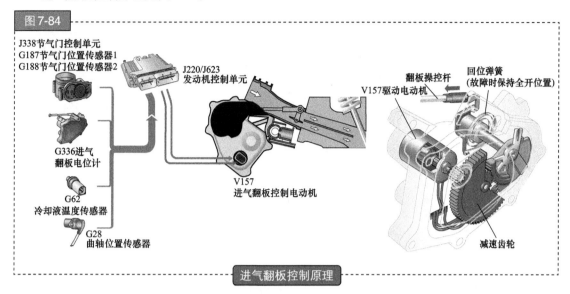

进气翻板控制原理

图7-85为两款典型车型进气翻板的工作范围。

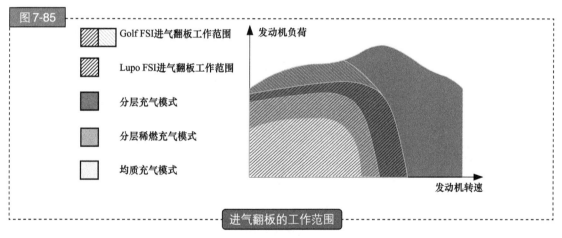

进气翻板的工作范围

（2）进气翻板工作模式

1）进气翻板作动—关闭状态。在分层进气模式、均质稀薄进气模式和某些均质进气模式的工况下，进气转换翻板动作，进气歧管下部被关闭。

因此，空气只能通过进气歧管上部进入气缸内，进气歧管上部是经过特殊设计的，从而可使气流涡旋着进入气缸内，同时狭窄的进气道也增加了进气的流速，使混合气混合更充分。

此状态有两个优点：

① 在分层进气模式下，涡旋的气流有利于将雾化的燃油携带到火花塞附近区域，同时在运动的途中燃油和空气就可以进行混合，参见图7-86。

② 均质稀薄进气模式和某些均质进气模式的工况下，旋转的气流有利于混合气的形成，这样就可以提高混合气的可燃性和燃烧稳定性，这个优点同样也使用于稀薄燃烧进气模式，参见图7-86。

图 7-86

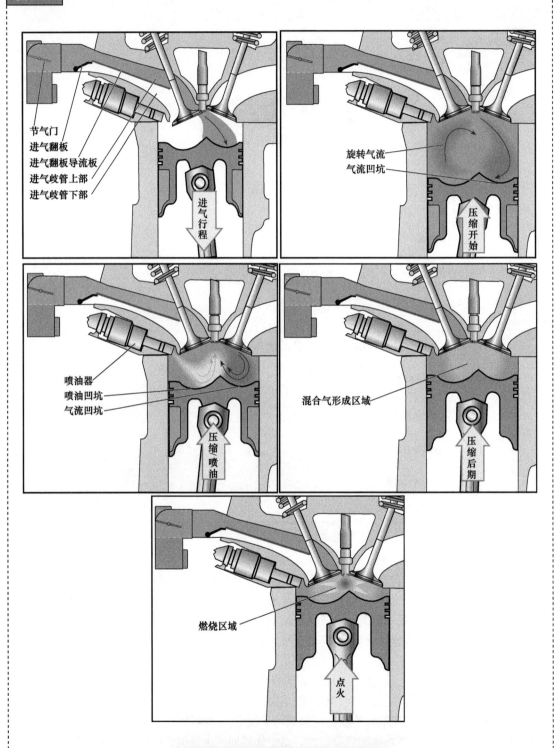

分层进气模式下进气翻板作动 - 关闭工况

第七章　090~098、110~119、142~144组 动力提升

2）进气翻板不作动—打开状态。随着发动机转速和负荷的增加，仅仅通过进气歧管上部进气道已经无法满足进气需求，这时进气翻板就会断电并处于打开位置，进气歧管下部进气道也可以进气，参见图 7-87。

图 7-87

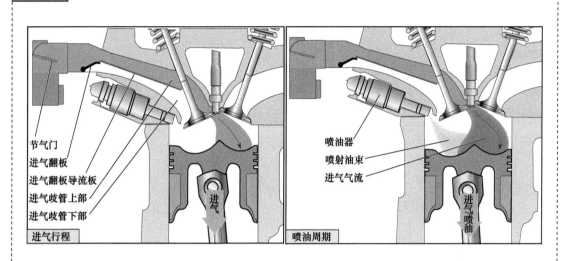

稀燃进气模式下进气翻板作动 - 关闭工况

2. 只有均质喷射模式的MED9.x和MED17.X系统

（1）带进气翻板的系统

它的结构及组成见图 7-88。它与 MED7.X 进气翻板的区别主要如下：

1）进气翻板采用杯形结构，可以提高密封性和吸收气流变化。进气翻板的组成见图 7-89。
2）进气歧管内的翻板偏心设计，可在翻板全开时减少进气阻力。

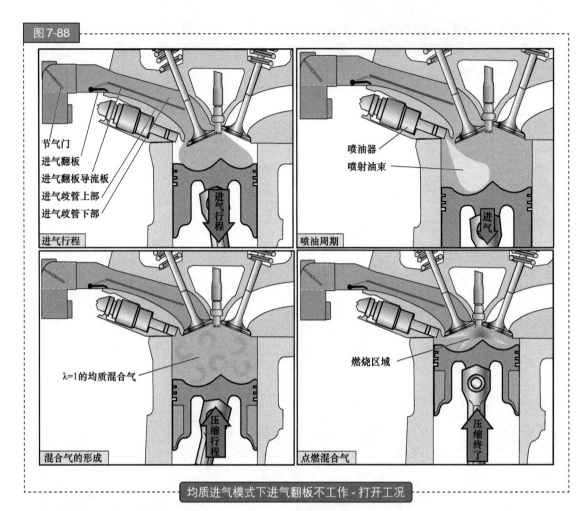

图7-88 均质进气模式下进气翻板不工作-打开工况

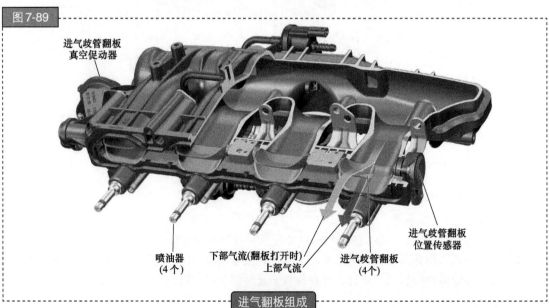

图7-89 进气翻板组成

第七章 090~098、110~119、142~144组 动力提升

进气翻板的工作模式与MED7.X类似,区别是在进气翻板处于关闭工况时仍采用均质喷射模式。

在某些车型中,进气翻板在发动机转速低于3000r/min时关闭,超过3000r/min时打开。

(2)不带进气翻板的系统

在新型的发动机设计中,为减少进气翻板对进气的扰流,通过改进气缸盖进气口和活塞的设计,取消进气翻板。

三 进气翻板相关故障码

1. 进气翻板控制方式

进气翻板目标位置与发动机转速的关系如图7-90给出的发动机特性曲线图所示。

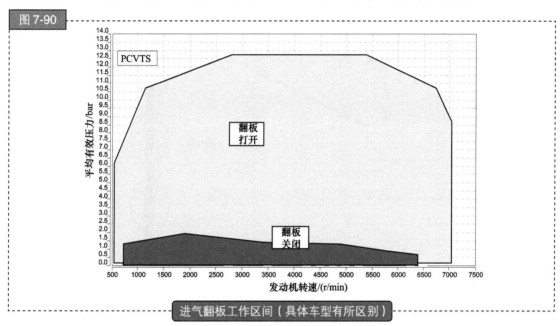

图7-90　进气翻板工作区间(具体车型有所区别)

进气翻板直接位于每个气缸的进气区域,其位置传感器可安装在执行单元中,也可安装在翻板轴的另一端。

2. 进气翻板元件监控

为了监控进气翻板位置和翻板系统是否按目标值进行工作,系统必须收集多个电气元件的信号并判断其合理性。主要的监控信号是进气翻板位置传感器的电压。

(1)进气翻板故障模式1

具体参见图7-91,故障码见下。

电气故障	
故障码	P2008
故障1	信号占空比>80%并且ECM功率模块故障
故障2	翻板位置实际值与目标值差异>5%,并且ECM功率模块故障
可能故障	线路开路或短路、ECN硬件故障

（续）

	合理性检查	
故障码	P2015	
故障 1	信号占空比＞80%	
故障 2	翻板位置实际值与目标值差异＞5%	
可能故障	翻板阻力大、翻板卡滞	

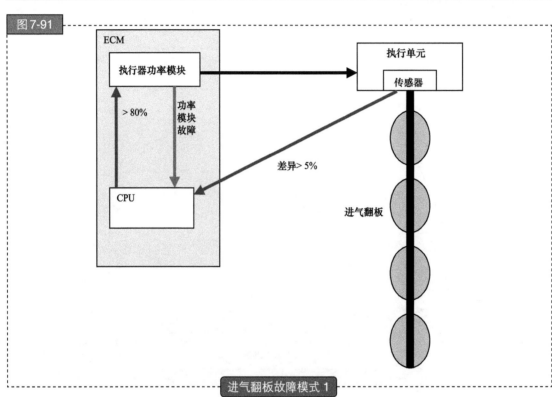

图 7-91 进气翻板故障模式 1

（2）进气翻板故障模式 2

具体参见图 7-92，故障码见下。

故障码	P2016
故障 1	对接地短路、对蓄电池正极短路、断路
合理性检查	
故障码	P2016（每个运转循环都发生一次）
故障 1	传感器信号低于机械下止点，但没有电气故障
故障 2	传感器信号高于机械上止点，但没有电气故障
功能说明	关闭点火开关后，翻板处于机械静止位的打开位置 在正常工作时，会进行下列检查： 1. 控制翻板关闭：机械限值目标电压 <3.6V 2. 控制翻板打开：机械限值目标电压 >1.3V
可能故障	转轴断裂

第七章　090~098、110~119、142~144组 动力提升

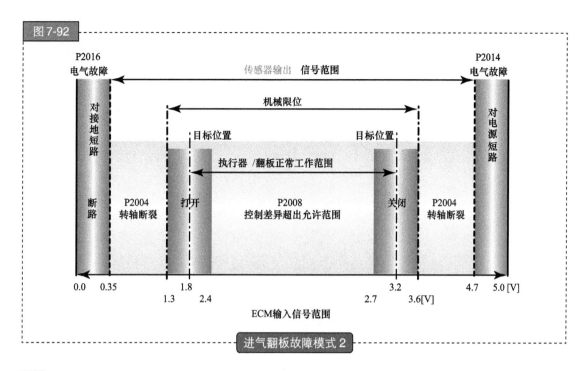

图 7-92　进气翻板故障模式 2

四　故障案例

1. 进气翻板制造误差导致新件也出现"进气翻板位置不可靠"的故障

车型：装备 BYJ 发动机的 2007 款迈腾 1.8TSI，使用时间两年，行驶 6 万多 km。VIN 为 LFV3A3C773xxxxxx。

故障现象：行驶时偶尔出现排放灯点亮，但不影响驾驶性能。关闭点火开关后再行驶，排放灯很难再次点亮。

初步诊断：

1）此车到站后，通过诊断仪读得有"08213 P2015 000——进气歧管风门位置 / 运行控制传感器不可靠信号，偶发"故障码，参见图 7-93。清除故障码后，行驶一段时间后故障又会再现。

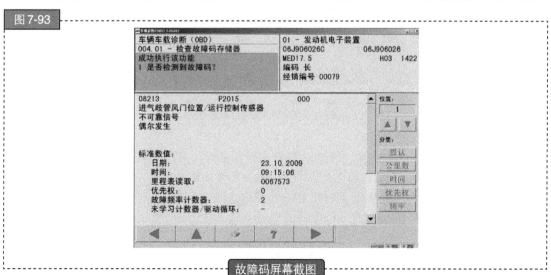

图 7-93　故障码屏幕截图

2）更换过带 G336 进气翻板电位计的进气翻板总成，行驶一段时间后故障再现。

3）为了进一步诊断故障，先对进气翻板进行匹配。这是由于行驶一段时间后，可变电阻型的 G336 进气翻板电位计有可能会产生数据漂移，匹配后可让发动机控制单元学习到此漂移值，然后对内部的特性曲线进行修正。结果为匹配成功，参见图 7-94。

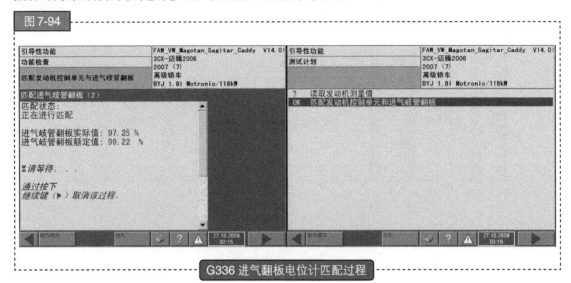

图 7-94　G336 进气翻板电位计匹配过程

数据流分析：

① 怠速数据流，见图 7-95

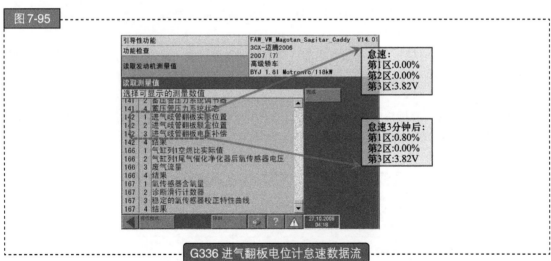

图 7-95　G336 进气翻板电位计怠速数据流

② 行车动态数据流，见图 7-96。

从图 7-95 和图 7-96 可以看到，发动机负荷和转速低时，进气翻板的目标开度为 0，但实际开度不为 0，且最高达 2.4%，超出允许范围。因此，发动机控制单元就会根据此信号，记忆"08213 P2015 000——进气歧管风门位置/运行控制传感器 不可靠信号，偶发"故障码。现在必须找出产生故障的原因。

③ 查找故障部位。

通过电路图，对 G336 进行检测，确认电源线 +5V 和接地线正常，参见图 7-97 和图 7-98。

第七章　090~098、110~119、142~144组 动力提升

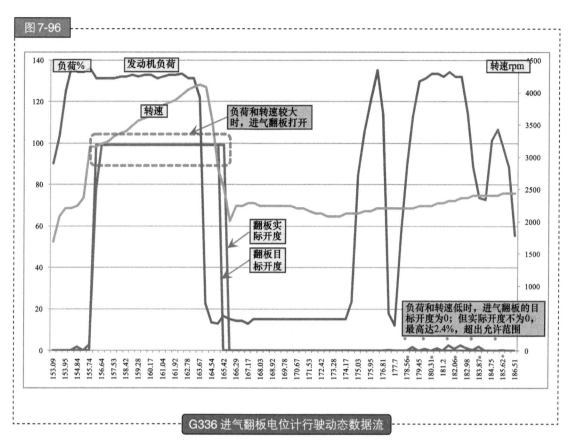

G336 进气翻板电位计行驶动态数据流

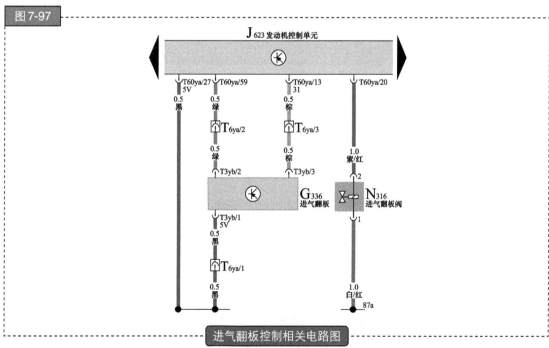

进气翻板控制相关电路图

通过真空泵，对进气翻板阀 N316 进行真空测试。经检测为正常，判断真空系统正常，参见图 7-99。

对进气翻板相关电路进行检测

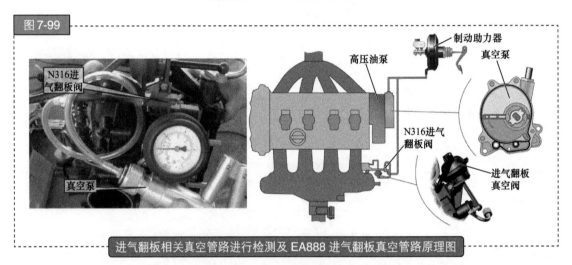

进气翻板相关真空管路进行检测及 EA888 进气翻板真空管路原理图

拆下进气歧管后,进行在线读取数据流,发现轻微的径向推动进气翻板,142_1 进气翻板实际值就会从 0% 变动到 2% 左右。通过细心地调整进气歧管风门位置/运行控制传感器的角度,配合数据流的读数,把位置传感器调到了一个最佳的位置进行固定。确认数据在进气翻板在关闭状态下,推动进气翻板时 142_1 数据保持为 0%。经过调整后大约比原位置向顺时针转动 0.5mm 左右,参见图 7-100。调整完成后经过长时间的试车,数据一切正常。

调整进气翻板位置传感器

第七章 090~098、110~119、142~144组 动力提升

故障原因：进气翻板位置传感器 G336 制造上有偏差，导致出现此故障。

维修思路：充分利用连续数据采集功能，就可以发现有差异的数据。

2. 真空管变形导致进气翻板不受控制

车型：装备 CADA 发动机的 2014 款奥迪 Q5 2.0LTFSI，行驶里程 5680km。

故障现象：仪表上的排放故障灯点亮，发动机动力稍下降。

故障诊断：

① 通过诊断仪读取发动机故障码，有"18447 P2015——进气翻板位置传感器，信号错误"的故障码。

② 根据引导型功能，将发动机转速提升到 3500r/min，读取 142 组数据，结果见图 7-101 左。

图 7-101 进气翻板数据流（上左为故障车，上右为维修后）

③ 利用手动真空泵 VAS 6213 检查真空单元和进气翻板，结果正常。

④ 最后仔细目视检查，发现与真空控制阀连接的变形，压扁后导致控制进气翻板的真空不足，不能完全翻板。并且，由于此处有管套和固定箍包着，不容易发现，参见图 7-102。

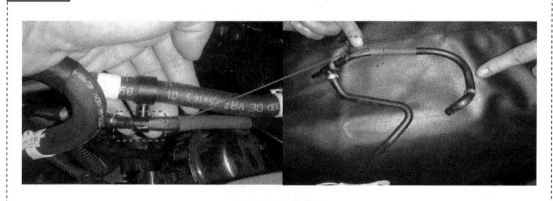

图 7-102 有故障的真空管

故障排除：更换真空管。读到数据流，数据正常，参见图 7-101 右。

第八章

101~109、140~141、145~159 组
燃油喷射

第八章 101~109、140~141、145~159组 燃油喷射

◆ 第一节 101~109组 燃油喷射组 ◆

数据流如下。

101	装备 HFM	怠速	TSI	
数据项	发动机转速	发动机负荷	喷油脉宽	进气量
规定值	520~6500r/min	16%~23%	0.51~4ms	3.7g/s
经验值	680r/min	17%	0.51~0.75ms	2.9g/s
	装备 MAP	怠速	TSI	
数据项	发动机转速	发动机负荷	喷油脉宽	进气压力
规定值	520~6500r/min	16%~23%	0.51~4ms	400mbar
经验值	680r/min	17%	0.51~0.75ms	350mbar
102	装备 HFM	怠速	TSI	
数据项	发动机转速	冷却液温度	进气温度	喷油脉宽
规定值	520~6500r/min	80~115℃	−48~105℃	0.51~4ms
经验值	680r/min	84~94.5℃	> 外界温度	0.51~0.75ms
103	装备 HFM	怠速	按需调节低压泵诊断	在功能 04 基本设定
数据项	当前燃油压力（低压）	燃油泵压力调节 I 控制	燃油泵适配值	燃油泵状态
规定值	3~7bar	%/mbar	%/mbar	测试关闭/开启、系统正常/异常
经验值	7bar			系统正常
104	起动因素匹配值			
数据项	发动机起动时温度	温度修正系数 1−燃油	温度修正系数 2−进气歧管	温度修正系数 3−水温
规定值	−48~143℃	−100%~99.2%	%/mbar	测试关闭/开启、系统正常/异常
或 0~16	−100%~99.2%			系统正常
105		行车	断缸控制	
数据项	发动机转速	发动机负荷	水温	断缸控制
规定值	640~6800r/min	0%~150%	80~115℃	ON/OFF
经验值	640~6800r/min	13%~45%	84~94.5℃	OFF
107	空燃比控制诊断	怠速	EA111/MED17.5.20	在功能 04 基本设定
数据项	发动机转速	B1 空燃比修正（平均值）	B1 排气温度	空燃比控制测试
规定值	520~6500r/min	−10%~10%	0~1000℃	测试关闭/开启、系统正常/异常
经验值	680r/min	−3%~3%	550~700℃	系统正常
	空燃比控制诊断	怠速	EA888 和其他	在功能 04 基本设定
数据项	发动机转速	B1 空燃比修正（平均值）	B2 空燃比修正（平均值）	空燃比控制测试
规定值	520~6500r/min	−10%~10%	−10%~10%	测试关闭/开启、系统正常/异常
经验值	680r/min	−3%~3%	−3%~3%	系统正常

主要数据流解释：

107_4：功能04（基本设置）；用按钮"4"激活短行程功能（接通）；怠速；等候"系统正常"在第4区中出现。

◆ 第二节　106/140/141组 高压油泵组 ◆

一　数据流说明

1. 第106组 高压油泵控制

数据流如下。

106	燃油压力	怠速	EA111/MED17.5.20	高压油泵
数据项	燃油分配管目标压力	低压油泵状态		切断时间
规定值	50~100bar	开（工作）/关（停止）		0~8160s
经验值	50bar	开		
	燃油压力	怠速	EA888/MED17.5	高压油泵
数据项	燃油分配管目标压力	燃油分配管实际压力	高压油泵占空比	燃油温度
规定值	40~150bar	40~150bar	0%~100%	
经验值	40bar	40bar	60%~70%	100℃
	燃油压力	怠速	双高压油泵	高压油泵
数据项	燃油分配管目标压力	低压油泵1/2	低压油泵3/4	切断时间
规定值	40~150bar	ON/OFF 或 %	ON/OFF 或 %	0~8160s
经验值	40bar	ON	ON	

相关数据流说明。

106_1 燃油分配管目标压力、106_3 燃油分配管实际压力（EA888）。

在各种不同情况下，发动机控制单元会调整喷油嘴的开启时间，并通过燃油压力调节阀分配管中的燃油压力，以确保喷油量准确无误，参见图8-1。

喷油量是根据实际的进气量来计算的。进气量是基于两个基本信号确定：发动机转速和进气歧管中的压力。

诸如进气压力、进气温度、冷却液温度和进气凸轮轴位置等因素对进气量都有一定影响。
发动机控制单元根据催化器前的氧传感器测得的数值，来最后修正喷油量。
确定所需喷油量后会进行连续喷油，换而言之，在进气行程中会向各气缸喷射相应量的燃油。
在加速、全负荷以及催化器的加热阶段，混合气会变浓。
在未踩下加速踏板、发动机转速达到1800 r/min以上时，发动机控制单元会关闭发动机的带档滑行模式，并启用发动机牵引控制功能，也就是说，会中断喷油以降低油耗和有害物质排放量，通过单独关闭各气缸的喷油来限制发动机最大转速。

106_3（EA111）：低压油泵状态。低压油泵控制由燃油泵控制单元J538和燃油泵G6组成。参见图8-2。

第八章 101~109、140~141、145~159组 燃油喷射

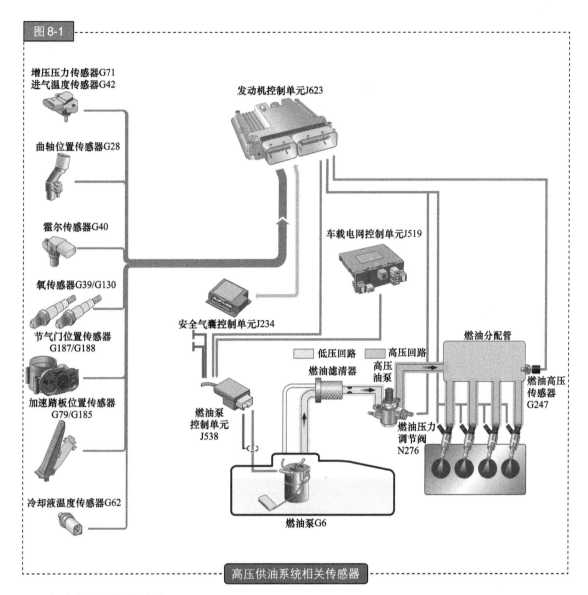

图8-1

高压供油系统相关传感器

(1) 燃油泵控制单元 J538

此控制单元安装在后排座椅下方燃油泵 G6 旁边。此控制单元从发动机控制单元获取信号。根据所接收到的信号，发动机控制单元会以脉冲宽度调制信号（PWM）触发燃油泵 G6。同时，由脉冲宽度决定燃油低压系统中的压力（在 0.5~5 bar 之间）。暖起动和冷起动时压力会升至 6.5 bar。

故障影响：燃油泵控制单元发生故障时，发动机会关闭。

(2) 燃油泵 G6

此泵安装在后排座椅下方燃油箱中的燃油供给装置内。它由燃油泵控制单元 J538 控制，并在低压系统中将燃油输送至高压油泵。它通过燃油泵控制单元的 PWM 信号触发。从而确保能始终正确输送发动机所需的燃油量。

故障影响：燃油泵发生故障时，发动机将无法运行。

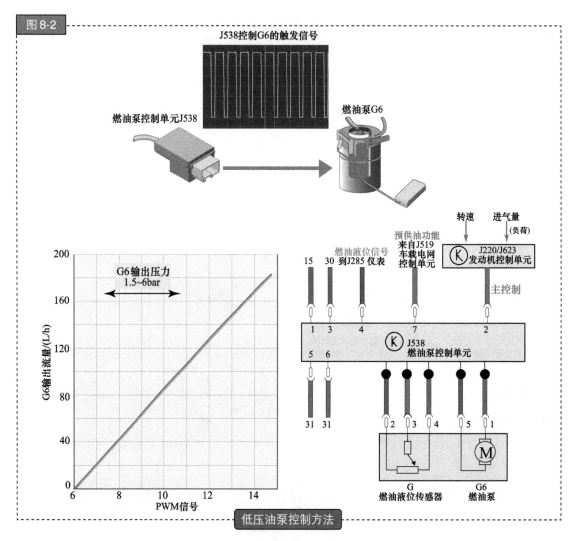

图 8-2 低压油泵控制方法

2. 第140组 油压控制-短行程

数据流如下。

140	N276 燃油压力调节阀	N276 诊断	博世 HDP1 高压油泵	在功能 04 基本设定
数据项	N276 打开占空比	油轨目标压力	实际油轨压力	N276 诊断结果
规定值	—	40~120bar	40~120bar	正在测试 / 测试关闭 / 系统正常 / 系统错误
经验值	—	40bar	40bar	1
	N290 燃油流量控制阀	N290 诊断	博世 HDP2 高压油泵	在功能 04 基本设定
数据项	N290 开度（打开/关闭）	油轨目标压力	实际油轨压力	N276 诊断结果
规定值	—	40~120bar	40~120bar	正在测试 / 测试关闭 / 系统正常 / 系统错误
经验值	—	40bar	60~70bar	100℃

第八章 101~109、140~141、145~159组 燃油喷射

（续）

	N276 燃油流量控制阀	N276 诊断	日立高压油泵 / EA111	在功能 04 基本设定
数据项	N276 关闭角度	N276 打开角度	实际油轨压力	N276 状态
规定值	0~408°KW	-204~203°KW	50~100bar	1 激活 /10 停止
经验值	49.6°KW	52.8°KW	50bar	1

	N276 燃油流量控制阀	N276 诊断	日立高压油泵 / EA888	在功能 04 基本设定
数据项	N276 关闭角度	N276 打开角度	实际油轨压力	N276 状态
规定值	0~408°KW	-204~203°KW	50~100bar	1 激活 /10 停止
经验值	26°KW	-5~0°KW	40bar	1

相关数据流说明。

140_3：实际油轨压力。如果需要对燃油压力传感器 G247 进行检测时，采用此数据块与油压表的示值进行对比，允许误差在 5bar 内，参见图 8-3。

图 8-3

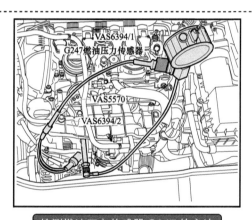

检测燃油压力传感器 G247 的方法

140_4（日立高压油泵）：状态位共 8 位，前 6 位没有用。00000001（显示为 1）表示高压油泵正在工作；00000010（显示为 10）表示高压油泵停止工作。如果需要维修高压燃油系统时，请严格遵守维修手册的指导。一般可将高压油泵熔丝拔下，然后尝试起动发动机；或通过诊断仪的"引导型功能"下的"卸除燃油高压"功能，将燃油压力降低至低压。

140_4（博世高压泵）：通过功能'04'（基本设置），切断油量控制阀 且将油轨压力降低至低水平，用于修理燃油系统。

3. 第141组 供油系统

数据流如下。

141	高压供油系统		博世 HDP 高压油泵	
数据项	高压系统调节	高压系统调节器	高压系统调节器 - 非稳定	高压系统状态
规定值	—	—	—	—
经验值	—	—	—	—
	高压供油系统		日立高压油泵	
数据项	高压系统调节	控制器组件	总压缩容量	实际油轨压力
规定值	—	—	—	50~100bar
经验值	—	—	—	50bar

二、高压油泵相关故障码

与高压油泵/燃油压力调节阀（燃油压力调节阀2）N276 故障相关的故障码如下。

故障码	含义	故障码标准和阀值
P0087	油轨/供油系统压力过低	实际油压 – 目标油压 <-16.38 bar，或实际油压 <12~12.5bar
P0088	油轨/供油系统压力过高	实际油压 – 目标油压 >16.38 bar，或实际油压 >195bar
P2293	N276 性能	目标压力与实际压力差异超 15bar
P2294	N276 控制线路	控制线断路，电压保持在 1.4~3.2V，或信号波形不正确
P2295	N276 控制线路电压过低	控制线接地，电压长期 <1.4~3.2V
P2296	N276 控制线路电压过高	控制线电流过高，电压长期 >3.2V

高压油泵的诊断流程图见图 8-4。

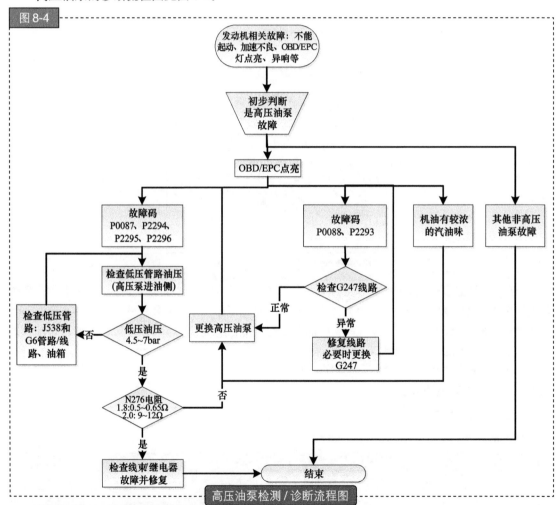

图 8-4 高压油泵检测/诊断流程图

油轨压力传感器 G249 相关故障码如下。

故障码	故障码含义	诊断程序	监控策略	故障判据和阈值	监测时间长度
P0190	油轨压力传感器 A 线路	检查油轨压力传感器 G247	信号范围检查	信号电压 >4.8V	0.5s
P0192	油轨压力传感器 A 线路信号太低	检查油轨压力传感器 G247	信号范围检查	信号电压 <0.2V	0.5s

第八章　101~109、140~141、145~159组 燃油喷射

三　故障案例

1. B7L动力不足、EPC灯点亮，有"08852——燃油压力调节阀2控制电路"故障码

车型：装备 1.8TSI 的 2015 款新迈腾 B7L。

故障现象：EPC 灯点亮，急加速不良、最高转速不能超 3000r/min。

故障诊断：通过诊断仪读取此车发动机系统故障码，参见图 8-5。

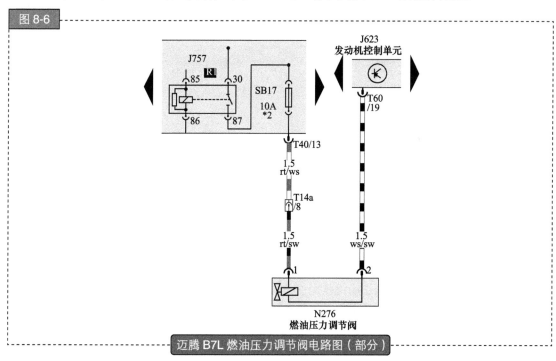

图 8-5　迈腾 B7L 故障码

根据故障码，初步判断故障点在燃油压力调节阀 N276。经检测，N276 电源线没有电压（参见图 8-6），最后发现 SB17 熔丝烧断，导致 N276 不工作。更换 SB17 后故障排除。

图 8-6　迈腾 B7L 燃油压力调节阀电路图（部分）

故障排除：更换 SB17 熔丝。

2. B7L高压油泵故障导致发动机抖动

车型：装备 CEA 发动机的 2015 款迈腾 B7L 1.8TSI。VIN 为 LFV3A23C1B30xxxxx，行驶里程 2.4 万 km，使用时间 1 年。

故障现象：行驶时 EPC 和排放灯点亮、发动机抖动。

① 故障确认。行驶试车，当加速到转速超 2000r/min 时，发动机开始抖动；即使将加速踏板踩到底，转速最多也只有 3400r/min。

② 读取故障码，参见图 8-7。

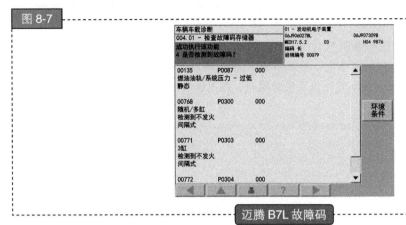

迈腾 B7L 故障码

③ 急速状态下，读取相关数据流如下。

014		行车	失火识别	
数据项	发动机转速	发动机负荷	总失火量	失火识别
实际值	720r/min	17.1%	0	激活
经验值	640~680r/min	13%~45%	0	active
106	燃油压力	急速	EA888/MED17.5	高压泵
数据项	燃油分配管目标压力	燃油分配管实际压力	高压油泵占空比	燃油温度
实际值	40bar	7bar	65.1%	93℃
经验值	40bar	40bar	60%~70%	90~100℃

106_3 高压油轨油压的压力，为低压油泵的输出压力，但低于高压油泵急速目标压力，说明故障点在高压油路部分。一般情况下，燃油高压传感器 G247 故障率很低，先排除 G247 误报的可能性。判断是高压油泵故障。更换后，急速高压油压为 40bar，高速可达 130bar。

故障排除：更换高压油泵。

其他说明：此车同时出现失火的故障原因是，在行驶过程中，由于供油量不足，导致发动机工作不良，产生失火故障码。

3. CC车型加汽油后行驶容易熄火

车型：装备 CGM 发动机的 2010 款 CC 2.0TSI。

故障现象：在加油站加油后，行驶时容易熄火。

故障诊断：

① 读取故障码，参见图 8-8。

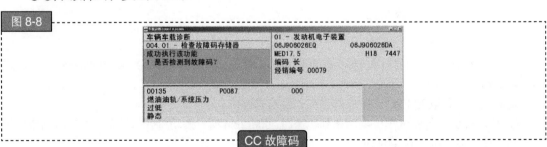

CC 故障码

第八章 101~109、140~141、145~159组 燃油喷射

② 读取数据流进行分析。数据流见下。106_2 燃油高压明显低于目标值;106_3 表示高压油泵已尽量提高压力,通过燃油压力调节阀 N276 提前到最大角度打开。

106	燃油压力	急速	EA888/MED17.5	高压油泵
数据项	燃油分配管目标压力	燃油分配管实际压力	高压油泵占空比	燃油温度
实际值	40bar	2.58bar	5.9%	97℃
经验值	40bar	40bar	60%~70%	90~100℃

③ 由于低压油泵在急速时能提供 5~6bar 的油压。如果燃油高压传感器 G247 正常时,当实际压力低于 5bar 时,故障一般在燃油低压部分。

④ 认真检查油泵控制单元 J538 电源和接地线、J538 与低压油油 G6 的连接线,正常;测量 J538 与低压油油 G6 的连接线电压,约 9.5V,初步判断正常。

⑤ 拆下低压油泵 G6 进行检查,发现低压油泵回油管和油压调节阀连接处松旷将要脱落。判断是回油管与油压调节阀连接不紧固,在加油时受汽油的冲击而脱开,参见图 8-9。

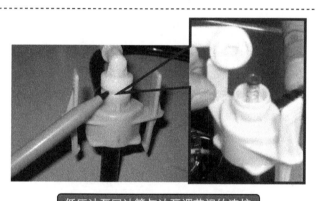

图 8-9 低压油泵回油管与油泵调节阀的连接

故障排除:更换低压油泵。新低压油泵改进为激光焊接(参见图 8-10)。

图 8-10 新款低压油泵连接(黑色为激光焊接)

4. 燃油高压传感器短路到地导致加速无力

车型:装备 CEA 发动机的 2012 款迈腾 B7L 1.8TSI,VIN 为 LFV2A11G3B35xxxxx,行驶里程 2.3 万 km,使用时间 2 年。

故障现象：排放灯点亮。行驶时动力不足、加速不良。

故障诊断：

① 读取故障码，参见图 8-11。

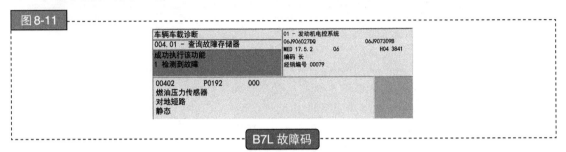

图 8-11 B7L 故障码

② 读取相关数据流如下。

140	N276 燃油流量控制阀	N276 诊断	日立高压油泵 / EA888	在功能 04 基本设定
数据项	N276 关闭角度	N276 打开角度	实际油轨压力	N276 状态
实际值	16°	-4.8°	6.00bar	10
经验值	26°	-5°~0°	40bar	1

根据故障码和数据流，初步判断由于燃油高压传感器 G247 线路故障，导致 140_1 和 140_2 高压油泵控制在最小打开压力状态。140_4 表示高压油泵已停止控制。140_3 显示的是故障替代值。

③ 经对 G247 线路仔细检查（参见图 8-12），发现信号线 T60/40 对地短路。

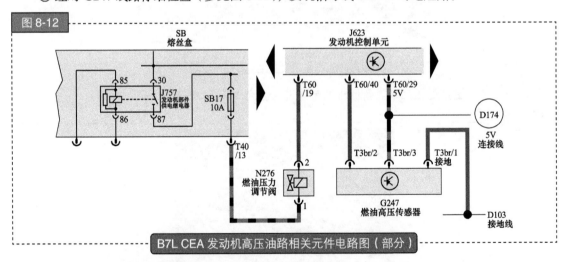

图 8-12 B7L CEA 发动机高压油路相关元件电路图（部分）

故障排除：维修相关线束。

5. N276 控制线接触不良导致急速时高压油泵响声大

车型：装备 CFB 发动机的 2013 款全新宝来 1.4TSI，VIN 为 LFV2A2154C36xxxxx，行驶里程 1 万 km。

故障现象：急速时发动机舱有异响，转速升高后响声消失。

故障诊断：

① 通过诊断仪，读得以下故障码（参见图 8-13）。

第八章　101~109、140~141、145~159组 燃油喷射

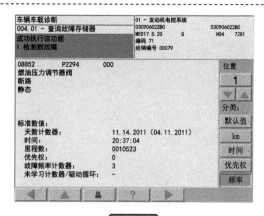

图 8-13　故障码

② 读取相关数据流。

140	N276 燃油流量控制阀	N276 诊断	日立高压油泵 /EA111	在功能 04 基本设定
数据项	N276 关闭角度	N276 打开角度	实际油轨压力	N276 状态
实际值	49.6°	70.4°	135.70bar	10
经验值	26°	−5°~0°	40bar	1

③ 根据故障码和数据流，初步判断是 N276 或其控制线断路导致。

经仔细检查接插，发现连接 N276 的电源针脚弯曲，导致 N276 没有供电，参见图 8-14。

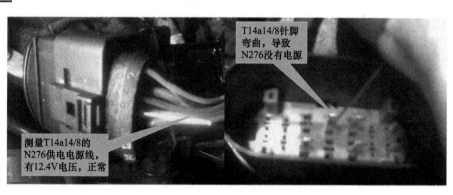

图 8-14　N276 供电针脚弯曲

故障排除：处理弯曲的针脚。

6. G247故障导致急加速不良

车型：装备 CEA 发动机的 2013 款 B7L 1.8TSI，VIN 为 LFV3A23C6C30xxxxx，行驶里程 6700km，使用时间 1.5 年。

故障现象：怠速平稳。行驶一段时间后 EPC 灯点亮、急加速不良。

故障诊断：

① 读取故障码。故障码反映有一个不合理的现象，如果油轨压力过低，部分负荷时的混合

气应是过稀，但现在反而是过浓，参见图 8-15。

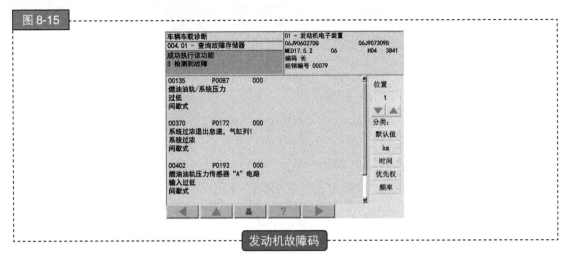

图 8-15 发动机故障码

② 读取相关数据流如下。

032	—	怠速/行车	λ学习值/长效修正	
数据项	怠速λ学习值+	部分负荷λ学习值x	—	—
实际值	1.8%	−18.0%	—	—
经验值	0	0	—	—
106	燃油压力	怠速	EA888/MED17.5	高压泵
数据项	燃油分配管目标压力	燃油分配管实际压力	高压油泵占空比	燃油温度
实际值	40bar	40.19bar	65.1%	95℃
经验值	40bar	40bar	60%~70%	90~100℃
	燃油压力	急加速	EA888/MED17.5	高压泵
数据项	燃油分配管目标压力	燃油分配管实际压力	高压油泵占空比	燃油温度
实际值	117.42bar	88bar	92%	76℃
经验值	>110bar	>110bar	—	90~100℃

106_2 可以看到，怠速时油压显示正常，但急加速时油压偏低。032_2 显示部分负荷时是偏浓的。这两个数据不合理，需做进一步检查。

③ 测量低压油路油压为 5.1bar，正常；低压油泵控制单元及线路正常；试更换高压油泵，故障未解决；检查油轨压力传感器的线路，正常；通过 01-04-034 和 037 对 B1S1 氧传感器进行测试，结果正常。

由于氧传感器的数据与油轨压力传感器的数据相反，有可能其中一个元件信号失真，导致误报。

根据以上分析，初步怀疑是油轨压力传感器 G247 故障。更换后，故障解决。

故障排除：更换 G247 油轨压力传感器，参见图 8-16。

7. ECM与油泵控制单元信号线接触不良导致起动后很快熄火

车型：装备 CEAA 发动机的 2015 款迈腾 1.8TSI。

故障现象：起动后十多秒发动机就熄火，再次起动故障一样。

第八章 101~109、140~141、145~159组 燃油喷射

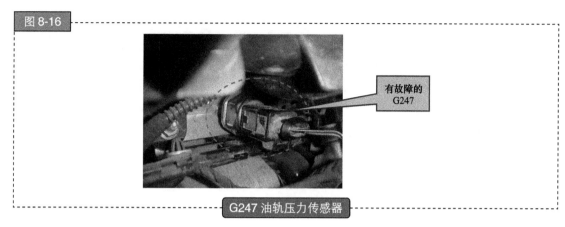

图8-16　G247 油轨压力传感器（有故障的G247）

故障诊断：

① 读取故障码，发动机没有故障码。由于熄火前发动机抖动，初步判断是燃油原因导致。

② 读取相关数据流如下。

002	装备 HFM/TSI	怠速	—	—
数据项	发动机转速	发动机负荷	喷油脉宽	进气量
实际值	980r/min → 0r/min	31% → 0%	2.3ms → 8ms	3.8g/s → 0g/s
经验值	680r/min	17%	0.51~0.75ms	2.9g/s
106	燃油压力	怠速	EA888/MED17.5	高压泵
数据项	燃油分配管目标压力	燃油分配管实际压力	高压油泵占空比	燃油温度
实际值	40bar	40bar → 0.2bar	60% → 100%	30℃
经验值	40bar	40bar	60%~70%	90~100℃

③ 由于能建立 40bar 的高压，先排除燃油高压油路问题。发动机起动时，用万用表测量 ECM 向 J538 发出控制信号的 J538 端接线柱 2（电路图参见图 8-2），只有 3.5V。由于是 ECM 发出 0~12V 的方波信号电压，因此正常情况下万用表电压应 5V 以上，说明此线路存在虚接。

故障排除：修复 ECM 和 J538 的连接线。发动机起动时连接线电压为 6.8V，故障修复。

原因分析：起动时，J519 向 J538 发送预供油信号，低压油泵正常工作，并在高压产生正常的油压。起动后，转由 ECM 控制，由于线路虚接，导致 J538 没有收到 ECM 发出低压油泵供油信号，导致起动后十多秒熄火。

8. 高压油泵原因导致油压过高

车型：装配 BVJ 发动机的 2011 款奥迪 A8L 4.2FSI，行驶里程 12 万 km。

故障现象：排放故障灯点亮，发动机感觉不到异常。

故障诊断：

① 读取发动机控制单元故障码，有"16472 P0088——燃油蓄压管压力/系统压力过高，偶发"的故障码。

② 已更换燃油高压传感器 G247；检查 G247 的线束，没有发现异常。

③ 此车装配了 MED9.1.1 的发动机管理系统。行车，转速在 3000r/min 时读取燃油压力相关的数据流，发现超出了允许范围，判断是带燃油压力调节阀 N276 的高压油泵故障，见图 8-17。

数据流如下。

103	装备 HFM	急速	按需调节低压泵诊断	在功能 04 基本设定
数据项	当前燃油压力（低压）	燃油泵压力调节 I 控制	燃油泵适配值	燃油泵状态
实际值	7bar	165	715	测试关闭
经验值	7bar	—	—	系统正常
140		N290 诊断	N290- 博世 HDP2 高压泵	在功能 04 基本设定
数据项	N290 开度（打开/关闭）	油轨目标压力	实际油轨压力	N276 状态
实际值	84.1°KW	110bar	130bar	1
经验值	—	25~110bar	25~110bar	1

故障排除：更换高压油泵。

图 8-17

带燃油压力调节阀 N276 的高压油泵

9. 冷却系有空气导致高压油泵工作异常

车型：装备 BPK 发动机的 2008 款奥迪 A8L 3.2L。

故障现象：更换短发（只含缸盖、缸体、活塞和油底壳）后，急速运转 20~30min 就自动熄火。熄火后多数情况下能迅速再次起动，再急速 1min 后就熄火。急速运转时，有时踩下加速踏板就会熄火。

故障诊断：

① 从正常急速到熄火时，读取数据流如下。

033	前为 LSU	急速	前氧修正值/瞬时修正	—
数据项	B1S1 修正值	B1S1 电压	B2S1 修正值	B2S1 电压
实际值	7.1% → 19.6% → 39.5%	1.51IV → 2.247V → 2.469V	8.2% → 31.1% → 39.5%	1.517V → 2.148V → 2.469V
经验值	−10%~10%	1.5V	−10%~10%	1.5V
102	装备 HFM	急速	TSI	—
数据项	发动机转速	冷却液温度	进气温度	喷油脉宽
实际值	680r/min → 720r/min → 460r/min	73.5℃	48.0℃	1.12ms → 4.33ms → 9.61ms
经验值	680r/min	84~94.5℃	>外界温度	0.51~0.75ms
140	—	N276 诊断	博世 HDP1 高压泵	在功能 04 基本设定
数据项	燃油低压压力	燃油高压压力		N276 诊断结果
实际值	5.62bar → 5.92bar → 5.68bar	35.1bar → 10.25bar → 5.68bar		测试关闭
经验值	6bar	35bar		1

第八章　101~109、140~141、145~159组 燃油喷射

② 发现以下问题：转速下降时，燃油低压压力正常，但高压一直下降，直到与低压一致；空燃比修正和喷油脉宽不断增大，但排气仍不断变稀；怠速已很长时间，冷却液温度仍低于80℃。

③ 尝试拆下高压油泵，发现高压油泵非常热，估计达100℃，高于数据流中的73.5℃冷却液温度，初步判断是由于更换短发后，冷却系没有彻底排空，导致缸盖温度过高，高压油泵产生气阻，见图8-18。

图8-18　BPK发动机高压油泵位置

故障排除：按维修手册将冷却系排空，加注冷却液。故障解决。

10. 高压油泵驱凸轮偏转导致高压油压过高

车型：2016款奥迪A3 1.4TFSI，行驶里程1.4万km，使用时间1年。

故障现象：排放灯点亮。

故障诊断：

① 通过诊断仪读取发动机故障，有"P008800——燃油油轨/系统压力过高"的故障码。

② 读取相关数据流，可看到燃油高压实际压力过高。

	燃油低压目标值	低压油泵控制	燃油高压目标值	燃油高压实际值
实际值	340kPa	75%	10MPa	12.659MPa
经验值	340kPa	40%	10MPa	10MPa

③ 通过油压表测量燃油低压油压为6.5bar，正常范围。初步判断故障在高压部分。

④ 根据故障码内容，重点检查高压油泵的驱动凸轮布置。以装配凸轮轴时使用的正时定位槽作为基准，发现故障车的驱动凸轮偏转，见图8-19。由于驱动凸轮偏转，导致高压油泵的开启角度过早、油压过高。

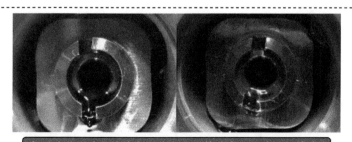

图8-19　高压油泵驱动凸轮的布置（上左为故障车，上右为正常车）

故障排除：更换带凸轮轴的凸轮轴壳体。

故障总结：如果出现"P008800——燃油高压压力过高"的故障码，必须检查配气正时和驱动凸轮的位置。

第九章

106、130~139 组 冷却系

第九章 106、130~139组 冷却系

◆ 第一节 130~132组 电子节温器控制组 ◆

一、数据流说明

1. 第130组 脉谱图控制的冷却系

数据流如下。

130	装备电子节温器系统	怠速，AC OFF	电子节温器诊断	在功能04 基本设定
数据项	发动机出口温度	散热器出口温度	电子节温器占空比	诊断结果
规定值	80~115℃	0~115℃	0%~100%	正在测试 / 测试关闭 / 系统正常 / 系统错误
经验值	84~94.5℃	45~85℃	%	系统正常

主要数据流解释：

在2006~2008年部分的宝来、高尔夫（发动机代码为AVU）和奥迪（发动机代码为APF）车装备了电子调节冷却系统，一般称为电子节温器。它能将冷却液温度与当前的工作状态相匹配，从而达到在部分负荷时降低燃油消耗、降低未完全燃烧的CO和HC量。

130_1 和 130_2：发动机出口冷却液温度的值总是高于散热器出口冷却液温度的值。

130_4：在冷却液温度正常和空调关闭的情况下，可通过功能04基本设定对电子节温器进行诊断。正常情况下诊断结果应显示为"系统正常"。

2. 第131组 脉谱图控制的冷却系

数据流如下。

131	电子节温器，APF 发动机	怠速，AC OFF	电子节温器	—
数据项	发动机出口温度	散热器出口温度	电子节温器占空比	电子节温器状态
规定值	80~115℃	0~115℃	0%~100%	1111 0011
经验值	84~94.5℃	45~85℃	—	0011 0011
	电子节温器，AVU 发动机	电子节温器	—	
数据项	发动机出口温度	发动机出口温度（目标）	散热器出口温度	电子节温器占空比
规定值	80~115℃	90~100℃	0~115℃	0%~100%
经验值	84~94.5℃	97.5℃	45~85℃	
	非电控冷却系发动机	—	电子节温器	—
数据项	发动机出口温度	发动机出口温度（目标）	散热器出口温度	
规定值	80~115℃	90~100℃	0~115℃	
经验值	84~94.5℃	90~97.5℃	45~85℃	

APF 发动机第131_4区电子节温器状态位的说明：

总监这样分析汽车数据流

1	2	3	4	5	6	7	8	第131组 第4区：电子节温器状态
								诊断
				1				电子风扇1档运行（低速）
			1					电子风扇2档运行（高速）
			0					（空）
		0						（空）
	1							温度控制偏差（0=超过目标值；1=目标值范围内）
	1							电子风扇正在工作
1								电子节温器正在工作
1								有电子节温器故障码

其中：1=满足条件；0=未满足条件。

数据流说明：

为了更精确控制冷却液温度和调节电子扇，现在的奥迪/大众车发动机冷却系管理普遍采用双冷却液温度传感器对发动机温度进行检测，见图9-1。

3. 第132组 脉谱图控制的冷却系

数据流如下。

132	装备电子节温器系统	怠速	冷却	
数据项	散热器出口温度（目标）	发动机/散热器温差	暖风电位计	冷却系控制状态
规定值	0~115℃	0~100℃	0~4.8V	1111 1111
经验值	45~85℃	0~2℃		0010 1100

第132_4区的冷却系控制状态位说明：

1	2	3	4	5	6	7	8	第132组 第4区：冷却系控制状态
								诊断
				1				冷却系统有故障
			1					电子节温器工作
		1						电子风扇工作
			1					温度控制偏差（0=超过目标值；1=目标值范围内）
	1							电子风扇2档运行（高速）
	1							电子风扇1档运行（低速）
	1							冷却液继续循环泵（可能为空）
1								驻车加热功能编码（可能为空）

其中：1=满足条件；0=未满足条件。

数据流说明：

132_2：表示【（发动机出口冷却液温度 - 散热器出口冷却液温度）- 发动机通过电子风扇控制（发动机出口冷却液温度 - 散热器出口冷却液温度）】。

故障案例： 装备电子节温器的车，如果冷却液温度一直低于80℃，先检查一下电子节温器，

第九章 106、130~139组 冷却系

很有可能是电子节温器的两只固定脚断裂导致,参见图 9-2。

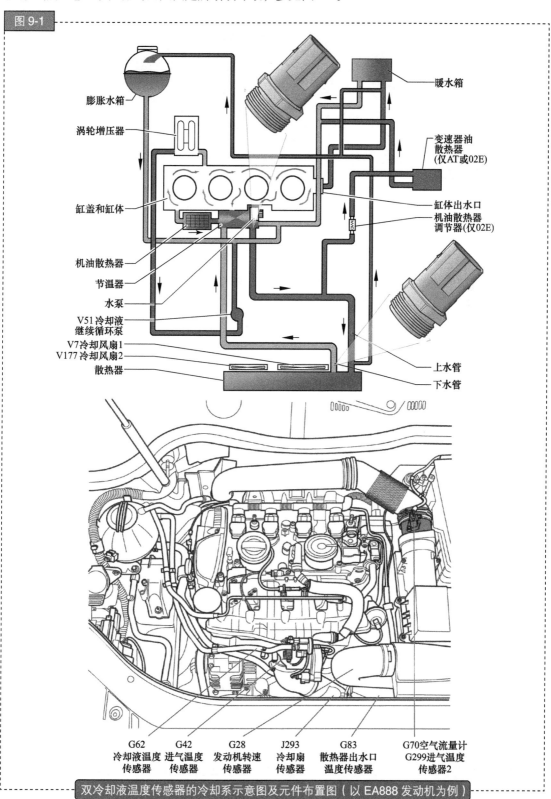

双冷却液温度传感器的冷却系示意图及元件布置图(以 EA888 发动机为例)

图 9-2

电子节温器外观（左为正常，右为故障）

二 相关原理说明-电子节温器

发动机理想的工作温度，是根据发动机负荷和转速，快速调节到合适的冷却液温度，可提高发动机功率、降低油耗和排放、减少发动机磨损，参见图 9-3。

部分负荷时目标冷却液温度：95~110℃，可降低油耗和排放。

部分负荷时目标冷却液温度：85~95℃，可提高功率，原因是降低发动机温度，进而可以降低进气温度，使更多的空气进入燃烧室。

图 9-3

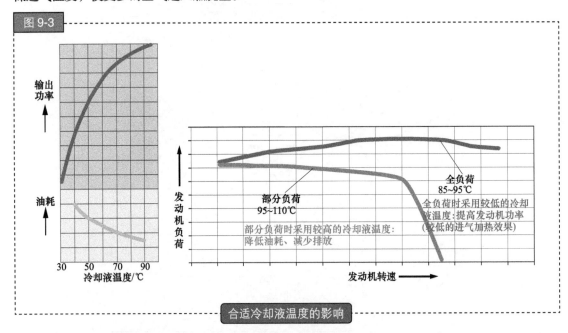

合适冷却液温度的影响

但传统的节温器执行动作慢、滞后时间较长；控制精度不高、误差大，因此部分奥迪和大众车采用了电子节温器控制冷却系的温度，对冷却系进行很小的改动（参见图 9-4），就能达到节能减排的目的。

采用石蜡式节温器，由于其控制慢且精度不高，为防止发动机过热，因此必须控制冷却液温度较低。电子节温器则能实现较精确的控制，见图 9-5。

第九章 106、130~139组 冷却系

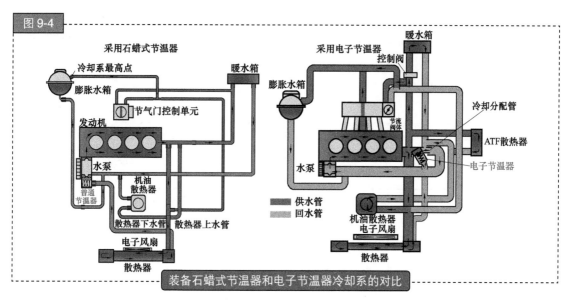

图9-4 装备石蜡式节温器和电子节温器冷却系的对比

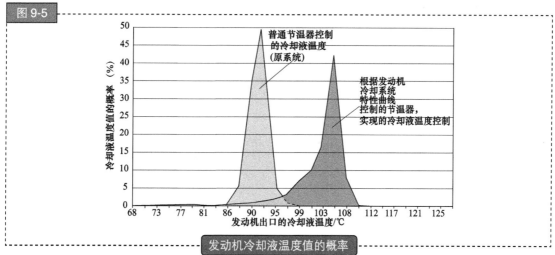

图9-5 发动机冷却液温度值的概率

第二节 106、133~139组 电子风扇控制组

一 数据流说明

1. 第106组 燃油压力

数据流如下。

106	EA888/MED17.5	急速	燃油压力	高压油泵
数据项	燃油分配管目标压力	燃油分配管实际压力	高压油泵占空比	燃油温度
规定值	40~150bar	40~150bar	0%~100%	
经验值	40bar	40bar	60%~70%	<100℃

106_4：模型计算的高压油泵中的燃油温度。由于TSI高压直喷发动机需要高压油泵来获得较高的燃油喷射压力，而油泵在工作时部件温度很高，需要及时冷却。急速时由于没有外界迎风

冷却,只能通过电子风扇工作来对高压油泵进行降温;车辆行驶时,车头进风口的迎风对高压油泵进行冷却,在计算高压油泵燃油温度较低时,电子风扇停止工作;停车急速时,如果计算出燃油温度再次上升,电子风扇再次起动。

2. 第133组 电子风扇配置

数据流如下。

133	装备电子节温器系统	急速	冷却	
数据项				冷却系控制状态
规定值				0000 0111
经验值				0000 0111

								第 133 组 第 4 区:电子风扇配置
1	2	3	4	5	6	7	8	诊断
							1	电子风扇配置合理
						1		0= 单电子风扇;1= 双电子风扇
					1			风扇配置/检测完成
				0				(未使用)
			0					(未使用)
		0						(未使用)
	0							(未使用)
0								(未使用)

其中:1= 满足条件;0= 未满足条件。

3. 第134组 冷却液温度控制

数据流如下。

134		急速	温度调整	
数据项	仪表显示机油温度	仪表显示外界温度	进气温度	发动机出口温度
规定值	75~135℃	-40~60℃	15~95℃	80~110℃
经验值				84~94.5℃

数据流说明:

134_1:机油温度。仪表J285使用这个信号来判断保养间隔。发动机控制单元通过动力CAN-总线来获取这个信号,并在机油温度较高时使用机油温度信号来控制排气凸轮轴的延迟调节。当机油温度传感器出现故障时,控制单元会使用冷却液温度传感器的信号来替代。

4. 第135组 冷却液温度控制,短行程测试

数据流如下。

135	不带电子扇诊断功能	行车	电子风扇控制	
数据项	散热器出口温度	电子风扇1占空比	电子风扇2占空比	
规定值	0~115℃	0%~100%	0%~100%	
经验值	45~85℃	40%~47.8%	40%~47.8%	
	带电子风扇诊断功能	行车	电子风扇控制诊断	在功能04基本设定
数据项	散热器出口温度(目标)	电子风扇1占空比	电子风扇2占空比	电子风扇诊断结果
规定值	0~115℃	0%~100%	0%~100%	正在测试/测试关闭/系统正常/系统错误
经验值	45~85℃	40%~47.8%	40%~47.8%	系统正常

第九章　106、130~139组 冷却系

数据流说明：

发动机控制单元控制两个电子风扇进行温度控制，其系统组成见图9-6。

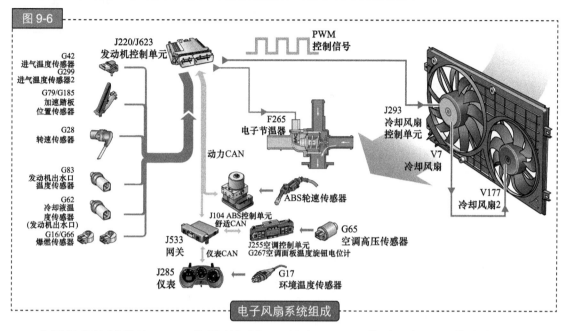

图9-6　电子风扇系统组成

电子风扇控制单元J293工作原理如图9-7所示。J293工作时，在T4i/3脚发出12V电压，J623根据目标温度在T94/28脚产生占空比（又名PWM）接地信号，用于控制电子风扇的转速：控制接地的占空比率越高，需要电子风扇的转速越低；反之一样。电子风扇由蓄电池正极（经SA3-50A熔丝）由J293通过占空比控制转速（即散热能力），J293的工作电源由J271供给。

关闭点火开关后，J623仍工作。当J623检测到冷却液温度过高需要冷却时，向J293发出信号，J293也可继续工作。为了防止此信号线接地或短路至电源，J293进行了失效保护，即检测到0V或12V时，J293会控制电子风扇高速常转，参见图9-7。

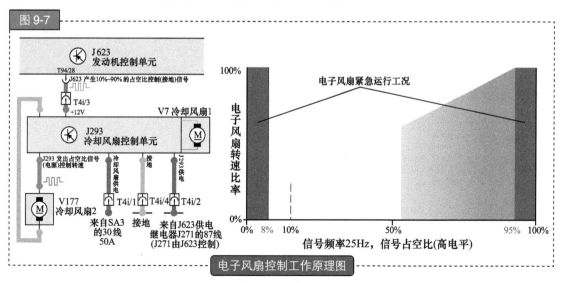

图9-7　电子风扇控制工作原理图

电子风扇控制的电路电路与风扇状态关系见表9-1。

表9-1 电子风扇电路电压与电子风扇状态

点火开关	J293 供电（T4i/2）	信号线（T4i/3）		电子风扇状态
		测量电压	对应占空比	
打开	12V（蓄电池电压）	0V	0%	高速常转（故障保护）
		1.2V	约10%	不转
		1.2~10.2V	10%~90%	低速~高速调控（根据水温控制工作时间和转速）
		10.2V	约90%	高速转
关闭	由 J623 控制供电从 25s 至 30min	12V	100%	高速常转（故障保护）

与电子风扇相关元件的失效保护：

① 当所有相关元件正常时，根据相关信号风扇控制 1 为约 10%（不工作）~ 约 90%（最高速工作）。

② 当 G42/G299 有故障，风扇控制 1 为 77.3%（较高速工作）。当有这两个进气温度传感器的故障记忆时（注意：G299 有故障不一定会显示故障码，但 J623 会记忆此故障），电子风扇也可能出现异常较高速转动的情况，此时需要清除故障记忆后，J623 判断传感器正常后才正常控制电子风扇。因为如果没有进气温度/外界温度的信号，为防止发动机舱内温度过高，J623 电子风扇较高速工作。因此，当空气流量计偶尔有故障或线路偶尔接触不良时，J623 会记忆此故障，就算在发动机继续运转时此故障已修复，但由于 J623 还不确认故障已修复并且故障码仍没有清除，所以电子风扇可能会保持异常的低速。

③ 当 G62 有故障，风扇控制 1 为 77.3%（较高速工作）。

④ 当 G83 有故障，风扇控制 1 为约 90%（最高速工作）。

⑤ 关于 G70。当发动机控制单元检测其故障后，数据流会显示 364.1g/s，发动机控制单元会以转速/节气门开度/进气温度等计算出替代值来控制，此时风扇 1 仍按正常的控制；当 G70 有偏差但仍在合理范围时，可能会出现负荷偏大的假象而使电子风扇长期低速运转。

⑥ 当电子节气门 J338 有故障（节气门位置传感器 G187/G188 故障、节气门太脏而开度太大）时，由于发动机计算到负荷过大，会使电子风扇低速常转。

⑦ 当发动机控制单元检测到 G42/G62/G83/G299 有故障时，为确认再次起动时判断到正常的冷却液温度/进气温度信号，会在关闭点火开关后控制电子风扇转动 1~15min。

5. 第136组 电子风扇继电器和冷却液继续循环泵

数据流如下。

136	—	急速	冷却液继续循环泵 V51	—
数据项	电子风扇继电器 1 工作	电子风扇继电器 2 工作	循环泵 V51	电子风扇停机后继续工作
规定值	ON/OFF	ON/OFF	Pump ON/OFF	ON/OFF
经验值				

装备涡轮增压的奥迪/大众发动机中，一般都在冷却系中装备一个冷却液继续泵 V51。它的作用是在发动机停机后，通过发动机控制 V51 电动泵工作，使得冷却液继续循环流动，可降低大负荷停机后涡轮增压器过热的问题，并减少涡轮增压器轮轴的积炭，参见图 9-8。

第九章 106、130~139组 冷却系

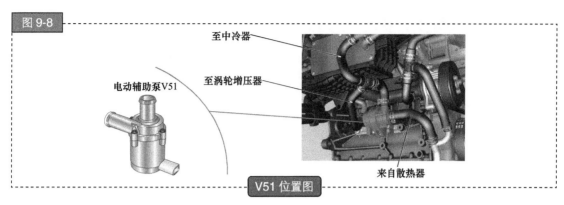

图 9-8　V51 位置图

当发动机停机后，V51 最多能工作 15min。此时，V51 泵将冷却液泵入相反的方向，即从散热器到涡轮增压器，参见图 9-9。

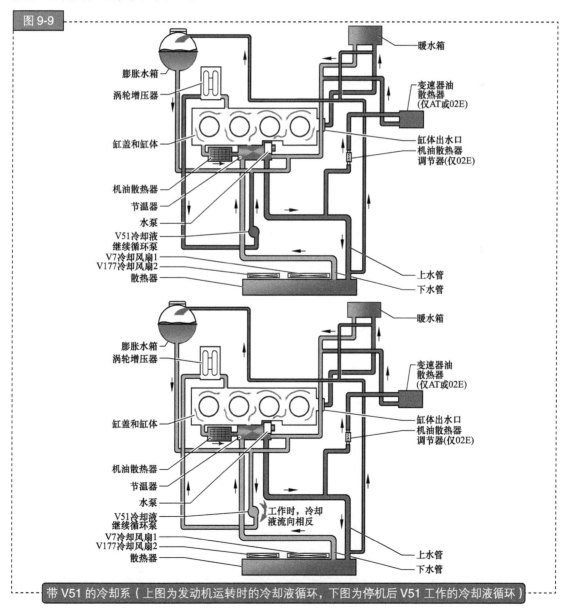

图 9-9　带 V51 的冷却系（上图为发动机运转时的冷却液循环，下图为停机后 V51 工作的冷却液循环）

6. 第137组 空调压缩机吸合请求

数据流如下。

137	—	行车	空调请求	—
数据项	空调压缩机吸合请求	空调压缩机吸合	空调压力/空调开关	来自AC电子扇请求
规定值	AC ON/OFF	Compr.ON/OFF	4~12bar/ON-OFF	10%~90%
经验值	AC OFF	Compr.OFF		49.8%~51%

数据流说明：参看第六章相关说明。.

二 相关原理说明

1. 电子风扇控制方式

（1）根据冷却液温度被动控制

早期根据冷却液温度被动控制的电子风扇控制方式。此系统的电子风扇通过两路控制：

① 发动机控制单元根据单冷却液温度传感器控制电子风扇，或采用冷却液温度开关直接控制电子风扇。

② 空调通过压力开关或压力传感器的信号，控制电子风扇。

电子风扇是保证空调系统（制冷系统）和发动机冷却系统正常工作的基本前提。如果没有冷却，冷凝器的性能就会降低，空调系统的就不能正常工作。在空调系统中，通常使用两档或三档的电子风扇。这电子风扇能够向散热器和冷凝器提供所必须的新鲜空气流。电子风扇控制单元J293根据冷却液温度和制冷系统的压力，来调节风扇的运转。相应的控制温度绝对数值总是因车而异的，具体参见图9-10和图9-11。

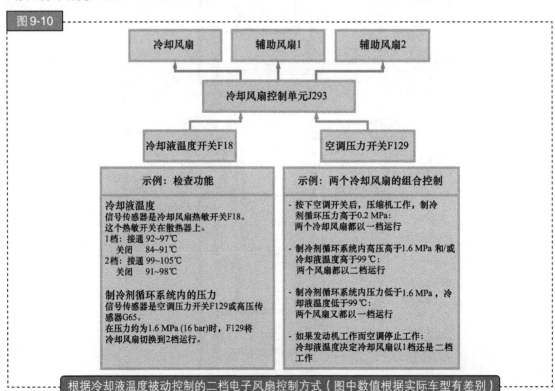

图9-10 根据冷却液温度被动控制的二档电子风扇控制方式（图中数值根据实际车型有差别）

第九章 106、130~139组 冷却系

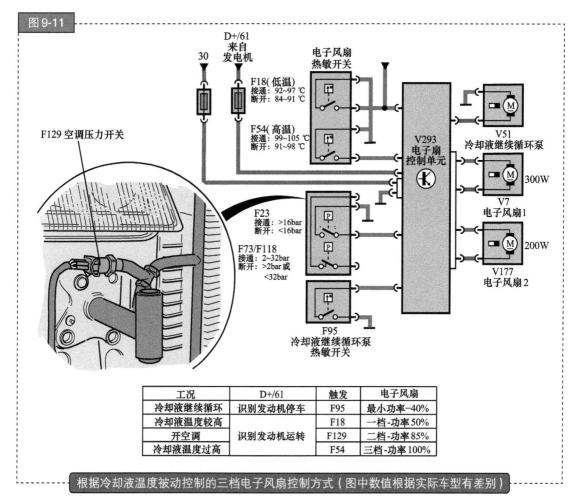

根据冷却液温度被动控制的三档电子风扇控制方式（图中数值根据实际车型有差别）

（2）目标冷却液温度的控制策略

恰当的发动机冷却液温度能提高发动机性能。发动机负荷与发动机冷却液温度必须相一致。发动机控制单元储存了目标冷却液温度的特性曲线图（MAPs）。

第一个特性曲线图：其中发动机负荷是主要的因素，目标冷却液温度根据发动机负荷（进气量）和发动机转速计算得出。

第二个特性曲线图：根据车速和外界温度计算出目标冷却液温度。此特性曲线最主要的原因是冷却液温度传感器检测到的冷却液温度与发动机水套处的冷却液温度有一定的差值。例如：在高温低速（例如在热带沙漠）与在低温高速（例如我国东北的冬季）行车，可能冷却液温度传感器检测到的温度是一样，但发动机水套处和发动机舱的温度是不同的，高温低速行车的温度要高很多。所以要检测车速和外界温度的数值，用于计算出目标冷却液温度。一般来说，车速越低和外界温度越高，目标冷却液温度要适当降低（2~5℃左右）。

发动机控制单元对比两个特性曲线图，取最低值来控制电子风扇的工作。当超过目标温度后，电子风扇就开始工作。一般情况下，在正常工况时该目标冷却液温度约为93℃，即达到冷却液温度93℃后电子风扇开始工作，参见图9-12。

电子风扇的转速控制应使实际冷却液温度接近目标冷却液温度，并与发动机转速有关。

为了更好地散热，散热器/节温器的必须工作正常，参见图9-13。

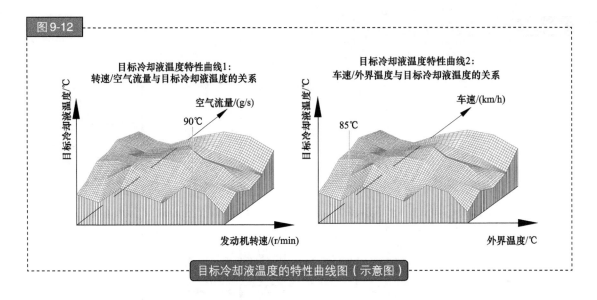

目标冷却液温度的特性曲线图（示意图）

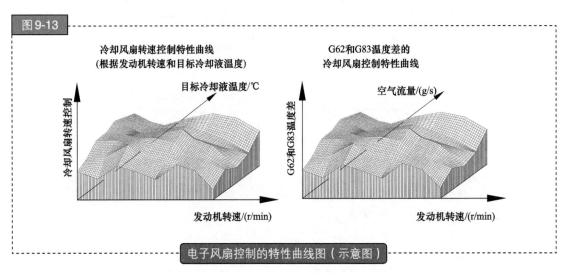

电子风扇控制的特性曲线图（示意图）

① G62 在正常的冷却液温度范围（例如 <98℃），但 G83 检测到冷却液温度较低时，说明散热器温度不高，电子风扇工作的作用不大，因此降低电子风扇转速。

② G62 在正常的冷却液温度范围（例如 >98℃），但 G83 检测到冷却液温度较低时，说明节温器故障（不能打开），此时为保护发动机正常工作而控制电子风扇高速运转。

2. 对PQ35/PQ46平台的电子风扇异常转动的故障诊断流程

"PQ35"中的 P 代表平台、Q 代表发动机横置、3 代表 A 级轿车，5 是指第五代。因此"PQ35"是指以发动机横置的高尔夫五代为基础，能够拓展研发出各种车型的平台。

"PQ46"平台是生产中高级车的平台。Q 表示发动机横置（纵置的表示是"L"）、4 表示 B 级车、6 表示第六代。代表车型是迈腾 B6 和帕萨特 B6。

这两个平台的车型，较经常遇到电子风扇异常转动的情况。现总结出相关故障检测流程图（见图9-14），供维修时参考。

第九章 106、130~139组 冷却系

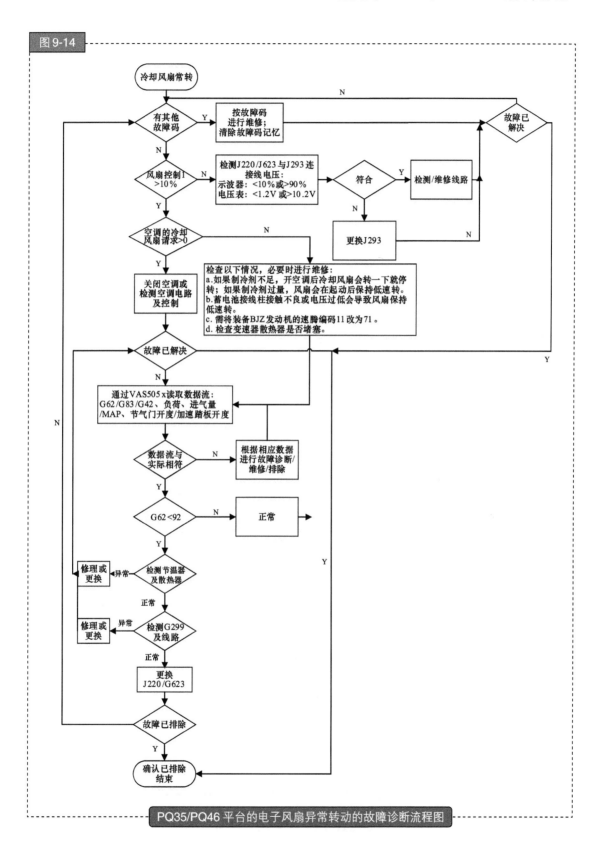

图9-14 PQ35/PQ46平台的电子风扇异常转动的故障诊断流程图

3. 创新热管理系统

传统内燃机有 33% 的燃料能量被冷却系吸收并散发，参见图 9-15。

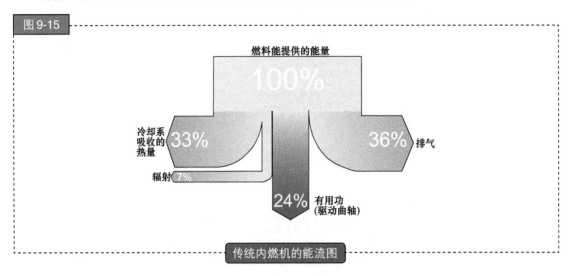

图 9-15 传统内燃机的能流图

奥迪/大众的创新热管理（ITM），是指对车辆中的热气流进行专门控制，在发动机预热时控制热气流、达到操作温度后即对发动机进行冷却，参见图 9-16。

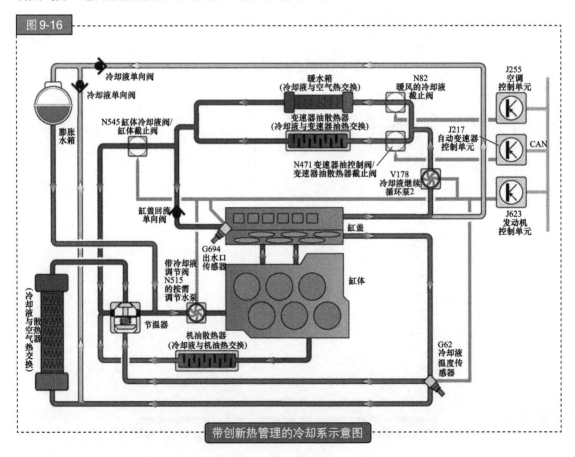

图 9-16 带创新热管理的冷却系示意图

ITM 的主要改变是增加了真空控制的按需调节的水泵（简称真空水泵），其工作原理参见图 9-17。

水泵开启工况：当冷却液温度 <-15℃或 >75℃，N515 切断真空，挡板打开，冷却液与传统的冷却系一样。

水泵关闭工况：当冷却液温度在 -15~75℃时，水泵根据发动机转矩和转速，可能关闭。ECM 控制 N515 连接真空，将振动膜拉向右侧。由于挡板和振动膜通过连杆相连，挡板被推向叶轮，直到达到其止挡限制。冷却液受挡板的阻挡而停止，冷却液不再循环。

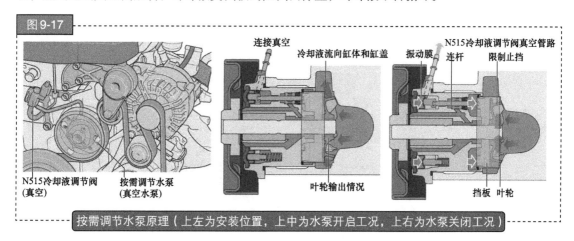

按需调节水泵原理（上左为安装位置，上中为水泵开启工况，上右为水泵关闭工况）

三 冷却液温度相关的故障码

发动机冷却系包含 5 个主要部分：散热器、冷却液温度传感器、节温器、小循环管路、大循环管路，参见图 9-18。

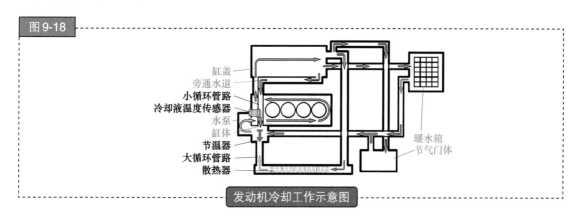

发动机冷却工作示意图

在发动机升温阶段，冷却液通过内部的小循环管路。当冷却液温度达到一定时，节温器打开，冷却液通过大循环管路进入散热器。

发动机冷却液温度传感器检测大循环管路和小循环管路内冷却液的温度。

1. 冷却液温度监控过程

冷却系冷却液温度监控策略包括两个主要的诊断部分，见图 9-19。

每个冷却系的监控制功能都与其特定的发动机温度范围相关，参见图 9-20。

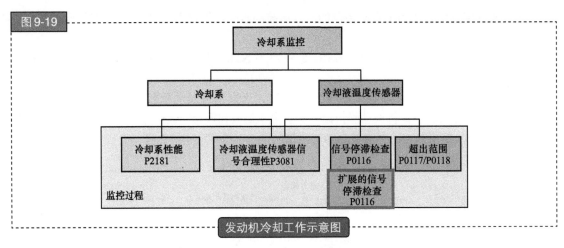

图9-19 发动机冷却工作示意图

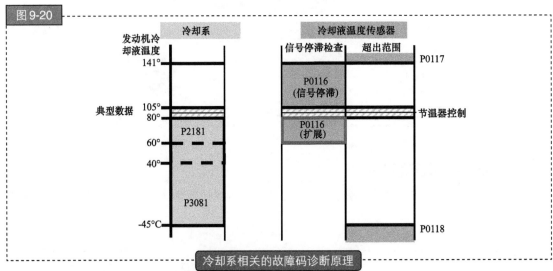

图9-20 冷却系相关的故障码诊断原理

2. 冷却系性能P2081

在正常的行驶工况下，如果冷却空气流量已足够，但冷却液温度没有达设定的数值，发动机控制单元就会判断冷却性能下降，参见图9-21。

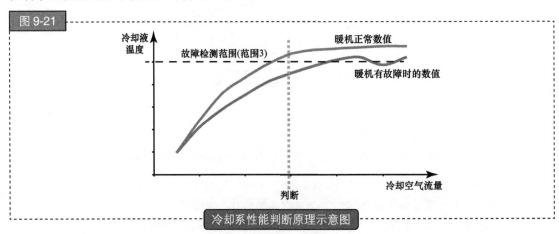

图9-21 冷却系性能判断原理示意图

冷却系性能 P2081 诊断流程图，见图 9-22。

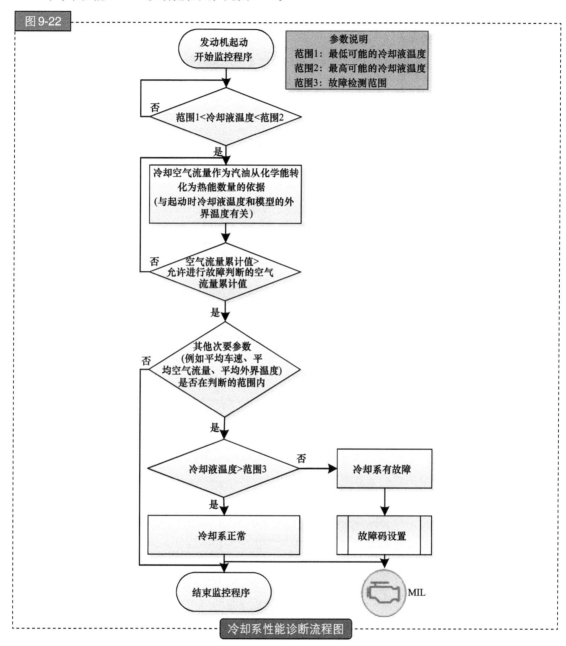

图 9-22 冷却系性能诊断流程图

3. P3081——冷却液温度传感器合理性的判断

如果冷却液温度传感器在某个温度范围内不能符合参考的模型温度，那么冷却系有故障或冷却液温度传感器不在合理的范围内，参见图 9-23。

故障码 P3081 的诊断流程图参见图 9-24。

4. P0116——冷却液温度传感器信号停滞在过高状态

在发动机起动后的运转循环中，当冷却液温度超过节温器打开的温度时系统连续记忆最低和最高冷却液温度。在几个运转循环后，最高的冷却液温度值和最低的冷却液温度值的差异低于限值，此时发动机控制单元判断冷却液温度传感器信号停滞在过高的状态，参见图 9-25。

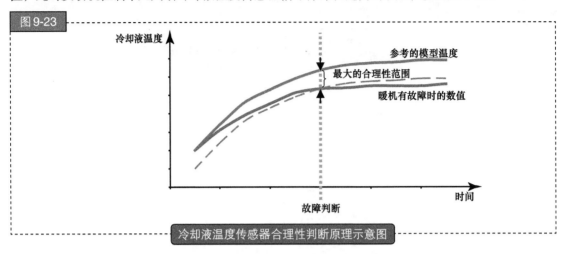

图 9-23　冷却液温度传感器合理性判断原理示意图

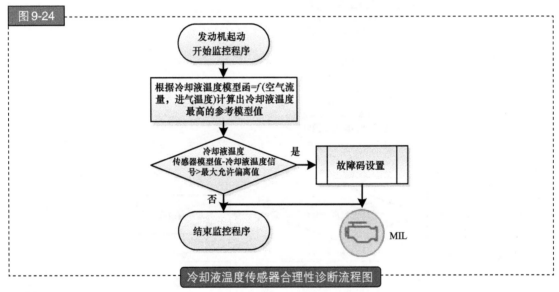

图 9-24　冷却液温度传感器合理性诊断流程图

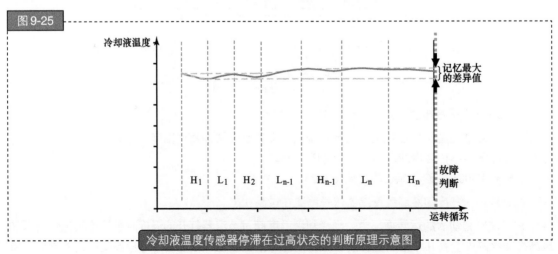

图 9-25　冷却液温度传感器停滞在过高状态的判断原理示意图

图 9-25 中
H：运转循环中冷却性能好的工况，例如巡航时。
L：运转循环中冷却性能差的工况，例如怠速时。
故障码 P0116 的诊断流程图参见图 9-26。

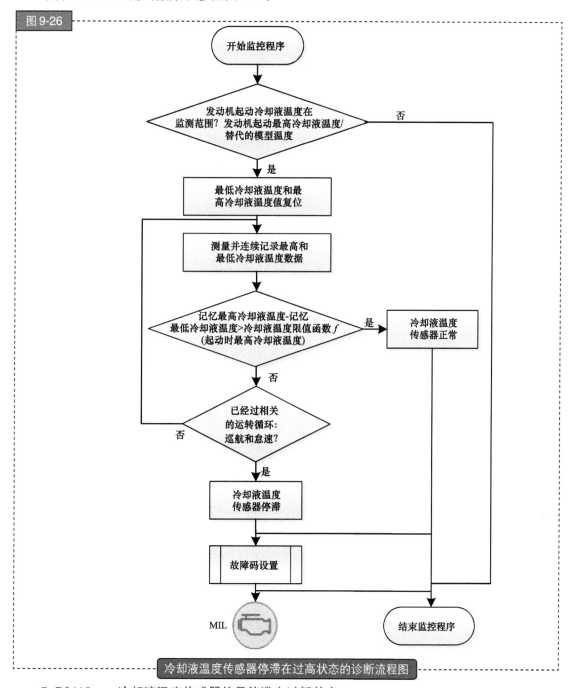

图 9-26 冷却液温度传感器停滞在过高状态的诊断流程图

5. P0116——冷却液温度传感器信号停滞在过低状态

在发动机起动后的运转循环中，当冷却液温度低于节温器打开的温度时系统连续记忆最低和最高冷却液温度。在几个运转循环后，最高的冷却液温度值和最低的冷却液温度值的差异低于限值,此时发动机控制单元判断冷却液温度传感器信号停滞在过低的状态,见图9-27。

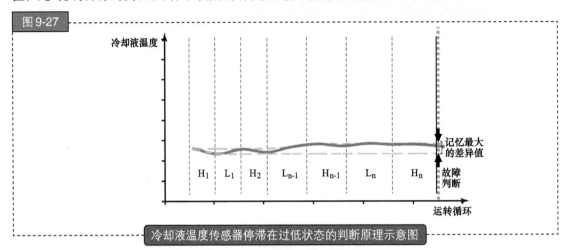

冷却液温度传感器停滞在过低状态的判断原理示意图

H:运转循环中冷却性能好的工况,例如巡航时。
L:运转循环中冷却性能差的工况,例如怠速时。
诊断流程图请参见图9-26。

6. P0116——冷却液温度传感器信号停滞诊断(所有工况超过限值)

在正常的运转循环和发动机停机时进行监控,参见图9-28。

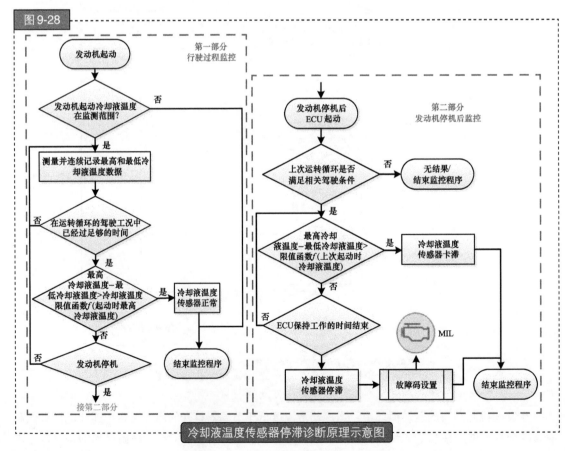

冷却液温度传感器停滞诊断原理示意图

第九章　106、130~139组 冷却系

7. P0117/P0118——冷却液温度传感器信号超过范围诊断

如果冷却液温度传感器超出最高或最低限值，就会评估并判断为电气特性超出范围，参见图9-29。

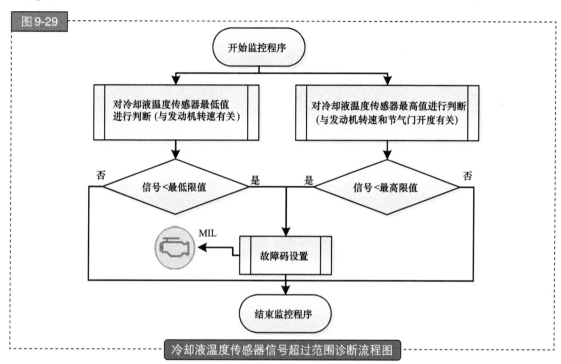

图9-29　冷却液温度传感器信号超过范围诊断流程图

四　故障案例

1. 节温器安装的技术信息

车型：装备EA113发动机的2010款速腾、新宝来、迈腾，发动机型号为BWH和BJZ等。
故障现象：如果没有按维修手册安装节温器，会导致发动机冷却液温度偏高。
安装要求：节温器的环形凸起必须处于垂直位置，如图9-30所示。

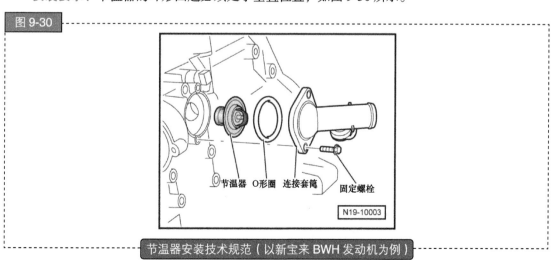

图9-30　节温器安装技术规范（以新宝来BWH发动机为例）

图 9-31

节温器安装实例。左图正确（凸起处于垂直位置），右图错误（凸起没在垂直位置）

因为环形凸起与节温器座的凸起必须相配合，否则会造成孔径较小使冷却液循环不良而导致冷却液温度过高，参见图 9-31。经对节温器安装位置进行测试，结果如下：

环形凸起位置	冷却液温度	结果
垂直	93℃	正常
水平（或非垂直方向）	108℃	冷却液温度过高

2. 电子风扇偶尔高速运转

车型：装备 BWH 发动机的 2009 款速腾 1.6L，AT。VIN：LFV2A21K093…

故障现象：电子风扇偶尔高速转。

初步分析：读取全车故障码，在 09-J519 车载电网控制单元中记忆了故障码（参见图 9-32），但可以删除。

图 9-32

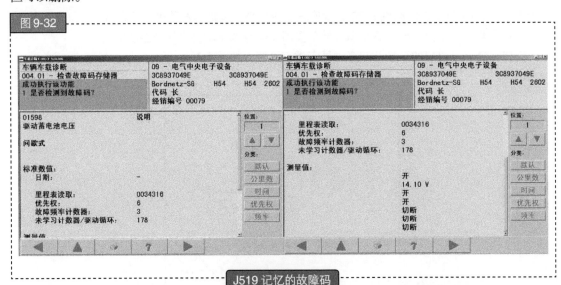

J519 记忆的故障码

数据流分析：在发生故障 - 电子风扇高速运转时，读取发动机的相关数据流如下。

第九章 106、130~139组 冷却系

053	不带 VVT	急速	发电机负荷	—
数据项	发动机转速	目标转速	蓄电池电压	发电机负荷
实际值	960r/min	960r/min	11.54 V	42.30%
经验值	740r/min	740r/min	14V	35%~40%
131	非电控冷却系发动机	—	电子节温器	—
数据项	发动机出口温度	发动机出口温度（目标）	散热器出口温度	发电机负荷
实际值	91.5℃	97.5℃	16.5℃	0%~100%
经验值	84~94.5℃	90~97.5℃	45~85℃	35%~40%
135	不带电子扇诊断功能	行车	电子风扇控制	—
数据项	散热器出口温度	电子风扇1占空比		
实际值	16.5℃	71.00%		
经验值	45~85℃	40%~47.8%		

从131组可看到，发动机的冷却液温度正常、散热器散热正常。但053_3 蓄电池电压过低，发动机控制单元为增强电子风扇的散热能力，发指令让它高速工作。当风扇高速转时，转向时（此车装备EPS）会一顿一顿的。可以判断故障是由于电压不足导致。

故障排除：经检查，是由于蓄电池负极与车身连接处接触不良（参见图9-33），导致车载电压不稳定。固定后故障解决。

图9-33 蓄电池与车身连接不良的位置

3. 起动后电子风扇一直较高速运转

车型：装备BYJ发动机的2007款迈腾1.8TSI，行驶里程15000km，使用时间1年半。VIN：LFV3A23C673…

故障现象：车辆起动后，电子风扇常转。

初步检查：冷车起动后，电子风扇就以较高速转速；冷却液温度高和开空调后，风扇高速转。用诊断仪对全车控制单元进行扫描，没有任何故障码。

数据流分析：读取数据流，见图9-34。

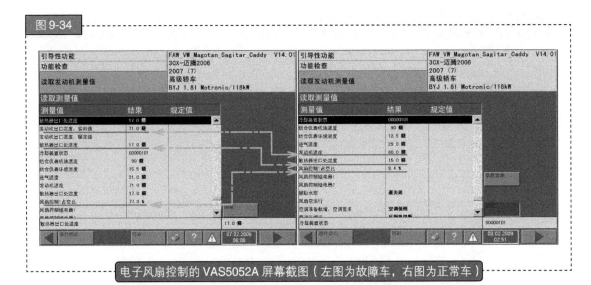

电子风扇控制的 VAS5052A 屏幕截图（左图为故障车，右图为正常车）

① 从数据流中看到，风扇控制 1 的占空比为 77.3%，这个控制信号是由发动机控制单元 J623 和电子风扇控制单元 J293 发出的，可确认与 J293 无关。将 J293 断开，故障仍没有解决，并且确认其线路正常。

② 从数据流中可看到，G62（发动机出口温度）、G83（散热器处出口温度）都正常，并且确认没有开空调，J623 也没有接收到空调开关信号。

③ 怀疑发动机控制单元 J623 故障。更换后风扇控制 1 占空比仍为 77.3%。

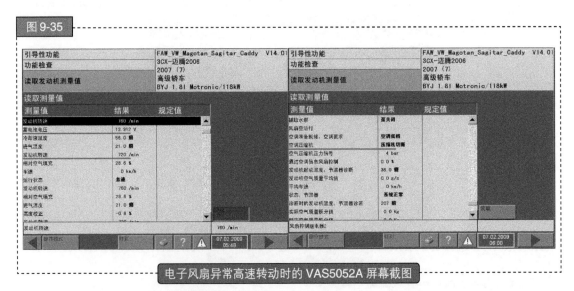

电子风扇异常高速转动时的 VAS5052A 屏幕截图

④ 从图 9-35 可看到，进气温度 G42 是 21℃；车速为 0；空调压缩机处于关闭状态，没有向发动机系统发出请求电子风扇工作的信号。

⑤ 根据图 9-6，在 G70 中带有 G299（进气温度传感器 2），作为内部计算进气温度，并且数据流不提供此数据，有故障时不一定报故障码（与发动机控制单元软件版本号有关）。更换 G70 后故障仍没有解决。但当对 G70 电路进行检测时，发现 G70 的 1 脚 -G299 进气温度传感器 2 的信号线断路，参见图 9-36。修复后，故障解决。

第九章 106、130~139组 冷却系

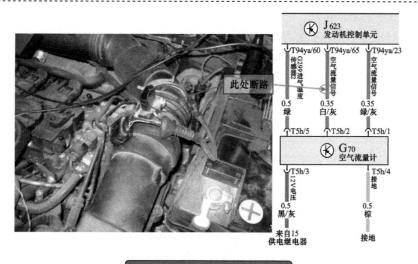

图9-36 断路的空气流量计及其电路图

解决方案：修复空气流量计中的进气温度传感器2的信号线。

故障说明：部分发动机能对G299进行诊断，并记忆故障码，参见图9-37。

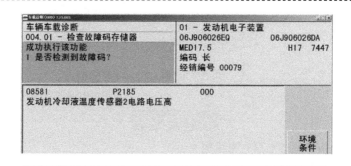

图9-37 有些发动机控制单元能对空气流量计中的G299进行诊断

4. 按需调节水泵真空膜片损坏导致进气翻板不工作

车型：装备CADA的2012款奥迪A4 B8 2.0TSI，VIN为LFV3A28K7B30xxxxx，行驶里程1.7万km。

故障现象：排放灯点亮，低速时偶尔还会熄火。

故障诊断：

1）通过诊断仪读取故障码，有"P201500——进气翻板位置信号不可信"的故障码，参见图9-38。

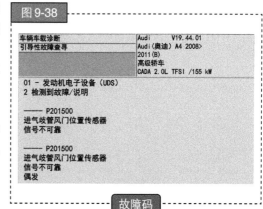

图9-38 故障码

2）根据故障码，对进气翻板进行诊断。

① 检查进气翻板电位计G336的电压及连线，正常。

② 读取进气翻板的开度数据，怠速时 0.989%（目标值 0%）、急加速时 0%（目标值为 99%），判断进气翻板不动作。

③ 尝试进行基本设置，不成功。

④ 拆下进气翻板，转动正常。

⑤ 检查真空，发现开始 30s 时有真空、翻板能控制，超过 30s 后就没有真空。说明真空系统存在泄漏。

3）检查真空管路及连接元件，发现按需调节水泵控制电磁阀 N492 工作后，此真空管路长期与大气相通，说明按需调节水泵内部的膜片破损。

图 9-39

故障排除：更换按需调节水泵，参见图 9-39。

第十章

080~089、099~100、120~129、
170~200 组 其他

第一节　080~084组 车辆识别组

数据流如下。

080	制造商识别	—	—	—
数据项	制造商位置索引及标识	生产日期	制造商更改状态	制造商测试状态号制造商序列号
规定值				
081	ECU 识别	—	—	—
数据项	底盘号码	模块号/序列号	防盗码	
规定值				
082	ECU 识别	—	—	—
数据项	刷新工具代码	刷新日期	硬件号	软件号
规定值				
083	ECU 识别	—	—	—
数据项	原车底盘号			
规定值				

主要数据流解释：此数据主要用防盗匹配。

第二节　085~089组 状态代码组

一　数据流说明

数据流如下。

085	IUPR	OBD 实际监测频率	—	—
数据项	里程	IUPR 记录的数据	总分母	点火循环计数
规定值				

主要数据流解释：IUPR（OBD 实际监测频率）说明

GB 18352.5-2013《轻型汽车污染物排放限值及测量方法（中国第五阶段）》规定，当满足规定的监测条件时，OBD 系统的每项监测应在该运转循环中至少执行 1 次。OBD 系统某一特定监测 M 的实际监测频率（IUPRM）为：

分子：在 1 个驾驶循环内，能够诊断出故障所有条件是否满足。如果满足，则在满足条件后 +1，且每驾驶循环最多只能加 1 次。

分母：在 1 个驾驶循环内，如果通用分母驾驶循环定义的标准满足，则分母 +1；如果分母还有特殊的增加要求，需要同时满足特殊需求后才 +1。

法规诊断率最低要求。

国 V：>0.1

欧 Ⅵ：二次空气喷射和所有冷起动相关的诊断 >0.26；EVAP>0.52；其他诊断 >0.336。

数据流如下。

086	准备就绪及循环位			
数据项	准备就绪位	循环标志位	循环标志位	循环标志位
规定值	x00x00x0	00000000	x0000000	xxx00000

第十章 080~089、099~100、120~129、170~200组 其他

（续）

087	准备就绪及循环位			
数据项	准备就绪位	循环标志位	循环标志位	循环标志位
规定值	x00x00x0	00000000	x0000000	xxx00000
088	其他车载诊断			
数据项	循环标志位	循环标志位	循环标志位	软件号
规定值	00000000	00000000	00000000	

相关状态位的定义如下。

								第 088 组 第 1 区：循环标记（完成的循环）
1	2	3	4	5	6	7	8	诊断
							0	B2 排气凸轮轴调整
						0		B1 排气凸轮轴调整
					0			B2 进气凸轮轴调整
				0				B1 进气凸轮轴调整
			0					爆燃传感器 4
		0						爆燃传感器 3
	0							爆燃传感器 2
0								爆燃传感器 1

其中，1= 未结束；0= 已结束；目标值 =00000000。

								第 088 组 第 2 区：循环标记（完成的循环）
1	2	3	4	5	6	7	8	诊断
							0	制动灯开关
						0		离合器开关
					0			怠速控制
				0				行驶车速信号
			0					怠速开关
		0						冷却液温度传感器
	0							节气门电位计
0								空气流量计

其中，1= 未结束；0= 已结束；目标值 =00000000。

								第 088 组 第 3 区：循环标记（完成的循环）
1	2	3	4	5	6	7	8	诊断
							x	——
						x		——
					x			进气诊断
				0				电子节温器（美款）
			0					增压压力控制
		0						CCS 控制杆
	0							B2 空燃比匹配（TRA 与 FRA）
0								B1 空燃比匹配（TRA 与 FRA）

其中，x= 未结束；0= 已结束；目标值 =00000000。

089	故障状态/OBD	—	—	—
数据项	故障灯点亮后行车距离	燃油箱油位	—	—
规定值	0~65535km	正常/过低	—	—
经验值	0km	OK	—	—

二 故障案例

1. 四驱车燃油表只有1/3时就会熄火

车型：装备 CCE 发动机的 2011 款奥迪 A6L 2.8 quattro，行驶里程 2.1 万 km。

故障现象：燃油表到 1/3 时，发动机就如同没有汽油一样自动熄火。加满油后正常。

故障诊断：

① 能诊断仪对发动机和电气系统进行诊断，正常。

② 车主在燃油表显示 1/3 将车开到维修站。维修人员对油位传感器进行测量，其电阻都在正常范围；重新匹配油位传感器，故障未能解决。测量燃油低压，低于 6bar，更换燃油泵，当时能正常起动。但第二天试车，故障再现。

③ 重新对车辆进行分析，发现此 quattro 车的燃油表计算与前驱车不同，参看图 10-1。再对油箱进行仔细检查，发现左侧油箱的引流泵滤网堵住，导致左侧油箱的燃油不能流到右侧油箱，但燃油表计算是正确的。

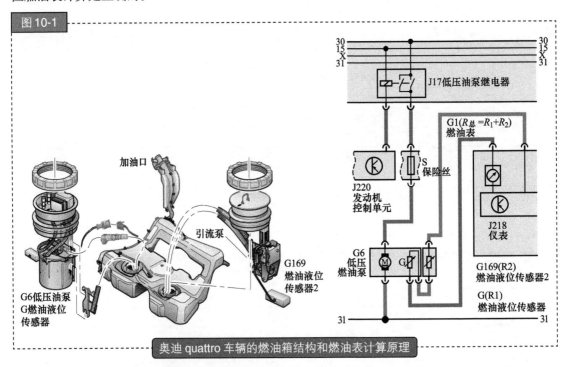

图 10-1 奥迪 quattro 车辆的燃油箱结构和燃油表计算原理

故障排除：彻底清理油箱，疏通滤网和油管。

案例说明：引流泵原理介绍。

由于四驱车的特点，燃油箱分为左侧和右侧箱体。为了将燃油从油箱的左半部分向右输送到燃油输送单元的蓄油壳内，需要增加引流泵，具体原理参见图 10-2。

第十章　080~089、099~100、120~129、170~200组 其他

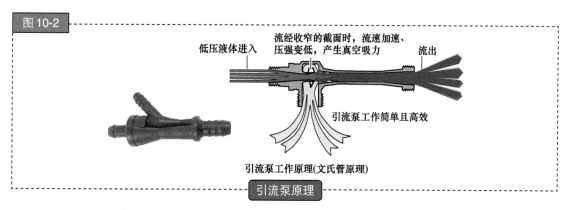

引流泵原理

Quattro 车型油箱示意图见图 10-3。

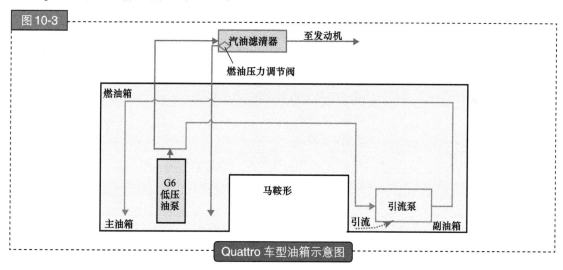

Quattro 车型油箱示意图

当燃油表显示 1/4~1/3 时发动机熄火、加燃油后正常，需检查：
① 仪表的燃油表是否正常。
② 引流泵是否正常，例如引流泵破损、引流泵进油口堵塞、与引流泵连接的管路破损等。
③ 低压油泵和汽油滤清器检查。只有当燃油压力高于 3.5bar 时引流泵才能吸汽油，因此需要检查汽油泵工作时的压力和流量、熄火后的保持压力，汽油滤清器是否堵塞和损坏。

◆ 第三节　099~100组 旧系统兼容组 ◆

一　数据流说明

1. 第099组切断空燃比调节

数据流如下。

099	空燃比调节控制	急速	04-λ 调节 OFF	08-λ 调节 ON
数据项	发动机转速	冷却液温度	TWC 前氧修正值	空燃比修正
规定值	640~6800r/min	80~115℃	−15.0%~15.0%	ON/OFF
经验值	760r/min	84~94.5℃	−	ON

主要数据流解释:

在早期的系统中,进入"基本设置"的099组后,关闭空燃比调节,以便进行故障诊断。退出"基本设置"或在"读取测量数据块"时,空燃比调节正常工作。

2. 第100组 准备就绪代码

数据流如下。

100	准备就绪代码	怠速		
数据项	状态代码	冷却液温度	上次发动机起动时间	OBD 状态
规定值	00000000	80~115℃	xxxx s	xxxxxxxx
经验值	00000000	84~94.5℃	xxxx s	xxxxxxxx

状态位的含义如下。

								第 100 组第 1 区、第 200 组第 2 区:准备就绪状态	
1	2	3	4	5	6	7	8	诊断	对应子系统
							0	TWC	046_4
						0		TWC 加热器(现无诊断,常为0)	
					0			炭罐系统和泄漏诊断	070_4
				0				二次空气系统	077_4
			0					空调(现无诊断,常为0)	
		0						氧传感器老化	034_4
	0							氧传感器加热器	
0								EGR(无装备时常为0)	

其中,1= 未结束;0= 已结束;目标值 =00000000。

								第 100 组 第 4 区:OBD 状态
1	2	3	4	5	6	7	8	诊断
						1		没达到暖机循环
						1		检测到暖机周期
					0			—
				0				—
			1					至少检测到1个故障
		1						行驶过程完成
	1							识别到的行驶循环
1								排放故障灯点亮

其中,1= 满足条件;0= 未满足条件。

二 相关原理说明-准备就绪代码

OBD 要求一直监控所有电气部件的功能(参看图10-4);并对子系统(例如氧传感器、EVAP 等)也进行过程诊断和监控,但诊断功能并不是一直处于激活状态的。为了能判断是否对

第十章　080~089、099~100、120~129、170~200组 其他

排放相关的子系统进行诊断和检查诊断结果，奥迪/大众车采用了"准备就绪代码"。该码是一个8位的数字码，每位是0（已完成诊断）或者是1（可能原因是未执行诊断、诊断中断、正在进行诊断、未达诊断条件）。

　　如果清除发动机故障码、发动机控制单元断电、或安装新的发动机控制单元后，准备就绪代码就会显示为1。现在大部分车都没有对EGR、空调和TWC加热进行诊断或无此子系统，所以这几位一直为0。

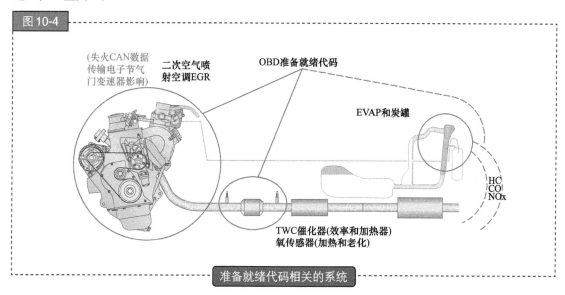

图10-4　准备就绪代码相关的系统

可通过以下几种方式生成准备就绪代码。

1）按欧洲行驶循环 NEFZ 工况行驶，但维修站一般没有相应的试验台，参见图10-5。

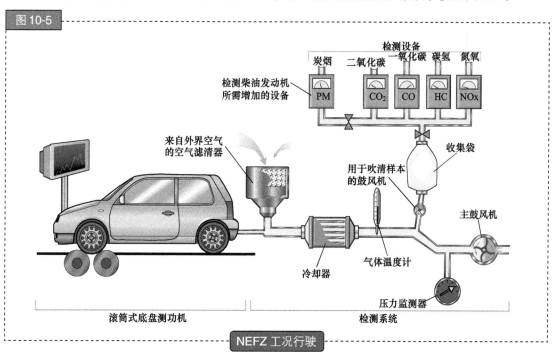

图10-5　NEFZ 工况行驶

图 10-5

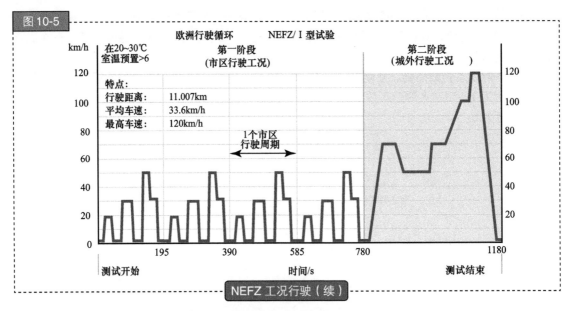

NEFZ 工况行驶（续）

2）正常行驶，但可能需要较长的时间并且经历多种工况。

3）通过诊断仪的"短行程"功能测试和生成。

◆ 第四节　120~129组 控制单元通信组 ◆

一　数据流说明

1. 第120组 ASR/ESP

数据流如下。

120	ASR/ESP	行驶	—	—
数据项	发动机转速	ASR/ESP 目标转矩	发动机输出转矩	TCS 状态
规定值	640~6800r/min	0~399N·m	0~260N·m	TC active/n.active
经验值	680r/min	（>发动机标定转矩）	0 N·m	无激活

主要数据流解释：

120_2：当 ASR/ESP 不工作时，此值为最大的发动机指示转矩，此数据是表示发动机在最理想状态（无爆燃、节气门全开、无冷却液温度限制、无排气阻力、无发动机内阻等）时计算得到的转矩，低于标定转矩；当 ASR/ESP 工作时，为保证行驶安全而需要降低转矩时，此值为 ASR/ESP 输出的目标转矩，参见图 10-6。

120_3：发动机输出转矩 = 燃烧产生转矩 - 发动机内阻。怠速时，没有转矩输出，所以为 0。

2. 第122组变速器

数据流如下。

122	自动变速器 AT	怠速	—	—
数据项	发动机转速	AT 目标转矩	发动机输出转矩	AT 限制转矩状态
规定值	640~6800r/min	0~800N·m	0~560N·m	转矩降低/转矩无变
经验值	680r/min	（>发动机标定转矩）	0 N·m	转矩无变

第十章　080~089、099~100、120~129、170~200组 其他

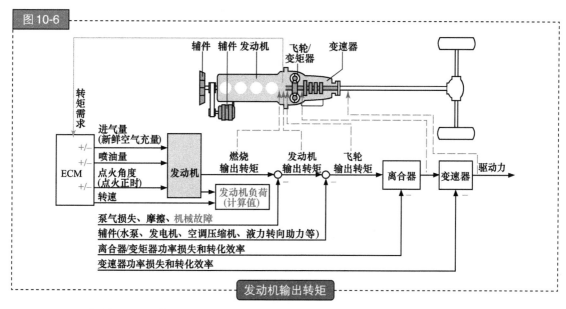

图10-6

120_4：如果ASR工作/激活，120_2的数据会降低。

主要数据流解释：

122_4：当AT换档、有故障、处于低温时，显示"转矩降低"，此时122_2的目标转矩也会降低。

3. 第125~129组 控制单元间通信

数据流如下。

125	控制单元通信		CAN 数据线	
数据项	AT 状态	ABS 状态	组合仪表状态	空调状态
规定值	Gear 1/0	ABS 1/0	Combo 1/0	Clima 1/0
经验值	Gear 1	ABS 1	Combo 1	Clima 1
126	控制单元通信		CAN 数据线	
数据项	距离控制	转向角传感器	气囊状态	中央电气控制
规定值	距离 1/0	转向角 1/0	Airbag 1/0	Elect. CE 1/0
经验值	距离 1	转向角 1	Airbag 1	Elect. CE 1
127	控制单元通信		CAN 数据线	
数据项	四轮驱动	自调水平高度悬架	电子转向	制动增压器
规定值	4WD 1/0	Level 1/0	St. Wheel 1/0	Brake Booster 1/0
经验值	4WD 1	Level 1	St. Wheel 1	Brake Booster 1
128	控制单元通信		CAN 数据线	
数据项	点火开关电气	NO_x 传感器 1	NO_x 传感器 2	主/副发动机控制单元
规定值	点火开关电气 0/1	NO_x 传感器 1 0/1	NO_x 传感器 2 0/1	Engine 1/0 Slave_1 1/0
经验值	点火开关电气 1	NO_x 传感器 1 1	NO_x 传感器 2 1	Engine 1/Slave_1 1

总监这样分析汽车数据流

（续）

129	控制单元通信		CAN 数据线	
数据项	蓄电池/电源管理	机油油位传感器/保养周期，通过 CAN	网关	驻车制动
规定值	电源管理 1/0	Oil level 1/0	Gateway 1/0	Parkbremse 1/0
经验值	电源管理 1	Oil level 1	Gateway 1	Parkbremse 1

主要数据流解释：

无显示：无系统，或所选的编码没有此系统。

0：尚未获得信息，可能是 CAN 线连接故障或控制单元故障。

1：与该控制单元的连接正常。

二 相关原理说明

1. 通过 VCDS 采集数据，分析发动机功率和转矩

维修时，有客户反映发动机动力不足，绝大部分的维修站都没有底盘测功机，多是采用跑高速、急加速的方法验证。

对于奥迪/大众车型，可通过 VCDS 采集 120 组数据流进行判断，参见图 10-7。

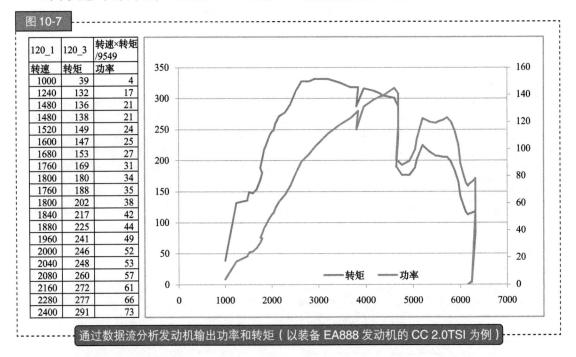

图 10-7 通过数据流分析发动机输出功率和转矩（以装备 EA888 发动机的 CC 2.0TSI 为例）

2. 数据总线故障维修技巧

现在控制单元间的数据通信，基本上是采用总线形式，参见图 10-8。

CAN 采用广播通信的数据传输方式（参见图 10-9），即 CAN 上的每个节点（控制单元）都发送/接收数据，并对数据接收的数据进行校验；也会向其他控制单元发出数据请求的信号，当发出数据请求而得不到应答时，就会出现"与 XX 控制单元失去通信"的故障码。因此，多数控制单元同时指向某个控制单元有故障时，很有可能是此控制单元有故障（包括电源及接地线）。

第十章　080~089、099~100、120~129、170~200组　其他

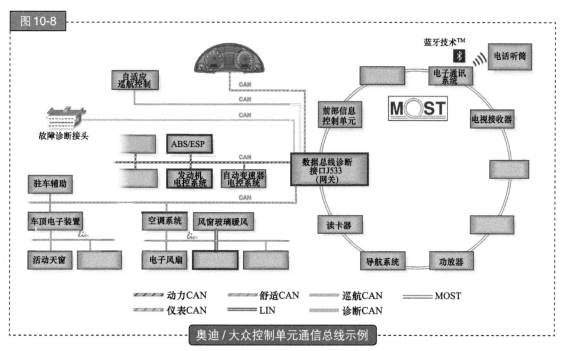

图 10-8　奥迪/大众控制单元通信总线示例

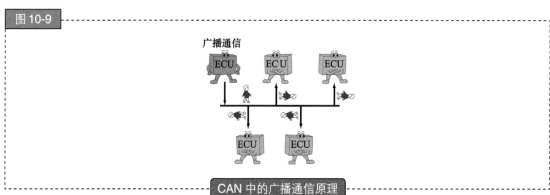

图 10-9　CAN 中的广播通信原理

对 CAN 故障，一般是采用示波器或万用表进行诊断，其流程图参见图 10-10。

如果系统有记忆故障，我们可根据故障的含义进行快速诊断。

（1）动力 CAN/舒适 CAN 总线故障

若因为本控制单元发现 CAN 总线有故障导致无法发送信息，本控制单元就会将故障码记忆在本控制单元中，参见图 10-11。

例如：ABS 故障码为 01316（ABS 控制单元：无信号/通信）。它表示：由于 ABS 控制单元检测有自己不能向动力 CAN 总线发送数据，所以 ABS 控制单元就记忆了 01316 这个故障码。

（2）数据总线硬件故障

与故障信息"动力 CAN/舒适 CAN 总线故障"意义相同。

（3）与控制单元 XY 无通信

若本控制单元发现因故障无法从 XY 控制单元接收到的信息，本控制单元就会记忆此故障码，参见图 10-12。

图 10-10

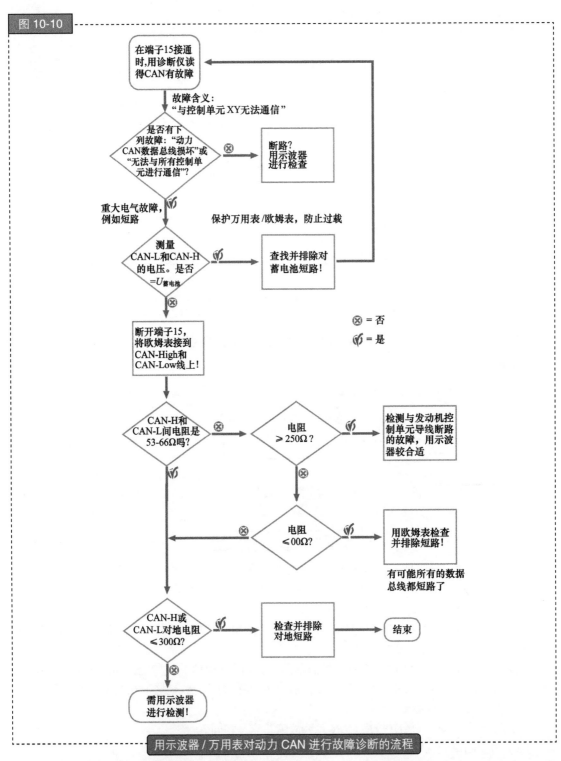

用示波器/万用表对动力 CAN 进行故障诊断的流程

例如：发动机故障码为 18057（动力 CAN，丢失来自 ABS 控制单元的信号）。它表示，发动机控制单元偶尔不能接收到 ABS 控制单元发出的信息；经过向 ABS 控制单元发送信息请求的信息后，仍不能正常的应答，发动机控制单元记忆了 18057 这个故障码。

第十章　080~089、099~100、120~129、170~200组 其他

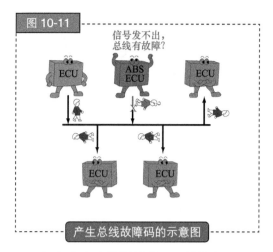

产生总线故障码的示意图

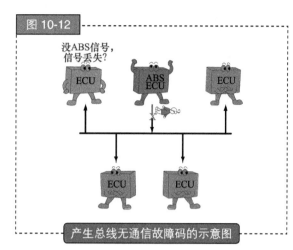

产生总线无通信故障码的示意图

（4）失来自控制单元 XY 的信息

与故障信息"与控制单元 XY 无通信"意义相同。

（5）来自控制单元 XY 的不合理信息

若本控制单元发现无法从控制单元 XY 收到正确的信息，本控制单元存储记忆此故障。（如：发送控制单元软件版本错误），参见图 10-13。

例如：发动机故障码为 29087（从 ABS 控制单元有不合理的信息）。它表示，发动机控制单元接收到 ABS 的不合理信息，发动机控制单元经多次向 ABS 控制单元质询后，发动机控制单元经校验后仍判断不合理，此时发动机控制单元就会记忆 29087 这个故障码。

（6）控制单元 XY 检查故障记忆

若控制单元 XY 发送信息时，识别自身有故障后，就会记忆故障码，并向总线发出控制单元 XY 有故障的信息。本控制单元（接收方），接收到控制单元 XY 有故障的信息后，必须跳至替换功能（如惯性运行），但由于丢失控制单元 XY 的信息，将"控制单元 XY 有故障"的故障记忆。参见图 10-14。

例如：发动机故障码为 53286（变速器控制单元，检查故障记忆）。它表示，变速器控制单元有故障后，向动力 CAN 发出"变速器控制单元有故障码"的信息。发动机控制单元接收到此信息后，由于没有换档/档位/油温等信息，只能按故障保护状态运行。此时，变速器控制单元故障导致发动机控制单元工作不正常，因此发动机控制单元会记忆 53286 这个故障码。

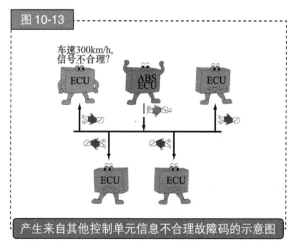

产生来自其他控制单元信息不合理故障码的示意图

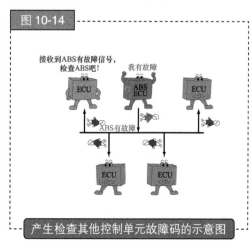

产生检查其他控制单元故障码的示意图

三、故障案例

1. 电源线松动导致 ABS/ASR 灯有时闪烁

车型：装备 BWH 的 2008 款新宝来 1.6，VIN 为 LFV2A2157830xxxxx，行驶里程 2000km，使用时间 4 个月。

故障现象：正常行驶 ABS/ESP 故障灯有时闪烁，关闭点火开关后重新起动就会正常。

故障诊断：

① 用 VAS5052 进行检测：

a. 发动机故障码为 18057——"动力 CAN：丢失来自 ABS 控制单元的信号，偶发"，参见图 10-15。

b. ABS 故障码为 01316——"ABS 控制单元：无信号/通信，偶发"。

c. 组合仪表故障码为 U111100——"由于信号缺失而造成功能受限，被动/偶发"。

d. 气囊故障码为 U012100——"与以下系统失去通信：ABS 控制单元，被动/偶发"。

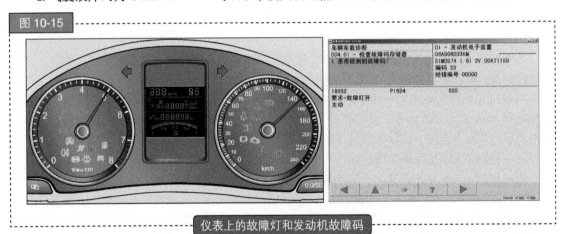

图 10-15　仪表上的故障灯和发动机故障码

② 根据以上故障码分析，ABS 控制系统线路故障可能性较大。根据电路图检查有关线路，在检查中发现蓄电池上主熔丝的 SA5 熔丝连接处接触不良，参见图 10-16。

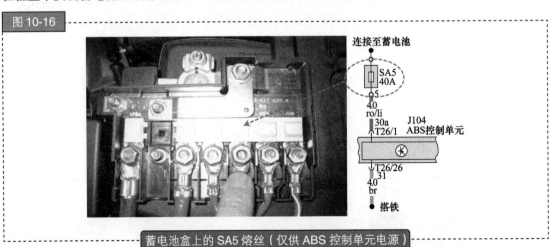

图 10-16　蓄电池盒上的 SA5 熔丝（仅供 ABS 控制单元电源）

故障原因分析：SA5 熔丝是提供给 ABS 控制单元主电源，由于接触不良导致 ABS 系统有时

第十章 080~089、099~100、120~129、170~200组 其他

供电不足或断电，因此 ABS 系统有时无法正常工作和与其他系统传递信息。

故障处理方法：按规定拧紧 SA5 熔丝的固定螺栓。

2. 网关的电源熔丝接触不良导致排放灯点亮

车型：装备 CGM 发动机的 2011 款 GTI 2.0TSI，VIN 为 LFV3B21K6A32xxxxx，行驶里程 3.7 万 km，使用时间 4 年。

故障现象：发动机起动后排放灯点亮，驾驶人感觉不到异常。

故障诊断：

① 分别连接 VAS5052a 和 6150，但都显示无法通信，故障点可能在诊断仪、诊断座或 J533。

② 这两台诊断仪与其他车辆连接正常，说明诊断仪是正常的。

③ 打开点火开关时，诊断座的接脚 1 和 16 有 12V、接脚 4 和 5 对接电阻为 0Ω。用电压表测试接脚 6 和 14，正常应有 2V 左右的电压，但此车电压为 0V；测试诊断座 6 脚和 14 脚与 J533 的连续电阻为 0Ω，说明 J533 没有输出诊断信号，参见图 10-17。

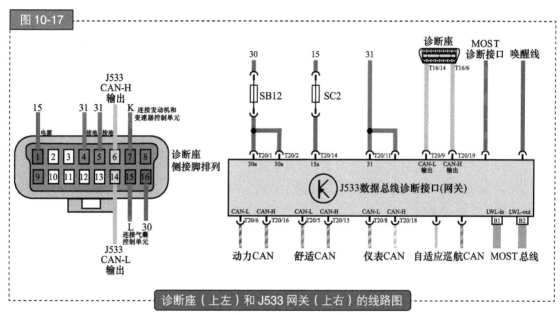

图 10-17 诊断座（上左）和 J533 网关（上右）的线路图

④ J533 没有输出诊断信号的原因，可能是 J533 的电源或接线地故障、J533 本身故障。经检查，打开点火开关时，T20/4 有 12V 电压，但 T20/1 和 T20/2 没有电压。再检查 SB12 熔丝插座，发现其较松，初步判断其存在虚接的故障。将插座修复后，打开点火开关，诊断仪能对此车进行诊断，并记忆了较多的故障码，参见图 10-18。

⑤ 由于多个控制单元都显示与 J533 失去通信，判断故障点在 J533。

故障排除：修复 SB12 熔丝插座。清除故障码，起动后仪表上的发动机排放灯不再点亮。

案例说明：

（1）J533 供电接脚 说明。

① J533 上 T20/14 的接线柱 15 说明。其主要作用是 J533 得到此信号，判断打开点火开关，会唤醒动力 CAN 上的控制单元；当"总线端接线柱 15 关闭（即关闭点火开关）"后仍要进行数据交换，J533 内部将接线柱 15 切换到接线柱 30，可使用延迟几秒到 15min。当此接脚信号切断后，因为没有唤醒，发动机不能起动、仪表上排放故障灯也不会点亮。

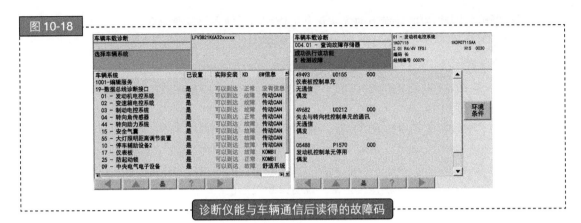

图 10-18 诊断仪能与车辆通信后读得的故障码

② J533 上 T20/1 的接线柱 30 说明。其作用是供给 J533 工作电源、总线端接线柱 15 延迟关闭时提供电源。当此接脚没有输入时，发动机能起动、排放故障灯点亮。

（2）诊断仪中车辆列表的项目说明。

"已设置"中"否"，表示控制单元没有在网关登记/没有编码，但它是被构建的，且与外界存在信息交流。

"实际安装"中"无法到达"，表示控制单元连接在网关上编码，与这个控制单元不能进行信息交流。

"KD"中"故障"，表示此控制单元保存记录了一个故障码。

"GW 信息"表示此控制单元所在的 CAN 子网络中存在故障。

3. 蓄电池负极松动导致发动机控制单元熔丝烧断

车型：装备 CFB 发动机的 2015 款新速腾 1.4TSI，VIN 为 LFV2A21K7E41xxxxx，行驶里程 800km，使用时间 25 天。

故障现象：起动机不工作、发动机不能起动。

故障诊断：

① 诊断仪不能进入发动机控制单元进行诊断，其他控制单元很多都报 01314——发动机控制单元无信号通信 静态"的故障码，并且不能清除，参见图 10-19。

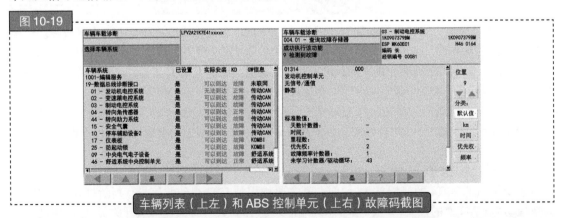

图 10-19 车辆列表（上左）和 ABS 控制单元（上右）故障码截图

② 由于网关和多个控制单元都与发动机控制单元不能通信，判断故障点在发动机控制单元。可能原因是发动机控制单元的电源线/接线地断路、发动机控制单元 CAN 故障、发动机控制单元本身故障。

第十章 080~089、099~100、120~129、170~200组 其他

③ 经检查,发现连接 J623 的 30 电源线 SB2 已熔断,判断为由于 J623 没有工作电源而不工作。但换新的熔丝后打开点火开关,又立即熔断,电路图参见图 10-20。

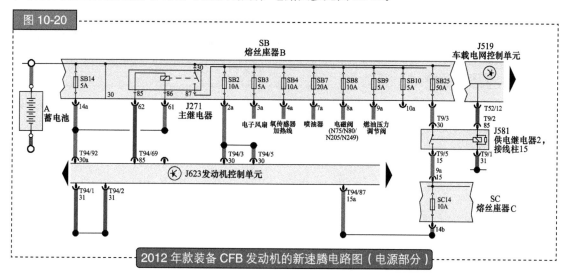

图 10-20

2012 年款装备 CFB 发动机的新速腾电路图(电源部分)

④ 由于是新车,发动机控制单元出现故障的可能性较小;经检查,SB2 熔丝到 J623 的线路没有短路到地。再对全车线路进行检查,发现蓄电池负极接线柱松动。

故障排除:紧固蓄电池负极接线柱,打开点火开后能正常起动,SB2 不再熔断。

案例分析:打开点火开关后,当蓄电池负极接触不良时,在通断时较多的电磁阀、电动机(例如电子节气门电动机)、发动机控制单元本身同时工作,SB2 过载而熔断。

第五节 170~171组 起动机控制组

数据流如下。

170			起动控制	
数据项	接线柱 50 起动请求	接线柱 50R 测量反馈导线	起动继电器	起动继电器2
规定值	ON/OFF	ON/OFF	ON/OFF	ON/OFF
171			起动机控制	
数据项	离合器开关	联锁开关	自动起动	起动机控制状态位
规定值	踩下/松开	踩下/松开	允许/禁止	11111111
第 171 组 第 4 区:起动机状态位				

1	2	3	4	5	6	7	8	诊断
							1	起动机机械
						1		起动机继电器开关触点
					1			起动机继电器激活
				1				接线柱 50R 测量反馈导线
			1					接线柱 50 起动请求
		1						PN 档开关(仅自动变速器)
	1							联锁开关(仅手动变速器)
1								离合器开关(仅手动变速器)

其中,1=满足条件;0=未满足条件。

第六节　200组 多楔带自动张紧器检查组

数据流如下。

200			多楔带自动张紧检查	需要登录码
数据项	状态计数器	状态	状态	状态
规定值	（短行程测试次数）			

200_2：基本设置。怠速；连接诊断仪，进入功能04基本设定；根据提示同时踩下制动踏板和加速踏板，发动机转速会自动提升到检测项目对应的转速；等待第4区显示"系统正常"。